KB071538

사회복지시설 운영
이론과 실제

| 엄미선 · 양숙미 · 백은령 · 한주빈 공저 |

The Management of
Social Welfare
Institution

학지사

| 머리말 |

급격한 산업화의 발달로 인하여 과거 가정의 기능으로 해결해 왔던 수많은 문제는 이제 더 이상 가정 안에서 해결할 수 없고, 사회가 책임지고 해결해야 하는 시대를 맞이하게 되었다. 우리나라도 예외가 아니어서 고령화, 저출산 및 다문화 사회의 도래에 따른 다양한 사회문제를 해결하기 위한 여러 형태의 사회복지시설의 설립과 운영이 요구되고 있다.

이 책은 우리나라 사회복지시설의 설립·운영에 관한 이론과 실제를 다루었다. 사회복지시설 설립·운영의 경험이 있는 저자들은 평소 사회복지시설을 설립·운영하고자 하는 많은 사람의 자문 요청을 받으면서 이 책의 필요성을 인식하게 되었다. 그럼에도 직접 책을 출판하기까지는 여러 가지 고민을 할 수밖에 없었다. 계속해서 변하는 사회복지시설 설립·운영상의 법규 및 내용을 어떻게 수정·보완할 수 있을 것인가? 또한 다양한 사회복지시설의 형태와 종류를 어떻게 선별하여 대표적으로 서술할 것인가? 등에 관한 것이었다. 그럼에도 이 책이 사회복지시설을 설립·운영하고자 하는 사람들에게 조금이라도 길잡이 역할을 할 수 있다면 의미가 있을 것이라는 생각에서 용기를 내게 되었다.

저자들은 많은 부족함을 느끼면서 한 권의 책을 세상에 내놓게 되었다. 앞으로도 더 많은 내용을 보충하고 다듬어 갈 것을 약속드리며 사회복지계 선후배 여러분의 따끔한 질책과 애정 어린 조언을 바란다.

이 책은 총 3부로 구성되어 있으며, 제1부는 사회복지시설 총론으로 비영리기관 및 사회복지법인, 사회복지시설 등에 대한 개괄적 이해를 목적으로 서술하였다. 제2부에서는 사회복지시설을 운영하는 데 필수적으로 필요한 프로그램 기획, 인사 및 조직관리, 재무관리, 마케팅과 홍보, 자원개발과 시설평가 등에 대한 구체적인 방법을 제시하였다. 제3부에서는 사회복지사업법에 따른 사회복지시설의 설립 및 운영의 실제 내용을 서술하였다.

이 책의 제1장, 제2장 제3장, 제4장, 제6장, 제11장, 제18장은 한주빈 교수, 제7장, 제8장, 제14장, 제16장은 양숙미 교수, 제5장, 제13장, 제15장, 제19장은 엄미선 교수, 제9장, 제10장, 제12장, 제17장은 백은령 교수가 집필하였다.

이 책을 출판하기까지 아낌없는 지원을 해 주신 학지사 한승희 부장님과 김진환 사장님을 비롯한 직원 여러분께 감사드린다.

2016년 3월
저자일동

｜차 례｜

제2부 사회복지시설의 운영

제3부 사회복지시설의 유형

제1부

사회복지시설 총론

제1장

비영리기관의 이해

우리가 살고 있는 사회는 크게 국가, 시장, 시민사회로 나눌 수가 있다. 시민사회는 국가와 시장 사이에서 다양한 결사체가 여론을 형성하고 문화생활을 하며, 사회의식이 형성되는 곳이다. 각종 결사체들은 서로 갈등하고 대결하기도 하고, 협력하고 연대하기도 한다. 때로는 국가와 시장을 견제하기도 하고, 때로는 국가와 시장과 협력해 각종 서비스를 생산하기도 한다. 시민사회는 인권, 환경, 평화, 문화 등과 같은 탈물질적인 가치를 옹호하거나 사회적 약자의 이익을 대변하기도 한다. 이러한 시민사회에서 시민운동이 일어나는데, 시민운동은 개인으로서의 시민에 의해 또는 조직으로서의 시민단체에 의해 이루어진다. 시민운동을 하는 조직은 시민단체, 시민사회단체, 민간단체, NGO(비정부기구), NPO(비영리기구), CSO(시민사회단체), 제3섹터, VO(자원 활동조직) 등 다양한 이름으로 불리고 있다. 이 가운데 우리나라에서 가장 많이 사용되는 용어는 '시민단체'와 'NGO'라고 할 수 있다. 이 장에서는 비영리기관의 이해로 시민단체보다는 NGO라는 용어를 사용하고, NGO를 중심으로 살펴보고자 한다.

1. 비영리기관의 개념

비영리기관은 비정부기구이며 비영리기구로서 권력이나 이윤을 추구하지 않고, 비정부조직, 즉 정부기관이 아니라는 점을 강조한 표현이다. 인간의 가치를 옹호하고 시민사회의 공공선을 지향하면서 시민의 자발적인 참여와 연대에 의하여 시민사회에서 활동하고 있는 시민사회단체를 의미한다.

　　세계적으로 널리 통용되고 있는 비영리기관 'NGO(Non-Governmental Organization)'라는 용어는 UN에서 처음 사용하였다. 국제연합이라고 번역되는 'UN(United Nations)'은 말 그대로 '정부의 연합'이라는 뜻을 내포하고 있다. 그러나 UN에 다양한 부속 기구가 생겨나고, 동시에 국제사회에서 민간단체들이 활발한 활동을 펼치면서 UN은 정부기구가 아닌 민간단체들과도 파트너십을 형성하게 되었는데, 이때 사용된 용어가 NGO이었던 것이다.

　　이때 NGO라는 말은 기존의 정부기구가 아닌 민간단체라는 뜻이다. 과거 NGO는 단순히 정부기구가 아니라는 점에서 광의적으로는 기업과 시민사회단체 모두를 포괄할 수 있지만, 협의로는 비정부·비영리 민간단체를 지칭하는 용어로 사용되고 있었다. 이에 대해 UN이 명쾌한 개념정의를 정립하지 않았기에 개념상의 혼란이 있었다. UN은 NGO의 개념정의를 미루어 오다가 1994년에 NGO에 대한 개념정의를 밝히는 보고서를 내놓았다. 1994년에 UN이 정의하고자 했던 NGO에 대한 개념을 살펴보면 다음과 같다. NGO란 크게 두 가지 범주로 나뉘는데, 첫째 유형은 활동목표와 방법이 사회운동 그리고 사회운동 창설과 관련되는 조직들이며, 둘째 유형은 사회운동에서 출범하여 사회운동이 제도화된 현실을 대표하는 NGO들이 포함된다.

　　'NGO'라는 용어는 그대로 번역하자면 '비정부기구'이지만, 각국의 역사적·사회적 맥락에 따라 조금씩 다르게 이해되고 있다. 예를 들어, 우리나라에서 NGO라는 용어는 시민단체와 교환되는 수준의 개념으로 시민의 자발적 참여와 단체의 자율성, 공익성의 추구가 중요한 기준으로 이야기된다. 반면, 미국과 일본에서 NGO라는 용어는 국제원조에 참여하는 결사체를 일컬을 때 많이 사용되고 오히려 'NPO(Non-Profit Organization)'라는 용어가 더 일반적으로 사용된다. 유럽의 경우는 우리나라보다 좀 더 광범위한 개념으로 NGO라는 용어가 사용되는데 비영리법인, 대학, 복지관, 종교단체, 직능단체 등까지도 포괄하는 개념으로 받아들여진다.

　　보통 NGO는 비정부조직 또는 시민단체로 번역하고, NPO는 비영리조직 또는 비영리단체로 번역한다. 우리나라에서는 학자들도 이에 대한 명확한 개념구분을 하는 것이 쉽지 않다. NGO와 NPO는 이미 미국을 비롯한 선진국에서 많이 사용하고 있는데, 1990년에 우리나라로 도입된 개념이다. 이 개념을 많이 사용하는 미국과 마찬가지로 우리나라에서도 NPO는 넓은 개념, NGO는 좁은 개념으로 사용된다. 시민사회 또는 비영리 섹터

〈표 1-1〉 우리나라 비영리단체(NPO)의 분류

목적	구분		주요 단체
	조직/유형	활동영역/기능	
공익단체	기관 조직형	의료/보건단체	종합병원, 정신병원, 요양원 등
		교육/연구단체	초·중·고등사립학교, 직업학교, 연구소 등
		복지/서비스단체, 예술/문화단체	양로원, 보육원, 직업훈련소, 복지관, 모자보호소, 청소년수련원, 박물관, 미술관, 극장, 오케스트라, 레크리에이션 단체, 문학가 집단 등
	회원	시민단체	환경단체, 소비자단체, 여성단체, 자원봉사단체, 국제원조단체, 모금단체 등
		종교단체	기독교, 불교, 천주교 등 각종 종교단체 등
집단이익 추구단계	조직	직능단체	상공회의소, 전국경제인연합회, 변호사협회, 의사협회 등
		친목단체	컨트리클럽, 동창회, 향우회, 화수회, 상조회 등

출처: 박상필(2005). 재인용.

에 있는 모든 단체를 NPO라고 하고, NPO 중에서 시민들이 자발적으로 만들어서 공익을 추구하는 회원단체를 NGO라고 한다. 따라서 이 장에서는 NGO를 협의의 개념으로서 비정부조직 또는 시민단체의 개념으로 사용하고자 한다.

2. NGO의 발달 배경

국가와 시장 사이 또는 국가와 개인 사이에는 다양한 집단이 존재한다. 그중 자율성, 공공성, 개방성, 연계성, 국제성 등의 이념을 지향하는 NGO는 그 발달이 정보사회의 출현, 인터넷의 발달, 참여의 욕구, 삶의 질에 관한 관심과 밀접한 관련이 있다는 점에서 21세기에도 계속적으로 성장할 것이라 전망된다.

1) 전 세계적 발달 배경

(1) 민주주의의 전 세계적 확산

서구사회에서 민주주의가 먼저 정착한 이후 1980년대에 시민적 저항으로 제3세계의 남미, 아시아 국가들의 군부 권위주의가 붕괴되고, 1990년대에 동유럽 공산정권이 무너짐으로써 민주주의 정치체제는 세계적 대세가 되었다. 이는 기존 국가권력과 정부의 권한을 제한하는 대신 개인의 의사를 자유롭게 표출하고 다양한 결사체를 결성하는 데 기여하였다. 또한 가치를 공유하는 사람들이 그들 목적을 달성하기 원하면서 민주주의 제도화에 따라 얻은 자유를 바탕으로 NGO를 결성하였다.

(2) 국가 기능과 역할의 변화

1930년대 대공황 이후 그리고 1945년 제2차 세계대전 종결 이후 복지국가가 급속도로 발달하였다. 정부의 재정과 조직은 확대되고 권력은 중앙으로 집중되었다. 그러나 1970년대 오일쇼크에 따른 생산성 증가율 하락, 관료제의 비효율성, 국민국가 조정 시스템의 한계들로 위기를 맞고 이후 신보수주의의 득세와 지구화와 맞물려 신자유주의가 주류로 등장하였다. 자유주의 이념에서는 정부의 권한이 축소되고 각종 정부의 역할이 기업이나 비영리 단체로 위임된다. 이 과정에서 국가를 대신하여 공공서비스를 생산하고 각종 사회문제를 해결하는 NGO가 늘어났다.

(3) 개인 욕구의 다양화

1980년대 이후 서구 선진국은 후 산업사회에 접어들었다. 서비스 역시 증가하고 지식과 정보가 중요한 자원으로 등장하였으며, 전 지구적 네트워크와 시민의식이 발달하였다. 그로 인해 사회는 자율적·다원적·복합적 특성을 띠게 되었다. 이러한 흐름에서 개인들은 각각의 욕구에 맞는 다양한 삶을 원하게 되었다. 단적인 예로 동성애의 급증에서 알 수 있듯이 사랑도 단순히 남녀 간에만 이루어지는 것이 아니다. 이렇게 다양한 가치를 추구하는 사회에서 하나의 가치를 공유하는 사람들끼리 모이면 그들이 자신의 가치를 실현하기 위해 노력하게 되어 NGO가 발생하는 경향이 가속화된다. 이는 사회적 약자나 소수자에게서 두드러진다. 우리나라에서는 장애인, 에이즈 환자, 희귀병 환자, 북파공작원 등의 모임을 예로 들 수 있다.

(4) 전 지구적 문제의 등장

지구촌이라는 단어에서 알 수 있듯이 현대사회는 전 세계가 경제, 정치, 군사, 문화 등의 사회 전 영역에 걸쳐 한 마을과 같이 서로 영향을 주고받게 되었다. 그리고 이 현상은 환경, 인권, 평화, 여성, 소비자, 긴급 구호와 같은 문제가 한 나라가 아닌 전 세계적, 전 지구적 의제로 대두되는 결과를 낳았다. 따라서 중동지역의 전쟁이나 유럽의 기상이변, 아프리카의 기아문제는 더 이상 남의 이야기가 아닌 것이 되었다. 그것이 우리의 경제, 문화생활 등에 영향을 미치기 때문이다. 이러한 전 지구적 문제를 세계의 시민들이 스스로 해결하기 위해 NGO를 결성하고 국제적으로 연대하게 되었다.

(5) 교통·통신기술의 발달

1950년대 이후 교통의 발달과 1980년대 이후 통신기술의 발달은 각종 NGO 발달의 큰 힘이 되었다. 오늘날 인터넷의 광범위한 보급으로 지구적 수준의 상호 정보교류가 가능하게 되었고, 교통 발달로 서로 간에 쉽게 만날 수 있는 환경이 되어 국제회의도 빈번해졌다. 특히 인터넷을 통해 조직을 만들고, 회의를 하고 사업을 수행하는 사이버 NGO의 활동 역시 활발해졌다.

2) 우리나라 NGO의 발달 배경

(1) 만민공동회와 독립협회

1898년에 조직된 만민공동회와 1896년에 설립된 독립협회가 우리나라 NGO 역사의 시작이라고 볼 수 있다. 이후 독립협회가 해산되고, 1903년에 황성기독교청년회(현재의 YMCA)가 조직되었다. 그 이후에도 국권회복운동을 위해 비밀리에 신민회가 조직되었고, 이것이 바로 우리나라 재야운동의 뿌리가 되었다. 3·1 운동은 이런 단체들의 힘겨운 활동과 전국 시민들의 참여로 일어나게 된 것이다. 또한 1913년 흥사단, 1922년 우리나라 YMCA, 1927년 신간회 등 다양한 독립운동단체와 사회단체가 조직되었다. 8·15 광복 이후에는 대한부인회, 대한청년회, 대한노총 등의 단체들이 조직되었으며, 이들은 분단과 전쟁을 거치면서 대부분 이데올로기적 성격을 띠게 되었다.

(2) 정치적 민주화

1987년 6월 항쟁 이전만 해도 우리는 기본적 권리를 누리지 못하였다. 그러나 국민의 저항으로 군부정권은 무너지고 시민들은 표현, 언론, 출판, 집회, 결사의 자유를 갖게 되었다. 또한 과거 억압되었던 권리에 대한 의식과 참여 욕구의 증대로 가치를 공유한 시민들이 NGO를 결성하였다. 군부권위주의 시절은 국가발전 이데올로기로 인해 중앙 집중적 성격이 강했다. 따라서 정치, 경제, 사회적으로 서울에 각종 자원과 활동이 집중되었다. 1990년대 이후 민주주의가 발전하고 지방자치가 실현되면서, 지방 시민단체 및 풀뿌리 조직들이 확대되기 시작하였다. 지역 시민단체에 대한 관심이 높아졌고, 다양한 영역에서 다양한 주제로 풀뿌리 단체들이 자발적으로 형성되었다. 정확한 통계는 없지만 크고 작은 지역시민단체는 1만 개가 넘을 것이라 추론되고 있다.

(3) 자본주의의 발달

NGO가 발달하기 위해서는 어느 정도 경제적 · 시간적 여유가 있는 중산층이 형성되어야 한다. 생계유지가 급급한 상황에서 NGO 활동에 힘쓰기는 현실적으로 어렵기 때문이다. 우리나라 자본주의는 1960년대 이후 발달하기 시작하여 1980년대에 크게 성장하였고 이에 힘입어 NGO를 이끌 중산층이 형성되었다. 이에 더하여 자본주의가 발달함에 따라 생활이 풍요해지고 부의 분배와 같은 물질적 가치 외 인권 · 평화 · 환경 · 문화와 같은 탈 물질적 가치에도 관심을 가지게 되었다. 한편, 이러한 자본주의 발달로 빈부격차, 대기업의 독점과 같은 모순이 발생하였는데 이 또한 NGO 형성을 촉진하였다.

(4) 리더십

1970~1980년대의 민주화 운동과정에서 배출된 시민운동 지도자들이 독재정권 퇴진 이후 시민운동에 참여하여 단체를 결성하고 지도하였다. 1990년대 이후 대학에서 학생운동이 급속히 쇠퇴했음에도 시민운동이 지속될 수 있었던 것은 이러한 민주화 운동 지도자의 리더십 때문이라고 할 수 있다.

(5) 사회의 분화와 전문화

1990년대에 들어 우리나라도 후산업사회적 성격을 띠게 되면서 사회의 분화와 전문화가 확대되고, 기능과 가치가 분화되며, 개인욕구 역시 다양해지고, 직업의 전문화와 다양화가 나타났다. 이렇게 다원화된 사회에서 가치를 표출하고 동일한 가치를 가진 사람끼리 세력을 형성하기 위해 각종 NGO가 결성되었다.

(6) 지구화 · 정보화

지구화로 국제교류는 활발해지고 국제적 이슈에 대한 공동대응이 늘어났다. 다양한 국제적 이슈에 자발적으로 참여하는 것을 선호하게 되어 NGO가 발달하였고, 정보화 역시 세계적 NGO 활동을 용이하게 하였다. 이로 인해 사이버상의 NGO가 발달하게 되었다.

3. NGO의 특성

NGO는 넓은 의미에서 정부기구나 영리단체를 제외한 모든 단체를 포괄하는 것으로 단순하게 정의내릴 수 있다. 이 절에서는 NGO의 특성을 설명할 수 있는 특징, 기능, 역할 그리고 NGO의 발전방안에 대해서 살펴보도록 하겠다.

1) NGO의 특징

NGO의 특징을 살펴보면 다음과 같다.

첫째, NGO는 지속성을 지니고 있는 조직이다. 일시적 모임은 NGO로 간주되지 않는다. 조직이라는 의미는 구조와 활동이 어느 정도 제도화되어 있다는 것을 의미한다. 비공식적이고 임시적인 모임들은 조직과 지속성을 가진 비영리부문으로 간주되지 않는다.

둘째, NGO는 민간(private)이 설립하고 운영하는 조직을 말한다. 이는 제도적으로 정부와 분리되어 있다는 것을 의미한다. 비영리조직은 정부기구도 아니고 정부 관료가 지명한 위원회에 의해 운영되는 기구도 아니다. 하지만 그렇다고 해서 NGO가 정부와 어떤 관계도 맺어서는 안 된다는 것을 의미하지는 않는다. NGO는 필요한 경우에 정부의 지원을 받을 수도 있으며, 또한 전체 국민의 복지에 긍정적인 효과가 있다면 NGO의 활동에 정부가 참여하는 것을 막을 필요가 없다. NGO는 근본적으로 민간기구이기 때문에 공공부문과의 상호작용이 NGO를 공공조직으로 만들지는 않기 때문이다.

셋째, 편익의 비배분성(non-profit distributing)이 있다. NGO는 이윤 창출을 위해 노력하지 않는다. 만약 특정활동의 결과로 이윤이 생긴 경우에도 그것이 조직구성원에게 분배되지 않는다. NGO는 자신들의 이익을 증진시키기 위하여 조직된 단체가 아니기 때문이다. 활동의 결과로 이윤을 창출했을 경우 그 이윤이 조직의 설립자 혹은 참여자에게 배분되는 것이 아니라 그 조직의 기본 목적을 위해 재투자되어야 한다. 이것이 민간 분야의 사기업과 중요한 차이점 중 하나다.

넷째, NGO는 자치(self-governing) 조직이다. 자치란 의미는 NGO가 자신의 운명을 스스로 결정하고 활동을 조절할 수 있는 내부적인 장치를 갖추고 있다는 것이다. 조직의 생성, 활동과 소멸에 관련된 모든 의사결정을 스스로 내리기 위한 내부조직과 절차를 가지고 있기 때문에 제도적으로는 외부의 영향력에 의하여 조직의 운명이 좌우되지 않는다는 것을 의미한다.

다섯째, NGO는 자발적(voluntary)인 참여를 기반으로 만들어진 조직이다. 자발적이라는 의미는 조직의 활동이 강제가 아닌 자발적인 참여를 기반으로 한다는 것이다. 자원봉사나 상근직원 등 참여의 형태를 불문하고 NGO의 활동에 참여하는 것은 제도적 강제에 의해서가 아니라 개인의 판단에 의하여 이루어진다.

2) NGO의 기능

NGO는 하지 않는 일이 없다고 할 정도로 다양한 일을 한다. NGO하면 막연히 시위나 집회 현장을 떠올리게 되지만, NGO는 다양한 영역에서 다양한 방법으로 다양한 목표를 위해 활동한다. 시위나 집회뿐 아니라 캠페인, 공청회, 성명서 발표, 서명운동, 현장 감시, 로비활동, 입법청원 등 다양한 방법을 통하여 스스로의 주장을 여론화하고 관철시키고자 노력한다. NGO의 기능을 구체적으로 살펴보면 다음과 같다(박상필, 2001 재인용).

첫째, 견제기능이다. NGO의 중요한 기능 중 하나는 국가와 시장이 지닌 권력을 비판하고 감시하는 것이다. 국가는 질서유지를 위한 강제력과 독점력을 갖고 있어 인권을 침해하는 경우가 있다. 또한 시장은 이윤극대화를 위해 소비자 권리를 침해하거나 각종 불공정한 거래, 환경 파괴 등의 문제를 발생시킨다. 따라서 NGO는 부정부패 감시, 인권옹호, 정치개혁 등 국가 권력을 견제하고, 기업의 환경 파괴나 소비자 권리 침해, 각종 불공정 거래를 감시하며 불매운동까지 벌인다. 여러 선거에서 시민단체들이 벌였던 매니페스토 운동이 이 역할에 해당한다고 볼 수 있다.

둘째, 복지기능이다. 오늘날 복지국가가 발달함에 따라 정부는 국민의 행복한 삶을 위하여 각종 복지를 제공하고 있다. 그러나 정부는 복지서비스를 제공할 때 재정에 한계가 있고 다수결원리에 따라야 하며 관료제를 통하여 획일적인 서비스를 제공해야 하므로 비효율적인 문제가 있어 사회적 소수자의 복지를 소홀히 한다는 단점을 지니고 있다. 반면, NGO는 소규모 조직으로 지역에 기반을 두고 있으며 복지문제에 구조적이고 장기적인 시각을 갖고 있다. 그래서 NGO는 지역주민의 구체적인 욕구를 파악하고 서비스를 제공하는 데 효과적이고 효율적이다. 따라서 각종 NGO는 정부와 직간접적인 계약을 맺거나 혹은 독자적인 인력과 재정을 가지고 정부가 제공할 수 없는 사회서비스를 제공하기도 한다. 이들은 재난, 구호, 빈곤구제, 소비자 권리 옹호, 미혼모 상담, 에이즈 환자 보호 등 다양한 영역에서 활동 중이다.

셋째, 대변기능이다. 현대사회는 과거에 비해 다양한 의견이 공존하지만 정책과정에서는 주로 규모가 큰 집단의 의견이 반영된다. 따라서 NGO의 활동은 사회적 약자의 권익을 대변하는 기능과 밀접하게 관련되어 있다. 오늘날 인권과 복지가 강조됨에 따라 사회적 약자가 단체를 결성하여 자신의 권익을 추구할 뿐만 아니라 선도적인 지식인들도 여성, 장애인, 노인, 청소년, 아동, 동성애자, 에이즈 환자, 알코올 중독자, 재소자 등의 사회적 약자의 권익을 옹호하기 위하여 활발하게 활동하고 있다. 사회적 약자를 위한 활동은 단체의 집단이익을 추구하는 경향이 있으나, 전체적으로 볼 때 공공의 이익으로 연결된다.

넷째, 조정기능이다. 현대사회는 분화되고 전문화되면서 개인의 욕구가 다양해졌고 집단 간의 갈등도 빈번하다. 이때 NGO는 정부와 정부, 정부와 이익집단, 이익집단과 이익집단 간에 분쟁이 발생할 때 조정자로 나서서 일반 시민의 피해를 줄이는 역할을 한다. 특히 민주사회의 민주화 수준이 낮거나 정부가 신뢰받지 못할 때는 공익을 추구하고 대의명분을 가진 NGO가 상대적으로 신뢰도가 높다.

다섯째, 교육기능이다. NGO는 시민의 자발적 참여와 연대를 통하여 각종 사회문제를 해결한다. 이 과정에서 공공정책과정에 참여하게 되고, 개인과 집단 사이에 활발한 의사소통이 일어나게 된다. 개인은 각종 사회문제에 대한 인식능력과 비판적인 시각을 갖게 된다. 뿐만 아니라 자율정신과 개인권리를 인식하게 되고, 공공의 이익에 대한 봉사활동의 중요성을 체득한다. 이러한 NGO의 활동은 바로 시민들이 리더십을 학습하고, 공동체의식을 배양하며, 참여민주주의를 배우는 실천현장이다. 정규학교나 가정 밖에서 민주적인 삶을 배우는 현장 학교인 셈이다. 민주시민교육은 개인의 자율에 근거하여 현장에서 직접 실천하는 과정에서 효과적으로 이루어질 수 있다. 또한 시민대학, 청소년 학교, 청년 포럼, 여성 아카데미, 환경캠프 등과 같은 각종 기획 프로그램을 통하여 체계적으로 교육을 실시하기도 한다.

3) NGO의 역할

(1) 정책과정에서의 파트너 역할

정부의 역할을 대체할 대안으로 '작은 정부'를 보완하는 파트너로서의 기능을 말한다. 예를 들면, 오존층의 파괴나 지구 온난화, 엘니뇨와 같은 환경문제는 경제문제와 연계되는 것으로서 정부정책의 전략적인 부분이므로 시민들의 대의 민주주의를 충족시키기에는 한계가 있다. 이렇듯 정부가 충족시키지 못하는 시민들의 요구를 해결하는 것을 정책과정에서의 파트너 역할이라 할 수 있다. 이러한 역할을 위해서 미국과 영국에서는 공공서비스의 공급부문에서 민·관 파트너십의 확대발전을 유도하였으며, 일본에서는 유상볼런티어제도와 같은 민간자원의 활용을 복지정책화하였다.

(2) 정책 제언자 역할

사회문제의 소재 및 원인을 파악하여 시정을 호소하는 행동으로서의 역할을 말한다. 지역사회나 관심분야 등에서의 문제점을 발견하고 그 문제의 해결을 행정이나 기업에 맡기는 것이 아니라 해결 주체자로서의 역할을 수행하며, 문제의 배경이나 관련되는 원인 등을 명확히 하여 그 문제를 사회에 제기하고 과제의 공유화를 도모한다. 아울러 문제의 해결을 위한 자원의 제공을 사회에 불러일으키며 사회로부터 획득한 자원을 문제해결을 위한 활동 생산성과 질적 향상을 위하여 활용하고 활동의 계속과 확대를 도모하는 것으로 정의할 수 있다. 이러한 정책 제언자(advocacy) 활동유형에는 법률 제정 및 규제, 정부의 서비스 프로그램 개선 등 시정을 개선하는 데 영향을 미치는 행위 등이 있다.

(3) 국제적인 협조자 역할

특정한 과제가 국제적으로 중요한 경우 그 과제에 타협하지 않고 자신의 입장을 표명하여 국가를 초월한 직접적인 연대를 통해 각국의 국민 간에 내포된 문제에 관한 해결방법을 명확히 하는 역할을 말한다. 예를 들어, 오늘날 강조되고 있는 환경보전 등 기술 분야에 관한 상호 정보교환을 통해 전문적인 지식을 집약하고, 개발도상국가에 대해 문화, 국정에 상응한 직접적인 협력을 하며, 국제회의에서 논의된 문제의 초점을 자국의 국민에게 쉽게 전달하는 등의 기능을 수행한다.

4) 우리나라 NGO의 문제점

(1) 시민 없는 시민운동

NGO는 시민의 자발적인 참여로 만들어져 시민 스스로 각종 사회문제를 해결하는 단체다. 그런데 우리나라의 NGO에 대한 외부의 비판 가운데 가장 쉽게 들을 수 있는 것이 바로 '시민 없는 시민운동'이라는 지적이다. NGO 활동은 광범위한 시민참여에 의하여 시민이 주체가 되어서 전개되어야 한다. 그러나 우리나라 시민운동에서는 시민은 거의 없고, 소수 참여자와 상근운동자를 중심으로 권한이 집중되어 있으며, 일반 회원들은 물론이고 비상근임원이나 전문가들조차도 사실상 이들을 지원하는 역할에 제한되어 있는 경우가 대부분이다.

(2) 백화점식 조직화

시민단체의 규모와 프로그램의 수에 대해서 문제 제기가 이루어지는 경우도 적지 않은데 바로 소수의 대형 NGO가 마치 백화점처럼 모든 분야에서 활동하며 패권을 차지하고 있는 경우를 말한다. 이러한 대형 NGO들은 특히 중앙에 집중되어 시민운동의 지방 분산을 막고 풀뿌리민주주의를 방해한다. 그리고 조직적으로 대형화됨에 따라 정부와 같이 관료화되는 현상을 보이고 있다. 이로 인하여 시민운동의 동력이 상실되는 경우도 있다.

(3) 언론 플레이 문제

1980년대 후반 시민사회단체들이 본격적인 활동을 시작하면서 기존의 재야운동과 차이점을 보인 것은 조직운동보다는 쟁점 부각 활동에 더 많은 노력을 쏟았다는 것이다. 쟁점 부각으로 인해 NGO는 문제를 제기하고, 언론은 그것을 받아서 크게 보도하는 시스템이 형성되었다. 이와 같은 NGO와 언론의 파트너십은 일정 부분 시민사회단체의 성장에 힘이 되었던 것도 사실이나 언론매체 자체가 특정한 이슈를 잡고 시민운동을 활용한다는 평가가 제기되기도 하였다(이택룡 외, 2007).

(4) 정부에 대항적인 운동에 주력

NGO는 정책대안을 제시하고 사회적 약자에게 필요한 서비스를 생산해야 한다. 그러나 우리나라 NGO는 국가권력의 감시와 비판에 치중하고 있다. 따라서 공공의 문제를 해결하기 위한 참여보다는 행동지향적인 성격을 띠고 있고, 이로 인하여 공공서비스 생산에 대한 역할이 무시되는 경우도 있다.

(5) 조직력 · 자생력의 한계

현재 우리나라의 NGO는 조직체계 및 운영에 있어서 전문가의 부족과 장기적 전망의 부재하에 단기적이고 미시적인 계획과 활동이 이루어지고 있다는 평가가 있다. 그러므로 NGO는 장기적인 계획과 비전을 제시하여 회원들이 꾸준하고도 확실하게 참여할 수 있도록 조직체계를 개발하는 것이 필요하다.

(6) 재정 부족

시민의식 결여와 참여의 부족으로 NGO는 재정이 턱없이 부족하여 상당 부분을 정부지원금, 기업기부금, 수익사업 등에 의존하고 있는데 우리나라의 경우 NGO에 대한 국가의 지원은 비영리 민간단체 지원법에 근거하여 매우 미약한 형편이며 기업의 지원도 매우 미약한 실정이다. 대부분의 NGO는 내적 자생력이 미약하여 외부로부터의 지원이 원활하지 않을 경우 그 존립에 영향을 받을 수 있다. 재정문제와 맞물려서 예산이 적은

NGO는 사무실이나 상근자가 없거나, 상근자가 있어도 월급이 너무 적다. 그로 인해 기본적인 사업을 추진하지 못하며, 단체의 목적을 달성하지 못해 유명무실한 단체로 전락하는 경우가 많다.

(7) 도덕성의 쇠퇴

보통 NGO는 정부와 기업에 비하여 높은 도덕성을 가지고 다른 영역을 견제하고 비판한다. 그러나 최근 NGO도 국가나 시장 영역처럼 부정부패, 패권주의, 권위주의 등과 같은 부정적 문화를 노출하여 정부나 기업을 비판하고 견제할 수 있는 대안세력으로서의 역할을 하지 못하는 경우가 있다. 예를 들어, 과거에 NGO의 대표가 회비를 개인적으로 사용한 경우가 있고, 소비자단체가 기업의 후원금을 받고 그 기업에 유리한 평가를 한 적이 있다.

지난 10년간 우리나라의 NGO는 많은 발전을 이루었음에도 불구하고 이를 질적 발전으로 승화시킬 수 있는 시민사회의 기반을 갖추기에는 아직 부족하다고 보인다. 따라서 NGO를 시민과 언론이 감시하고 NGO 자체도 내부의 민주화를 이루며 시민의 지지와 참여를 이끌어 낼 수 있는 방법을 모색하는 등 많은 과제를 해결해야 한다. 그렇지 않으면 시민은 NGO를 불신하거나 무관심할 것이다.

5) 우리나라 NGO의 발전방안

(1) 정부의 변화

우리나라 NGO의 올바른 발전을 위하여 다음과 같은 정부의 노력이 필요하다.

첫째, NGO 육성을 위한 방안이 필요하다. 정부는 각종 NGO 단체들이 활발하게 활동할 수 있도록 정보인프라를 구축하고, 상근자 재교육, 행정적 지원과 재정지원을 강화하며, 기부금과 자원봉사활동을 활성화할 수 있는 법적 장치, 정보공개와 정책과정에 대한 참여장치 그리고 NGO 단체에 대한 세금면제, 기부금 소득공제 등의 다양한 지원방법을 마련하여야 한다. 즉, 정부는 NGO를 각종 사회문제를 해결하고 시민의 고통을 해결하기 위한 조언자나 파트너로 보는 시각을 갖고 정책결정을 하는 것이 중요하다.

둘째, 정부는 형식적 합법성만을 주장하지 말고 민주성·합목적성 등을 고려한 집행을 하여야 한다. 특히 정보화의 급속한 진전으로 패러다임의 전환(paradigm shift)이 급속하게 진행되는 전환기적 소용돌이 환경 속에서 정부의 유연한 자세는 더욱 중요하다.

셋째, 지역사회 관리의 일차적 책임자로서의 지방정부는 분출하는 NGO에 대한 실태파악을 정확하게 하여야 한다. NGO에 대한 정확한 실태파악이 전제되어야만 NGO와의 유기적 관계를 가질 수 있기 때문이다.

넷째, NGO의 실태파악과 함께 NGO 문제를 다루는 부서의 강화 및 사회행정의 중요성을 인식하여야 한다. 사회행정의 강화를 통하여 지역사회에 있어서의 각 주체 간의 역할분담과 함께 효과적이고 효율적인 서비스 공급의 방법을 새로이 구축하여야 할 것이다.

다섯째, 객관적인 NGO 지원에 대한 기준과 그 평가 시스템을 구축하여야 한다.

(2) NGO의 변화

정부의 노력에 더하여 NGO 자체도 변화되어야 한다. 그 내용은 다음과 같다.

첫째, 책임성을 가져야 한다. NGO가 지역사회 관리에 있어서 그 역할이 증대하고 서비스 공급의 한 영역을 담당하게 됨에 따라 NGO의 책임성 문제가 크게 대두되고 있다. NGO의 책임성(accountability)은 NGO가 지역사회에서 정통성을 획득하는 데 중요한 원천이다. 시민사회의 성숙에 따른 복지다원주의(福祉多元主義)의 요청에 의하여 사회서비스 공급에 있어서 NGO의 역할이 증대되면 될수록 NGO의 책임성 문제는 더욱 커질 것이다.

둘째, 시민적 지지 속에서 시민과 함께 하는 운동을 전개해야 한다. 여느 사회운동과 마찬가지로 사회운동의 초기 단계에서는 선구자적 혜안(慧眼)을 지닌 소수의 창조적 엘리트가 필요하지만, 이 창조적 엘리트즘이 대중과의 연계 고리를 가지지 않으면 운동은 성공할 수 없다. 아울러 NGO의 자주성 문제도 결국은 시민적 지지를 얼마나 이끌어 내느냐에 좌우된다고 해도 과언이 아니다. 따라서 '시민 없는 시민운동'이라는 지적을 불식시키기 위해서라도 NGO 지도자들은 항상 시민운동의 지역별, 쟁점별 토대에 관심을 기울이고, 그 토대 위에 서 있는 시민들의 자율적인 조직화와 리더십의 형성과정을 도와주어야 할 도덕적 의무가 있다.

셋째, 자주성을 가져야 한다. 자주성 문제는 정부와의 관계에서 대단히 중요한 요소다. NGO가 가지는 자주성의 정도야말로 관련단체와의 차별성을 나타내 주는 주요한 지표이기 때문이다. 자주성을 확보하기 위해서는 시민적 신뢰와 협조를 어떻게 이끌어 내어 자립할 수 있는 물적 기반을 구축하느냐가 매우 중요한 관건이다. 이를 위해서는 기금모금과 그 운영방안에 대한 과학적이고 합리적인 대책이 필요하다.

넷째, NGO 내부 관리와 그 운영에도 관심을 기울여야 한다. 이름있는 사회운동가 위주의 NGO 운영은 조직 내의 민주주의라는 과제가 제기될 수 있으며, 상근자의 급여 등 근무여건의 개선 등도 이루어져야 할 것이다.

사회복지법인의 이해

현재 우리나라는 고령화, 저출산, 환경오염 등의 문제로 인하여 기존 가정의 기능으로 해결해 왔던 수많은 문제는 이제 가정 안에서 해결할 수 없고, 사회가 책임지고 해결해야 하는 시대가 되었다. 따라서 사회복지적 측면에서 해결방안을 미리 준비하고 만들어 놓지 않으면 안된다. 지금은 복지적 서비스가 일부 요보호대상자에게만 해당된다고 생각할지 모르지만 앞으로의 미래는 우리 전체가 그것을 심각하게 생각하고 준비해야 된다고 본다. 이러한 시대적 상황하에서 사회복지시설의 증가는 필수적이며 이를 운영할 수 있는 사회복지법인의 이해와 사회복지시설의 설립과정과 운영방법론을 통하여 사회복지시설 운영자 또는 종사자로서의 필요한 지식과 정보를 알고 대처해 나가고자 함이 이 책의 목적이라고 할 수 있다. 이 장에서는 사회복지시설을 운영할 수 있는 사회복지법인에 대하여 살펴보고자 한다.

1. 사회복지법인의 개념

법인이란 자연인 이외에 법적으로 인격이 부여된 무형의 사람을 일컫는다(박석돈, 2003 재인용). 법인은 민법 또는 각 단행법에 의하여 성립되며, 민법 제32조의 비영리법인은 그 구성요소가 사단이냐 재단이냐에 따라 사단법인과 재단법인으로 구별된다. 사단법인이라 함은 일정한 목적을 위하여 조직을 형성한 사람의 집합체로서 구성원의 변경과는 상관없이 존속하고 한 개의 단위체로서 인정된 법인을 말하고, 재단법인이라 함은 일정한 목적을 위하여 바쳐진 재산의 집합체로서 일정한 규칙에 따라 관리되고 사회생활에 있어서 권리 의무의 독립된 주체로서 인정된 법인을 말한다(서찬교, 2005 재인용).

사단법인은 민법 제32조 및 제39조[1]에 의해 설립될 수 있으며, 비영리 또는 영리를 목적으로 자연인을 구성 요소로 하여 활동하는 인격단체다. 구성원의 의사를 매개로 하는 총회를 통하여 활동하므로 민주적이라 할 수 있다. 자율성과 융통성이 있는 법인체로 사원총회라고 하는 최고 의사결정기관이 있고 이사 및 감사를 둔다. 반면에, 재단법인은 민법 제32조만을 근거로 설립되며, 일정한 목적을 위하여 출연된 재산을 구성요소로 하여 활동하는 재산의 집단이다. 재단법인은 설립자의 의사에 따라 운영되는 사례가 많아 비민주적 성격을 지닌다고 볼 수 있으며, 타율성과 목적의 항상성으로 인해 공법인 또는 공공법인으로서 사회공익을 목적으로 하는 데 적용할 수 있는 실체를 갖는다. 재단법인의 의사결정은 이사회에서 하며, 사단법인과 마찬가지로 이사 및 감사를 둔다.

사단법인은 존립시기의 도래나 해산사유가 발생할 때 또는 사원이 없게 되거나 총회의 결의로 해산할 수 있다. 재단법인은 존립시기의 도래나 해산사유가 발생할 때 주무관청에서 취소하거나 이사회의 결의에 의하여 해산할 수 있다(민법 제77조, 제78조).

법인의 목적에 따라 순수 비영리공익법인은 민법 제32조와 공익법인의 설립·운영에 관한 법률 제4조[2]의 규정에 의한 법인으로서 비영리사단법인과 재단법인 및 공익 사단법인, 재단법인 등이 있으며, 각 단행법에 의한 법인으로서 학교법인, 사회복지법인, 의료법인 등은 모두 재단법인에 속한다고 볼 수 있다. 그러므로 사회복지법인은 민법에 의한 사단법인이나 재단법인보다 공익성이 강조되는 법인이라고 할 수 있다.

---

1) 민법 제32조(비영리법인의 설립과 허가): 학술, 종교, 자선, 기예, 사교 기타 영리가 아닌 사업을 목적으로 하는 사단 또는 재단은 주무관청의 허가를 얻어 이를 법인으로 할 수 있다.
　제39조(영리법인): ① 영리를 목적으로 하는 사단은 상사회사설립의 조건에 좇아 이를 법인으로 할 수 있다.
　② 전 항의 사단법인에는 모두 상사회사에 관한 규정을 준용한다.
2) ① 주무관청은 민법 제32조의 규정에 의하여 공익법인의 설립허가 신청이 있는 때에는 관계사실을 조사하여 재단법인에 있어서는 출연재산의 수입, 사단법인에 있어서는 회비·기부금 등으로 조성되는 재원의 수입으로 목적사업을 원활히 달성할 수 있다고 인정되는 경우에 한하여 설립허가를 한다. ② 주무관청은 공익법인의 설립허가를 함에 있어서 대통령령이 정하는 바에 의하여 회비징수, 수혜 대상에 관한 사항 기타 필요한 조건을 붙일 수 있다. ③ 공익법인은 목적달성을 위하여 수익사업을 하고자 할 때에는 정관이 정하는 바에 따라 사업마다 주무관청의 승인을 받아야 한다. 이를 변경하고자 하는 때에도 마찬가지다.

사회복지법인이란 사회복지사업법에 규정한 '사회복지사업'을 행할 목적으로 설립된 법인을 말한다(사회복지사업법 제2조 제2항). 법인은 법률의 규정에 의하지 않고는 성립할 수 없으므로 사회복지법인의 경우에도 반드시 사회복지사업법상 제 조항을 근거로 성립되어야 한다.

현재 지역사회 내의 사회복지시설 및 기관은 민간 사회복지법인에서 설치한 시설 및 기관이 대부분을 차지한다. 민간 사회복지사업이 공명하고 적정하게 운영되고, 사회적으로 신뢰를 얻기 위해서는 무엇보다도 적절한 운영주체를 갖는 것이 필요한데, 이러한 요청에 따라 민간 사회복지사업의 순수성과 공공성을 높이고 건전하게 발전시키기 위해 민간 사회복지법인 제도가 마련되었다. 따라서 사회복지법인은 사회복지사업법에 규정한 사회복지사업을 수행할 목적으로 설립하여 인가받은 법인 또는 그 연합체로서, 법인에 관하여 이 법에 규정된 것을 제외하고는 민법과 공익법인의 설립·운영에 관한 법률을 준용해야 한다(사회복지사업법 제32조). 그리고 사회복지사업법 제31조에 의거하여 사회복지법인이 아닌 자는 사회복지법인이라는 용어를 사용하지 못한다.

2. 사회복지법인의 구분

사회복지법인은 사회복지시설을 설치·운영하는 시설법인과 사회복지사업을 지원하는 지원법인으로 분류된다. 시설법인은 사회복지사업법 제2조의 사회복지시설을 설치·운영할 목적으로 설립된 사회복지법인을 말하며, 지원법인은 사회복지사업을 지원할 목적으로 설립된 사회복지법인을 말한다. 사회복지법인은 사(私)법인이면서 비영리 공익법인이며, 재단법인의 성격을 동시에 지닌다고 볼 수 있다.

법인의 종류는 매우 다양하나 대체적으로 다음과 같이 분류된다.

첫째, 공법인과 사법인이 있다. 이것은 법률관계가 복잡해져 획일적 기준으로 구별하기가 곤란하나, 국가, 지방자치단체, 영조물법인, 한국은행 등 공공의 목적을 위해 공법으로 설립된 법인은 공법인, 회사, 사단법인, 재단법인, 사회복지법인 등 민법과 상법 등에 의하여 설립된 법인은 사법인에 해당한다.

둘째, 사단법인과 재단법인이 있다. 사단법인은 일정한 목적을 위하여 결합한 사람의 단체이며, 재단법인은 일정한 목적을 위하여 바쳐진 재산을 그 실체로 하는 법인을 말한다. 법인은 사단법인, 재단법인의 두 가지 중 하나로 설립되어야만 하며, 중간적인 형태의 법인은 인정하지 않는다.

셋째, 설립목적이 영리의 추구에 있느냐에 따라 영리법인과 비영리법인으로 분류되며, 민법 제32조에 의해 관할 행정부서로부터 법인허가를 받은 비영리단체, 공익법인의 설립·운영에 관한 법률, 사회복지사업법, 의료법, 조세감면법 등에서 규정한 비영리단체(공익법인, 사회복지법인 등)로 구분한다. 비영리법인 중 영리도 아울러 목적으로 하고 있는 경우에는 비영리사업의 목적을 달성하는 데 필요하여 본질에 반하지 않을 정도의 영리행위를 하는 것은 가능하다.

사회복지법인과 관련법규의 적용관계를 살펴보면 사회복지법인은 원칙적으로 사회복지사업법의 적용을 받음과 동시에 목적사업에 따라 관련법률의 적용도 받게 된다. 즉, 아동복지사업을 하는 사회복지법인의 경우 사회복지사업법, 아동복지법, 기초생활보장법 등이 적용된다.

또한 사회복지법인에 관하여 법률에서 정하고 있지 아니한 사항에 대해서는 민법의 법인에 관한 규정인 제31조 내지 제97조와 공익법인의 설립·운영에 관한 법률(이하 공설법이라 함)을 준용한다. 그리고 각종 세법에 사회복지법인의 비과세 또는 면세에 관하여 규정되어 있으며, 도시계획법·건축법·소방법 등 사회복지법인 및 사회복지시설의 설치·운영에 직간접적으로 관련된 법률을 준수하여야 한다.

사회복지법인은 임원으로서 이사(理事)와 감사(監事)를 두고, 법인의 의사결정기관인 이사회(理事會)를 반드시 두어야 한다.

1) 이사회

(1) 이사회의 구성

이사회는 이사로서 구성되며(감사는 제외), 이사장은 정관이 정하는 바에 따라 이사 중에서 호선(공설법 제6조)한다. 이사는 5인 이상 두어야 하며(외국인 이사는 이사현원의 1/2 미만이어야 함), 이사회의 구성에 있어 사회복지사업법 시행령 제9조에 의한 '특별한 관계에 있는 자'는 이사현원의 1/5을 초과할 수 없다.

(2) 이사회의 기능

사회복지법인은 재단법인의 성격을 띠어 사단법인의 사원총회와 같은 의사결정기관이 없으므로 이사회가 의사결정기관의 역할을 수행한다. 따라서 이사회는 〈표 2-1〉과 같은 사항을 심의·의결한다(공설법 제7조). 이사장이나 이사가 공익법인과 이해관계가 상반될 때에는 그 사항에 관한 의결에 참여하지 못한다(전문개정 2008. 3. 14.).

〈표 2-1〉 이사회의 심의·의결사항

- 법인의 예산, 결산, 차입금 및 재산의 취득·처분과 관리에 관한 사항
- 정관의 변경에 관한 사항
- 법인의 합병·해산에 관한 사항
- 임원의 임면에 관한 사항
- 수익사업에 관한 사항
- 기타 법령이나 정관에 의하여 그 권한에 속하는 사항

(3) 이사회의 소집

이사장은 필요하다고 인정할 때에는 이사회를 소집할 수 있다. 이사장은 재적이사의 과반수가 회의의 목적을 제시하여 소집을 요구할 때와 공설법 제10조 제1항 5호에 따라 감사가 소집을 요구할 때에는 그 소집 요구일로부터 20일 이내에 이사회를 소집하여야 한다(공설법 제8조).

이사회를 소집할 때에는 적어도 회의 7일 전에 회의의 목적을 구체적으로 밝혀 각 이사에게 알려야 한다. 다만, 이사 전원이 모이고 또 그 전원이 이사회의 소집을 요구할 때에는 그러하지 아니하다.

이사회를 소집하여야 할 경우에 그 소집권자가 궐위되거나 이사회 소집을 기피하여 7일 이상 이사회 소집이 불가능한 경우에는 재적이사 과반수의 찬동으로 감독청의 승인을 받아 이사회를 소집할 수 있다. 이 경우 정관으로 정하는 이사가 이사회를 주재한다(전문개정 2008. 3. 14.).

(4) 의결정족수

이사회의 의사(議事)는 정관에 특별한 규정이 없으면 재적이사 과반수의 찬성으로 의결한다(공설법 제9조). 이사는 평등한 의결권을 가지며, 이사회의 의사는 서면결의에 의하여 처리할 수 없다. 이사회의 의결은 대한민국 국민인 이사가 출석이사의 과반수가 되어야 한다(공설법 제9조).

2) 이 사

(1) 이사의 의의

이사는 대외적으로 법인을 대표하고 대내적으로 법인의 업무를 집행하는 필수기관이다(민법 제58조, 제59조). 이사의 정수는 대표이사를 포함한 5인 이상이어야 하며 그 임기는 3년으로 연임할 수 있다(공설법 제18조). 이사의 수는 정관으로 정하며, 상한은 없으나 의사결정의 효율성 등을 감안하여 15인 이하(공설법 제5조 참조)로 규정하도록 한다.

(2) 이사의 직무

이사는 선량한 관리자의 주의로 충실하게 그 직무를 행해야 하며, 이사가 그 임무를 해태한 때에는 법인에 대하여 연대하여 손해배상의 책임이 있다(민법 제61조, 제65조).

① 법인의 대표(대외적 권한)

이사는 법인의 사무에 관하여 각자 법인을 대표하므로(민법 제59조) 이사의 행위는 대외적으로 법인의 행위로서 인정이 된다(대표하는 사무에는 제한이 없음). 이사의 대표권에 대한 제한은 가능하나(민법 제59조), 그 제한은 반드시 정관에 기재하여야 하며, 정관에 기재하지 않은 대표권의 제한은 무효가 된다(민법 제41조). 정관에 기재한 경우에도 이를 등기하여야만 제3자에 대항할 수 있으므로(민법 제60조) 법인 설립등기를 해 두는 것이 좋다.

법인과 이사의 이익이 상반하는 사항에 관하여는 이사는 대표권이 없으며 이 경우 이해관계인 또는 검사의 청구에 의하여 법원이 선임하는 특별대리인이 법인을 대표한다(민법 제64조).

일정 사항에 대해 법인의 이익이 상반되는 경우에는 동 사항의 결정에 있어 해당 이사를 의사결정 과정에서 배제한 후 나머지 이사들이 법인을 대표하도록 하고 특별대리인의 선임은 해당 이사를 배제하였을 경우 정족수 부족 등으로 이사회 성립이 불가능할 경우에만 예외적으로 실시한다.

② 법인의 업무집행(대내적 권한)

이사는 법인의 모든 내부적 사무를 집행할 권한이 있으며, 정관에 다른 규정이 없으면 법인의 사무집행은 이사의 과반수로써 결정한다(민법 제58조).

3) 감 사

(1) 감사의 의의

감사는 법인의 재산이나 업무집행 상태의 적정 여부를 조사·감독하는 기관으로 필수기관이 된다. 감사의 정수는 2인 이상이어야 하며, 그 임기는 2년으로 연임할 수 있다(공설법 제18조). 감사는 이사와 공설법 시행령 제9조의 '특별한 관계에 있는 자'가 아니어야 하며 일정 경우 1인을 법률과 회계에 관한 지식과 경험이 있는 자 중에서 시·도지사가 추천할 수 있다. 이는 해당 법인이 업무와 재산관리에 있어 위법 또는 부당하여 정상적인 업무수행이 곤란하다고 판단되는 때이며 그 뜻을 당해 법인에게 서면으로 통지해야 한다.

(2) 감사의 직무(공설법 10조)

① 대내적 직무

감사의 직무 중 대내적 업무로는 법인의 업무와 재산상황을 감사하는 일 및 이사에 대하여 이에 필요한 자료의 제출 또는 의견을 요구하고 이사회에서 발언하는 일과, 이사회의 회의록에 기명 날인하는 일, 법인의 업무와 재산상황에 대하여 이사에게 의견을 진술하는 일, 법인의 업무와 재산상황을 감사한 결과 불법 또는 부당한 점이 있음을 발견한 때 이를 이사회에 보고하는 일, 법인의 업무와 재산상황을 감사한 결과 불법 또는 부당한 점이 있음을 발견했을 시 보고를 위하여 필요한 때에는 이사회의 소집을 요구하는 일

등이 있다.

② 대외적 직무

법인의 직무와 재산상황을 감사한 결과 불법 또는 부당한 점이 있음을 발견한 때에는 지체 없이 시·도지사에 이를 보고하여야 한다. 이사가 법인의 목적범위 외의 행위를 하거나 기타 이 법 또는 이 법에 의한 명령이나 정관에 위반하는 행위를 하여 법인에게 현저한 손해를 발생하게 할 우려가 있는 때에는 그 이사에 대하여 직무행위를 유지(留止)할 것을 법원에 청구할 수 있다.

4) 임원의 임면

(1) 이사의 임면

이사의 임면방법은 정관의 필요적 기재사항이며(공설법 17조) 따라서 정관에 의하여 정해진다. 공설법 제5조는 임원 취임 시 주무관청의 승인을 받도록 되어 있으나, 사회복지사업법에서는 이를 보고로 갈음하고 있다. 법인은 임원을 임면하는 경우 법인 임면보고서에 〈표 2-2〉의 서류를 첨부하여 관할 시·도지사에게 제출하여야 한다.

이사의 성명·주소는 등기사항이며(민법 49조), 이를 등기하지 않으면 이사의 선임·해임·퇴임을 가지고 제3자에게 대항할 수 없다(민법 54조).

사회복지법인의 임원이 될 수 없는 자를 살펴보면 〈표 2-3〉과 같다.

(2) 임원의 보충(사회복지사업법 제20조, 시행규칙 제11조)

임원 중 결원이 생긴 때에는 2개월 이내에 이를 보충하여야 하고 법인이 기간 내 보충

〈표 2-2〉 사회복지법인의 임면보고 첨부 서류

- 당해 임원의 선임(연임) 또는 해임을 결의한 이사회 회의록 사본 1부
- 취임승낙서(인감증명서 첨부), 이력서 각 1부
- 특수관계부존재각서 1부

※ 연임되는 임원의 경우에는 이력서 및 특수관계부존재각서를 제외함

〈표 2-3〉 사회복지법인의 임원 부적격자

1. 미성년자
2. 금치산자 또는 한정치산자
3. 파산자로서 복권되지 아니한 자
4. 법원의 판결 또는 다른 법률에 의하여 자격이 상실 또는 정지된 자
5. 금고 이상의 실형의 선고를 받고 그 집행이 면제된 날로부터 3년이 경과되지 아니한 자
6. 금고 이상의 형의 집행유예선고를 받고 그 유예기간 중에 있는 자
7. 아래에 해당하는 자는 5, 6에도 불구하고 법인의 임원이 될 수 없음

- 사회복지사업 또는 그 직무와 관련하여
  ▶ 사회복지사업법에 위반하여
  – 50만 원 이상의 벌금형의 선고를 받고 그 형이 확정된 후 5년이 경과되지 아니한 자
  – 형의 집행유예의 선고를 받고 그 형이 확정된 후 7년이 경과하지 아니한 자
  – 징역형의 선고를 받고 그 집행이 종료(집행이 종료된 것으로 보는 경우 포함)되거나 집행이 면제된 날로부터 7년이 경과되지 아니한 자

  ▶ 아동복지법 제40조(제29조의 금지행위)의 죄를 범하거나 공통사항의 처벌을 받은 자
  – 아동에 대한 신체적, 성적, 정서적 학대행위
  – 아동의 유기, 방임, 매매, 음행 및 음행매개, 구걸, 곡예행위
  – 장애아동을 공중에 관람시키는 행위
  – 정당한 알선기관 외의 자가 아동의 양육을 알선하고 금품을 취득하는 행위
  – 아동을 위하여 증여 또는 급여된 금품을 그 목적 외의 용도에 사용하는 행위

  ▶ 아동복지법 제41조의 죄를 범하거나 공통사항의 처벌을 받은 자
  – 미신고 아동복지시설을 설치 · 운영한 자
  – 시설의 조사를 거부 · 방해 · 기피, 질문을 거부 · 기피, 허위답변, 아동에게 답변을 거부 · 기피 · 허위답변을 하게 하거나 그 답변을 방해한 자
  – 허위서류를 작성하여 시설종사자 자격을 인정받은 자
  – 시설폐쇄명령, 위탁의 취소, 사업의 정지명령을 받고 사업을 계속한 자
  – 직무상 지득한 비밀을 누설한 자

  ▶ 보조금법 제40조 내지 제42조의 죄를 범하거나 공통사항의 처벌을 받은 자

  → 형법 제28장 유기와 학대의 죄, 제40장 횡령과 배임의 죄(제360조 점유이탈물횡령은 제외)의 죄를 범하거나 공통사항의 처벌을 받은 자

8. 법 제22조 규정에 의한 해임명령에 따라 해임된 날로부터 5년이 경과되지 아니한 자

  → 기존 임원이 상기 요건에 해당 시 그 자격을 상실함

* 사회복지사업법 제19조 의거

하지 않을 시 시·도지사는 지체 없이 이해관계인의 청구 또는 직권으로 임시이사를 선임한다. 이해관계인이 임시이사 선임을 청구하고자 하는 때에는 청구사유와 이해관계인임을 증명하는 서류를 관할 시·도지사에게 제출하여야 한다.

(3) 임원의 겸직금지(사회복지사업법 제21조)

이사는 법인이 설치한 사회복지시설의 장을 제외한 당해 시설의 직원을 겸할 수 없으며, 감사는 법인의 이사, 법인이 설치한 사회복지시설의 장 또는 그 직원을 겸할 수 없다(사회복지사업법 제21조).

(4) 임원의 해임명령(사회복지사업법 제22조)

시·도지사는 〈표 2-4〉의 경우 법인에 대하여 그 임원의 해임을 명할 수 있다.

〈표 2-4〉 임원의 해임명령 사유

- 시·도지사의 명령을 정당한 이유 없이 이행하지 아니한 때
- 회계부정이나 현저한 불법행위 기타 부당행위 등이 발견되었을 때
- 법인의 업무에 관하여 시·도지사에게 보고할 사항에 대해 고의로 보고를 지연하거나 허위보고를 한 때
- 기타 사회복지사업법에 의한 명령을 위반한 때

(5) 시·도지사의 이사 추천

시·도지사는 국가 또는 지자체가 설립한 법인 및 시설을 운영하는 법인(시설법인)의 이사 중 1인을 추천할 수 있다.

추천이사의 자격은 추진과정에서 변동 가능하며, 이사 선임 당시 해당 시·도에 주민등록을 두고 있는 주민 중 사회복지에 관한 지식과 경험이 있는 자가 된다. 이때 선임된 이사가 주민등록지를 타 시·도로 옮길 경우에는 당연 퇴직하는 것으로 한다.

사회복지법인의 설립

사회복지법인은 설립허가 후 3주 내에 주된 사무소 소재지에서 설립등기를 해야 하며 법인은 설립등기를 마쳐야만 법인으로서 권리능력을 부여받게 된다. 이 장에서는 법인 설립허가 후 조치사항에 대하여 살펴보고자 한다.

1. 사회복지법인 설립의 개요

사회복지법인을 설립하고자 하는 자는 사회복지법인 관련법령(사회복지사업법 제16조, 시행령 제8조, 시행규칙 제7조)에 의거하여 관련서류를 주된 사무소를 관할하는 시 · 군 · 구청장에게 제출함으로써 효력이 발생된다.

사회복지법인의 설립허가는 〈표 3-1〉과 같은 절차로 이루어진다.

사회복지법인을 설립하고자 하는 자는 사회복지법인 설립허가신청서 및 관련서류를 구비하여 주된 사무소를 관할하는 시 · 군 · 구청장을 거쳐 시 · 도지사에게 제출하여야 한다. 그러면 시 · 군 · 구는 설립허가를 신청한 법인에 대한 기초자료(예를 들면, 자산에 관한 실지조사 결과, 법인설립 필요성에 관한 검토의견서 등)를 첨부하여 시 · 도에 신청서를 제출한다. 그리고 시 · 도는 법인설립허가신청서와 시 · 군 · 구의 기초자료, 시 · 도의 복지여건 등을 종합적으로 검토하여 법인설립허가의 최종결정을 하게 된다.

처리기한은 목적사업의 범위가 둘 이상의 시 · 도에 걸치는 법인의 경우는 22일 정도

〈표 3-1〉 사회복지법인 설립허가 절차

신청인	처리기관
	주무관청
신청서 작성 ──────▶	접수
	↓
	확인
	↓
허가증 교부 ──────▶	결재

〈표 3-2〉 사회복지법인 설립절차의 개요

1단계	신청인의 법인설립 신청(신청인 → 시 · 군 · 구)
조치사항	• 사회복지법인을 설립하고자 하는 자는 사회복지사업법 시행규칙 제7조에 규정되어 있는 사회복지법인 설립허가신청서와 기타 구비서류를 완비하여 시 · 군 · 구에 제출
참고사항	• 신청인은 신청서 제출 전 법인 주사무소가 소재할 시 · 도 및 시 · 군 · 구와 법인설립 필요성 등에 대해 충분하게 협의하여 추후 절차가 원만하게 수행되도록 지도할 것 • 시 · 도 및 시 · 군 · 구는 사회복지법인 설립에 대한 문의가 있을 경우 신속하고 정확하게 안내할 것
2단계	검토의견 등 첨부하여 시 · 도 제출(시 · 군 · 구 → 시 · 도)
조치사항	• 시 · 군 · 구는 설립허가를 신청한 법인에 대한 기초자료(예를 들면, 자산에 관한 실지조사 결과, 법인설립 필요성에 관한 검토의견서 등)를 첨부하여 시 · 도 신청서를 제출
참고사항	• 신청서를 접수한 시 · 군 · 구는 해당 법인이 소재할 사무소 및 기본재산 등을 직접 엄격하게 확인할 것(필요시 방문) • 시 · 도에서 조례 및 규칙 등으로 법인업무와 관련한 시 · 군 · 구의 권한 및 위임사항을 정하였을 경우 그에 따르되 법인의 허가 등 법인관리 업무의 중요사항은 반드시 시 · 도지사가 행할 것
3단계	시 · 도에서 최종 허가여부 결정
조치사항	• 시 · 도는 '법인설립허가신청서'와 시 · 군 · 구의 기초자료, 시 · 도의 복지여건 등을 종합적으로 검토하여 법인설립허가 최종 결정 • 처리기한 　– 목적사업의 범위가 2 이상의 시 · 도에 걸치는 법인: 22일 　– 목적사업의 범위가 1 시 · 도에 한정되는 법인: 17일
참고사항	• 법인허가 시 법인의 목적사업에 해당하는 기본재산을 갖추었는지 여부를 엄격하게 심사할 것 • 목적사업이 2 이상의 시 · 도 걸쳐 있는 법인에 대해서는 관련 시 · 도의 의견을 충분히 수렴한 후 결정

소요되며, 하나의 시·도에 한정되는 법인의 경우에는 17일 정도 소요된다.

사회복지법인 설립절차를 좀 더 구체적으로 살펴보면 〈표 3-2〉와 같다.

과거의 사회복지시설 설치·운영은 사회복지법인에서만 설치할 수 있도록 허용하였으나, 1998년부터는 비영리법인, 사단법인, 재단법인, 개인 등 누구나 할 수 있도록 하였다.

2. 사회복지법인의 설립 요건

1) 법인설립허가신청

사회복지법인을 설립하고자 하는 자는 사회복지법인 관련법령(사회복지사업법 제16조, 시행령 제8조, 시행규칙 제7조)에 의거하여 법인설립허가신청서(별지 제1호 서식 참조) 및 관련서류를 구비하여 주된 사무소를 관할하는 시·군·구청장에게 제출하여야 한다.

관련서류 및 법인설립허가신청서 양식은 〈표 3-3〉과 같다.

2) 설립발기인 명단

설립발기인의 명단에는 설립발기인의 직위, 성명, 성별, 주민등록번호, 주소 및 주요 약력(3~4가지) 등을 간략하게 기재한다.

〈표 3-3〉 법인설립허가신청 서류

〈별지 제1호 서식〉 법인설립허가신청서
〈개정 2008. 8. 28.〉

(앞쪽)

법인설립허가신청서				처리기간
				20 일
신청인	① 성명		② 주민등록번호	–
	③ 주소		④ 전화번호	
법인	⑤ 명칭			
	⑥ 소재지		⑦ 전화번호	
	⑧ 대표자 성명		⑨ 대표자 주민등록번호	–
	⑩ 주소			

민법 제32조 및 보건복지가족부 및 그 소속청 소관 비영리법인의 설립 및 감독에 관한 규칙 제3조에 따라 위와 같이 법인설립허가를 신청합니다.

년   월   일

신청인   (서명 또는 날인)

귀하

※ 구비서류	수수료
	없음

1. 설립발기인의 성명 · 주민등록번호 · 주소 · 약력을 기재한 서류(설립발기인이 법인인 경우에는 그 명칭, 주된 사무소의 소재지, 대표자의 성명 · 주민등록번호 · 주소와 정관을 기재한 서류) 1부
2. 정관 1부
3. 재산목록(재단법인에 있어서는 기본재산과 운영재산으로 구분하여 기재) 및 그 입증서류와 출연의 신청이 있는 경우에는 그 사실을 증명하는 서류 각 1부
4. 당해 사업연도분의 사업계획 및 수지예산을 기재한 서류 1부
5. 임원취임예정자의 성명 · 주민등록번호 · 주소 및 약력을 기재한 서류와 취임승낙서 각 1부
6. 창립총회회의록(설립발기인이 법인인 경우에는 법인설립에 관한 의사의 결정을 증명하는 서류) 1부

210mm×297mm (신문용지 54g/㎡)

〈표 3-4〉 발기인 명단 작성법

연번	성명	주민등록번호	주소	약력	기명 날인
1	○○○	○○○○○○- ○○○○○○○	○○시 ○○구 ○○동 ○○번지	○○대학교 총장	○
2	○○○	○○○○○○- ○○○○○○○	○○시 ○○구 ○○동 ○○번지	사) ○○연합회 사무총장	○
3	○○○	○○○○○○- ○○○○○○○	○○시 ○○구 ○○동 ○○번지	○○대학교 사회복지학과 교수	○
4	○○○	○○○○○○- ○○○○○○○	○○시 ○○구 ○○동 ○○번지	○○○공동체 부장	○
5	○○○	○○○○○○- ○○○○○○○	○○시 ○○구 ○○동 ○○번지	사) ○○협회 이사	○
6	○○○	○○○○○○- ○○○○○○○	○○시 ○○구 ○○동 ○○번지	사) ○○○사랑나눔회 이 사	○
7	○○○	○○○○○○- ○○○○○○○	○○시 ○○구 ○○동 ○○번지	○○대학교 직원	○

3) 정 관

　사회복지법인은 반드시 사회복지사업법 제2조의 '사회복지사업'을 수행할 목적으로 설립되어야 하며, 사회복지사업을 수행함에 있어 이윤추구를 위한 영리목적이 아닌 사회복지라는 비영리목적을 위해 존재해야 한다. 다만, 비영리사업의 목적을 달성하기 위해 필요한 한도에서 비영리사업의 본질에 반하지 않을 정도의 영리행위를 하는 것은 가능하며, 영리행위로 인한 수익은 언제나 사업목적 수행에 충당되어야 한다. 예를 들면, 유료시설에서 생활비를 받는 경우, 운영비 보조를 위해 일정 영리사업을 하는 경우 등은 가능하나 이로 인한 수익은 시설기능보강, 운영비보조, 생활자 복지수준 향상 등을 위해 사용되어야 한다.

　그리고 사회복지법인을 설립하고자 하는 자는 수행하고자 하는 목적사업을 구체적으로 확정하여 신청해야 한다. 사회복지사업법 제2조의 '사회복지사업' 수행식의 추상적인 목적사업은 불가능하므로 수행하고자 하는 목적사업을 세부적이고 구체적으로 규정

〈표 3-5〉 법인 정관의 본문 기재사항 및 첨부서류

기재사항	첨부서류
① 목적 ② 명칭: 기존 법인과 유사명칭은 사용금지 ③ 사무소의 소재지: 읍·면·동·번지까지 기재 ④ 자산에 관한 규정: 별지 기재 ⑤ 이사의 임면에 관한 규정 ⑥ 회원자격의 득실에 관한 규정 ⑦ 존립시기나 해산사유를 정하는 때에는 그 시기 또는 사유	① 법인설립 당시의 기본재산 목록 ② 임원명단 ③ 법인이 사용할 인장

해야 한다. 예를 들면, 국민기초생활보장법 제○○조의 ○○사업, 노인복지법 제○○조의 노인의료복지시설 중 무료노인요양시설운영 등으로 명시한다.

　정관의 본문 기재사항 및 첨부서류는 〈표 3-5〉와 같다(⑥, ⑦은 사단법인만 해당).

　기본재산의 처분에 관한 사항은 개별적으로 주무관청의 허가를 받는 것이 아니라 정관의 변경절차를 동일하게 거친다. 기본재산의 처분 자체가 주무관청의 허가대상은 아니나 기본재산이 정관의 별지로 구성되어 있으므로 기본재산 변동은 별지개정사항이 되어 정관변경절차가 필요하다.

　법인이 계약 등 법률행위 시에는 반드시 법원에 등기한 대표이사의 인감을 사용하여야 하고 법인의 직인은 공시된 것이 아닌 임의의 것임에 유의하여야 한다.

　정관은 법인의 유지·운영을 위하여 준수하여야 할 기본이 되는 규칙이므로 향후 법인운영에 필요한 사항을 망라하고 관계법규에 어긋남이 없도록 하여 발기인 전원이 기명 날인하여야 한다. 정관의 면과 면 사이에 발기인 전원의 간인을 찍도록 한다.

　재단법인 및 사단법인의 정관 작성의 예시는 〈표 3-6〉과 〈표 3-7〉과 같다.

〈표 3-6〉 재단법인 정관 작성법

제1장 총 칙

제1조(명칭) 이 법인은 "재단법인 ○○○○"(이하 "법인")이라 한다.

제2조(목적) 이 법인은 ____법의 규정에 의한 ____를 수행함으로써 ____함을 목적으로 한다.

제3조(사무소의 소재지) 법인의 주사무소는 ○○시(도) ○○구(군) ○○동(면) ○○리 ○○번지
에 둔다.

제4조(사업) 법인은 제2조의 목적을 달성하기 위하여 다음 각 호의 사업을 수행한다.

 1.

 2.

 3.

 4.

 5. 기타 법인의 목적달성에 필요한 사업

제5조(무상이익의 원칙) 법인은 목적사업으로 제공하는 이익을 원칙적으로 무상으로 한다. 다
만, 그 실비를 수혜자에게 부담시키는 수익사업에 대해서는 이사회의 심의·의결을 거친다.

제6조(수혜평등의 원칙) 법인의 목적사업으로 제공하는 이익은 특히 그 목적을 한정한 경우를
제외하고는 수혜자의 출생지, 출신학교, 직업, 성별, 연령 기타 사회적 신분에 의하여 부당하
게 차별되어서는 아니된다.

제2장 재산 및 회계

제7조(재산의 구분) ① 법인의 재산은 기본재산과 보통재산으로 구분하여 관리한다.

 ② 기본재산은 법인의 목적사업 수행에 관계되는 부동산 또는 동산으로서 설립자가 출연한
재산과 이사회에서 기본재산으로 정한 재산으로 하며, 그 목록과 평가액은 "별지1"과 같다.

 ③ 보통재산은 기본재산 이외의 재산으로 한다.

제8조(재산의 관리) ① 법인의 기본재산을 매도·증여·교환·임대 또는 용도를 변경하거나
담보로 제공하거나 의무의 부담, 권리의 포기를 하고자 할 때는 이사회에서 재적이사 3분의
2 이상의 의결을 거쳐야 한다.

 ② 기본재산의 변경에 관하여는 정관변경에 관한 규정을 준용한다.

제9조(재원) 법인은 기본재산 및 보통재산에서 발생한 과실과 수익사업에 의한 수익금, 후원
금, 찬조금, 기부금, 기타의 수입을 재원으로 한다.

제10조(차입금) 법인이 예산 외의 의무부담이나 자금의 차입을 하고자 할 때에는 이사회의 의
결을 거쳐야 한다.

제11조(회계연도) 법인의 회계연도는 정부의 회계연도에 따른다.

제12조(업무보고) ① 법인은 매 회계연도 개시 1월 전에 다음 회계연도에 실시할 사업계획 및 수지예산에 관한 서류를 작성하여 이사회의 의결을 거쳐 주무관청에게 제출하여야 하며 추가경정에 관한 사항 또한 같다.

② 법인은 사업실적 및 결산보고서를 매 회계연도 종료 후 2월 이내에 감사의 감사를 받아 이사회의 의결을 거쳐 주무관청에 제출하여야 한다. 이 경우에 재산목록과 업무현황 및 감사결과보고서도 함께 제출해야 한다.

제13조(세계잉여금) 법인의 매 회계연도 결산잉여금은 차입금상환 또는 다음 회계연도에 이월 사용하는 것을 제외하고는 이를 기본재산에 편입하거나 이사회의 의결을 거쳐 법인의 목적사업에 사용한다.

제14조(임원의 보수) 법인은 임원에 대해서 보수를 지급하지 아니한다. 다만, 업무수행에 필요한 실비를 지급할 수 있다.

제3장 임 원

제15조(임원의 종류와 정수) 법인은 다음의 임원을 둔다.
 1. 이사장 1인
 2. 상임이사 1인
  ※ 법인의 목적사업을 전담하기 위한 상임이사를 둘 수 있다.
 3. 이사 ○인
 4. 감사 ○인
  ※ 감사는 2인 이하로 정한다.

제16조(임원의 임기) ① 이사의 임기는 3년, 감사의 임기는 2년으로 하며 연임할 수 있다. 다만, 보선임원의 임기는 전임자의 잔임기간으로 한다.

② 임원은 임기 만료 후라도 후임자가 취임할 때까지는 임원으로 직무를 수행한다.

제17조(임원의 선임) ① 임원은 임기만료 1월 전에 이사회에서 선임한다.

② 이사장은 재적이사 과반수의 찬성을 얻어 선출하고, 상임이사는 이사장이 이사 중에서 임명하되 이사회 참석이사 과반수의 찬성을 얻어 선임하며, 각각 임기는 이사로서의 재임기간으로 한다.

③ 임원 중 결원이 발생한 경우에는 그 결원이 발생한 날부터 2월 이내에 이사회에서 후임자를 선임하여야 한다.

제18조(임원의 결격사유) 다음 각 호의 1에 해당하는 자는 법인의 임원이 될 수 없다.
 1. 미성년자
 2. 금치산자 또는 한정치산자
 3. 파산자로서 복권되지 아니한 자

4. 금고 이상의 형을 받고 집행이 종료되거나 집행을 받지 아니하기로 확정된 후 3년이 경과
   하지 아니한 자
 ① 임원이 제3항 각 호의 1에 해당하게 된 때에는 자격을 당연히 상실한다.
제19조(임원의 직무) ① 이사장은 이 법인을 대표하고 법인의 업무를 통할하며 이사회의 의장
   이 된다.
 ② 상임이사는 이사로서의 직무 이외에 이사장을 보좌하며 이사회 또는 이사장으로부터 수임
 된 수관업무를 상근하며 집행한다.
 ③ 이사는 이사회에 출석하여 법인의 업무에 관한 사항을 의결하며 이사회 또는 이사장으로
 부터 위임받은 사항을 처리한다.
 ④ 감사는 다음의 직무를 행한다.
 1. 법인의 재산상황을 감사하는 일
 2. 이사회의 운영과 그 업무에 관한 사항을 감사하는 일
 3. 제1호 및 제2호의 감사결과 부정 또는 부당한 점이 있음을 발견한 때에는 이사회에 그 시
    정을 요구하고 소속관청의 장에게 보고하는 일
 4. 제3호의 시정요구 및 보고를 하기 위하여 필요한 때에는 이사회의 소집을 요구하는 일
 5. 그 밖에 이사회 운영과 그 업무에 관한 사항에 대하여 이사회에 참석하여 의견을 진술하
    는 일
제20조(임원의 해임) 임원이 다음 각 호의 1에 해당하는 행위를 한 때에는 재적이사 3분의 2
   이상의 찬성으로 해임할 수 있다.
 1. 법인의 목적에 위배되는 행위
 2. 임원 간의 분쟁ㆍ회계부정 또는 현저한 부당행위
 3. 법인의 업무를 방해하는 행위
 4. 법인의 명예나 위신을 손상하거나 품위를 훼손하는 행위
 5. 민법 및 보건복지부 및 그 소속청 소관 비영리법인의 설립 및 감독에 관한 규칙에 의한 감
    독상의 명령을 정당한 이유 없이 이행하지 아니한 때
제21조(이사장의 직무대행)
 [사례1] ① 이사장이 유고 또는 궐위된 때에는 상임이사가 이사장의 직무를 대행하고, 이사장
 및 상임이사가 동시에 유고 또는 궐위된 때에는 이사 중 연장자가 이사장의 직무를 대행한다.
 ② 이사장이 궐위된 때에는 이사장 직무 대행자는 지체 없이 이사장 선임절차를 취하여야 한다.
 [사례2] ① 이사장이 사고가 있을 때에는 이사장이 지명하는 이사가 이사장의 직무를 대행한다.
 ② 이사장이 궐위되었을 때에는 이사 중에서 연장자 순으로 이사장의 직무를 대행한다.
 ③ 제2항의 규정에 의하여 이사장의 직무를 대행하는 이사는 지체 없이 이사장 선출의 절차
 를 밟아야 한다.

제4장 이사회

제22조(이사회의 구성) 이 법인의 최고의결기관으로 이사회를 두며 이사장, 상임이사, 이사로 구성한다.

제23조(이사회의 소집) ① 이사회는 정기이사회와 임시이사회로 구분하며, 이사장이 이를 소집한다.

② 정기이사회는 매 회계연도 개시 1월 전까지 소집하며, 임시이사회는 이사장이 필요하다고 인정할 때 또는 재적이사 3분의 1 이상의 서면요청이 있을 때와 감사의 연서에 의한 요청이 있을 때에 소집한다.

③ 이사회의 소집은 이사장이 회의 안건·일시·장소 등을 명기하여 회의 개시 7일 전까지 문서로 각 이사 및 감사에게 통지하여야 한다. 다만, 긴급을 요하는 경우와 이사 전원이 찬성할 때에는 서면이 아닌 기타 다른 방법으로 통지할 수 있다.

④ 이사장은 재적이사 3분의 1 이상이 회의안건을 명시하여 소집을 요구한 때와 감사가 연서로 소집을 요구한 때로부터 20일 이내에 이사회를 소집하여야 한다.

제24조(이사회의 의결사항) 이사회는 다음 각 호의 사항을 심의·의결한다.

1. 정관의 변경에 관한 사항
2. 법인의 제반규정의 제정 및 개정에 관한 사항
3. 법인의 해산 및 잔여재산의 처분에 관한 사항
4. 임원선출 및 사업부서의 책임자 임명·해임에 관한 사항
5. 사업계획 수립 및 예산·결산에 관한 사항
6. 법인이 설립한 시설장의 임명 및 시설운영에 관한 사항
7. 수익사업에 관한 사항
8. 분사무소 또는 지부의 설치·운영 폐지 등에 관한 사항
9. 기타 법령이나 법인의 정관 또는 규정에 의하여 이사회의 권한에 속하는 사항

제25조(이사회의결 제척사유) 임원이 다음 각 호의 1에 해당하는 때에는 그 의결에 참여하지 못한다.

1. 임원의 선출 및 해임에 있어 자신에 관한 사항을 의결할 때
2. 금전 및 재산의 수수 또는 소송 등에 관련되는 사항으로 자신과 법인의 이해가 상반될 때

제26조(이사회의 개의와 정족수) 이사회는 이 정관에 별도로 규정한 경우를 제외하고는 재적이사 과반수의 출석으로 개의하고 출석이사 과반수의 찬성으로 의결한다.

제27조(이사회의 회의록) ① 이사회의 의사에 관하여는 회의록을 작성하여야 한다.

② 회의록에는 의사의 경과, 요령, 및 결과를 기재하고, 의장과 참석이사가 기명 날인하여야 한다.

③ 이사장은 회의록을 법인의 주된 사무소에 비치하여야 한다.

제5장 사무국

제28조(사무국) ① 법인의 실천전반에 걸친 집행업무 및 사무를 처리하기 위하여 중앙사무국을 둔다.

② 사무국에는 본부장 1인과 기타 필요한 직원을 두며, 본부장은 이사회의 동의를 얻어 이사장이 임명한다.

③ 사무국의 직제 및 운영, 직원의 임용 및 보수 등에 관한 사항은 별도 규정으로 정한다.

제6장 수익사업

제29조(수익사업) ① 법인은 제2조의 목적과 제4조의 사업목적을 달성하기 위하여 필요한 때에는 이사회의 의결을 거쳐 그 본질에 반하지 않는 범위 내에서 수익사업을 할 수 있다.

② 제1항의 수익사업을 경영하기 위하여 이사장은 이사회의 의결을 거쳐 수익사업 부서의 사업종류별로 관리자 또는 책임자를 임명한다.

③ 수익사업은 목적사업과 분리하여 운영한다.

제30조(수익사업의 기금 관리) 수익사업에 의한 이익금은 법인의 목적사업에 충당하거나 이사회의 결의에 따라 특정한 기금으로 적립해야 하고 기타 다른 용도로 일체 사용할 수 없다.

제7장 보 칙

제31조(정관변경) 법인의 정관을 변경하고자 할 때에는 재적이사 3분의 2 이상의 의결을 거쳐 주무관청의 허가를 받아야 한다.

제32조(해산) 법인이 해산하고자 할 때에는 재적이사 3분의 2 이상의 의결을 거쳐 주무관청에게 해산신고를 하여야 한다.

제33조(청산인) 법인의 해산 시 이사장은 당연직 청산인이 된다.

제34조(청산종결의 신고) 청산인은 법인의 청산을 종결한 때에는 민법 제94조의 규정에 의하여 그 취지를 등기하고 청산종결 신고서에 등기부등본을 첨부하여 주무관청에게 제출한다.

제35조(잔여재산의 처리) 법인이 해산된 때의 잔여재산은 이사회의 의결을 거쳐 주무관청의 허가를 얻어 유사법인에 기증하거나 국가 또는 지방자치단체에 귀속한다.

제36조(운영규정) 이 정관 시행에 관하여 필요한 사항은 이사회의 의결을 거쳐 별도의 규정으로 정한다.

제37조(준용규정) 이 정관에 규정되지 아니한 사항은 민법 중 재단법인에 관한 규정, 비송사건절차법, 보건복지부 및 그 소속청 소관 비영리법인의 설립 및 감독에 관한 규칙을 준용한다.

부 칙

제1조(시행일) 이 정관은 주무관청의 허가를 받는 날부터 시행한다.

제2조(경과조치) 법인의 설립 이전에 추진위원회에서 행한 일은 본 정관에 의하여 행한 것으로 본다.

제3조(설립자의 기명날인) 법인을 설립하기 위하여 이 정관을 작성하고 다음과 같이 설립자 전원이 기명 날인한다.

별 지

기본재산 목록

구 분	소재지	규 모	평가가액	출연자	비 고

붙 임 1.

임 원

직 원	임 기	성 명	주민등록번호	주 소
대표이사	200 . . ~			
상임이사	200 . . ~			
이사				
감사				

붙임 2.

법인이 사용할 인장

1) 직 인	2) 대표이사의 인	3) 계 인

〈표 3-7〉 사단법인 정관 작성법

제1장 총 칙

제1조(명칭) 이 법인은 "사단법인 ○○○○"(이하 "법인")이라 한다.

제2조(목적) 이 법인은 ＿＿＿법의 규정에 의한 ＿＿＿를 수행함으로써 ＿＿＿함을 목적으로 한다.

제3조(사무소의 소재지) 법인의 주사무소는 ○○시(도) ○○구(군) ○○동(면) ○○리 ○○번지
　　에 둔다.

제4조(사업) 법인은 제2조의 목적을 달성하기 위하여 다음 각 호의 사업을 수행한다.

　1.

　2.

　3.

　4.

　5. 기타 법인의 목적달성에 필요한 사업

제2장 회 원

제5조(회원의 자격) ① 법인의 회원은 제2조의 목적과 설립취지에 찬동하여 소정의 가입절차
　　를 마친 자(공공기관, 단체)로 한다.

　② 법인의 회원이 되고자 하는 자는 소정의 회원가입 신고서를 법인에 제출하여야 한다.

　③ 회원의 자격, 가입회비 등에 관한 세부사항은 총회에서 별도의 규정으로 정한다.

제6조(회원의 권리) ① 회원은 법인 임원 선거권 및 피선거권을 가지며 총회에 참석하여 법인
　　의 활동에 관한 의견을 제안하고 의결에 참여할 권리를 가진다.

　② 회원은 법인의 자료 및 출판물을 제공받으며, 법인운영에 관한 자료를 열람할 수 있다.

제7조(회원의 의무) 회원은 다음의 의무를 진다.

　1. 본회의 정관 및 제 규정의 준수

　2. 총회 및 이사회의 결의사항 이행

　3. 회비 및 제 부담금의 납부

제8조(회원의 탈퇴와 제명) ① 회원은 본인의 의사에 따라 회원탈퇴서를 제출함으로써 자유롭
　　게 탈퇴할 수 있다.

　② 회원이 법인의 명예를 손상시키거나 목적 수행에 지장을 초래한 경우 또는 1년 이상 회원
　　의 의무를 준수하지 않은 경우에는 총회의 의결을 거쳐 제명할 수 있다.

　③ 탈퇴 및 제명으로 인하여 회원의 자격을 상실한 경우에는 납부한 회비 등에 대한 권리를
　　요구할 수 없다.

제3장 임 원

제9조(임원의 종류 및 정수) ① 법인은 다음의 임원을 둔다.

  1. 회장 1인

  2. 상임이사 1인

    ※ 법인의 목적사업을 전담하기 위한 상임이사를 둘 수 있다.

  3. 이사 ○인(회장, 상임이사를 포함한다.)

  4. 감사 ○인

    ※ 감사는 2인 이하로 정한다.

제10조(임원의 선임) ① 법인의 임원은 총회에서 선출한다.

  ② 회장은 이사 중에서 호선한다.

  ③ 임기가 만료된 임원은 임기만료 2월 이내에 후임자를 선출하여야 하며, 임원이 궐위된 경우에는 궐위된 날로부터 2월 이내에 후임자를 선출하여야 한다.

  ④ 임원선출이 있을 때에는 임원선출이 있는 날로부터 3주 이내에 관할법원에 등기를 필한 후 주무관청에게 통보하여야 한다.

제11조(임원의 해임) 임원이 다음 각 호의 1에 해당하는 행위를 한 때에는 총회의 의결을 거쳐 해임할 수 있다.

  1. 본회의 목적에 위배되는 행위

  2. 임원 간의 분쟁·회계부정 또는 현저한 부당행위

  3. 본회의 업무를 방해하는 행위

제12조(임원의 결격사유) 다음 각 호의 1에 해당하는 자는 임원이 될 수 없다.

  1. 금치산자 또는 한정치산자

  2. 파산자로서 복권이 되지 아니한 자

  3. 법원의 판결 또는 다른 것에 의하여 자격이 상실 또는 정지된 자

  4. 금고 이상의 실형의 선고를 받고 그 집행이 종료(집행이 종료된 것으로 보는 경우를 포함한다)되거나 집행이 면제된 날부터 3년이 경과되지 아니한 자

  5. 금고 이상의 형의 집행유예선고를 받고 그 유예기간 중에 있는 자

제13조(상임이사) ① 본 법인의 목적사업을 전담하게 하기 위하여 상임이사를 둘 수 있다.

  ② 상임이사는 이사회의 의결을 거쳐 회장이 이사 중에서 선임한다.

    ※ 상임이사를 두지 않는 경우에는 이 규정은 필요 없음

제14조(임원의 임기) ① 이사의 임기는 3년, 감사의 임기는 2년으로 하며 연임할 수 있다. 다만, 보선임원의 임기는 전임자의 잔임기간으로 한다.

  ② 임원은 임기만료 후라도 후임자가 취임할 때까지는 임원으로 직무를 수행한다.

제15조(임원의 직무) ① 회장은 법인을 대표하고 법인의 업무를 통할하며, 총회 및 이사회의 의장이 된다.

② 상임이사는 상근하며 회장의 지시를 받아 법인의 사무를 총괄한다.

③ 이사는 이사회에 출석하여 법인의 업무에 관한 사항을 의결하며 이사회 또는 회장으로부터 위임받은 사항을 처리한다.

④ 감사는 다음의 직무를 수행한다.

1. 법인의 재산상황을 감사하는 일

2. 총회 및 이사회의 운영과 그 업무에 관한 사항을 감사하는 일

3. 제1호 및 제2호의 감사결과 부정 또는 부당한 점이 있음을 발견한 때에는 이사회 또는 총회에 그 시정을 요구하고 주무관청에게 보고하는 일

4. 제3호의 시정요구 및 보고를 하기 위하여 필요한 때에는 총회 또는 이사회의 소집을 요구하는 일

5. 본회의 재산상황과 업무에 관하여 총회 및 이사회 또는 회장에게 의견을 진술하는 일

제4장 총 회

제16조(총회의 구성) [사례1] 총회는 본회의 최고의결기관이며 회원으로 구성한다.

 [사례2] 총회는 본회의 최고의결기관으로 제16조2 규정에 의하여 선출된 대의원으로 구성한다.

※ 사례2에만 적용

제16조의2(대의원) [사례1] ① 대의원은 본회의 임원과 각 지부별 총회에서 선출된 자로 한다.

 ② 제1항의 규정에 의한 지부별 대의원 정수는 이사회에서 정한다.

 [사례2] 대의원의 법인의 이사, 감사, 각 지부에서 2인, 회원단체에서 각 1인씩 선출하여 구성한다.

※ 대의원을 둔 경우에는 관련규정에 '회원'을 '대의원'으로 표기

제17조(총회의 구분과 소집) ① 총회는 정기총회와 임시총회로 구분하며, 회장이 이를 소집한다.

 ② 정기총회는 매 회계연도 개시 1월 전까지 소집하여, 임시총회는 회장이 필요하다고 인정할 때에 소집한다.

 ③ 총회의 소집은 회장이 회의안건 · 일시 · 장소 등을 명기하여 회의 개시 7일 전까지 문서로 각 회원에게 통지하여야 한다.

제18조(총회소집의 특례) ① 회장은 다음 각 호의 1에 해당하는 소집요구가 있을 때에는 그 소집요구일로부터 20일 이내에 총회를 소집하여야 한다.

1. 재적이사 과반수가 회의의 목적을 제시하여 소집을 요구한 때

2. 제16조 제3항 제4호의 규정에 의하여 감사가 소집을 요구한 때

3. 재적회원 3분의 1 이상이 회의의 목적을 제시하여 소집을 요구한 때

 ② 총회 소집권자가 궐위되거나 이를 기피함으로써 7일 이상 총회소집이 불가능한 때에는 재적이사 과반수 또는 재적회원 3분의 1 이상의 찬성으로 총회를 소집할 수 있다.

③ 제2항의 규정에 의한 총회는 출석이사 중 최연장자의 사회아래 그 의장을 선출한다.

제19조(총회의 의결사항) 총회는 다음의 사항을 의결한다.

　1. 임원의 선출 및 해임에 관한 사항

　2. 본회의 해산 및 정관변경에 관한 사항

　3. 기본재산의 처분 및 취득과 자금의 차임에 관한 사항

　4. 예산 및 결산의 승인

　5. 사업계획의 승인

　6. 기타 중요사항

제20조(의결정족수) 총회는 정관에서 정하는 사항을 제외하고는 재적회원 과반수 출석으로 개회하고 출석회원 과반수의 찬성으로 의결한다.

제21조(의결제척사유) 회원이 다음 각 호의 1에 해당하는 때에는 그 의결에 참여하지 못한다.

　1. 임원의 선출 및 해임에 있어 자신에 관한 사항을 의결할 때

　2. 금전 및 재산의 수수 또는 소송 등에 관련되는 사항으로서 자신과 본회의 이해가 상반될 때

제5장 이사회

제22조(이사회의 구성) 이사회는 회장과 (상임이사를 포함하여) 이사로 구성한다.

제23조(이사회의 소집) ① 이사회는 정기이사회와 임시이사회로 구분한다.

　② 정기이사회는 연2회 개최하고 임시이사회는 감사 또는 이사의 3분의 1 이상의 요청이 있거나 회장이 필요하다고 인정하는 때에 소집한다.

　③ 회장은 이사회를 소집하고자 할 때에는 회의개최 7일 전까지 이사 및 감사에게 회의의 목적과 안건, 개최일시 및 장소를 통지하여야 한다. 다만, 긴급하다고 인정되는 정당한 사유가 있을 때에는 그러하지 아니한다.

제24조(이사회의 의결사항) 이사회는 다음의 사항을 심의 · 의결한다.

　1. 업무집행에 관한 사항

　2. 사업계획의 운영에 관한 사항

　3. 예산 · 결산서의 작성에 관한 사항

　4. 정관변경에 관한 사항

　5. 재산관리에 관한 사항

　6. 총회에 부의할 안건의 작성

　7. 총회에서 위임받은 사항

　8. 정관의 규정에 의하여 그 권한에 속하는 사항

　9. 기타 본회의 운영상 중요하다고 회장이 부의하는 사항

제25조(의결정족수) 이사회는 재적이사 과반수의 출석으로 개회하고 출석이사 과반수의 찬성

으로 의결한다.

제26조 [사례1] (서면결의 금지) 이사회의 의결은 서면결의에 의할 수 없다.

　[사례2] (서면결의) ① 회장은 이사회에 부의할 사항 중 경미한 사항 또는 긴급을 요하는 사항에 관하여는 이를 서면으로 의결할 수 있다. 이 경우에 회장은 그 결과를 차기 이사회에 보고하여야 한다.

　② 제1항의 서면결의 사항에 대하여 재적이사 과반수가 이사회에 부의할 것을 요구하는 때에는 회장은 이에 따라야 한다.

제6장 재산과 회계

제27조(재산의 구분) ① 법인의 재산은 다음과 같이 기본재산과 보통재산으로 구분한다.

　② 기본재산은 법인의 목적사업 수행에 관계되는 부동산 또는 동산으로서 법인설립 시 그 설립자가 출연한 재산과 이사회에서 기본재산으로 정한 재산으로 하며 그 목록은 "별지1"과 같다.

　③ 보통재산은 기본재산 이외의 재산으로 한다.

제28조(재산의 관리) ① 법인의 기본재산을 매도, 증여, 임대, 교환하거나 담보제공 또는 용도 등을 변경하고자 할 때 또는 의무의 부담이나 권리를 포기하고자 할 때는 총회의 의결을 거쳐야 한다.

　② 기본재산의 변경에 관하여는 정관변경에 관한 규정을 준용한다.

제29조(재원) ① 법인의 유지 및 운영에 필요한 경비의 재원은 다음과 같다.

　1. 회비

　2. 정부 및 지방자치단체 보조금

　3. 각종 기부금

　4. 기본재산으로부터 생기는 과실금

　5. 기타

　② 법인이 예산 외의 채무부담을 하고자 할 때에는 총회의 의결을 거쳐 주무관청의 승인을 받아야 한다.

제30조(회계연도) 법인의 회계연도는 정부의 회계연도에 따른다.

제31조(예산편성 및 결산) ① 법인은 회계연도 1월 전에 사업계획 및 예산안을 이사회의 의결을 거쳐 총회의 승인을 얻는다. 다만, 국고부담이 수반되는 사업은 사전에 주무관청의 승인을 받아야 한다.

　② 법인은 사업실적 및 결산내용을 당해 회계연도 종료 후 2월 이내에 이사회의 의결을 거쳐 총회의 승인을 얻는다.

제32조(회계감사) 감사는 회계감사를 연2회 이상 실시하여야 한다.

제33조(임원의 보수) 임원에 대하여는 보수를 지급하지 아니한다. 다만, 업무수행에 필요한 실비는 지급할 수 있다.

제34조(차입금) 법인이 예산 외의 의무부담이나 자금의 차입을 하고자 할 때에는 이사회의 의결을 거쳐야 한다.

제7장 사무부서

제35조(사무국) ① 회장의 지시를 받아 본회의 사무를 처리하기 위하여 사무국을 둔다.

 ② 사무국에 사무국장 1인과 필요한 직원을 둘 수 있다.

 ③ 사무국장은 이사회의 의결을 거쳐 회장이 임면한다.

 ④ 사무국의 조직 및 운영에 관한 사항은 이사회의 의결을 거쳐 별도로 정한다.

제8장 보 칙

제36조(법인해산) 법인을 해산하고자 할 때에는 총회에서 재적회원 4분의 3 이상의 찬성으로 의결하여 주무관청에게 신고하여야 한다.

제37조(정관변경) 이 정관을 변경하고자 할 때에는 총회에서 재적회원 3분의 2 이상의 찬성으로 의결하여 주무관청의 허가를 받아야 한다.

제38조(업무보고) 익년도의 사업계획서 및 예산서와 당해연도 사업실적서 및 수지결산서는 회계연도 종료 후 2월 이내에 주무관청에게 보고하여야 한다. 이 경우 재산목록과 업무현황 및 감사결과 보고서도 함께 제출하여야 한다.

제39조(준용규정) 이 정관에 규정되지 아니한 사항은 민법 중 사단법인에 관한 규정과 보건복지부 및 그 소속청 소관 비영리법인의 설립 및 감독에 관한 규칙을 준용한다.

제40조(규칙제정) 이 정관이 정한 것 외에 본회의 운영에 관하여 필요한 사항은 이사회의 의결을 거쳐 규칙으로 정한다.

부 칙

제1조(시행일) 이 정관은 주무관청이 허가한 날로부터 시행한다.

제2조(경과조치) 이 정관 시행 당시 법인설립을 위하여 발기인 등이 행한 행위는 이 정관에 의하여 행한 것으로 본다.

제3조(설립자의 기명날인) 본회를 설립하기 위하여 이 정관을 작성하고 다음과 같이 설립자 전원이 기명 날인한다.

별 지

기본재산 목록

구 분	소재지	규 모	평가가액	출연자	비 고

붙 임 1.

임 원

직 원	임 기	성 명	주민등록번호	주 소
대표이사	200 . . ~			
상임이사	200 . . ~			
이사				
감사				

붙 임 2.

법인이 사용할 인장

1) 직 인	2) 대표이사의 인	3) 계 인

4) 재산목록

재산목록은 법인이 출연하는 재산 중 법인의 목적사업 수행에 관계되는 부동산 또는 동산으로서 법인설립 시 기본재산으로 출연한 재산, 기부에 의하거나 기타 무상으로 취득한 재산, 회계연도 세계잉여금으로 기본재산에 편입된 재산과 이사회에서 기본재산으로 정한 재산은 이를 기본재산으로 하고 그 이외의 재산은 보통재산으로 한다.

출연재산목록은 기본재산과 보통재산으로 명확하게 구분하고, 금액은 감정평가액을 기재한다. 기본재산의 소재지, 지번, 지목, 면적, 평가가액 등을 기재하며, 보통재산의 종류, 수량 및 금액 등을 기재한다.

출연인 인적사항과 출연일자 기재 후 인감날인 그리고 출연자 인감증명서를 첨부한다. 또한 주식, 예금 등의 출연행위에 대하여는 공증인의 공증을 받도록 한다.

기본재산이 수익발생을 할 수 있는 경우에는 수익을 파악할 수 있도록 작성하고 수익산출 근거를 명시하고, 수익을 증명할 수 있는 기관이 발행하는 증빙서류(수익확인서, 배당이익증명서, 이자수익확인서, 납세필증 등)를 첨부한다.

〈표 3-8〉 재산목록 작성법

총 계						
	소재지	자산분류	면적(㎡)	평가액(원)	출연자	비고
1. 기본재산		건 물				
		대 지				
		출연금				
		소 계				
2. 보통재산	품 목		대수	종류	금액	비고
	컴퓨터		○대	펜티엄 Ⅳ급 조립품	○○○천 원	현재가
	차량		○대	○○	○○○천 원	
	소 계				○○○천 원	

〈표 3-9〉 기본재산기증 승낙서 작성법

1. 재산의 표시

연변	종 류	규 모 (㎡)	가 액 (원)	연간수입액 (원)	소재지	등기번호	비 고
1	토지						
2	건물						
3	예금						
4	유가증권						

2. 위 재산은 증빙서류와 같이 본인소유의 재산인 바, (가칭)사단/재단법인 ○○○의 설립취지와 목적에 찬성하여 위 재산을 귀 법인의 기본재산으로 인감증명서 첨부, 정히 기증함을 승낙함

200 . . .

위 재산 소유자
주소:
주민등록번호:
성명: ○○○ (인감)

첨부: 1. 인감증명서 1부
    2. 부동산 등기부등본 및 감정원평가서(부동산 출연 시) 각 1부
    3. 은행잔고 증명서(현금 출연 시) 1부

(가칭)사단/재단법인 ○○○ 귀중

〈표 3-10〉 보통재산기증 승낙서 작성법

보통재산기증 승낙서

1. 재산의 표시

연 변	종 류	단 위	가 액	수 량	비 고

2. 위 재산은 아래 본인소유의 재산인바, (가칭)사단/재단법인 ○○○의 설립취지와 목적에
   찬성하여 위 재산을 귀 법인의 보통재산으로 인감증명서 첨부, 정히 기증함을 승낙함

200 .　.　.

위 재산 소유자
주소:
주민등록번호:
성명: ○○○ (인감)

첨부: 1. 인감증명서 1통

(가칭)사단/재단법인 ○○○ 귀중

5) 당해 사업연도분의 사업계획 및 수지예산서

기본방향, 주요 추진사업, 주요 사업별 추진일정 및 소요예산, 수지예산서의 내용이 담기도록 작성한다.

〈표 3-11〉 사업계획서 및 수지예산서 작성법

2○○○년도 사업계획서 및 수지예산서

• 사업계획서
 - 계획의 목적과 연도별 계획 명시

• 수지예산서
 - 예산총괄표

사업명	예산액	산출근거

 - 수지예산서(수입지부)

연예산액	월예산액	사업내역	비 고

 - 수지예산서(지출지부)

내 역	금 액	비 고

• 잔액증명서
 - 금융기관에서 확인

6) 임원취임예정자의 명단 및 취임승낙서

임원취임승낙서는 임원취임자의 취임승낙의사 표시와 인적사항을 기재하고, 이사 및 감사 등의 직위와 취임기간을 명시하고 날인한다. 인감증명서와 임원의 이력서를 함께 첨부한다.

〈표 3-12〉 임원취임 승낙서 작성법

임원취임 승낙서

성명: ○○○
주민등록번호:
주소:

상기 본인은 ○○○의 회장(이사장)/이사/감사직을 맡아 성실히 수행할 것을 승낙합니다.

20   년 ○월 ○일
○○○   (인감)

첨부: 인감증명서, 임원이력서 각 1통

(가칭)사단/재단법인 ○○○ 귀중

7) 발기인총회회의록

회의록에는 설립취지, 정관의 심의 · 의결, 임원선출, 재산출연 및 수증에 관한 사항 의결, 사업계획서 및 수지예산서 의결에 관한 사항이 포함되도록 하여 발기인 전원이 기명하고 인감을 날인하여야 한다. 회의록의 각 면과 면 사이에는 발기인 전원의 간인처리를 한다.

〈표 3-13〉 발기인총회회의록 작성법

발기인총회회의록

- 회의일시: ○○년 ○○월 ○○일 ○○시~○○시
- 회의장소: ○○시 · 도 ○○구 ○○동 ○○빌딩 ○층
- 참 석 자: 발기인 ○○명
- 의 　제: 1. 정관의 심의
　　　　　 2. 임원선출
　　　　　 3. 재산출연사항
　　　　　 4. 사업계획 및 수입, 지출안 심의
- 발기인 대표선출: ○○○을 만장일치로 선출함
- 20○○년 ○○월 ○○일 ○○시 (가칭) "재단/사단법인 ○○" 설립을 위한 발기인 총회를 개최, 발기인 전원이 참석하여 발기인 대표 ○○의 사회로 개회를 선언한다.
- 발기인대표(법인설립취지와 목적사업을 설명하고 정관 안건 상정) ○○○

　─────
(위 의제별로 구체적인 토의사항을 발표자 순서대로 기록 정리)
- 이상으로 가칭 "재단/사단법인 ○○"의 설립 발기인총회를 모두 마친다. 위 결의를 명확히 하기 위하여 회의록을 작성하여 발기인 전원이 다음에 기명 날인한다.

20○○년 ○월 ○일
(가칭) 재단/사단법인 ○○재단
발기인 ○○○　인
발기인 ○○○　인
발기인 ○○○　인
발기인 ○○○　인
발기인 ○○○　인
발기인 ○○○　인

제**4**장

사회복지법인의 관리

사회복지법인은 일정한 설립절차를 거치고 주된 사무소의 소재지에서 설립등기를 한 후 7일 이내에 등기부 등본 2부를 첨부하여 주무관청에 보고해야 한다. 이 장에서는 이와 같은 사회복지법인의 관리사항에 대하여 살펴보고자 한다.

1. 사회복지법인의 등기 관리

1) 설립등기

시·도지사의 허가를 받은 법인은 주된 사무소 소재지(등기소)에서 설립등기를 함으로써 성립된다(민법 제33조). 법인설립의 허가가 있는 때에는 3주 내에 주된 사무소의 소재지(등기소)에서 설립등기(민법 제49조, 공익법인의 설립운영에 관한 법률 제9조)를 한 후, 7일 이내에 시·도지사에게 보고한다.

설립등기는 법인의 성립요건이며(민법 제33조), 설립등기 이외의 등기사항은 제3자에 대한 대항요건이 된다(민법 제54조). 등기를 하지 않으면 제3자에 대항하지 못하며, 등기의무를 해태할 경우 과태료의 처벌을 받는다(민법 제97조).

법인설립 등기사항은 〈표 4-1〉과 같다.

〈표 4-1〉 법인설립 등기사항

① 목적, ② 명칭, ③ 사무소, ④ 설립허가의 연월일, ⑤ 존립시기나 해산사유를 정한 때에는 그 시기 또는 사유, ⑥ 자산의 총액, ⑦ 출자의 방법을 정한 때에는 그 방법, ⑧ 이사의 성명과 주소, ⑨ 이사의 대표권을 제한한 때에는 그 제한 등

2) 사무소 관련 등기

새로운 분사무소를 설치할 때는 민법 제50조에 의거하여 주사무소 소재지에 3주 내에 분사무소를 설치한 것을 등기하여야 한다. 새로운 분사무소 소재지에서는 동 기간 내에 민법 제49조의 설립등기 사항을 등기하고, 기존에 존재하던 분사무소 소재지에도 법인이 새로운 분사무소를 설치하였음을 등기하여야 한다. 주사무소 또는 기존 분사무소 소재지를 관할하는 등기소의 관할 구역 내에 분사무소를 신설할 시에는 3주 내에 그 분사무소 설치만을 등기하면 되고 설립등기 사항은 등기할 필요가 없다.

사무소 이전 시 구주소지에서는 3주 내에 이전등기를 하고, 신주소지에서는 같은 기간 내에 설립등기 사항을 등기해야 한다(민법 제51조). 동일한 등기소의 관할 구역 내에 사무소 이전 시 3주 내에 그 이전한 것을 등기하면 되고 설립등기 사항은 등기할 필요가 없다.

3) 변경등기

설립등기의 등기사항에 변경이 있는 때에는 3주 내에 소재지 등기소에 변경등기를 해야 한다(민법 제52조). 시·도지사의 허가를 요하는 등기사항은 그 허가서가 도착한 날로부터 등기의 기간을 기산한다(민법 제53조).

4) 직무집행정지 등 가처분 등기

이사의 직무집행을 정지하거나 직무대행자를 선임하는 가처분을 하거나 그 가처분을 변경·취소하는 경우에는 주사무소와 분사무소가 있는 곳의 등기소에서 이를 등기하여야 한다(민법 제52조의2).

5) 해산등기

청산인은 파산의 경우를 제외하고는 그 취임 후 3주간 내에 ① 해산의 사유, ② 해산 연월일, ③ 청산인의 성명 및 주소, ④ 청산인의 대표권을 제한한 때에는 그 제한을 주된 사무소 및 분사무소 소재지에 등기하여야 한다(민법 제85조).

법인은 설립등기, 분사무소 설치의 등기, 사무소 이전의 등기, 변경등기 등을 한 때에는 등기를 완료한 날로부터 7일 이내에 등기보고서에 등기부등본 1부를 첨부하여 시·도지사에 제출한다. 전자정부구현을 위한 행정업무 등의 전자화촉진에 관한 법률 제21조 제1항의 규정에 의한 행정정보공동이용을 통하여 첨부서류에 대한 정보를 확인할 수 있는 경우에는 그 확인으로 첨부서류를 갈음할 수 있다.

2. 정관변경의 인가

1) 정관변경인가 신청

법인이 정관을 변경하고자 하는 때에는 정관변경인가 신청서(별지 제2호 서식)와 〈표 4-2〉의 서류를 첨부하여 시·도지사에 제출한 후 정관변경에 대한 인가를 받아야 한다(사회복지사업법 제17조, 시행규칙 제8조).

정관 중 공고 및 그 방법에 관한 사항을 변경하고자 하는 경우에는 시·도지사의 인가를 받지 않아도 된다.

〈표 4-2〉 정관변경인가 신청 시 첨부서류

- 정관의 변경을 결의한 이사회 회의록 사본 1부
- 정관변경안 1부
- 사업변경계획서, 예산서 및 재산의 소유를 증명할 수 있는 서류(사업의 변동이 있는 경우에 한함) 각 1부
- 재산의 평가조서 및 재산수익조서(사업의 변동이 있는 경우에 한함) 각 1부

〈표 4-3〉 사회복지법인 정관변경인가신청 서류   **[별지 제2호 서식]**

사회복지법인 정관변경인가신청서		처리기간	
		2개 시·도: 7일	
		1개 시·도: 5일	

신청인	법인명		대표자 성명	
	소재지		(전화번호:　　　　　)	

변경 내용 및 사유	변경 전의 정관조문	변경 후의 정관조문	변경사유

　　사회복지사업법 제17조 제2항 및 동법 시행규칙 제8조의 규정에 의하여 사회복지법인 정관변경인가를 신청합니다.

　　　　　　　　　　　　　　　　　　　　　　　　년　　월　　일

　　　　　　　　　　　　　　　신청인　　　　　(서명 또는 날인)

　　　　　　　　　　　　　　　보건복지가족부장관
　　　　　　　　　　　　　　　시·도지사 귀하

※구비서류	수수료
1. 정관변경을 결의한 이사회 회의록 사본 1부	없음

※구비서류
　1. 정관변경을 결의한 이사회 회의록 사본 1부
　2. 정관변경안 1부
　3. 사업계획서, 예산서 및 재산의 소유를 증명할 수 있는 서류(사업변동이 있는 경우에 한함)
　　각 1부
　4. 재산의 평가조서 및 재산의 수익조서(사업의 변동이 있는 경우에 한함) 각 1부
　※ 2개 시·도: 목적사업이 2개 시·도 이상에서 수행
　　1개 시·도: 목적사업이 1개 시·도 내에서 수행

210mm×297mm (신문용지 60g/㎡)

2) 정관변경인가 시 검토 사항

시 · 도지사는 정관변경인가 시 정관변경의 적법성과 타당성 그리고 정관변경에 따른 재원확보 방법 등에 대해 검토한다. 정관변경 절차가 관계법령, 정관 등에 적합한지 여부 등을 검토하고, 이사회 회의록에 정관변경의 구체적 내용이 논의되었는지 여부와 참석자 전원의 인감날인 여부를 확인한다. 사업변경 시에는 변경된 사업이 설립자의 법인 설립의도, 정관상 법인목적, 비영리 사회복지사업의 특성 등과 부합되는지 여부를 엄격하게 심사한다. 정관변경으로 사업의 변경이 있을 때에는 확실한 재원조달 방법이 있는지를 먼저 확인해야 한다.

3. 기본재산 처분허가 절차

1) 기본재산 처분허가

(1) 기본재산 처분허가(사회복지사업법 제23조, 시행규칙 제14조) 신청

기본재산의 매도, 증여, 교환, 임대, 담보제공 또는 용도를 변경하고자 할 때에는 반드시 시 · 도지사의 처분허가를 받아야 한다. 기본재산에 관한 임대계약을 갱신하는 경우에는 임대계약 갱신사실을 시 · 도지사에 보고하는 것으로 갈음할 수 있다.

처분허가 신청 시 기본재산 처분허가 신청서에 〈표 4-4〉의 서류를 첨부하여 시 · 도지사에 제출한다.

〈표 4-4〉 기본재산 처분허가 신청 시 첨부서류

- 기본재산 처분이유서 1부
- 기본재산의 처분을 결의한 이사회회의록 사본 1부
- 처분하는 기본재산의 명세서 1부
- 처분하는 기본재산의 감정평가서(교환의 경우에는 취득하는 재산의 감정평가서를 포함) 1부 (공인감정평가법인이 작성한 것에 한함)

시·도지사의 기본재산 처분허가 시 허가서가 도착한 즉시 정관변경 절차에 의거해 정관변경에 대한 인가를 받아야 한다. 시·도지사는 기본재산 처분허가를 받았다 하더라도 정관변경 인가를 받은 후에 기본재산을 처분하도록 지도하여야 한다.

(2) 기본재산 처분허가 시 검토사항

사회복지법인에 출연된 재산, 즉 기본재산은 바로 법인의 실체인 동시에 법인의 목적을 수행하기 위한 가장 기본적인 수단이므로 이를 처분한다는 것은 법인의 실체가 없어진다는 것을 의미하며 나아가서는 법인이 그 목적을 수행할 수 없게 된다는 것을 의미한다. 그러므로 시·도지사는 기본재산 처분 신청 시 해당 기본재산의 성격, 총 기본재산에서 차지하는 비중, 처분 시 목적사업 수행가능성, 처분의 의도, 처분 후 사용용도 등에 대해 종합적이고 엄격한 심사를 수행한 후 신중하게 허가여부를 결정하여야 한다.

처분재산목록은 2개월 이내 발행된 등기부등본 등 관련 증빙서로 확인하고 처분재산의 현재 소유권 등을 확인한다. 등기부등본의 경우, 표제부(재산의 표시), 갑구(소유권, 가압류, 가처분 등 사항), 을구(저당권, 지상권, 전세권 등의 제한물건 설정사항)의 내용을 정밀 확인한다. 처분허가 전에 기본재산을 기처분했는지 여부도 검토하여야 한다.

이사회 소집 및 결의의 적법성 확인(통보여부 등)과 이사회 회의록에 처분의 구체적 내용이 포함되고 참석이사 전원의 기명날인 등 결의의 성립 등에 흠이 없는지 등도 확인한다.

〈표 4-5〉 기본재산 처분허가 신청 서류   **[별지 제3호 서식]**

기본재산 처분허가 신청서		처리기간
		12일

신청인	법인명		대표자 성명	
	소재지		(전화 :)	

처분재산의 표시	종류	규모	평가가액	소재지

처분종류	☐매도 ☐증여 ☐교환 ☐담보제공 ☐기타
처분사유 및 용도	
처분방법	
감소된 재산의 보충방법	

　사회복지사업법 제23조 제3항 및 동법 시행규칙 제14조 제1항의 규정에 의하여 위와 같이 사회복지법인의 기본재산을 처분하고자 신청하오니 허가하여 주시기 바랍니다.

　　　　　　　　　　　　　　　　　　　　　　　년　　　월　　　일

　　　　　　　　　　　　　　　신청인　　　　　　　(서명 또는 날인)

　　　　　　　　　　　　　　　(시·도지사) 귀하

※ 구비서류	수수료
1. 기본재산의 처분을 결의한 이사회 회의록 사본 1부 2. 처분하는 기본재산의 명세서 1부 3. 처분하는 기본재산의 감정평가서(교환의 경우에는 취득하는 재산의 감정평가서를 포함함) 1부	없음

210mm×297mm (일반용지 60g/㎡)

2) 장기차입허가

(1) 장기차입허가(사회복지사업법 제23조, 시행규칙 제15조) 신청

장기차입이란 1년 이상 차입하는 부채를 의미한다. 장기차입하고자 하는 금액을 포함한 장기차입금의 총액이 기본재산 총액에서 차입 당시의 부채총액을 공제한 금액의 100분의 5에 상당하는 금액 이상을 장기차입하고자 할 때에는 시·도지사의 허가를 받아야 한다. 예들 들어, 기본재산 10억, 부채총액 1억인 A법인이 시·도지사 허가 없이 차입할 수 있는 장기차입금의 한도는 4,500만 원 미만이며, A법인이 4,400만 원을 장기차입한 후(시·도지사 허가를 받지 않아도 됨), 다시 110만 원을 장기차입하려 할 경우에는 장기차입금의 총액이 4,500만 원 이상이므로, 반드시 시·도지사 허가를 받아야 한다. 상기의 금액 이상을 장기차입하고자 할 때에는 장기차입허가 신청서에 〈표 4-6〉의 서류를 첨부하여 시·도지사에 제출하여야 한다.

(신규 장기차입금 + 기존 장기차입금) ≥
(기본재산총액 − 차입 당시 부채총액) × 5/100

〈표 4-6〉 장기차입허가 신청 시 첨부서류

- 이사회회의록 사본 1부
- 차입목적 또는 사유서(차입용도 포함) 1부
- 상환계획서 1부

(2) 장기차입허가 시 참고사항

장기차입허가 시에는 차입의 의도, 차입 후 법인의 정상운영 여부, 차입금의 사용처 등을 면밀히 검토하고, 특히 차입금의 상환이 가능한지 여부를 엄격하게 심사하여야 한다.

〈표 4-7〉 장기차입허가신청 서류   **[별지 제4호 서식]**

장기차입허가신청서				처리기간	
				17일	
신청인	법인명		대표자 성명		
	소재지		(전화 :)		
차입금액					
차입사유 및 용도					
상환계획 또는 방법					
기본재산 총액		종류	규모	평가가액 (천 원)	연간수익액
	목적 사업용				
		계			
	수익 사업용				
		계			
부채 총액	종류		규모		평가가액(천 원)
	계				

사회복지사업법 제23조 제3항, 동법 시행규칙 제15조 제2항의 규정에 의하여 위와 같이 장기차입의 허가를 신청합니다.

년   월   일

신 청 인   (서명 또는 날인)

(시 · 도지사) 귀하

※ 구비서류	수수료
1. 이사회 회의록 사본 1부	없음
2. 차입목적 또는 사유서(차입용도를 포함함) 1부	
3. 상환계획서 1부	

31313-21211민   210mm×297mm 1998. 7. 20. 승인 (일반용지 60g/㎡)

3) 재산의 취득과 정관변경

(1) 재산의 취득

법인이 매수, 기부채납, 후원 등의 방법으로 재산을 취득한 때에는 지체 없이 이를 법인의 재산에 편입 조치하고, 매년 1월 말까지 전년도의 재산취득 상황을 〈표 4-8〉의 서류와 함께 시·도지사에게 보고하여야 한다(사회복지사업법 제24조, 시행규칙 제16조).

〈표 4-8〉 법인의 재산취득 시 보고 서류

- 재산취득사유서 1부
- 취득한 재산의 종류, 수량 및 금액을 기재한 서류 1부
- 취득한 재산의 등기부등본 또는 금융기관의 증명서 등 증빙서류 1부

(2) 정관의 변경

재산의 취득 등으로 법인의 재산이 증가하는 경우에도 재산이 감소했을 경우와 마찬가지로 지체 없이 정관을 변경하여 시·도지사의 승인을 받아야 한다(사회복지사업법 제24조, 시행규칙 제16조).

〈표 4-9〉 법인재산의 증감에 따른 정관의 변경

	재산처분허가	정관변경	재산의 증감시점
기본재산 처분 (재산의 감소)	필요	필요	정관변경인가 후 처분가능
재산의 취득 (재산의 증가)	불필요	필요	정관변경인가 후 증가

4. 사회복지법인의 소멸 · 해산 · 청산 · 합병

1) 법인의 소멸

법인의 소멸은 해산과 청산의 절차로 진행된다. 이때 주의해야 할 점은 해산으로 법인의 권리능력이 곧 전적으로 소멸하지 않으며 청산의 종결로 법인은 완전히 소멸된다는 것이다. 즉, 해산이 먼저 이루어지고, 청산의 종결로 소멸되는 것이다. 해산이라 함은 법인이 본래의 적극적 활동을 정지하고 청산절차에 들어가는 것을 말하며, 청산은 해산한 법인의 재산관계를 정리하는 절차를 말한다. 다시 말하면, 해산 후 법인의 권리능력이 곧바로 소멸되는 것이 아니라 청산이 종결될 때까지 법인은 제한된 범위에서 권리능력을 가지며, 해산 후 청산종결까지 존속하는 법인을 청산법인(清算法人)이라 한다.

2) 법인의 해산(解散)

법인은 존립기간의 만료, 법인의 목적달성 또는 달성의 불능, 기타 정관에 정한 해산사유의 발생, 파산 또는 설립허가의 취소로 해산한다. 사단법인은 사원이 없게 되거나 총회의 결의로도 해산한다(민법 제77조).

법인이 채무를 변제할 수 없는 상태, 즉 채무초과(부채가 자산보다 많을 경우)가 된 때에는 이사는 지체 없이 파산을 신청해야 한다. 법인의 파산 원인은 단순한 채무초과로써 충분(파산법 제117조)하며 자연인과 같이 채무변재 능력 등은 고려하지 않는다. 법인은 채무초과 상태 즉시 파산절차에 돌입하므로 법인의 채무가 자산을 초과하지 않도록 시 · 도 및 시 · 군 · 구 담당자는 최소 1년에 한 번 정도 법인의 재무 상태를 점검하여야 한다.

설립허가 취소도 법인의 해산사유가 된다. 사회복지사업법 제26조에 의거하여 사위기타 부정의 방법으로 설립허가를 받은 때는 반드시 설립허가를 취소해야 하며, 설립허가 조건에 위반한 때, 목적달성이 불가능하게 된 때, 목적사업 외의 사업을 한 때, 정당한 사유 없이 설립허가를 받은 날부터 6개월 이내에 목적사업을 개시하지 아니하거나 1년 이상 사업 실적이 없을 때, 기타 법에 의한 명령이나 정관에 위반한 때에는 임의적으로 설립허가가 취소될 수 있다. 임의적 설립허가 취소사유가 발생하여 설립허가를 취소하는 경우는 다른 방법으로 감독목적을 달성할 수 없거나 시정을 명한 후 6개월 이내에 법인이 이를 이행하지 아니한 경우에 한한다.

3) 청산(淸算)

(1) 청산의 의의

청산이란 해산한 법인이 처리되지 않고 남은 사무를 처리하고 재산을 정리하여 완전히 소멸할 때까지의 절차를 말한다. 청산은 파산으로 해산하는 경우와 파산 이외의 원인으로 해산하는 경우가 있다. 파산으로 해산하는 경우 파산법이 정하는 절차에 따라 청산하고, 파산 이외의 원인으로 해산하는 경우는 민법이 규정하는 청산절차를 밟는다. 청산절차는 그 어느 것이나 모두 제3자의 이해관계에 중대한 영향을 미치기 때문에 이에 관한 규정은 강행규정이며, 정관에서 다른 규정을 하고 있더라도 그것은 효력이 없게 된다.

(2) 청산인의 자격

청산법인은 청산의 목적범위 내에서만 권리를 행사하고 의무를 부담(민법 제81조)한다. 법인이 해산하면 이사는 그 지위를 당연히 상실하며 이사에 갈음하여 청산인이 청산법인의 집행기관이 된다. 청산인은 청산법인의 능력범위 내에서 내부의 사무를 집행하고 외부에 대하여 청산법인을 대표한다. 이사를 제외한 기타의 기관에는 변동이 없으며 계속하여 청산법인의 기관으로서 종전과 마찬가지의 권한을 갖는다. 예를 들면, 법인의 감사는 계속하여 청산법인의 직무를 감독할 수 있다.

청산인의 자격(민법 제82조, 제83조)은 〈표 4-10〉과 같다. 중요한 사유가 있는 때에는

〈표 4-10〉 **청산인의 자격 요건**

- 정관에서 정한 자
- 정관에서 정하지 않으면 이사회의 의결로 선임
- 이사회가 선임하지 않은 경우에는 대표이사
- 위에 해당하는 자가 없거나 청산인의 결원으로 인하여 손해가 생길 염려가 있는 때에는 법원이 직권 또는 이해관계인이나 검사의 청구에 의해 청산인을 선임한다.

법원은 직권 또는 이해관계인이나 검사의 청구에 의하여 청산인을 해임할 수 있다(민법 제84조).

(3) 청산인의 직무

청산인은 파산의 경우를 제외하고는 취임 후 3주 내에 해산의 사유 및 연월일, 청산인의 성명 및 주소와 청산인의 대표권을 제한한 때에는 그 제한을 주된 사무소 및 분사무소 소재지에 등기하여야 한다.

파산에 의한 청산에 있어서는 등기는 법원이 직권으로 등기소에 촉탁하고(파산법 제110조), 주무관청에 법원이 통지하므로(파산법 제115조), 청산법인은 등기신청이나 신고할 필요가 없다.

해산한 법인의 잔여재산은 정관이 정하는 바에 의하여 국가 또는 지방자치단체에 귀속되며, 국가 또는 지자체에 귀속된 재산은 사회복지사업에 사용하거나 유사한 목적을 가진 법인에게 무상으로 대부하거나 무상으로 사용 · 수익하게 할 수 있다.

청산절차를 밟고 있는 도중에 법인의 재산이 그 채무를 완제하기에 부족하다는 것이 분명하게 된 때(즉, 채무초과 상태)에는 청산인이 지체 없이 파산신고를 신청하고 이를 공고해야 한다. 법인의 파산으로 파산관재인이 정해지면 청산인은 파산관재인에게 사무를 인계하여야 하며, 인계함으로써 그 임무가 종료된다. 청산이 종결한 때에는 청산인은 3주 내 이를 등기하고 주무관청에 신고하여야 한다(민법 제94조).

4) 법인의 합병

2개 이상 법인이 합병하고자 할 때에는 합병되는 형태에 따라 법인합병허가 신청서에 〈표 4-11〉의 서류를 첨부하여 시 · 도지사의 허가를 받아야 한다(사회복지사업법 제30조, 시행령 제11조, 시행규칙 제19조).

법인합병 시 합병 후 존속하는 법인 또는 합병에 의해 설립된 법인은 합병에 의해 소멸된 법인의 지위를 승계하고, 합병 후 신설법인 설립 시에는 관계법인이 각각 5인씩 지명하는 설립위원이 정관을 작성하는 등 법인설립 업무를 공동으로 처리한다(법인합병허가 신청 서류는 사회복지사업법 시행규칙 제19조 참조).

〈표 4-11〉 사회복지법인 합병허가 신청 서류　　　　　　　　　　**[별지 제5호 서식] (앞쪽)**

사회복지법인 합병허가 신청서					처리기간
					2개 시·도: 22일

신청 대표 인자	① 성명			② 주민등록번호		
	③ 주소			(전화 : 　　　)		

자산	기본재산	목적사업용	⑧ 종류	⑨ 규모	⑩ 평가액 (천 원)	⑪ 연간 수익액	⑫ 출연자
			계				
		수익용					
			계				
	보통재	⑬ 종류		⑭ 수량		⑮ 가액(천 원)	

임원				

직원			

　사회복지사업법 제30조, 동법 시행령 제11조 및 동법 시행규칙 제19조의 규정에 의하여 사회복지법인 합병허가를 신청합니다.

　　　　　　　　　　　　　　　　　　　　　　　　　　년　　　월　　　일

　　　　　　　　　　　　　　　　　　　신청인　　　(서명 또는 날인)
　　　　　　　　　　　　　　　보건복지가족부장관, 시·도지사　　　　귀하

31313-21411민　210mm×297mm 1998. 7. 20. 승인 (일반용지 54g/㎡)

※ 구비서류	수수료
1. 합병 후 존속하는 법인의 경우	없음

※ 구비서류

　1. 합병 후 존속하는 법인의 경우

　　가. 관계법인의 합병결의서 · 정관 · 재산목록 및 대차대조표 각 1부

　　나. 정관변경안 1부

　　다. 사업계획서 · 예산서 및 재산의 소유를 증명할 수 있는 서류 각 1부

　　라. 재산의 평가조서 및 재산의 수익조서 각 1부

　2. 합병에 의하여 새로이 설립되는 법인의 경우

　　가. 합병취지서 · 재산목록 및 대차대조표 각 1부

　　나. 합병 당해 연도 및 다음 연도 사업계획서 및 예산서 각 1부

　　다. 제7조 제2항 제2호 내지 제9호의 서류 각 1부

※ 2개 시 · 도: 합병 후 존속하는 법인

　1개 시 · 도: 합병 후 신설되는 법인

5. 사회복지법인의 관리 · 감독

　법인의 관리 및 감독은 법원과 보건복지가족부장관, 시 · 도지사, 시 · 군 · 구청장이 된다.

　법원은 법인의 해산과 청산의 감독을 담당하고(민법 제84조, 제95조), 법인업무 전반에 대한 모든 사항은 시 · 도지사의 권한사항이 된다(사회복지사업법 제51조). 즉, 법인설립허가, 법인정관 변경인가, 기본재산 처분허가 등 법인업무 전반에 대한 모든 사항을 관장한다. 또한 시 · 도지사는 자체 지도 · 감사계획에 의거해 사회복지사업을 운영하는 법인(법인운영시설 포함)에 대한 소관업무에 관하여 지도 · 감독을 실시하며, 필요한 경우 그 업무에 관하여 보고 또는 관계서류의 제출을 명하거나 소속 공무원으로 하여금 법인의 사무소 또는 시설에 출입하여 검사 또는 질문하게 할 수 있다.

　법인의 주된 사무소의 소재지와 시설의 소재지가 동일한 시 · 도 또는 시 · 군 · 구에 있지 아니한 경우 당해 시설의 업무는 시설 소재지의 시 · 도지사 또는 시 · 군 · 구청장이 지도 · 감독하되, 별도의 행정협약을 체결한 경우 협약에 따른다. 필요한 경우 법인의 업무에 대하여 법인의 주된 사무소 소재지의 시 · 도지사 또는 시 · 군 · 구청장에게 협조를 요청할 수 있다.

〈표 4-12〉　법인의 관리 · 감독을 위한 감사의 종류 및 실시기관

종 류	대상	주 기	실시기관
• 정기감사 　- 조직운영 전반 　- 회계감사	법인 시설	- 최소 매 3년마다 1회 - 연 1회 이상	- 시 · 도지사(위임기관) - 시 · 군 · 구청장
• 수시 지도점검	시설	- 필요시(입 · 퇴소 실태, 생활 실태)	- 시 · 군 · 구청장
• 특별감사	법인 시설	- 진정, 투서, 언론보도, 비리발생, 인권침해 등 감사 필요성이 있을 경우	- 보건복지가족부장관 - 시 · 도지사 - 시 · 군 · 구청장

법인의 비치서류는 〈표 4-13〉과 같다.

〈표 4-13〉 법인의 비치서류 목록

- 정관
- 임원명부(임원의 성명, 약력, 주소 등 기재)
- 재산목록(기본재산과 보통재산 구분)
- 회의록(총회, 임시이사회 등)
- 당해 회계연도 사업계획서, 직전 회계연도의 사업실적서
- 예산서, 결산서(추정손익계산서 및 추정대차대조표와 그 부속명세서 첨부)
- 현금 및 물품의 출납대장
- 보조금을 받는 경우 보조금관리대장
- 자산 및 회계에 관한 증빙서류

사회복지법인의 벌칙규정은 〈표 4-14〉과 같다.

〈표 4-14〉 사회복지법인의 벌칙규정

허가받지 않고 법인을 운영하는 경우	5년 이하 징역 또는 1,500만 원 이하 벌금
법인 수익사업으로 생긴 이득을 사회복지시설 운영 지원 외 타 목적으로 사용 시	1년 이하 징역 또는 300만 원 이하 벌금
정당한 이유 없이 행정기관에 보고를 하지 않거나 허위보고를 한 자, 자료를 제출하지 않거나 허위자료를 제출한 자, 검사 질문을 거부 방해 또는 기피한 자	
사회복지사 채용을 회피하는 자	300만 원 이하 벌금
법인의 대표자 또는 법인의 대리인, 사용인, 기타 종업원이 그 법인 업무에 관하여 위반행위를 한 때에는 행위자를 벌하는 외에 그 법인 또는 개인에 대하여도 각각에 해당하는 벌금형을 부과	

제5장

사회복지시설의 이해

사회복지시설은 사회복지사업을 운영하는 것이 기관의 사명이자 목적인 사회복지실천의 대표적인 현장이다.

이 장에서는 사회복지시설에 대한 전반적인 이해를 위하여 사회복지시설의 개념과 유형 및 사회복지시설의 구체적인 기능을 살펴보고자 한다.

1. 사회복지시설의 정의

사회복지시설은 우리나라 사회복지사업법 제2조에서 "사회복지사업을 행할 목적으로 설치된 시설"이라고 규정하고 있다. 사회복지사업은 다수의 법률[1]에 따른 보호 · 선도(善導) 또는 복지에 관한 사업과 사회복지상담 · 직업지원 · 무료 숙박 · 지역사회복지 · 의료복지 · 재가복지(在家福祉) · 사회복지관 운영 · 정신질환자 및 한센병력자 사회

---

[1] 국민기초생활보장법, 아동복지법, 노인복지법, 장애인복지법, 한부모가족지원법, 영육아보육법, 성매매방지 및 피해자보호 등에 관한 법률, 정신보건법, 성폭력방지 및 피해자보호 등에 관한 법률, 입양특례법, 일제하 일본군위안부 피해자에 대한 생활안정지원 및 기념사업 등에 관한 법률, 사회복지공동모금회법, 장애인 · 노인 · 임산부의 편의증진 보장에 관한 법률, 가정폭력방지 및 피해자보호 등에 관한 법률, 농어촌주민의 보건 복지증진을 위한 특별법, 식품기부활성화에 관한 법률, 의료급여법, 기초연금법, 긴급복지지원법, 다문화가족지원법, 장애인연금법, 장애인활동 지원에 관한 법률, 노숙인 등의 복지 및 자립지원에 관한 법률, 보호관찰 등에 관한 법률, 장애아동복지지원법 등이 해당된다.

복귀에 관한 사업 등 각종 복지사업과 이와 관련된 자원봉사활동 및 복지시설의 운영 또는 지원을 목적으로 하는 사업을 말한다. 즉, 사회복지시설이란 사회복지사업을 행할 목적으로 설치된 시설로 주거서비스를 제공하는 생활시설과 통원서비스만을 제공하는 이용시설을 모두 포괄한다.

미국사회복지사협회는 사회복지시설을 특별한 사회문제를 가지고 있거나 그러한 사회문제를 갖게 될 위험이 있는 사람들에게, 일정한 범위 내의 사회복지서비스를 제공하기 위하여 사회복지사(전문사회복지사, 여타의 전문가, 준전문직 기능인 등)와 사무직원, 기타의 직원들로 구성되고 이사회에 의해 운영되는 조직이나 시설로 규정하고 있다.

오가시와라(1999)는 일반적으로 공적인 사회복지서비스의 일종으로 심신의 미발달이나 미성숙, 장애 혹은 노화 등으로 정상적인 활동이 불가능하거나 자립이 곤란한 사람들의 생존권을 보장하기 위하여 가족의 부양기능을 대신하여 제공하는 시설이나 설비, 직원 및 운영조직을 총칭하는 것으로 정의하였다.

이를 종합적으로 살펴보면, 사회복지시설이란 '사회문제를 갖고 있거나 그러한 문제의 위험을 갖고 있는 사람들에게 수용, 통원, 기타의 방법으로 일정한 범위의 사회복지서비스를 제공하기 위한 물리적 · 기능적인 제 자원의 총체'라고 할 수 있다.

2. 사회복지시설의 유형

사회복지시설은 설립 및 운영주체, 시설 이용형태, 이용자에 대한 이용료 부담, 이용대상에 따라 분류할 수 있다(최재관, 2002).

1) 설립 및 운영주체에 따른 분류

사회복지시설은 설립 및 운영주체에 따라 국 · 공립시설과 사립시설로 나뉜다. 국 · 공립시설은 다시 운영주체에 따라 국가나 자치단체가 직접 설립 · 운영하는 국 · 공립 공영시설과 설립은 국가나 자치단체가 하고 운영은 법인이나 민간에게 위탁하는 국 · 공립 민영시설로 나뉜다. 사립시설도 다시 설립 · 운영주체에 따라 민간이 설립하고 국가가

운영하는 사립 국·공영시설과 민간이 설립하고 민간이 국가 또는 자치단체의 지원을 받아 운영하는 사립 민영시설, 민간이 설립하고 민간의 비용으로 운영하는 개인운영시설 등으로 분류할 수 있다.

- 국·공립 공영시설: 국가 또는 지방자치단체가 설립하여 직접 운영하는, 민간이 설치·운영하기 어려운 시설이나 시범적인 복지시설이다.
- 국·공립 민영시설: 국가 또는 지방자치단체가 설립하고 민간법인에 위탁 운영하는 사회복지시설이다.
- 사립 국·공영시설: 민간이 설립하고 국가 또는 지방자치단체에 기증하여 운영하는 사회복지시설이다.
- 사립 민영시설: 민간이 설립하고 민간이 국가 또는 지방자치단체의 지원을 받아 직접 운영하는 시설이다.
- 개인운영시설: 개인이 설립하고 운영하는 사회복지시설이다.

2) 시설 이용형태에 따른 분류

사회복지시설은 크게 서비스 제공방식에 따라 수용(생활)시설과 이용시설로 구분한다. 수용(생활)시설은 주거서비스를 비롯하여 제반 사회복지서비스를 제공하는 시설을 말하며, 이용시설은 주거서비스 이외에 제반 사회복지서비스를 제공하는 시설을 말한다. 구체적으로 수용(생활)시설은 주거서비스를 필요로 하는 사람을 수용시켜 일상생활의 보호와 동시에 필요한 서비스를 제공하는 시설을 의미한다. 이용시설은 통원시설로서 전문적인 프로그램을 가지고 자신의 집에 거주하며 서비스를 이용할 수 있도록 하는 시설이다.

- 수용(생활)시설: 요보호대상자를 수용하여 24시간 보호하는 생활시설이다.
- 이용시설: 재가 혹은 보호시설의 요보호대상자를 통원토록 하여 대개 낮 동안 서비스를 제공하는 시설이다(예: 사회복지관, 장애인복지관, 노인복지관, 주간보호센터 등).

3) 이용자에 대한 이용료 부담에 따른 분류

시설이용 시 이용자가 비용을 부담하는지 여부에 따라 유료시설과 무료시설로 나눌
수 있다. 유료시설은 이용자 또는 부양의무자로부터 비용을 받아 운영하는 시설이며, 무
료시설은 이용자나 부양의무자로부터 비용을 받지 아니하고 법인이나 자치단체, 국가
가 부담하는 비용으로 운영하는 시설이다. 실비시설은 이용자 또는 부양의무자로부터
비용을 받으나 프로그램에 직접 투여된 실비비용만을 받는 시설을 의미한다.

- 유료시설: 이용자 또는 부양의무자로부터 모든 요금을 수납하여 운영하는 사회복지
  시설이다. 수납액에는 시설을 유지하기 위한 관리비와 인건비, 기타의 모든 비용이
  포함되며 정액제로 규정에 따라 징수된다.
- 무료시설: 이용자로부터 요금을 수납하지 않고 국가 또는 지방자치단체가 일정액을
  지원함으로써 전액 무료로 서비스를 제공하는 시설이다.
- 실비시설: 실비의 요금을 수납하는 시설로, 시설 이용자에게 직접 투여된 비용이 포
  함될 뿐 기타의 비용은 포함되지 않는다.

4) 이용대상에 따른 분류

사회복지시설은 제공되는 복지서비스 이용대상에 따라 크게 아동복지시설, 노인복지
시설, 장애인복지시설, 한부모가족복지시설, 기타 복지시설 등으로 유형화할 수 있는데
구체적인 사회복지시설의 종류는 〈표 5-1〉과 같다.

아동복지법에 따른 시설로는 아동양육시설, 아동일시보호시설, 아동보호치료시설,
자립지원시설, 공동생활가정, 아동상담소, 아동전용시설, 지역아동센터 등이 있다. 노
인복지법에 따른 시설은 노인주거복지시설, 노인의료복지시설, 재가노인복지시설, 노
인여가복지시설, 노인보호전문기관, 노인일자리지원기관 등으로 세분화된다. 장애인복
지법에 따른 장애인복지시설로는 장애유형별 거주시설, 중증장애인 거주시설, 장애영
유아 거주시설, 장애인단기 거주시설, 장애인공동생활가정, 장애인지역사회재활시설,
장애인직업재활시설, 장애인의료재활시설, 장애인생산품판매시설 등이 있다. 정신보건

법에서 정한 정신보건시설로는 정신요양시설, 사회복귀시설 등이 있다.

한부모가족지원법에 규정된 시설은 모자가족복지시설, 부자가족복지시설, 미혼모자
가족복지시설, 일시지원복지시설 등으로 세분화할 수 있다. 노숙인 등의 복지 및 자립지
원에 관한 법률에 따른 시설로는 노숙인자활시설, 노숙인재활시설, 노숙인요양시설, 노
숙인종합지원센터, 노숙인일시보호시설, 노숙인급식시설, 노숙인진료시설, 쪽방상담소
등이 있다. 국민기초생활보장법에 규정된 시설로는 지역자활센터가 있고, 다문화가족
지원법에 의한 시설로는 다문화가족지원센터가 있다. 이 외에도 사회복지사업법에 따
른 사회복지관 및 성폭력 관련법에 규정된 성매매지원시설, 성폭력피해보호시설, 가정
폭력보호시설 등으로 세분화할 수 있다.

⟨표 5-1⟩ 사회복지시설의 종류

소관 부처	시설종류	세부종류		관련법
		생활시설	이용시설	
보건 복지부	노인복지시설	• 노인주거복지시설 • 노인의료복지시설	• 재가노인복지시설 • 노인여가복지시설 • 노인보호전문기관 • 노인일자리지원기관	노인복지법
	복합노인 복지시설	• 농어촌 지역에 한해 노인복지법 제31조 노인복지 시설을 종합적으로 배치한 복합노인복지시설을 설치 · 운영 가능		농어촌주민의 보건 복지증진을 위한 특 별법
	아동복지시설	• 아동양육시설 • 아동일시보호시설 • 아동보호치료시설 • 자립지원시설 • 공동생활가정	• 아동상담소 • 아동전용시설 • 지역아동센터	아동복지법
	장애인복지시설	• 장애유형별 거주시설 • 중증장애인 거주시설 • 장애영유아 거주시설 • 장애인단기 거주시설 • 장애인공동생활가정	• 장애인지역사회재활 시설 • 장애인직업재활시설 • 장애인의료재활시설 • 장애인생산품판매시설	장애인복지법
	어린이집		• 어린이집	영유아보육법
	정신보건시설	• 정신요양시설 • 사회복귀시설 중 생활 (주거)시설	• 사회복귀시설 중 이용 시설	정신보건법

	노숙인시설	• 노숙인자활시설 • 노숙인재활시설 • 노숙인요양시설	• 노숙인종합지원센터 • 노숙인일시보호시설 • 노숙인급식시설 • 노숙인진료시설 • 쪽방상담소	노숙인 등의 복지 및 자립지원에 관한 법률
	사회복지관 결핵 · 한센시설	• 결핵 · 한센시설	• 사회복지관 • 상담보호센터	사회복지사업법
	지역자활센터		• 지역자활센터	국민기초생활보장법
여성 가족부	성매매피해지원 시설	• 일반지원시설 • 청소년지원시설 • 외국인여성지원시설	• 자활지원센터	성매매방지 및 피해자 보호 등에 관한 법률
	성폭력피해보호 시설	• 성폭력피해자보호시설	• 성폭력피해상담소	성폭력방지 및 피해자 보호 등에 관한 법률
	가정폭력보호 시설	• 가정폭력피해자보호시설	• 가정폭력상담소	가정폭력방지 및 피해 자보호 등에 관한 법률
	한부모가족복지 시설	• 모자가족복지시설 • 부자가족복지시설 • 미혼모자가족복지시설 • 일시지원복지시설	• 한부모가족복지상 담소	한부모가족지원법
	다문화가족지원 센터		• 다문화가족지원센터	다문화가족지원법

출처: 보건복지부(2015b).

〈표 5-2〉 보건복지부 소관 사회복지시설의 세부 분류

대상자별	형태		시설종류	소관부서	관련법
노인	생활	주거	양로시설, 노인공동생활가정	요양보험운영과	노인복지법 제31조
			노인복지주택		
		의료	노인요양시설		
			노인요양공동생활가정		
	이용	재가	재가노인복지시설(방문요양, 주 · 야 간보호, 단기보호, 방문목욕)		
		여가	노인복지관	노인정책과	
			경로당, 노인교실		
		노인보호전문기관			
		노인일자리지원기관		노인지원과	

아동	생활	아동양육시설, 공동생활가정		아동복지정책과	아동복지법 제52조
		아동일시보호시설			
		아동보호치료시설			
		자립지원시설			
	이용	아동상담소, 아동전용시설			
		지역아동센터		아동권리과	
장애인	생활	생활시설	장애유형별 거주시설	장애인권익 지원과	장애인복지법 제58조
			중증장애인 거주시설		
			장애영유아 거주시설		
			장애인단기 거주시설		
			장애인공동생활가정		
	이용	지역사회 재활시설	장애인복지관		
			장애인주간보호시설		
			장애인체육시설, 장애인수련시설, 장애인심부름센터		
			수화통역센터, 점자도서관, 점서 및 녹음서 출판사업		
		장애인의료재활사업			
		직업재활시설	장애인보호작업장	장애인자립 기반과	
			장애인근로사업장		
		장애인생산품판매시설			
영유아	이용	어린이집	국공립, 법인, 직장, 가정, 부모협동, 민간	보육기반과	영유아보육법 제10조
정신 질환자	생활	정신요양시설, 정신질환자 사회복귀시설, 입소생활시설, 주거제공시설, 중독자재활시설, 정신질환자 종합시설		정신건강정책과	정신보건법 제10조, 제15조 및 제16조
	이용	정신질환자 사회복귀시설, 정신질환자 지역사회재활시설(주간재활시설, 심신수련시설, 공동생활가정), 정신질환자 직업재활시설, 정신질환자 생산품판매시설, 정신질환자 종합시설			
노숙인 등	생활	노숙인자활시설, 노숙인재활시설, 노숙인요양시설		자립지원과	노숙인 등의 복지 및 자립지원에 관한 법률
	이용	노숙인종합지원센터, 노숙인일시보호시설, 노숙인급식시설, 노숙인진료시설, 쪽방상담소			
지역주민	이용	사회복지관		사회서비스자원과	사회복지사업법
기타 시설	복합	결핵·한센시설		질병관리본부(에이즈·결핵관리과)	사회복지사업법
	이용	지역자활센터		자립지원과	국민기초생활보장법

출처: 보건복지부(2015b).

3. 사회복지시설의 기능

사회복지시설의 개념이 과거 수용 위주의 시설에서 지역사회 주민의 다양한 욕구를 충족하기 위한 통원 또는 상시 이용할 수 있는 각종 복지시설을 포함하는 넓은 의미로 변화되면서 사회복지시설의 기능과 역할도 변화되고 있다. 그럼에도 시대를 초월한 사회복지시설의 보편적인 기능이 있는데, 이는 다음과 같다.

1) 기초적 기능

사회복지시설의 기초적 기능은 인간의 생명유지를 위한 일상적 보호로, 이에 필요한 생활환경을 제공하는 보호적 기능과 시설생활자들이 각자의 발달과정에 도달할 수 있도록 지원하는 교육적 기능, 시설생활자가 해결하거나 도달해야 할 생활과제를 설정하고 이를 위한 치료·훈련·자립지원 등의 서비스 등을 제공하는 전문처우적 기능이 있다. 사회복지시설은 사회·경제적으로 생활의 저해를 받고 있는 사람, 심신의 여러 가지 장애로 인하여 자립생활이 곤란한 사람들의 생활의 장으로서 물리적·심리적인 안정 등 여러 환경조건을 갖추고 자립생활이 가능하도록 적절한 원조서비스를 제공한다. 즉, 단순한 생명의 안전이나 유지 차원에서부터 전문적인 서비스의 제공에 이르기까지 다양한 서비스가 필요하다.

2) 고유적 기능

고유적 기능에는 문화적 기능, 변호적 기능이 있는데 이는 시설보호대상자의 주체적인 자립생활을 위하여 정착되어야 하는 기능이다. 문화적 기능은 시설이 시설보호대상자의 문화활동, 사회참가, 가치 있는 삶을 추구하기 위한 문화적 생활기반을 확충해야 한다는 의미다. 이와 더불어 지역주민에게도 시설을 개방하여 시설과 지역의 상호교류를 촉진시키는 사회복지센터로서의 역할을 수행해야 한다. 즉, 사회복지시설은 지역사회에 고립된 섬과 같은 곳이 아니라 지역사회의 복지인프라로 자리매김되어야 한다. 지역사회의 욕구에 적극적으로 대응하여 지역사회 중심 프로그램을 개발하고 지역사회 공동체와 연계 실천함으로써 지역사회의 복지를 증진시킨다. 시설생활자와 주민이 함께 어우러져 진정한 이웃으로 나눔의 삶을 살아갈 수 있도록 체험의 장이 되어야 한다.

또한 시설보호대상자에 대한 주민과 관계기관의 차별·편견·소외 등에 대응하여 시설보호대상자의 권익을 보호하고 후견 등의 기능을 수행하는 변호적 기능도 중요하다.

3) 파생적 기능

파생적 기능에는 조정개발적 기능, 긴급단기지원 기능이 있는데 이는 기초적 기능과 고유적 기능이 상호관계를 가지면서 앞으로 시설이 확충·강화해 나가야 하는 기능이다. 단위시설로서는 대처하기 어려운 경우, 여러 사회자원의 개발과 연락, 조정, 네트워크를 통하여 시설보호대상자의 복잡 다양한 생활문제를 해결해 나가는 조정개발적 기능이 필요하다. 또한 긴급한 상황에 처한 요보호대상자에게 일시보호나 단기입소를 제공하여 긴급상황을 잘 극복할 수 있도록 지원하는 긴급단기지원 기능도 필요하다.

제6장

사회복지시설의 역사

최초의 사회복지시설은 16세기 영국의 구빈원(almshouse)이다. 우리나라에서는 1854년 마이스터(Maister) 신부의 영아회(Saint-Enfance) 사업을 시작으로 하여 1885년 '천주교 고아원'이 설립되었다. 해방 및 6·25 전쟁 이후 피난민과 전쟁고아에 대한 구제 및 시설보호는 민간 주도의 사회사업이었다. 1961년 생활보호법이 제정되었고, 1970년 사회복지사업법이 제정되었다. 이후 1980년대 경제성장과 복지욕구의 다양화에 따른 관계법령의 제·개정으로 복지서비스 내용이 개선 및 변화되었다. 사회복지시설은 시대의 요청과 변화에 따라, 즉 요보호자의 유형과 발생에 따른 욕구정도 및 정부의 대응방식에 따라 시설의 형태와 보호의 내용이 변화되었다. 이 장에서는 이러한 사회복지시설의 역사를 살펴보고자 한다.

1. 사회복지시설 변천과정의 개요

사회복지시설은 다음과 같은 3단계의 변천과정을 경험하였다.

1단계는 사회보호적 단계로 억압과 격리의 원칙, 일시보호적 성격으로 운영된 시기다. 과거 사회복지시설은 요보호자가 사회복지시설에 들어가는 것을 부끄럽게 생각하거나 매우 혐오스럽게 생각하도록 열악한 사회적 서비스를 제공한 적이 있다. 이는 수치심과 굴욕감을 갖게 함으로써 시설보호를 받고자 하는 요보호자를 줄이고자 하는 소극적 복지실천 방법이다. 그 효과는 시설보호 비용의 감소, 요보호자에 대한 효과적 통제,

기득권층의 안정화 도모다. 이러한 1단계에서는 요보호자와 일반 주민의 동시 보호망이 형성된다.

2단계는 사회보장적 단계다. 이 시기에는 사회복지시설이 최저생활에 대한 보장수준으로 향상된다. 가정적인 분위기에서 생활하도록 하기 위하여 대규모적 집단시설에서 소규모 형태의 사회복지시설로 전환되었다. 요보호자의 가족이나 이웃, 자원봉사자 등 비공식적인 지지망을 시설보호에 활용하려는 시도도 전개하였지만, 사후 조치적인 수준이며 지역사회 기반이 조성되지 못하였다. 그리하여 클라이언트의 자발적 참여가 어렵고 주민공동체의 연대감 형성 및 강화도 어렵다.

3단계는 사회복지적 단계(① 정상화의 원리, ② 탈시설화, ③ 사회화)다. 이 시기에는 정상화 이념의 확산, 최적의 생활보장으로의 전환, '삶의 질'을 높이기 위한 수단으로 사회복지시설이 사회화 기능, 사회 통제 및 통합의 기능, 소득재분배에 의한 상부상조의 기능, 지역사회 복지욕구에 적극적으로 대처하였다. 사회복지시설이 지역사회와 연계 지역자원을 적극적으로 활용하여 지역사회와 함께하는 삶의 중심 센터의 역할을 다하는 적극적인 복지실천 단계라고 할 수 있다.

〈표 6-1〉 시설보호의 변천과정

단계＼내용	보호수준	보호목표	보호형태	지역사회와의 관계
사회보호적 단계	열등처우	사회적 방위	격리	단절
사회보장적 단계	최저생활	발달가능성	수용	수동적, 일방적
사회복지적 단계	최적생활	정상화	생활, 육성	능동적, 상호적

주: 우리나라는 현재 사회보장적 단계의 수준임

사회복지적 단계의 핵심적 특징인 정상화의 원리, 탈시설화, 사회화에 대하여 살펴보면 다음과 같다.

1) 정상화의 원리

정상화는 1981년 세계장애인의 해를 기점으로 하여 확산된 사회복지 이념 중에 하나다. 이 용어는 1950년대 초반에 덴마크의 정신지체자 부모가 처음으로 사용하였다.

이는 시설보호 중심의 서비스를 받는 정신지체 자녀에게 일반인과 같은 정상적인 생활을 보장해 주고 싶다는 생각에서 나온 개념이다. 따라서 정신지체자가 가능한 한 보통에 가까운 생활을 영위하는 것을 정상화라고 한다. 이는 정신지체자는 격리되어야 할 특별한 사람이 아니라 모든 시민과 함께 살아갈 권리를 가진 사회구성원이라고 보고 이들의 생활조건, 즉 주거생활과 직장생활, 여가생활에서 정상화가 구체화되어야 하고, 모든 정신지체자의 일상생활 방식이나 조건을 사회의 보편적인 환경이나 생활방식에 가능한 한 가깝게 해야 한다고 표방한다.

정상화의 구체적인 목표 8가지는 다음과 같다.

- 하루의 정상적 리듬
- 주중에 일하고 주말에 휴식
- 계절에 적절한 삶을 추구하는 정상적 리듬
- 아동, 청년, 노년에 따르는 삶의 추구
- 삶의 과정에서 다양한 선택의 자기결정
- 이성과의 교제 및 결혼
- 경제적인 안정
- 집단적인 수용이나 지역사회에서의 고립이 아닌 지역사회 내의 가정생활 영위

정상화의 원리는 시설장애자의 삶의 질을 향상시키는 데 영향을 준 실천적 개념이다. 이것이 지역사회로부터 격리된 시설보호에서 통합된 시설보호로의 변환을 가져왔다.

지역사회 통합은 물리적 통합과 사회적 통합으로 이루어져 있다. 물리적 통합을 이루기 위해서는 지역사회와 거리상 고립되지 않는 범위 내에 시설이 위치해야 하고 지역사회주민의 계층 분포도 고려해야 한다. 또한 교통시설의 분포를 고려한 접근의 용이성 확보와 시설의 규모와 지역적 분포 고려, 건물의 외형에 대한 관심 등에 노력을 기울여야 한다. 시설생활자는 지역사회 안에 있는 시설에 거주할 뿐만 아니라 지역사회에 소속되어 있어야 한다. 이를 위해서는 사회적 통합이 필요하다.

사회적 통합을 이루기 위해서는 주민과의 교류 프로그램 실시와 시설생활자에 대한

호칭이나 프로그램 명칭의 차별적 용어사용 배제, 시설보호의 수준을 지역사회주민의 생활과 유사한 수준으로 제공하는 것 등의 노력을 기울여야 한다. 시설보호의 정상화 원리를 적용하기 위해서 사회복지시설은 많은 저해요인을 제거해 나가야 한다.

정상화를 위해 제거해야 할 저해요인들은 다음과 같다.

- 획일적인 집단보호 체제
- 시설직원을 포함한 시설관계자의 정상화에 대한 의식 결여
- 가정 복귀나 사회적 자립에 대한 제약
- 보조금 사용의 제약과 부족, 시설장비 기준상의 제약
- 지역사회주민의 편견과 몰이해
- 시설보호에 대한 질적 평가기준 결여 등

시설보호에서 정상화 개념의 실현은 법적 장치를 통한 제도화의 노력과 더불어 시설운영자의 실천의지 강화 등이, 실천을 위한 구체적인 프로그램 마련을 통하여 가능하게 된다. 따라서 정상화의 원리는 사회복지시설의 지역사회와의 관계 형성 및 강화에 대한 이론적 바탕을 제공해 주고 있다.

2) 탈시설화

1950년대 후반 미국의 수용시설에서 제공되었던 시설보호의 특성은 네 가지로 설명할 수 있다.

첫째, 지역사회의 일상생활과 시설생활이 매우 다르다. 통상적으로 주거와 직업 그리고 여가는 각기 다른 장소, 다른 사람, 다른 권위하에서 이루어지는데 시설생활에서는 이들 간의 경계가 없다. 시설에서는 동일한 장소, 동일한 권위에서 획일적이고 단체적인 생활을 하게 되고, 짜인 시간표에 따라 일과가 주어지며, 시설의 존재목적에 적합하도록 행동을 통제받게 되므로 일반생활과는 다른 특수한 생활구조를 갖게 된다.

둘째, 시설직원과 시설생활자 사이에는 근본적인 괴리가 있다. 시설생활자는 시설직원의 지시와 감독하에 있으며 시설 외부의 사회와 단절되어 있고 정보의 제한 등을 받게

되는 반면에, 시설직원은 퇴근 후 자유로운 사회활동을 할 수 있으며 풍부한 정보를 활용한다. 시설생활자는 열등감을, 시설직원은 우월감을 가지게 되며 이는 호칭이나 말투에도 그대로 반영된다.

셋째, 시설 내의 작업체제는 일반사회의 그것과는 근본적으로 다르다. 시설의 작업에 대해서는 보수가 없거나 있어도 명절 때의 선물로 지급하는 것이 일반적이다. 설사 금전적 보수를 지급한다 해도 일반사회의 보수수준보다 매우 낮고 그마저도 강제적으로 저축을 하게 한다. 이로 인하여 시설생활자는 작업의욕이 저하되고 나태한 작업태도와 시설직원에 대한 반항적 태도를 갖게 된다. 이러한 태도는 종종 시설생활자가 갖고 있는 문제의 특성으로 오도된다.

넷째, 시설생활자의 행동양식의 개조다. 시설생활자는 시설의 특수한 생활목적을 달성하는 데 적합한 행동양식을 가져야 한다. 시설 내에서 개인의 개성은 극도로 배제된다. 이름은 번호로 대체되고, 의복은 단체복을 입으며, 헤어스타일은 동일하게 한다. 그리고 시설생활자가 시설에서 원하는 방향으로 행동을 하도록 유도한다. 이에 반한 행동은 일체 금지되고 체벌이 가해지는 경우도 있다.

이와 같은 특성으로 인하여 시설보호는 시설생활자를 무기력하게 하고, 시설에 의존적인 인간으로 만들기도 하였다. 그리고 다른 사회현상과 함께 작용하여 시설생활자가 증가하게 되고 사회복지시설이 대형화되며, 시설운영을 위한 막대한 자원이 필요하게 되는 반면에 시설보호의 비효율성에 대한 비판은 커지게 되는 상태를 만들었다. 이러한 시설보호의 여러 가지 폐단을 시정하고 시설생활자의 자립생활을 돕기 위해 시설과 지역사회가 협력해서 적절한 사회복지서비스를 제공하기 위한 방안으로 대두된 것이 탈시설화의 이념이다.

탈시설화의 기본목표는 사회복지시설에 부적절하게 수용·보호되어 있는 요보호자를 지역사회로 퇴소시키고, 지역사회에서 생활하고 있는 요보호자를 부적합한 생활에 입소시키는 것을 방지하고, 지역사회 내에서 요보호자에 대한 적절한 서비스를 제공하고, 시설보호의 전반적인 질을 향상시키며, 시설병을 예방하는 데 있다.

미국의 경우 탈시설화는 정신질환의 예방과 정신질환자의 삶의 질적 수준을 높이기 위해 지역사회 중심적인 서비스 프로그램 개발을 통한 정신건강 보호체계 개선을 제안한 1963년 케네디 대통령의 의회연설, 정신건강센터를 건립하기 위해 연방정부가 주정부를 지원하게 되는 근거인 정신지체자 및 지역정신건강센터 건설법의 제정, 약물의 개발 등에 의해 촉진되었다.

탈시설화를 실천하기 위해서는 시설보호의 규제가 많은 생활에서 적은 생활로, 규모가 큰 시설에서 작은 시설로, 큰 생활단위에서 작은 생활단위로, 집단생활에서 개인생활로, 지역사회로부터 격리된 생활에서 지역사회에 통합된 생활로, 의존적인 생활에서 자립생활로 시설보호의 방향이 바뀌어야 한다고 주장했는데, 미국의 경우 1970년대 공공정책으로 유행이 된 탈시설화 때문에 1963년에서 1973년 사이에 시설생활자의 수가 절반으로 줄어들었다.

이는 탈시설화의 이념은 긍정적으로 평가되고 있지만 그 실천에 있어서는 많은 문제점을 내포하고 있다. 구체적으로 시설생활자의 사회적 자립능력의 결여, 지역사회의 시설생활자에 대한 편견, 지역사회 내에서 지속적으로 제공받을 수 있는 서비스의 질과 범위에 대한 의문, 시설보호와 재가보호 프로그램의 조정, 재정관리상의 어려움, 탈시설화에 대한 조사내용과 현실 간의 차이 등이다. 이러한 문제들은 탈시설화의 모순에 기인한 것이 아니라 실천과정상에 나타난 현실적인 것으로, 수정·보완되어야 할 과제다.

3) 사회화

'사회화'라는 개념은 여러 학문분야에서 사용하는 '사회화'란 용어의 의미를 차용·조합하여 구성한 것이다.

사회복지시설의 사회화란 시설과 지역사회의 상호적인 과정으로, 시설생활자의 인권존중과 생활보장이라는 공공성에 기초하여 시설생활자의 생활수준을 향상시키기 위한 노력과 지역사회복지 욕구에 대응하기 위하여 시설의 제 자원을 지역사회에 제공하고, 사회복지에 대한 주민의 교육과 체험을 돕는 제반활동이다.

사회복지시설의 사회화 추진배경은 시설보호에 관련된 새로운 이념의 대두에 따른 시설보호의 질적 향상의 욕구에 대한 질적 표출이다. 즉, 폐쇄적인 시설보호에서 벗어나 지역사회와의 상호교류를 통하여 시설생활자의 사회적 고립을 방지하고 인권을 보장하기 위한 방안으로 대두된 것이다. 또한 시설은 지역사회의 사회복지 욕구에 대응해야 할 사회복지 자원이며 보호의 연쇄체계 가운데서 중심 부분을 차지하고 있다.

시설의 사회화는 시설생활자에게뿐만 아니라 지역사회의 요보호자에게 서비스를 제공하기 위한 방향으로 등장하였다. 사회복지시설의 사회화는 다음과 같은 내용으로 구성되어 있다.

● 보호의 사회화: 시설생활자의 생활수준은 시설이 존재하는 지역사회의 주민의 생활수준과 유사해야하며 시설생활자의 활동영역도 지역사회주민의 활동영역과 비슷한 수준으로 확대되어야 한다는 내용이다.
● 운영의 사회화: 비민주적이고 폐쇄적인 시설운영을 배제하고, 시설운영에 지역사회주민의 적극적인 참여를 유도하여 시설운영의 합리화와 민주화를 도모한다는 내용이다.
● 기능의 사회화: 시설의 전문적인 기재와 설비를 지역사회 요보호자에게 제공함으로써 사회복지자원을 효율적으로 활용하고 시설이 지역사회의 센터적 역할을 수행함으로써 지역사회 복지증진에 기여하게 한다는 내용이다.

이러한 사회화의 실천을 통하여 사회복지시설의 질적인 향상과 시설운영의 개선을 가져오게 되었으며, 지역사회주민의 시설에 대한 이해가 깊어졌다. 또한 시설이 지역사회주민에게 사회복지서비스의 한 주체로서 기능하게 되는 성과를 가져왔다. 시설보호가 사회보호적 단계에서 사회보장적 단계 그리고 사회복지적 단계로 변하면서 현저한 차이를 보이는 것은 사회복지시설과 지역사회의 관계다. 시설생활자를 지역사회로부터 격리하기 위한 수단으로 활용하던 시설보호가 정상화의 원리를 바탕으로 한 시설생활자의 인간다운 삶의 보장을 위한 시설보호로 변하는 과정에서 시설의 지역사회와의 관계 형성 및 강화가 중시되고 있다. 대표적인 것이 미국의 탈시설화와 일본의 시설사회화다.

우리나라의 시설보호도 질적 향상을 이루기 위해서는 사회복지시설이 지역사회에 관계되어서 관심을 기울여야 하고 사회복지적 단계에서도 한 단계 업그레이드되는 형태로 변화되어야 하는 시점에 있다.

2. 우리나라 사회복지시설 발달사

이 절에서는 우리나라 사회복지시설 발달사의 과정을 네 단계의 역사 변천과정을 통해 상세히 알아보겠다.

첫째, 대한민국 정부수립 이전의 사회복지는 어떠한 제도와 특징을 지니고 있는지 살펴본다.

둘째, 일제강점기와 미군정시기 사회복지정책의 내용과 특징은 무엇이며, 과연 그것이 우리 국민에게 복지적인 혜택을 주었는가를 알아본다.

셋째, 대한민국 정부수립 이후의 사회복지를 제1, 2, 3, 4, 5, 6공화국부터 시작하여 문민정부 시기의 사회복지 내용, 제도, 특징을 알아보고, 현재의 사회복지 현황과 제도, 내용, 특징을 상세히 알아보도록 한다.

넷째, 우리나라 사회복지의 미래와 향후 전망과제를 알아본 후 한국 사회복지대책에 대해 살펴보고자 한다.

1) 근대 이전의 사회복지

(1) 삼국시대

삼국시대 제3대 유리왕 5년(서기 28년)에는 최초의 4궁 환과고독(鰥寡孤獨) 구빈이 행해졌다. 환과고독은 늙고 아내가 없는 자, 늙고 남편이 없는 자, 어리고 부모가 없는 자, 늙고 자녀가 없는 자 또는 늙거나 병든 자로 자활할 수 없는 사람들에 대한 구제도 많이 실시하였다. 이렇듯 국가의 재난구제 사업은 고대, 중세까지 부분적으로 시행된 예를 찾아볼 수 있으나 고려시대에 들어와서부터 본격화되었다.

아동복지 사례로는 백제의 근수구왕 8년(서기 382년)에 백성들이 굶주려 자식을 파는 자들까지 있었는데 왕이 관곡을 내어 팔려 간 아동을 되찾아 부모에게 돌려주었다는 기록을 볼 수 있다. 의료구제는 통일신라의 표소왕 원년(서기 692년) 의학의 설치에서, 행려자 구제는 통일신라의 성덕왕 19년(서기 720년) 해골을 매장해 주었다는 기록에서 그리고 장애인 구제는 경덕왕 14년(서기 755년)에 행한 구빈의 대상자 중 폐질자가 포함되어 있는 점에서 각각 그 뿌리를 찾을 수 있다(홍금자, 1993). 또한 삼국시대의 대표적인 구빈제도로서 창제와 진대법이 있다. 창제는 가장 오랜 역사를 가진 우리나라의 구제제도로 손꼽히고 있다. 창제를 운용함으로써 부락별로 곡창(부경)을 설치하여 병농공용으로 사용했고, 풍수해·질병·전란 시에 양곡을 방출했다.

고구려의 진대법은 흉년이나 춘궁기에 창곡을 백성들에게 대부하였다가 추수기와 풍작을 기다려 다시 갚게 하는 제도다. 이것은 무상으로 백성에게 구휼을 행한 것이 아니라 백성들이 능력이 있을 때 다시 상환케 했던 제도다. 즉, 진대법의 목적은 춘궁기에 빈민을 구제하고 영농자본으로 국민의 생활을 안정시키고 관곡을 유용하게 활용하는 것이었다. 이상과 같이 삼국시대부터 이미 국고를 열어 환·과·고·독·노인·병자 등을 위문하고 식량을 지급했으며, 창제와 진대법 등 구휼제도가 있었다는 사실은 우리나라도 오랜 구빈의 역사를 갖고 있다는 것을 입증해 준다고 볼 수 있다.

(2) 고려시대

중세의 고려시대는 관료적 봉건체제가 확립된 시기로서 역대 왕들은 구제사업을 나라를 다스리며 백성을 이끄는 국가적 사업으로 인식하여 점차 구제사업을 담당하는 전문기관을 마련하고 그 기관을 통해 구제사업을 전개하였다. 그 예로 고려 예종 4년(서기 1109년)에는 가난한 백성을 돕기 위한 중앙관서로서 구제도감이 처음으로 설립되었고, 예종은 일반 서민에게 의약의 혜택을 널리 펴기 위하여 혜민국을 두었으며, 대비원, 혜민국에 각각 구급사무를 관장하는 제위보를 두어 의료구제사업을 널리 실시하기도 하였다(구자헌, 1970). 이와 같이 고려시대에 와서 불교의 자선사상에 영향을 받은 전문적인 구제제도가 시작되어 재민을 구제하는 기관으로 제위보, 구제도감, 동서대비원, 혜민국 등이 있었다. 제위보는 최초로 설치된 구빈기관으로 빈민구제사업과 이재민구제사업을 맡아서 행하였고, 구제도감은 중앙에 설치된 구휼행정을 총괄 관장하는 기관으로서 곡물을 비롯한 각종 생활필수품을 구비하고 굶주리고 있는 가난한 백성을 구제하고 병약자를 보호하였다. 동서대비원과 혜민국은 의료구호기관으로서 가난한 자에게 약품과 의복을 내주고 치료를 해 주었는데, 특히 이들 기관에서는 대부분 훈련을 받은 승려를 두어 자선사업의 과업을 수행하도록 했다.

이와 같은 구제기관의 활동 이외에도 아동복지사업으로서의 고아수양과 유아·기아 · 빈곤아동의 보호사업이 행해졌는데, 고아수양은 고아 민가수양을 빙자하여 자가노비로 삼는 방편으로 인신매매, 유인, 약탈 등의 폐단이 생기기도 했다. 노인복지사업으로서 환과고독의 요구호자에게 관비부양이 이루어졌으며, 임시적 은사를 행해 군주가 경로정신을 시범 보이기도 했다. 고려시대의 구제활동으로 특기할 점은 불교도에 의한 구제활동이라는 것인데, 유아 · 기아 · 빈민아를 사원에서 수용 양육하여 승려, 사역승으로 양성하는 일이 성행하게 되었다. 이 외에 행려자 시식소(行旅者試食所)를 설치 · 운영한 것은 중세 기독교사원의 사원숙박소와 같은 맥락에서 이해할 수 있겠다(김상규 외, 1996).

(3) 조선시대

조선시대의 구제사업은 제도적인 면에서나 내용적인 면에서 그 이전 시대보다는 진일보하였다고 볼 수 있다. 고려시대까지는 주로 불교의 영향으로 종교적 자선심이나 자비를 베푸는 시혜가 구제활동의 중심이었다면, 조선시대에는 유교의 왕도사상을 기반으로 국가통치자의 국가와 백성에 대한 책임감, 의무감을 보다 강조하였다는 점에서 일반 백성들에 대한 구제사업은 보다 체계적으로 실시되었다고 할 수 있다.

조선시대의 구빈제도로는 창제와 환곡이 있었으며, 비황(備荒)을 위한 제도로는 의창, 상평창, 사창이 있었다. 사창은 국가적 차원에서의 구빈제도가 아니라 촌락이나 부락 단위의 구휼제도라고 할 수 있으며, 환곡은 관가에서 곡물을 비축하여 춘궁기에 백성들에게 대여하였다가 추수 때에 환납케 하는 제도였다. 조선시대의 민생구휼기관으로는 구황청, 혜민국, 제생원, 활인서, 기로소 등이 있었다. 구황청은 황정(荒政), 재해가 생겼을 때에 국가의 비축곡을 방출하여 굶주린 백성을 구제하고 급식을 하는 진휼사업을 전담해 왔는데, 그 후 진휼청으로 명칭이 바뀌었다가 선혜청에 병합되었다.

혜민국은 서민과 궁민의 질병을 치료해 주고 건강을 보살펴 주는 일을 맡았으며, 이후 혜민서로 개칭되었다가 전의감에 병합되었다. 활인서는 서울 성내의 환자구휼기관으로서 초기에는 고려시대와 같이 동서대비원으로 불리다가 동서활인서로 개칭되었다. 기로소는 70세 이상의 노인들을 입소시켜 노후를 즐겁고 보람되게 보내도록 하였다.

그 밖의 제도로서 자휼전칙(字恤典則)이라고 부르는 유기 및 부랑걸식 아동보호 법령이 공포되어 유기아동, 걸식아동, 부랑아 등을 관가에서 보호하거나 유양(留養), 민가에 입양하도록 하였는데, 이 법령에 근거하여 진휼청의 수용보호사업이 시작된 것이다. 환과고독에 대한 진휼사업은 지방수령에게 책임이 주어졌는데, 『목민심서』에 의하면 사궁(四窮)의 선정에 있어 연령, 친척의 유무, 재산상황 등을 참작하는 것이 관례였다. 즉, 자기 재산이 있거나 부양할 친척이 있거나 연령이 60세 미만 10세 이상이면 대체로 보호의 의무가 없었던 것이다. 한편, 신체장애인으로서 생활능력이 없는 사람에게는 직업보도와 구휼을 해 오기도 했다(김상규 외, 1995).

조선시대에 들어와 불교를 탄압하고 유교를 장려하게 됨에 따라 구빈사업도 유교의 왕도주의에 입각하여 왕이 재해 및 빈민구제를 대단히 중요시하게 되었다. 조선초기의 빈민구제의 원칙은 빈민구제는 왕의 책임으로 하고, 구제의 신속을 중시하며, 일차적인 구빈행정 실시책임은 지방관이 지게 하고 중앙정부는 수시로 구제에 대한 교서를 내리며 필요한 관계법을 제정·공포하고 지방 구빈행정을 지도·감독하는 것으로 되어 있었다(하상락, 1989).

이 밖에도 가난한 사람들이 농업 경영자에게 상호 연대책임을 지고 춘궁기에 곡물을 선불받아 농번기에 노동을 해 주는 고지, 촌락을 단위로 마을 안 무능력자나 과부 또는 초상을 당하여 일정 기간 노동을 할 수 없는 자의 농사를 마을 주민 공동으로 지어 주는 공굴 그리고 마을에 흉사가 있을 때만 무보수로 봉사하는 향도가 있었다. 계(契)와 두레 등도 구휼사업을 하는 민간조직의 활동으로서 일종의 사회사업적 의미를 내포하고 있었다. 고려시대에는 불교의 자비심에 영향을 받아 은혜를 베푸는 구제활동이 주를 이룬 데 반해, 조선시대에는 구제사업에 대한 법적 기초가 마련되었고 유교사상을 기반으로 한 체계적인 구제사업이 행해졌다 할 수 있다.

2) 근대화 이후의 사회복지

(1) 일제강점기의 사회복지

일제강점기의 구제사업은 근대적인 복지이념에 따라 시행된 것이 아니며, 일본의 식민정책의 일부로서 우리 민족이 일본에게 충성하게끔 하려는 정치적인 목적을 갖는 시혜 또는 자선의 의미가 컸다. 일제강점기에 들어와 일본은 본토에서 1874년에 제정된 구휼규칙을 1929년에 폐지하고 구호법을 새로 제정하여 보다 향상된 현대적 구빈행정을 시행하였으나, 한국에서는 이 법을 시행하지 않고 유사시에 은전을 베푸는 형태로 극히 한정된 범위의 요구호자에 대한 구빈사업을 실시하였다. 그러던 중 1944년 3월 그들은 군사적 목적을 위하여 한국민에게 징병과 노무징용을 강요하게 되어 비로소 일본 본토에만 실시해 오던 구호법을 한국에도 확대 시행키로 하고 조선구호령을 제정·실시하였는데, 이는 일본의 구호법을 기초로 하고 모자보호법과 의료보호법을 부분적으로 부가해서 종합화시킨 법이다. 그 내용을 살펴보면 적용대상은 65세 이상의 노쇠자, 13세 이하의 유아, 임산부, 불구, 폐질, 질병, 상이, 기타 정신 또는 신체의 장애로 인하여 노동을 하기에 지장이 있는 자로 제1조에 규정되어 있다. 급여의 내용은 생활부조, 의료, 조산, 생업부조가 있으며 제10조에 규정되어 있다. 또한 제17조에는 장제부조가 규정되어 있다. 구호는 신청주의에 따라 실시되며, 이를 심사하기 위해 자산조사를 거치도록 규정하고 있으며, 구호는 거택보호가 원칙으로 되어 있다. 거택구호가 불가능하다고 인정되는 경우에는 구호시설 수용, 위탁수용을 하거나 개인의 가정 혹은 적당한 시설에 위탁수용을 할 수 있도록 규정하고 있다(김만두, 한혜경, 2000). 이 조선구호령의 의의는 근대적 의미의 공적부조의 출발이라 할 수 있으며, 해방 이후 전개되는 생활보호법의 모태가 되었다는 것이다.

일제하의 구빈사업으로는 이재민구호, 빈민구호, 빈민의료구제, 요보호 아동보호, 복지시설 운영 등이 있으나 장기적이고 확고한 계획하에 이루어진 것이 아니고 그때그때의 시혜차원에서 이루어졌으며, 빈민구호대상자의 수도 일본 본토와 현격한 차이가 나는 등(본토는 총인구의 0.3%, 한국은 0.008% 수준)으로 매우 형식적인 구빈사업에 불과하였다(인경석, 2000). 이렇듯 식민지시대의 사회정책은 식민통치의 합리화라는 이데올로기적 기능과 식민통치정책의 효율성의 도모 및 지배질서의 안정이라는 정치적 기능이 강조되었기에, 식민지 민중이 가진 기본욕구를 해결하는 차원에서가 아니라 식민본국의 사회·경제·정치적 필요성에 따라 최소한의 사회복지정책이 성립되었음을 그 특성으로 지적할 수 있다.

(2) 미군정시대

1945년 해방 후 미군정 3년간의 구호행정은 형식적으로는 일제하의 조선구호령을 계승하였으나 실제로는 미군정 법령에 따라 이북피난민, 해외에서 귀환한 전재민 등에 대하여 주로 외국 민간원조단체의 도움으로 구호사업을 실시하였다.

　1948년 대한민국 정부수립 후 국민생활을 보장하는 관계법률이 제정되기도 전에 1950년 6·25 전쟁이 발생하게 되어 전쟁 기간 중은 물론 전후 1960년대 초까지도 주로 전재민 구호사업에 치중하게 되었다. 이 기간 중 구호행정은 우리나라 보건사회부와 UN 민간원조사령부의 공동노력으로 이루어졌는데, 초기에는 주로 전재민의 응급생계 구호에 치중하였고, 1952년 이후에는 장기사업으로 난민정착사업을 실시하여 난민들을 농축사업 등에 종사케 하였다. 이 기간 중의 구호에 필요한 재원은 UN 구호계획에 의하여 주로 외국 민간원조단체를 통하여 우방국으로부터 받은 원조물자에 의존하였는데, 특히 미국 민간원조단체가 미국 잉여농산물에 따른 양곡을 도입하여 많은 도움을 주었다. 또 미군정기간 동안 복지에 대한 행정대책이 크게 부족하였던 관계로 무계획적인 민간구호 단체와 시설이 증가하였고 외국 자선단체와 기관들도 많이 들어왔다. 그리고 근대적이고 민주주의에 입각한 새로운 사회사업의 사조와 기반을 우리 사회에 도입하게 된 것은 이 시기부터였다.

3) 대한민국정부 수립 이후의 사회복지

(1) 제1, 2공화국(1950년대)

　1948년 남한에서 합법적인 정부가 들어서게 되어 제1공화국이 출범하게 된다. 이를 전후하여 좌우의 이념적 대립이 지속되다가 1950년 6·25 전쟁의 과정을 통해 우리는 사회경제적으로 극도의 혼란과 불안정 상태에 놓이게 된다. 따라서 재원부족으로 복지정책에 대한 배려는 거의 없었다.

　6·25 전쟁은 우리나라 사회복지에 두 가지 큰 변화를 가져왔다. 첫째는 정부수립 후 단계적·계획적으로 준비되어 왔던 사회부의 모든 정책이 6·25 전쟁으로 무산되어 버린 채 임시적·응급적 정책으로 전락되었다는 점이고, 둘째는 막대한 외국 원조가 전시 및 전후에 우리 국민의 자활에 큰 활력소가 되었으나 우리 사회에 의존적 구제방식을 심화시켜 놓았다는 점이다(손준규, 1983). 예를 들면, UNICEF와 같은 국제기구에 의해 실시된 원조 외엔 실질적인 복지정책이 존재하지 않았다고 할 수 있다. 그러나 이 시기에 주목해야 할 사실은 어려운 여건 가운데에서도 교육부문에 대한 투자가 확대되었다는

점이다. 교육의 확대로 숙련노동자와 고급인력이 양성됨으로써 경제도약을 이루는 데 커다란 밑거름이 되었다. 이 시기에 미국식 전문 사회사업교육이 도입되기 시작하였고 사회사업교육은 1947년 이화여자대학교에 기독교 사회사업학과가 최초로 설치됨으로써 대학 내의 전문교육으로 그 첫걸음을 내딛었으며 교육제도와 교육과정은 미국의 것을 그대로 모방·수용하면서 전개되었고, 공공차원에서의 사회사업교육도 현재 국립사회복지연수원의 전신인 중앙사회사업종사자훈련소를 통해서 이루어졌다. 또한 사회사업 단체나 조직의 활동도 활발하여 1954년 12월 사단법인 한국사회사업연합회가 법인 설립 허가를 받았으며, 1957년 부녀보호사업전국연합회, 1958년 사단법인 한국아료사업협회, 1954년 한국장애인재활협회도 설립되었다.

종합적으로, 1950년대는 전후 경제, 사회, 정치가 취약하고 혼란스러웠음에도 불구하고 외형적으로는 외국 원조단체의 자선구호활동, 전문사회사업교육기관의 설치, 각종 복지직능단체의 발생 등 민간사회사업은 활발했던 반면에 국가의 사회복지정책은 응급구호사업이 중심을 이루었으며 행정상으로도 일제와 미군정의 사회복지정책의 틀을 벗어나지 못한 시기라 특징지을 수 있다.

(2) 5·16 군사정변과 제3공화국(1960년대)

근대적 의미의 사회보장제도는 1960년대 초 5·16 군사정변 후 태동되어 군사정부에 의하여 몇 가지 의욕적인 사회보장 입법들이 이루어졌다. 그 당시 군사정부는 1962년에 사회보장심의위원회 규정(대통령령)을 제정하고 사회보장심의위원회를 구성하여 사회보장 입법을 추진하였다. 그러나 그 당시의 경제적 여건으로는 이러한 입법들을 뒷받침할 만한 수단이 마련되지 못하여 제대로 시행되지 못하는 경우가 많았다.

군사정부는 우선 공적부조사업의 체계화에 주력하여 1961년에 생활보호법과 재해구호법을 각각 제정하였다. 생활보호법에 의거하여 65세 이상 노인, 18세 미만 아동, 불구, 폐질자 등 근로능력이 없는 무의탁한 자에 대하여 생계보호(거택보호 및 시설보호)를 실시하였으나 그 보호의 수준은 매우 미흡하여 인구 약 40만 명 정도에 대하여 소맥분(밀가루)을 지급하는 사업이 중심이었으며, 이러한 현상은 1970년대 중반까지 계속되었다. 그리고 근로능력은 있으나 자립생활을 하지 못하는 가구를 위하여 1964년부터 자조근로사업을 실시하였는데, 이 사업에 필요한 재원은 미국 공법(U.S. Public Law) 480호에 따른 구호양곡과 정부재정 등으로 충당하였다. 미국 공법에 따른 구호양곡 지원은 1972년까지 계속되었다.

이와 같은 경제·사회적인 상황이 전개되는 가운데 정부에서는 공적부조의 일환으로 법적인 정비를 이루어 생활보호법(1961), 군사원호보상법(1961), 국가유공자와 월남귀순 용사 특별보호법(1962), 재해구호법(1962), 자활지도사업에 관한 임시조치법(1965) 등의 제도를 확립하는 한편 사회복지 부문에 있어서도 아동복지법(1961), 윤락행위방지법(1961)을 입법화하였으며, 사회보장 면에서는 공무원연금법(1960)을 필두로 선원보험법(1962), 군인연금법(1963), 산업재해보상보험법(1963), 의료보험법(1963) 등의 관계법률을 제정·실행하였다. 그리하여 1960년대에 들어와서 우리나라는 전대미문의 사회보험을 중심으로 한 근대적인 사회보장제도를 확립함과 동시에 사회복지정책의 기초를 정립하는 신기원을 이룩하였다.

(3) 제4공화국(1970년대)

본격적인 의미의 사회보장의 추진은 어느 정도 경제적 성장을 이룩한 1970년대 중반 이후, 즉 제4차 경제개발 5개년 계획부터 이루어졌다고 할 수 있다. 정부의 당초계획은 제1, 2차 경제개발 5개년 계획 기간까지는 성장 위주의 경제개발을 추진하여 우선 국력을 배양하고 제3차 5개년 계획 기간부터 사회개발을 병행해 나갈 계획이었다. 그러나 제1차 석유파동으로 제3차 5개년 계획까지도 성장 위주의 계획을 추진하지 않을 수 없었다(김정렴, 1992).

우리나라는 3차에 걸친 성장 위주의 5개년 계획 추진으로 고도성장을 이룩하였으나 그동안 고도성장에 따른 경제적·사회적 불균형이 나타났고, 이러한 불균형을 시정하는 것이 곧 계속적인 경제발전을 가능케 하는 원동력이 된다고 보았다. 그리하여 1977년에 시작되는 제4차 경제개발 5개년 계획부터는 사회개발을 병행 추진해 나가되, 국민의 의료문제를 우선적으로 해결하기 위하여 의료보장정책에 중점을 두고 추진하였다.

1970년대에는 비로소 '복지'를 법적으로 제도화함과 더불어 생산관계 내부로의 본격적인 진입을 이루었으나, 당시 국가는 복지를 경제정책의 시각에서 보려고 하지도 않았다. 이 시기에는 민중 수준에서 서민 근로자들에 의한 최초의 노동운동으로서 민주노조 운동이 시작되었다고 할 수 있으며, 1970년 사회복지사업법의 제정으로 법규에 의거한 시설과 단체들이 정부의 보조를 받을 수 있었고, 외원기관의 원조활동이 점차로 줄고 정부의 재정부담이 늘어나면서 사회복지제도 토착화의 기반을 조성하였으며, 제4차 경제사회종합발전계획을 실시함으로써 경제와 사회의 균형발전을 모색하였다. 또한 1977년 아산복지재단이 설립되면서 보건의료, 사회복지사업 및 학문연구작업에 활성제의 역할을 수행하였을 뿐만 아니라 기업복지재단의 활발한 지원활동의 시발점이 되었다.

(4) 제5, 6공화국(1980년대)

제5공화국 정부는 국가안보를 전제조건으로 민주주의 정착과 정의사회의 구현, 복지국가의 건설 그리고 교육개혁과 문화창달 등 새로운 사회건설의 국정지표를 제시하였다. 그리고 제6공화국이 출범한 이래 사회복지정책은 주요한 정치현안으로 떠오르게 되었다. 1980년대 후반부터 한국형 복지모형이 등장하게 된 것은 1970년대 중반 이후 선진복지국가에서 복지국가위기론이 대두되어서 한국에서도 자칫 잘못하면 복지병이 유발될 수 있다는 정책관련자들의 우려가 있었기 때문이었다고 볼 수 있다. 따라서 보건사회부는 1986년도에 다음과 같은 복지시책의 기본방향을 마련하였다. 첫째는 국가발전 수준에 알맞은 복지시책을 펴고, 둘째는 서구적 복지병폐를 예방하며, 셋째는 자립정신에 입각한 복지시책을 전개한다는 것 등이다. 한국형 복지모형은 국가개입을 가능한 최소화하고 가족의 기능을 강화하며, 요보호자 자신의 자조와 재활을 강조하고, 자원봉사의 참여를 장려하는 내용으로 나타났다. 이러한 프로그램의 구체적 내용을 보면, 사회복지서비스를 주도해 오던 시설수용보호 중심에서 크게 탈피하여 지역복지와 재가복지 사상이 도입되었다.

제6공화국의 사회복지제도 발전의 특징을 요약하면 다음과 같다. 첫째, 국민연금제도, 최저임금제도, 전국민의료보험제도 등의 실시로 소득 및 의료 보장의 확대가 이루어지기 시작하였다. 둘째, 1988년 서울 장애인올림픽 이후 장애인 종합대책을 수립하였으며, 이어서 장애인 고용촉진 등에 관한 법률을 제정하여 장애인복지에 대한 변화를 시도하였다. 셋째, 영유아보육법이 아동복지법과는 별도로 제정되면서 영유아보육사업이 크게 부각되었다. 넷째, 재가복지를 중시하여 재가복지봉사센터가 급격하게 증가되었으며, 1987년부터 사회복지 전문요원을 영세민 밀집지역의 동사무소에 배치하기 시작하였다. 사회복지 전문요원제도는 대학의 사회복지전문교육 반세기 역사의 산물이라 해석되며, 이들의 성공은 그들 자신의 사명감과 전문성뿐 아니라 사회복지서비스에 대한 국가적·사회적 지지와 지원에 달려 있다고 할 수 있다.

(5) 문민정부

1993년에 등장한 김영삼 대통령의 문민정부는 신경제 5개년 계획의 사회복지 부문에서 우리나라 제7차 경제사회발전 5개년 계획 복지정책의 기본방향을 국가발전 수준에 부응하는 사회복지제도의 내실화에 두고 국민복지를 증진시킬 것을 제시하였다. 그러나 사회복지와 관련해서는 소극적으로 대처하다가 1995년 초에서야 성장 위주의 정책에서 벗어나 삶의 질과 생산적인 국민복지에 적극적인 관심을 기울일 것을 강조하였다.

문민정부 이후 국민의 정부에 걸친 사회복지제도의 획기적인 변화는 다음과 같다. 첫째, 사회보험제도의 정비다. 전 국민을 대상으로 한 국민연금제도의 확대실시(1998)와 더불어 전 사업장에 대한 고용보험제도의 적용, 의료보험의 통합으로 인한 국민건강보험제도의 출발 등으로 이는 기존의 산재보험제도를 포함한 4대보험이 제도로서 정착되어 발전되고 있다. 둘째, 공공부조제도로서 국민기초생활보장제도의 도입이다. 국민기초생활보장제도는 국가의 도움이 필요한 빈곤한 모든 국민에게 기본적인 생활을 제도적으로 보장하게 되었다. 셋째, 사회복지서비스 관련법의 제정 및 개정 등으로 각종 사회복지서비스가 지속적으로 확대·발전되고 있으며, 사회복지관을 비롯한 민간사회복지조직이 급증하고 있고, 민간사회복지의 자율성이 강화되고 있다. 그러나 최근 다시 악화되고 있는 경제의 위기로 인해 외형적으로 정착되기 시작한 사회복지제도의 내실화에 제동이 걸리지 않을까하는 우려의 시선이 있다. 사회복지제도의 기능은 경제성장을 저해하는 것이 아니라 경제성장과 조화를 이루어가며 경제를 활성화시키는 것이라고 볼 때, 정책당국은 사회복지제도의 발전에 지속적인 관심을 갖고 지원을 아끼지 말아야 할 것이다.

문민정부 사회복지의 특징은 국민기초생활보장법을 제정하여 자선적 생활보호에서 권리성 급여로 전환하게 되었고, 국민기초생활보장법의 제정을 둘러싸고 복지 논쟁이 대두되었으며, 1998년 말 국민연금법을 대폭 개정하여 적용계층을 전 국민으로 확대하였고, 아동복지법이나 장애인복지법의 기본이념을 명시하고 현안 문제들을 복지서비스 이용자 입장에서 접근·제시하였다는 것이다.

(6) 향후 사회복지의 전망

고용보험과 국민연금의 확대시행과 국민건강보험의 통합시행 등 사회보장정책의 발전적 시행과 함께 국민의 기본적 생활을 보장하고 생산적 복지를 추구하는 국민기초생활보장법의 시행 등으로 정부의 의지가 실현되고 있는 점 등을 미루어 향후 우리나라의 사회복지가 그렇게 어둡지만은 않을 것이라 본다. 이에 대한 구체적인 내용은 다음과 같다.

첫째, 고용보험과 국민연금, 국민건강보험과 산재보험의 4대보험의 통합 또는 확대를 통해 사회안전망이 완비될 수 있을 것이다. 둘째, 국민의 기초생활이 보장될 수 있을 것이다. 최저생계비 보장 등 보호수준이 향상되어 기본적 생활이 보장되고, 자활·자립지원시책 강화를 통한 생산적 복지기반의 구축이 국민의 기초생활을 보장하게 할 수 있을 것이다. 셋째, 복지서비스가 확충될 것이다. 가족 및 지역사회 중심의 예방적 서비스와 재가복지서비스가 확충될 수 있을 것이며, 장애인과 노인 등을 위한 편의시설 설치 확대와 직업안정제도에 대한 지원을 통해 소외계층의 사회참여 기회가 확대될 것이다. 넷째, 복지수요가 확대되고 다양화될 것이다. 사회변화는 우리가 예견하는 것보다 훨씬 다양할 것이다. 그리고 이에 따른 사회적 복지요구도 다양화될 것이며, 아울러 복지수급 주체도 보다 조직화될 것으로 전망된다.

제7장

사회복지시설과 인권

이 장에서는 사회복지시설을 운영할 때 중요시되는 클라이언트의 삶의 질 제고와 권리보장을 위한 인권을 다루고자 한다. 인권의 주요 개념과 특성, 인권의 발달역사, 인권 기반의 사회복지실천 그리고 시설유형별로 이용자의 인권보장에 관한 실천지침을 제시한다.

1. 인권의 개념과 특성

1) 인권의 개념

인권이란 그 용어의 모호함과 불명료함으로 인해 명확히 규정하기도 어렵고, 시간의 변화에 따라 동태적으로 변화하고 진화한다는 다양한 의견(Sweet, 2003; Skegg, 2005: 국가인권위원회, 2006에서 재인용)이 있다. 광의적인 의미에서 인권을 정의하면, 스위트(Sweet, 2003)는 "인권은 인간이 내재적으로 갖는 존엄과 가치에서 파생되는 것으로, 인간이 자신의 성장과 발전에 필수적인 활동에 전념할 수 있는 자유 또는 권리다"로 정의내렸다. 이는 천부인권설의 인간으로서 존엄성을 보장받을 권리와 유사한 개념이다. 또한 "인권이 시대와 국가적 배경에 따라 다양하게 나타날 수 있다"는 입장의 인권 개념은 기본적으로 인간의 평등할 권리 또는 차별받지 않을 권리에 보다 강조점을 둔다(이창수 외, 2005: 국가인권위원회, 2006에서 재인용). 즉, 인권은 정치, 경제, 사회적 상황, 문화적

전통 등 시대와 국가 배경에 따라 강조되는 내용이 다르고 사회의 소수자, 주변화된 집
단 등의 권리에 더 주안점을 둔다.

철학적 관점에서 우리나라 헌법과 국내외 인권에 관한 규범에 근거하여 볼 때, 인권은
모든 사람이 인간의 존엄과 가치를 가지고 스스로 행복을 추구할 수 있어야 한다는 기본
적 · 필수적 · 당위적 권리다. 그러므로 누구나 법 앞에 평등하며 자유롭게 인간다운 삶
을 누릴 수 있는 거주, 직업, 사생활, 종교, 양심, 통신, 학문, 재산, 정치, 언론 등의 제반
권리가 개별적 · 사회적으로 보호되어야 한다(국가인권위원회, 2006).

인권보장의 철학의 철학은 인간의 기본적인 권리로서 인간의 존엄성, 생존권, 생명존
중의 가치, 인간다운 생활을 할 권리 등이 보장되어야 한다는 것을 의미한다. 따라서 사
회복지시설의 운영과정에서 가장 우선시되어야 하는 것이 바로 인권보장의 철학이다.

인권보장의 철학에서 규정한 인권의 영역은 천부적 권리, 규범적 권리, 형성적 권리
로 구분된다. 천부적 권리는 생명권, 자유권, 평등권을 의미한다. 규범적 권리는 생활,
직업, 교육, 언론, 재산, 참정권, 권리구제에 관한 것을 의미한다. 형성적 권리는 우리의
사회공동체를 위한 구성원으로서 권리, 재구성되어야 할 인권, 차별금지 등에 관한 것이
다(보건복지부, 2007a).

2) 인권의 특성과 가치

인권은 모든 인간에게 보편적으로 적용할 수 있는 기본적 특성을 갖고 있다(국가인권
위원회, 2006). 그러한 특성으로는 첫째, 인권은 기본적이고 필수적인 권리다. 즉, 인권
은 반드시 있어야 할 인간다움을 지키기 위한 최저선이다. 둘째, 인권은 보편적이다. 인
권은 모든 장소의 모든 사람이 평등하게 갖는 권리로서 인종, 피부색, 성, 언어, 종교, 정
치적 의견 또는 사상, 출신, 재산, 출생 또는 그 어떠한 지위에 따른 차별이 없어야 한다.
셋째, 인권은 법으로 보장되는 권리 이상의 것이다. 즉, 법에 따라 보장되고 있는 권리에
만 한정되지 않으며, 현행법이 보장하고 있지 않더라도 인간의 존엄성을 보장하는 데 반
드시 필요한 권리는 인권으로 보장해야 한다.

인권이 추구하는 기본적인 가치는 다음과 같다(국가인권위원회, 2006). 첫째는 생명이
다. 이는 가장 중요하고 우선적인 가치로, 육체적 생명뿐만 아니라 적극적이고 발전적

인 삶을 강조하고 유지할 수 있는 생명을 포함한다. 둘째는 자유다. 자유는 모든 사람이 자기 삶의 주인이 되어 스스로 선택한다는 것을 의미하며, 생각과 표현의 자유, 비인도적 처우를 받지 말아야 할 자유, 사생활과 거주이동의 자유 등을 포함한다. 셋째는 평등이다. 모든 사람은 성별, 나이, 출신지역, 종교, 빈부, 건강 등의 차이로 인해 차별을 받아서는 안 되며, 권리에 있어 평등하다. 넷째는 정의다. 사회구성원 모두의 적절한 생활 수준을 유지하기 위해 자원의 재분배와 사회적 약자에 대한 특별한 보호를 마련하는 등 사회경제적 정의가 실현되어야 한다. 다섯째는 사회적 책임이다. 인권이 추구하는 사회적 책임은 차별과 편견으로 인해 고통받는 사회적 소수계층의 편에 서서 그들을 지지하고 지원하는 것이다.

3) 국제 규정 및 국내법에 나타난 인권의 개념과 내용

(1) 세계인권선언

세계인권선언(Universal Declaration of Human Rights, 1948)은 "모든 사람은 날 때부터 자유롭고 동등한 존엄성과 권리를 가지고 있다. 사람은 천부적으로 이성과 양심을 가지고 있으며, 서로 형제애의 정신으로 행동해야 한다"(제1조)고 규정하고 있다. 이는 인권이 천부적으로 부여받은 인간의 존엄성을 의미하는 것을 나타낸다. 제2조에서는 "모든 사람은 인종, 피부색, 성, 언어, 종교, 정치적 또는 그 밖의 견해, 민족적 또는 사회적 출신, 재산, 출생, 기타의 지위 등에 따른 어떠한 종류의 구별도 없이 이 선언에 명시된 모든 권리와 자유를 누릴 자격이 있다"고 함으로써 평등의 가치와 차별금지의 원칙을 나타냈다.

또한 UN이 결의한 8개의 주요 협약은 다음과 같다. ① 인종차별 철폐에 관한 국제협약(1966), ② 시민적·정치적 권리에 관한 국제규약(1966), ③ 경제적·사회적·문화적 권리에 관한 국제규약(1966), ④ 여성차별 철폐에 관한 협약(1979), ⑤ 고문과 그 밖의 잔혹한 비인도적 또는 굴욕적 대우나 처벌방지에 관한 협약(1984), ⑥ 아동의 권리에 관한 협약(1989), ⑦ 이주 노동자와 그 가족의 권리보호에 관한 국제협약(1990), ⑧ 장애인권리협약(2006)이다.

(2) 국제인권조약

국제인권조약은 세계인권선언의 내용을 보다 구체적이며 강제력 있는 국제조약 형태로 제정한 것이다. 국제규정에 의한 인권은 인간의 존엄성과 평등권, 경제·사회·문화적 권리 및 정치적 권리를 큰 범주로 하여 구성되어 있다. 세계인권선언 및 국제인권조약을 토대로 인권의 범주에 따른 주요 내용을 살펴보면 〈표 7-1〉과 같다(국가인권위원회, 2006).

〈표 7-1〉 국제인권조약에 나타난 인권의 범주와 내용

인권범주	하위범주	인권의 주요 내용
인간의 존엄	인간의 존엄	천부적 자유와 존엄, 생명권, 신체의 자유와 안전, 강제노동/노예금지, 고문금지, 법 앞에 평등, 차별금지
시민적· 정치적 권리	시민 권리	사생활의 자유(명예/명성/정보통신/통신/혼인선택 포함), 거주이전의 자유, 국적취득권, 아동의 권리, 재산소유권, 사상·양심·종교의 자유
	정치 권리	의사표현의 자유(알 권리, 정보접근권 포함), 언론·출판의 자유, 집회·결사의 자유, 참정권(발안권, 참정권, 공무참여권, 청원권 포함)
경제적· 사회적· 문화적 권리	경제 권리	사회보장권, 노동에 대한 권리, 적정보수의 권리, 유리한 노동조건향유권, 노동조합의 권리
	사회 권리	가족형성권, 적정생활수준향유권(식량권, 물에 대한 권리, 주거권, 건강권 포함)
	문화 권리	교육에 대한 권리, 문화생활참여(과학기술향유권, 저작권, 자기문화 향유권 포함), 인권질서 추구권
법절차 권리	법절차 권리	법적 인격체의 인정, 법적 구제권, 인신보호, 공정/신속재판을 받을 권리, 적법절차, 무죄추정, 죄형법정주의, 수형자의 권리

출처: 국가인권위원회(2006). 재인용.

(3) 대한민국 헌법 및 국가인권위원회법

우리나라의 경우 헌법 제10조에서 "모든 국민은 인간으로서의 존엄과 가치를 가지며 행복을 추구할 권리를 가진다. 국가는 개인이 가지는 불가침의 기본적 인권을 확인하고 이를 보장할 의무를 진다"고 명시하여 인간의 존엄과 행복추구권을 선언하고 있다. 국

가인권위원회법 제2조 제1항에서 "인권이라 함은 헌법 및 법률에서 보장하거나 대한민국이 가입, 비준한 국제인권조약 및 국제관습법에서 인정하는 인간으로서의 존엄과 가치 및 자유와 권리를 말한다"고 정의하고 있다. 또한 제2조 제4항에서는 '평등권 침해의 차별행위'를 합리적인 이유 없이 성별, 종교, 장애, 나이, 사회적 신분, 출신지역, 출신국가, 민족, 용모 등 신체조건, 혼인여부, 가족형태나 가족상황, 피부색, 사상 또는 정치적 의견, 전과경력, 성적 지향, 학력, 병력 등을 이유로 고용이나 교육에서의 차별대우, 성희롱 등을 하는 것으로 정의하면서 이를 금지하도록 규정하고 있다.

위와 같은 법의 정의에서 나타난 바와 같이 인권은 인간의 존엄과 행복추구에 관한 권리를 상당히 폭넓게 정의하며, 구체적인 차별적 행위의 금지도 포함하고 있음을 알 수 있다.

2. 인권의 발달역사

1) 개 요

17세기 자연법 사상에서 태동된 자연권(natural rights)은 20세기에 들어서 인권으로 명명되었다. 인권은 민주주의의 발달과 함께 자연권에 뿌리를 둔 천부인권론에 바탕을 두고 있다. 천부인권론을 발전시킨 주요 학자는 근대 자연법의 아버지인 휘고 그로티우스(Hugo Grotius, 1583~1645)다. 그는 "인간은 자연으로부터 권리를 갖는다"고 하였다. 그의 자연권 사상은 토머스 홉스(Thomas Hobbes, 1588~1679)와 존 로크(John Locke, 1632~1704)가 대를 이었다. 미국 독립전쟁에 영향을 끼친 토머스 페인(Thomas Paine)은 "인간의 권리란 인간이 인간으로서 갖는 지위로 인해 갖는 것이며, 모든 시간, 모든 장소에서 모든 사람이 갖는 권리"라고 하였다(김철효 역, 2005).

에릭 홉스봄(Eric Hobsbaum)은 프랑스 혁명에서 공산당 선언까지의 시대(1789~1848)를 이중혁명의 시대라고 하였다. 1688년의 명예혁명은 1689년의 권리장전을 낳았다. 권리장전은 자유와 법률에 의한 재판을 약속한 대헌장과 국민의 자유에 대하여 의회에서 결의한 권리청원(1628)을 이어받아 영국 시민혁명의 완성판이 되었다. 이는 왕정에 대한 국회동의를 제도화하여 절대군주제를 종식시키고 입헌군주제를 확립하였다. 1776년의 미국 혁명은 생명, 자유, 행복의 천부인권과 권력신탁론을 천명하였다. 1789년의 프랑스 혁명은 자유와 평등의 천부인권과 주권재민을 선언하였다.

산업혁명과 제1차 세계대전, 제2차 세계대전까지의 약 150년간 죽었던 인권이 부활한 것은 1948년 세계인권선언에서다.

2) 인권 발달역사에 관한 연구들

프랑스의 법학자 카렐 바사크(Karel Vasak)는 인권발달의 3세대론으로 인권발달 단계를 설명하였다(국가인권위원회, 2006; 이명묵, 2006; 이창수 외, 2005; 인권운동사랑방, 2000). 제1세대 인권은 자유권을 담보로 하는 시민적·정치적 권리다. 봉건시대 이후 근대시민혁명을 통해 등장한 자유권은 국가가 개인을 간섭해서는 안 된다는 입장이다.

제2세대 인권은 평등권을 담보로 하는 경제적·사회적·문화적 권리다. 제1세대 인권인 자유권의 한계에 대해 국제적인 인권 개념이 전환되기 시작하였고, UN이 1966년에 '경제적·사회적·문화적 권리에 관한 국제규약'을 제정하면서부터 사회권이 인류 보편적인 인권의 중심으로 자리를 잡기 시작하였다. 제2세대 인권은 '적극적 권리'로서 사회정의의 실현, 결핍으로부터의 자유 및 사회·경제·문화생활에의 참여를 보장하는 것을 특징으로 하고 있다(이혜원, 2005).

제3세대 인권은 형제애에 근거한 국제연대권이다. 바사크는 발전권, 환경권, 평화권, 인류 공동유산에 대한 소유권과 의사소통권을 제3세대 권리로 규정하고 있다. 짐 아이프(Jim Ife) 또한 제3세대에서 환경권과 평화권을 언급하면서 지역사회 중심의 공동체 삶을 강조하고 있다(인권운동사랑방, 2000; 김형식, 여지영 역, 2001). 세계화와 시장지배에 대응하는 집합적인 보편적 권리를 요구하는 것인데(Skegg, 2005), 집합적 권리는 아직 형성 단계에 있는 개념이라고 볼 수 있다(이혜원 역, 2005). 즉, 앞의 1, 2세대 인권이 국가와 개인 간의 관계를 중심으로 각 개인에게 보장되어야 할 권리라면, 3세대 인권은 집단의 권리라고 할 수 있다(인권운동사랑방, 2005).

바사크의 인권세대를 요약하면 〈표 7-2〉와 같다.

〈표 7-2〉 **바사크의 인권세대**

구분	분류	내 용	특 성	강조 시기
1세대	시민, 정치적 권리 (자유권)	신체의 자유, 사상의 자유, 참정권 등	자유, 소극적 권리, 서방 자본주의 국가	18세기
2세대	경제, 사회, 문화적 권리 (사회권)	노동권, 사회보장, 교육, 의식주 등	평등, 적극적 권리, 사회주의 국가	19세기
3세대	연대의 권리	자결권, 발전권, 환경권, 평화권	박애, 국제적 협력, 제3세계 국가	20세기

출처: 이명묵(2010).

아이프의 인권세대를 요약하면 〈표 7-3〉과 같다.

〈표 7-3〉 **아이프의 인권세대**

구분	제1세대	제2세대	제3세대
세대명칭	공민권과 정치권	경제, 사회, 문화적 권리	집합적 권리
기원	자유주의	사회주의, 사회민주주의	경제학, 개발학, 녹색이념
예	투표·집회·언론의 자유, 공정한 재판에 대한 권리, 고문·학대받지 않을 권리, 차별받지 않을 권리 등	교육, 주거, 의료, 고용, 적정소득, 사회보장 등에 관한 권리 등	경제개발과 성장에 대한 권리, 경제성장의 혜택, 사회적 조화, 건강한 환경·깨끗한 공기 등에 대한 권리 등
행위자	법률상담소, 국제사면위원회, 인권감시단, 난민사업	복지국가, 제3섹터, 민간의 시장복지	경제개발기구, 지역사회개발계획, 그린피스 등
지배적 전문직	법	사회복지	지역사회개발
사회복지	옹호, 난민사업, 보호시설 조사자, 교도소 개혁 등	직접적 서비스, 복지국가 운영, 정책개발과 옹호, 조사연구	지역사회개발: 사회적, 경제적, 정치적, 문화적, 환경적, 개인·정신적 개발

출처: 이명묵(2010).

3. 인권 기반의 사회복지실천

1) 사회복지의 개념과 인권

인권은 인간으로서 살아가는 데 없어서는 안 될 인간 고유의 권리다. 헌법은 인권에 바탕을 둔 국민의 기본권을 규정하는데, 자유권, 평등권, 노동, 교육, 복지, 환경, 가족, 건강 등 다양한 사회권적 기본권을 규정하고 있다. 이러한 사회권적 기본권 중에서 헌법 제34조 제1항의 '인간다운 생활을 할 권리'는 생존권적 기본권이 되며, 이는 사회권 중 복지권을 나타내는 것이라 할 수 있다. 사회복지의 궁극적 목적이자 출발점이 바로 인간의 존엄성에 대한 존중이며 사회복지가 개입하는 다양한 사회문제, 즉 빈곤, 차별, 가족, 질병, 노동, 교육, 자유, 학대와 폭력 등이 인권의 문제와 다르지 않기 때문이다.

인권을 사회복지 개념 범주에 포함하는 이유는 첫째, 인권이 사회복지권이기 때문이다. 둘째, 인권 개념이 사회복지실천의 목적을 제시해 주기 때문이다. 셋째, 사회복지현장이 인권현장이기 때문이다. 즉, 사회복지현장은 인권관련 사안이 발견되는 곳이며 인권이 보장되는 곳이어야 하기 때문이다. 넷째, 인권이 국제사회에서 인류보편의 가치로 부상되고 있기 때문이다.

2) 사회복지실천의 원칙과 인권

국제사회복지사연맹(International Federation of Social Workers: IFSW)은 인권이 사회복지의 심장부라고 보고 이를 실현하기 위해 사회복지전문가와 사회복지대학에서 활용할 수 있는 '인권훈련 매뉴얼(Human Rights Training Manual)'을 1992년에 제작하였다. 이 매뉴얼에서는 인권과 사회복지실천에 대해 다음과 같이 설명하고 있다(김미옥, 2006; IFSW Manual, 2002).

- 사회복지는 인도주의와 민주적 이상에서 태생한 것이다. 따라서 사회복지실천은 그 시작에서부터 인간욕구의 충족과 인간의 잠재력 및 자원을 개발하는 것에 초점을 두어 왔다.
- 사회복지는 변화에 관한 것이다. 개인, 가족, 집단생활, 정책과 서비스, 법률과 사회태도에 있어서 어떠한 변화를 도모하는 것이다.
- 사회복지는 단순히 개인을 직접적으로 돕는 일만은 아니다. 사회복지는 아동과 청소년을 포함한 모든 시민의 삶의 질을 향상시키는 것을 목적으로 하면서 집단과 지역사회를 위한 서비스와 활동들에도 개입한다.
- 사회복지사는 다양한 지리적 · 정치적 · 사회경제적 · 문화적 · 정신적 문제를 가지고 있는 수많은 문화와 맥락 속에서 일한다.

또한 국제사회복지사연맹은 '국제인권정책(International Policy on Human Rights)'에서 사회복지실천에 있어 인권실현의 서비스 제공을 위해 고수해야 할 다음과 같은 기본원칙을 제시하였다.

- 모든 사람은 고유의 가치를 가지고 있으며 그것은 그 사람을 위한 도덕적 배려로 정당화된다.
- 모든 개개인은 자립(self-fullfillment)의 권리를 가지고 있으며, 다른 사람의 동등한 권리를 침해하지 않는 범위에서 최대화되어야 한다. 또한 모든 개개인은 사회의 안녕에 기여할 의무를 가지고 있다.
- 어떠한 형태의 사회이든지 모든 사회는 그 구성원에게 최대의 이익을 제공하기 위한 기능을 해야 한다.
- 사회복지사는 사회정의의 원칙에 대한 소신을 가져야 한다.
- 사회복지사는 개인과 집단, 지역사회와 사회에 대해 그들이 발전할 수 있고 개인-사회적 갈등을 해결하기 위한 객관적이고 훈련된 지식과 기술에 헌신할 책임을 지니고 있다.

> • 사회복지사는 성, 연령, 장애, 인종, 사회계층, 종교, 언어, 정치적 신념, 성적 취향에 기초한 어떠한 차별 없이 가장 최선의 가능한 지원을 제공하여야 한다.

국제사회복지사연맹의 매뉴얼과 정책을 고려할 때 사회복지는 인권전문직이라 할 수 있고, 국제사회복지사연맹과 국제사회복지대학협의회는 사회복지교육과 사회복지실천 전문가들이 인권을 증진하고 보호하며 기본적인 사회적 욕구를 충족시키는 일에 확실하고 충분히 관여하는 것의 중요성을 제시하고 있음을 알 수 있다. 즉, 인권의 보장은 사회복지실천 과정을 통해 이루어질 수 있고 사회복지실천 과정에서 인권의 원칙 및 인권에 대한 감수성과 실천기술이 접목될 때 인권이 보다 잘 실천될 수 있다.

4. 시설이용자 유형별 인권보장 실천지침

1) 아동시설

아동복지시설은 아동의 권익과 복지 향상에 실천목표를 두고 있다. 특히 신체적 · 정신적인 학대와 방임으로부터 보호하기 위한 예방적 · 치료적 노력이 필요한 시설, 동시에 특별한 욕구를 가지고 있는 취약계층의 아동, 장애아동 등의 성장과 발달을 위해 필요한 서비스를 개발 및 제공해야 한다.

아동은 사회복지실천 대상 가운데 유일하게 미성년자이기 때문에 스스로 자신의 의사결정을 발휘할 수 없는 특징이 있으며, 전적인 보호와 특별한 관심과 배려가 필요한 대상자들이다. 그러므로 사회복지사들은 아동과 함께하는 사회복지실천에서 다양한 윤리적 딜레마가 발생할 가능성이 매우 높다는 점도 인식해야 한다.

(1) 아동복지의 철학과 이념

아동복지의 철학과 이념은 아동의 기본적인 인권을 존중하고 아동이 인간적인 환경 아래서 건강하게 태어나며 성장하고 발달하도록 돕는 것이다. 그 구체적인 규범으로 우리나라 헌법 제9조와 제32조에서는 "모든 국민은 인간으로서의 존엄과 가치를 가지며, 행복을 추구할 권리를 가진다. 국가는 개인이 가지는 불가침의 기본적인 인권을 확인하고 이를 보장할 의무를 가진다"고 규정하고 있다.

아동복지법에서도 "아동은 자신 또는 부모의 성별, 연령, 종교, 사회적 신분, 재산, 장애의 유무, 출생지역 등에 따른 어떠한 종류의 차별도 받지 않고 자라야 하며, 완전하고 조화로운 인격발달을 위하여 안정된 가정환경에서 행복하게 자라나야 하며, 아동에 관한 모든 활동에 있어서 아동의 이익이 최우선적으로 고려되어야 한다"고 규정하고 있다. 따라서 아동복지시설은 이런 철학과 이념을 구현하기 위한 노력을 기울여야 한다.

(2) 아동의 권리

천부적인 권리로서 인권은 아동에게도 그대로 적용되고 또한 아동은 스스로 생존에 관해 보호할 수 없는 존재이기 때문에 보호권과 양육보장권이 첨가된다. UN의 아동권리선언(1989)에 의하면 아동권리의 3대 원칙으로 3P, 즉 제공(pro-vision), 보호(protection), 참여(participation)가 포함된다.

첫째, 제공은 아동이 필요한 인적·물적 지원을 받고 이를 사용할 권리다. 둘째, 보호는 아동이 위해한 행위로부터 보호받을 권리다. 셋째, 참여는 아동이 자신의 인생에 영향을 미칠 중대한 결정에 대해 알 권리로서, 아동은 성장과 더불어 책임 있는 성년기에 대한 준비로 사회활동에 참여할 기회를 많이 가져야 한다는 것을 전제로 한다.

아동의 권리는 복지권(welfare rights), 보호받을 권리(protective rights), 성인으로서의 권리(adult rights), 부모에 대항할 권리(rights against parents)로 분류될 수 있다.

첫째, 복지권은 모든 아동은 의식주를 제공받고, 건강하고 위생적인 삶을 누리며, 교육적이고 문화적인 생활을 할 권리가 있음을 의미한다. 이는 아동의 생존 및 발달에 절대적이기 때문에 매우 중요하고, 현실적으로 적절한 영양, 쾌적한 주거환경 그리고 의료적인 서비스 또한 사회와 국가 그리고 부모가 아동에게 제공해야 함을 의미한다.

둘째, 보호받을 권리는 모든 아동은 폭력과 공포로부터 자유롭게 살 수 있어야 한다는 것을 의미한다. 즉, 육체적·정서적·성적으로 고통받지 않을 권리로서 아동에 대한 학대와 방임을 방지하기 위한 각종 노력이 있어야 한다는 것을 의미한다.

셋째, 성인으로서의 권리는 현행 법제하에서 성인에게만 해당되는 권리를 아동들도 누릴 수 있어야 한다는 것이다. 이는 성인에게만 주어지는 권리를 부여하는 연령기준이 매우 자의적이고 합리적이지 못한 경우가 많다는 주장에 근거한다.

넷째, 부모에 대항할 권리는 부모와 자녀의 관계가 언제나 조화로울 수만은 없음을 전제로 한다. 아동의 욕구와 관심사, 이익이 반드시 부모의 것과 일치하는 것이 아니고, 양자 간에 크고 작은 갈등을 가져올 수 있다. 부모와 아동의 이익이 대립될 때 다른 제삼자에게 호소할 수 있는 권리, 즉 자기결정권을 확보해야 한다는 것이다.

(3) 우리나라 어린이헌장

유교적 가족 중심의 전통적인 가치관을 유지해 온 우리나라는 1920년대 소파 방정환을 중심으로 아동애호사상이 활성화되기 시작하였고, 어린이날과 어린이헌장을 제정하였다. 그리고 아동복지법 등 관련법의 입법화 과정을 통해 아동보호를 넘어 아동복지를 추구하였다. 또한 1989년 UN 총회에서 '아동의 권리에 관한 국제협약'이 채택되어 우리나라가 이 협약에 서명하고 비준한 후 협약의 당사국이 되면서 아동의 권리에 관한 인식이 크게 성장하였다.

1923년 어린이날 당일 기념식장에서 낭독되었던 소년운동의 기초조건 세 가지, 이른바 '어린이 권리공약 3장'으로 알려진 우리나라 최초의 '아동권리선언'의 내용은 다음과 같다.

- 어린이를 재래의 윤리적 압박으로부터 해방하야 그들에 대한 완전한 인격적 예우를 허하게 하라.
- 어린이를 재래의 경제적 압박으로부터 해방하야 만 십사세 이하의 그들에 대한 무상 또는 유상의 노동을 폐하게 하라.
- 어린이 그들이 고요히 배우고 즐거이 놀이에 족한 각양의 가정 또는 사회적 시설을 행하게 하라.

대한민국 어린이헌장은 전문과 11개 조항으로 되어 있는데, 무차별 원칙과 인간 존엄성이 포함되어 있다. 또한 건전한 가정에서의 보호, 영양, 교육, 문화, 놀이 및 오락, 학대와 노동으로부터의 보호, 장애아동의 보호 등에 관한 권리가 명시되어 있다. 어린이헌장은 우리 사회의 아동에 대한 다짐과 약속을 나타내고 있지만 선언적 의미가 강하다. 어린이헌장의 내용은 다음과 같다.

대한민국 어린이헌장

대한민국 어린이헌장은 어린이날의 참뜻을 바탕으로 하여 모든 어린이가 차별 없이 인간으로서의 존엄성을 지니고, 나라의 앞날을 이어 갈 새사람으로 존중되며, 아름답고 씩씩하게 자라도록 함을 길잡이로 삼는다.

1. 어린이는 건전하게 태어나 따뜻한 가정에서 사랑 속에 자라야 한다.
2. 어린이는 고른 영양을 섭취하고, 질병의 예방과 치료를 받으며, 맑고 깨끗한 환경에서 살아야 한다.
3. 어린이는 좋은 교육시설에서 개인의 능력과 소질에 따라 교육을 받아야 한다.
4. 어린이는 빛나는 우리 문화를 이어받아, 새롭게 창조하고 널리 펴져 나가는 힘을 길러야 한다.
5. 어린이는 즐겁고 유익한 놀이와 오락을 위한 시설과 공간을 제공받아야 한다.
6. 어린이는 예절과 질서를 지키며, 한겨레로서 서로 돕고, 스스로를 이기며 책임을 다하는 민주시민으로 자라야 한다.
7. 어린이는 자연과 예술을 사랑하고 과학을 탐구하는 마음과 태도를 길러야 한다.
8. 어린이는 해로운 사회 환경과 위험으로부터 먼저 보호되어야 한다.
9. 어린이는 학대를 받거나 버림을 당해서는 안 되고 나쁜 일과 힘겨운 노동에 이용되지 말아야 한다.
10. 몸이나 마음에 장애를 가진 어린이는 필요한 교육과 치료를 받아야 하고, 빗나간 어린이는 선도되어야 한다.
11. 어린이는 우리의 내일이며 소망이다. 나라의 앞날을 짊어질 한국인으로 인류의 평화에 이바지할 수 있는 세계인으로 자라야 한다.

(4) 국제 아동권리 협약

현대사회는 국제사회의 노력으로 수동적인 아동보호에서 능동적인 아동권리 보장이라는 적극적인 아동권리 철학이 발전하게 되었다. 그 대표적인 것이 1989년 11월 20일 UN 총회에서 만장일치로 채택된 '아동의 권리에 관한 국제협약(Convention on the Rights of the Child)'이다. 이 협약은 아동을 보호의 대상뿐만 아니라 적극적인 권리의 주체로 인식하고 있다. 아동에 대해 무차별의 원칙, 아동의 최선의 이익 우선, 아동의 생존·발달·보호 및 아동의 참여를 중심으로 아동의 권리를 다음과 같이 명시하고 있다.

첫째, 생존의 권리는 어린이들이 삶에 대해 갖는 권리로서 살아가기 위해 필요한 기본조건을 다룬다. 적절한 생활수준, 주거, 영양, 보건 등의 권리가 포함된다.

둘째, 발달의 권리는 어린이들이 그들이 가진 잠재능력을 최대한 발휘하도록 하기 위해 필요한 기본조건들을 다룬다. 교육받을 권리, 여가를 즐길 권리, 전통적인 문화생활을 할 권리, 정보를 얻을 권리, 생각과 양심·종교의 자유 등이 포함된다.

셋째, 보호의 권리는 모든 형태의 학대와 방임, 폭력으로부터 어린이가 안전하게 보호받을 수 있는 권리를 의미한다. 난민 어린이에 대한 특별한 보호 및 고문, 부당한 형사처벌, 징집, 노동, 약물과 성폭력으로부터의 보호 등이 해당된다.

넷째, 참여의 권리는 어린이들이 자신의 나라와 지역사회의 활동에 적극적으로 참가할 수 있는 권리를 의미한다. 이는 자신의 의견을 표현하고, 자신의 삶에 영향을 주는 문제들에 대해 발언권을 지니며, 단체에 가입하거나 평화적인 집회에 참여할 수 있는 자유를 뜻한다. 참여의 권리는 아동이 자신의 능력발달과 함께 사회참여의 기회를 많이 가짐으로써 책임 있는 성인으로 성장하게 된다는 것을 전제로 한다고 볼 수 있다.

위의 내용들을 볼 때 아동권리협약은 아동의 시민적 권리와 자유, 가족환경과 대체양육, 기본보건과 복지, 교육·여가·문화적 활동의 보장 그리고 특별한 보호조치 등을 규정하고 있음을 알 수 있다. 국제 아동권리협약이 가지는 의의는 다음과 같다.

첫째, 협약은 아동의 권리에 대한 전 세계적인 개념정의를 부여하였다. 문화적·종교적 견해는 물론 사회조직을 망라한 정의로서, 어떤 특정한 문화적 관습으로 아동을 억압할 수 없게끔 하였다.

둘째, 협약은 아동에게 동등한 권리를 갖는 인간의 지위를 부여하였다. 아동은 누구에게 속하지 않고 자기 고유의 권리를 갖는 한 개체로 존중되어야 한다는 점을 강조함으로써 아동의 동등성에 대해 일보 진전한 것으로 간주될 수 있다.

셋째, 협약에서 사용하는 권리는 더 이상 아동에 관하여 시혜적인 접근이 아닌 시민적·정치적 접근으로 변경할 것을 주장하고 있다. 이러한 내용은 오늘날 아동들이 처한 열악한 위기상황을 해결하기 위하여 절대적으로 필요한 정치적인 각성에 기여할 것이다.

넷째, 협약은 아동에 대한 정치적인 관심을 증가시켰다. 협약은 아동에 관한 실제 상황을 토의하는 자료로 이용된다. 따라서 협약에서 보고서를 제출, 토의하는 모든 과정으로 인하여 아동에 관련된 주제들에 대해 정기적인 검사가 촉진될 것이다.

다섯째, 협약에서 규정된 정부·관련기관 간의 연계를 통해 원조정책에 역동성을 부여할 수 있다. 즉, 각국 정부, UN기관, 전문단체, 비정부 간 단체 등이 참여하는 국제 간 협력이 촉진될 수 있다.

협약은 아동권리 영역에서 기준과 설정의 시발점이 되었고, 또한 무력분쟁에서 아동보호의 새로운 규준을 제시하는 계기가 되었다. 결국 아동권리협약은 아동의 위치를 재조명할 수 있는 도구의 역할을 하며 사회문화적인 맥락에서 아동의 권리를 볼 수 있도록 틀을 제공한다.

(5) 아동권리 증진을 위한 방향과 과제

아동의 권리 증진을 위한 우리의 과제는 다음과 같다.

첫째, 시설서비스 제공자들이 협약내용에 대해 정기적인 교육과 훈련을 받아야 한다. 즉, 시설에서 제공되는 서비스 과정 중 협약의 내용들이 지켜지고 있는지를 정기적으로 점검해야 한다.

둘째, 아동안전과 관련된 각종 제도의 보완 및 정비, 성인 및 아동을 대상으로 한 안전교육 활성화, 안전문화의 사회적 공감대 확산, 홍보 등 아동 안전보장을 위한 방안이 마련되어야 한다.

셋째, 아동학대 피해자를 위한 서비스 제공의 양적·질적 수준을 향상시키기 위한 지표가 필요하다.

넷째, 아동을 위한 문화 및 여가 시설을 확충하고, 문화와 여가를 활성화시킬 수 있는 프로그램을 개발·보급해야 한다.

2) 장애인시설

(1) 장애인 인권의 규범과 가치

① 장애인 인권관련 국제적인 규범

● 세계인권선언

제5차 UN 총회(1948년 12월 19일)에서 채택한 세계인권선언은 인류의 모든 구성원은 고유한 존엄성과 평등하고 양도할 수 없는 일반적이고 원칙적인 인간적 권리를 가진다고 선언하였다. 따라서 모든 인류의 구성원에 장애인도 포함됨은 당연하다. 장애인도 정당한 사회의 한 구성원으로서 인권이 존중되어야 한다. 따라서 장애인을 포함한 모든 인간은 태어날 때부터 자유롭고 동등한 존엄성과 권리를 가지고 있다고 규정하고 있다.

● 장애인권리선언

제30차 UN 총회(1975년 12월 9일)에서는 정신장애인, 신체장애인을 포함한 모든 장애인에 대한 장애인권리선언을 채택하였다. 이는 신체적 · 정신적 장애를 예방하고 장애인들이 능력을 최대한 개발할 수 있도록 원조하며, 가능한 한 통상적인 일상생활에 통합될 수 있도록 적극적으로 촉진할 것을 명시하고 있다. 여기서 장애인에 대한 정의를 명확히 하고 있는데, 장애인이라 함은 신체적 · 정신적으로 능력이 불완전하여 개인 또는 사회생활에 필요한 것을 자신의 혼자 힘으로 확보하는 데 완전하게 또는 부분적으로 기능이 제한되어 있음을 의미한다.

● 국제장애인권리협약

제61차 UN 총회(2006년 9월)에서 장애인권리협약을 채택하였다. 장애인권리협약이 채택된 이후 회원국들은 각국 입법기관 등에서 정식 비준절차를 통해 국내법에도 동일한 영향을 미치도록 하였다. 이 협약은 기존의 국제규정에 비해 장애인인권에 관한 기본적이며 중요한 근본적 원리들을 규정하고 있는데, 이는 다음과 같다.

- 자율적 선택권, 고유의 존엄성, 개인적 자율성, 개인의 독립성에 관한 존중
- 장애인 차별의 금지

- 완전하고 실질적인 사회참여와 사회통합
- 인류의 다양성과 인간성 부분으로서 장애의 다양성 수용에 대한 존중
- 기회의 균등
- 장애인 접근성
- 양성의 평등
- 장애아동 역량 개발, 장애아동 정체성 보호를 위한 권리의 존중

② 장애인 인권관련 우리나라의 규정
● 장애인복지법

장애인복지법 역시 장애인은 장애인으로서의 존엄과 가치를 존중받으며 이에 상응하는 처우를 받는다고 규정하고 있고, 제2항에서는 모든 장애인에게는 국가, 사회를 구성하는 일원으로서 정치, 경제, 사회, 문화, 기타 모든 분야의 활동에 참여할 기회가 보장된다고 함으로써 헌법에서 보장하고 있는 기본적 인권이 장애인에게도 동등하게 보장되고 있음을 천명하고 있다.

● 특수교육진흥법

특수교육진흥법은 장애인들도 장애를 입지 않은 학생들과 동등한 교육을 받을 수 있도록 하기 위하여 제정되었다. 이 법에 의하여 장애학생도 의무교육을 받을 수 있게 되었고, 교사가 학생을 찾아가 지도하는 순회교육, 장애아동과 장애를 입지 않는 아동이 동일한 교육환경에서 사회적으로 상호 통합하는 것을 내용으로 하는 통합교육, 장애의 특성에 따라 지도 내용 및 방법을 달리할 수 있도록 하는 개별화교육, 치료를 겸할 수 있도록 하는 치료교육, 부모로 하여금 장애아동의 지도에 동참하도록 하는 보호자교육 및 직업교육 등을 받을 수 있게 되었다.

● 장애인, 노인, 임산부 등의 편의증진에 관한 법률

이 법률은 장애인, 노인, 임산부 등이 생활을 영위함에 있어 다른 사람의 도움 없이 안전하고 편리하게 시설 및 설비를 이용하고 정보에 접근하도록 접근권을 보장함으로써 이들의 사회활동 참여와 복지증진에 이바지함을 목적으로 하고 있다.

● 한국장애인 인권헌장

1998년 12월 9일 공표된 한국장애인 인권헌장은 전문과 13개 조항으로 구성되어 있다. 한국장애인 인권헌장 전문에서는 장애인이 인간의 존엄과 가치를 가지며 행복을 추구할 권리를 갖는 인권의 주체임을 천명하고, 국가와 사회는 장애인의 인권보호와 완전한 사회참여 및 평등을 위한 사회적 여건과 환경을 조성해야 함을 선언하고 있다.

- 장애인은 장애를 이유로 정치, 경제, 사회, 교육 및 문화생활 모든 영역에서 차별을 받지 아니한다.
- 장애인은 인간다운 삶을 영위할 수 있도록 소득, 주거, 의료 및 사회복지 서비스 등을 보장받을 권리를 가진다.
- 장애인은 다른 모든 사람과 동등한 시민권과 정치적 권리를 가진다.
- 장애인은 자유로운 이동과 시설이용에 필요한 편의를 제공받아야 하며 의사표현과 정보이용에 필요한 통신, 수화 통역, 자막, 점자 및 음성도서 등 모든 서비스를 제공받을 권리를 가진다.
- 장애인은 자신의 능력을 계발하기 위하여 장애 유형과 정도에 따라 필요한 교육을 받을 권리를 가진다.
- 장애인은 자신의 능력에 따라 직업을 선택하고 그에 따른 정당한 보수를 받을 권리를 가지며 직업을 갖기 어려운 장애인은 국가의 특별한 지원을 받아 일하고 인간다운 생활을 보장받을 권리를 가진다.
- 장애인은 문화, 예술, 체육 및 여가활동에 참여할 권리를 가진다.
- 장애인은 가족과 함께 생활할 권리를 가진다. 장애인이 전문시설에서 생활하는 것이 필요한 경우에도 환경이나 생활조건은 같은 연령대의 다른 사람들이 누리는 것과 가능한 한 같아야 한다.
- 장애인은 사회로부터 분리, 학대 및 멸시받지 않을 권리를 가지며, 누구든지 장애인을 이용하여 부당한 이익을 취해서는 안 된다.
- 장애인은 자신의 인격과 재산의 보호를 위하여 필요한 법률상의 도움을 받을 권리를 가진다.
- 여성 장애인은 임신, 출산, 육아 및 가사 등에 있어서 생활에 필요한 보호와 자원을

받을 권리를 가진다.
- 혼자 힘으로 의사결정을 하기 힘든 장애인과 그 가족은 인간다운 삶을 영위하기 위하여 필요한 지원을 받을 권리를 가진다.
- 장애인의 특수한 욕구는 국가정책의 계획단계에서부터 우선 고려되어야 하며 장애인과 가족은 복지증진을 위한 정책결정에 민주적 절차에 따라 참여할 권리를 가진다.

● 장애인 차별금지 및 권리구제 등에 관한 법률(장애인차별금지법)
장애인차별금지법은 모든 생활영역에서 장애를 이유로 차별을 금지하고 장애를 이유로 차별받은 사람의 권익을 효과적으로 구제함으로써 장애인의 완전한 사회참여와 평등권 실현을 통하여 인간으로서의 존엄과 가치를 구현함을 목적으로 한다.
이 법률은 장애인에 대한 차별과 인권을 침해하는 내용으로 다음과 같은 사항들을 제시하였다.

장애인에 대한 차별과 인권침해의 내용

1. 장애인에게 정당한 사유 없이 제한·배제·분리·거부 등에 의하여 불리하게 대하는 경우
2. 장애인에 대하여 형식상으로는 제한·배제·분리·거부 등에 의하여 불리하게 대하지 아니하지만 정당한 사유 없이 장애를 고려하지 아니하는 기준을 적용함으로써 장애인에게 불리한 결과를 초래하는 경우
3. 정당한 사유 없이 장애인에 대하여 정당한 편의 제공을 거부하는 경우
4. 정당한 사유 없이 장애인에 대한 제한·배제·분리·거부 등 불리한 대우를 표시·조장하는 광고를 직접 행하거나 그러한 광고를 허용·조장하는 경우. 이 경우 광고는 통상적으로 불리한 대우를 조장하는 광고효과가 있는 것으로 인정되는 행위를 포함한다.
5. 장애인을 돕기 위한 목적에서 장애인을 대리·동행하는 자(장애아동의 보호자

또는 후견인), 그 밖에 장애인을 돕기 위한 자임이 통상적으로 인정되는 자를 포함한다.
6. 안내견, 보청견 또는 장애인 보조기구 등의 정당한 사용을 방해하거나 장애인 보조기구 등을 대상으로 금지된 행위를 하는 경우

이 법률에서 보장하도록 제시한 인권의 영역과 내용은 〈표 7-4〉와 같다.

〈표 7-4〉 인권의 주요 영역과 내용

구분	인권유형	일반적으로 보장되어야 할 인권의 내용
평등권	차별금지	• 연령, 성, 장애정도, 장애유형, 종교, 출신지역, 가족배경 등 어떠한 이유에서라도 장애인의 차별금지
생존권	의식주 생활	• 개인이 옷을 구입, 소유 또는 선택하고 보관할 수 있는 권리 • 식사 및 간식의 선택과 결정 • 숙소의 크기와 인원의 적절한 규모
	의료 및 건강	• 의료인 및 의료장비의 구비 • 화장실 등 공중위생 관리 • 의료적 욕구의 표현과 자신의 의료적 상태에 대해 설명받을 권리
	안전의 권리	• 숙소 및 생활시설의 친환경적 건축자재 사용 • 화재에 대한 대비장치
	신체 및 정신적 안전의 권리	• 신체적 강요, 신체적 체벌 및 구타로부터의 자유 • 비하적 언어사용 및 정신적 괴롭힘으로부터의 자유
자유권	자기결정권	• 원하는 호칭으로 불릴 권리 • 자신이 할 수 있는 한 스스로 돌볼 수 있는 권리
	종교의 자유	• 특정 종교의 강요 금지 • 종교생활의 자유
	사생활 보호권	• 개인물품 보관함 제공 • 개인의 방을 잠글 수 있는 권리 • 개인의 동의 없이 외부에 노출시키거나 정보제공을 하지 않음

	외부와의 소통	• 방에 초대하여 사적인 대화를 나눌 수 있는 권리 • 지역사회 다른 사람들과 교제할 수 있는 기회 보장
사회권	입 · 퇴소의 자유	• 입 · 퇴소 시 자신의 의지 반영
	표현 및 정보의 자유	• 전화 및 통신기구의 사용보장 • 인터넷을 통한 정보접근성 제공
	가족권	• 가족과의 자유로운 면회 및 교류의 권리 • 임신, 출산, 양육 시 보호제공의 권리
	사회보장권	• 국가의 생계급여 등 수당의 지급액에 대한 정보와 관리 • 적절한 사회복지서비스를 받을 권리 • 기관의 프로그램에 참여할 권리
정치권	교육권	• 연령 및 능력에 적합한 교육을 제공받을 권리 • 교육기관을 이용할 권리
	노동권	• 시설 내 노동의 권리 보장 및 강제노동으로부터의 자유 • 직업훈련 프로그램, 직업소개 서비스를 제공받을 권리
	경제권	• 개인재산 소유 및 관리의 자유 • 노동에 따른 적정보수 지급 및 관리의 자유
	정치적 표현의 자유	• 자유로운 정치적 의사표현 보장 • 피선거권자(후보자)로 참여할 수 있는 권리
	투표권	• 투표에의 참여 보장, 투표와 관련된 정보의 제공, 비밀투표의 원칙 보장
문화권	문화, 예술, 체육 및 여가활동	• 자유로운 문화 · 여가생활의 보장 및 프로그램의 제공 • 시설 내 문화매체의 구비 및 자유로운 이용
법 절차적 권리	법률상의 도움	• 인격과 재산보호에 필요한 법률상의 도움을 받을 권리 • 장애아동 관련 소송에서 아동의 최대 이익 고려
	시설운영 참여	• 시설서비스에 대한 이의가 있을 시 보복을 우려하지 않고 이 를 표현할 권리 • 시설생활 및 시설의 운영에 있어 생활장애인의 의견 반영

(2) 장애인시설에서의 인권관련 문제해결 방안

① 평등권

침해영역	개입 및 문제해결
차별금지	• 시설의 입소 장애인은 누구나 평등한 인격체라는 인식을 갖게 한다. • 시설의 현관이나 벽면에 생활인의 사진, 이름, 생년월일 등을 전시하지 않는다. • 종사자들에게 장애의 이해와 윤리의식, 인식개선 등의 교육을 지속적으로 실시한다. • 장애인의 의사표현을 최대한 존중하고 시설운영에 참여하도록 한다. • 목욕 및 의복 착·탈의의 경우 이용자의 프라이버시를 침해하지 않는다. • 장애인의 의사표현에 대해 무관심·무시하지 않도록 교육을 강화해야 한다. • 구체적이고 실효성 있는 인권 규정이나 기준을 제정한다. • 한 개인으로 존중받을 권리, 즉 인격에 대한 존중이 바탕이 되어야 한다. • 시설의 환경을 개선하고 종사자의 전문성을 강화한다. • 인권침해가 발생할 경우 문제해결을 위한 즉각적이고 합리적 조치가 필요하다.

② 생존권

침해영역	개입 및 문제해결
의식주 및 안전의 권리	• 피복은 가능한 집단적인 착용·보관이 아닌 개별적인 것으로 이루어지도록 한다. • 장애인의 식사 및 간식 지급에 있어 욕구를 반영하는 노력이 필요하다. • 장애인이 쾌적하고 안락한 주거환경을 영위할 수 있도록 노력을 해야 한다. • 장애인의 안전은 무엇보다 우선적으로 보호되어야 한다. • 시설 내 감금장치가 되어 있는 시설물의 폐지 및 개보수를 하도록 한다.
의료 및 건강의 권리	• 적절한 치료를 받을 수 있도록 진료계획을 세우고 진행해야 한다. • 진료하는 데 있어 참여하고 알아야 할 권리에 대해 고지와 협조를 구해야 한다. • 장애특성에 따라 개별적으로 적절한 보장구를 지원받아야 한다.
신체 및 정신적 안전의 권리	• 어떠한 이유에서든지 신체적 체벌을 가하거나 방임·유기되어서는 안 된다. • 장애인의 신체적·정신적 안전의 권리를 침해하지 않도록 해야 한다. • 신체적 폭력은 어떤 이유에서든지 정당화될 수 없다. • 시설운영의 전문성을 제고하기 위하여 종사자의 자격요건을 강화한다. • 시설의 구조적 환경을 개선할 필요가 있다. • 시설운영위원회의 구성과 운영이 실질화되어야 한다.
성폭력으로 부터의 권리	• 성폭력에 따른 관련 교육 및 예방책을 수립해야 한다. • 장애인에 대한 성폭력을 인지하거나 발견한 때에는 반드시 신고토록 한다. • 성폭력 신고자에 대한 보호장치도 제시하는 등의 예방이 필요하다.

③ 자유권

침해영역	개입 및 문제해결
종교의 자유	헌법상에 보장된 종교자유의 원리가 생활시설의 장애인에게도 보장됨을 말하며, 이와 더불어 장애인이 자유로운 종교생활을 영위할 수 있도록 지원함에 그 목적이 있다. 사회복지시설을 한 개인이나 단체에 의해 운영되는 사유 개념이 아닌 사회문제에 대해 국가를 대신하여 수행하는 공적 개념으로 이해해야 하기 때문이다. • 종교 선택 및 활동은 개인의 욕구에 따라 자유스럽게 지원되어야 한다. • 종교활동에 대하여 어느 누구도 이를 제한해서는 안 됨을 인식해야 한다. • 시설장 및 관련자 교육 시 종교의 자유에 대한 인식전환이 필요하다. • 정관이나 시설운영규정 등에 종교의 자유가 포함될 수 있도록 한다. • 시설 운영자의 종교적 신념을 생활인들에게까지 강요하거나 특정 종교의 행사를 시설 내의 정규 프로그램이나 일과에 포함시켜 운영하는 관행은 종교의 자유에 대한 침해 행위일 수 있다.
표현의 자유 정보의 자유	2006년 유엔의 장애인권리조약은 장애인들의 표현과 의견 및 정보접근의 자유를 매우 구체적이고 현실적인 내용으로 보장할 수 있도록 규정하고 있다(제21조). 특히 현대사회는 의사소통 수단의 핵심인 인터넷의 사용과 접근권 및 인터넷을 통한 정보제공 등을 권장하고 있다. 한편, 장애인인권헌장은 "장애인은 자유로운 이동과 시설이용에 필요한 편의를 제공받아야 하며, 의사표현과 정보이용에 필요한 통신, 수화통역, 자막, 점자 및 음성도서 등 모든 서비스를 제공받을 권리를 가진다"고 하여 장애인의 접근권을 명시적으로 규정하고 있다. • 장애인은 어떠한 제한 없이 공공정보에 접근하고 이용할 수 있어야 한다. • 권리를 실현하기 위해 의사소통에 필요한 보조기구를 지원받을 수 있도록 한다. • 장애인들이 자기표현을 할 수 있는 기회와 여건 제공을 강화하도록 해야 한다. • 장애인 거주시설에 대한 정보이용 및 접근을 위한 지원방안이 검토되어야 한다. • 장애인 거주시설에 대한 정보매체의 기술증진 및 국민으로의 확대가 필요하다.
입·퇴소 및 의사소통	장애인의 입·퇴소에 관한 자기결정권과 선택권이 존중되어야 하며, 시설의 입소에 관한 모든 정보와 절차를 본인이 스스로 선택할 수 있도록 해야 한다. 장애인이 인지능력이 없어서 의사소통의 문제가 있는 경우라 할지라도 이에 상응하는 조치를 취해야 할 것이다. 또한 내부적이거나 외부적인 의사소통에 장해를 받지 않도록 해야 한다. 전화, 이메일, 편지 등의 물리적 의사소통 수단도 간섭받지 않아야 한다. • 장애인의 입·퇴소 사유가 발생한 경우에는 최대한 의사를 존중하도록 한다. • 시설에 입소하는 사유를 검토하여 입소가 최후의 보루로서 승인되어야 한다. • 시설을 퇴소하는 경우는 장애인의 자유로운 결정과 절차를 확보해야 한다.

	• 장애인은 시설 내 · 외에서 자유로이 외부인과 만날 수 있어야 한다. • 시설의 생활을 자제할 수 있도록 하며, 사후관리가 가능할 수 있도록 한다.
성생활의 보장	장애인의 성생활 보장은 장애인 스스로가 비장애인과 같이 동일한 성적 권리를 가지며 스스로 성을 표현하고 건전한 성생활을 영위할 수 있는 권리가 있으며, 장애인 스스로의 성적 정체성을 확립할 수 있도록 해야 한다. • 장애인은 한 인간으로서 성을 존중받을 권리가 있다. • 일반적으로 장애인의 성에 대하여 배제하거나 장애인을 무성의 존재로 여기지 않는다. • 장애인의 성에 대한 올바른 교육과 인식의 전환이 필요하다.

④ 사회권

침해영역	개입 및 문제해결
가족권	가족관계, 결혼, 출산, 부모로서의 신분 등에 대해 비장애인과 동등하게 누릴 권리를 보장하는 것으로서 새로운 가정을 만들어 갈 권리와 기회를 방해받지 않아야 한다. 시설에서도 가정을 꾸릴 수 있는 공간을 마련하는 것이 바람직하며, 기본적인 생활을 할 수 있도록 배려하는 것이 중요하다. • 가족구성원들과의 지지체계가 자연스럽게 형성될 수 있도록 서비스를 실행한다. • 생활인 부모 및 형제자매 간의 자조집단인 '부모회' 등이 구성될 수 있도록 한다. • 가족 방문 시 개별적인 시간을 보낼 수 있도록 공간을 마련해 주어야 한다. • 부모회 등의 자조집단의 구성과 운영에 따른 지원책을 마련하도록 한다.
교육권	장애인, 특히 장애아동에게 있어 지속적인 교육의 보장은 장애인들의 존엄성과 잠재적 능력을 개발할 수 있는 매우 중요한 권리다. • 교육법 및 특수교육진흥법에 의해 차별 없는 교육기회가 부여되어야 한다. • 본인의 능력과 정도에 따른 다양한 교육방식의 지원을 받을 수 있어야 한다. • 교육 · 학습에 대한 욕구충족을 위한 방안도 모색되어야 한다. • 교육 · 학습권이 보장되고 직원의 자의적 판단에 의해 기회를 제한해서는 안 된다. • 개별화된 지원계획(통합교육 및 특수교육 등)에 의거한 학습과 평가가 필요하다. • 학습과 교육을 위한 공간이 지원되고 다양한 프로그램을 마련 · 운영해야 한다.
노동권 경제권	노동권의 보장은 성인기에 도달한 장애인이 직업을 선택하고, 직업생활을 유지할 수 있도록 다양한 직업훈련 프로그램이나 노동기회를 제공하는 것이다. 이를 위해

	직업소개, 시설 내 직업관련 서비스의 기본체계를 갖춤으로써 온전한 직업생활을 영위할 수 있도록 도와야 한다. 또한 노동을 통한 정당한 보수를 보장받고 시설 내 강제노동으로부터 자유로울 권리를 포함한다. • 직업생활 유지에 필요한 상담 및 직업훈련이 필요하다. • 능력과 욕구에 따라 재활지원계획을 수립 · 운영해야 한다. • 시설 내의 장애인 근로소득액은 전액 장애인의 소유가 되어야 한다. • 시설 내의 장애인 금전관리를 위한 구체적인 지침이 필요하다.
사회 보장권	장애인의 사회보장권은 공적 급여를 포함하여 장애인은 장애유형과 장애정도, 연령, 성별에 따라 정부나 지방자치단체의 적절한 서비스를 받을 권리가 있음을 의미한다. 이는 장애인이 비장애인과 동등한 권리와 의무를 이행하기 위해 정부에서 실시하는 각종 공적 서비스를 명확하게 수급받을 수 있도록 기관에서 보장되어야 함을 의미한다. • 국가의 장애인복지시책에 대한 정보 파악 및 정보 제공을 해야 한다. • 장애인에게 지원되는 공적 수급비의 철저한 관리 및 집행이 이루어져야 한다. • 시설생활인의 사회보장수급권에 대한 안내 및 교육이 이루어져야 한다.

⑤ 문화권

침해영역	개입 및 문제해결
문화권	• 다양한 공간과 장소에서 프로그램이 운영되도록 아웃소싱을 촉진한다. • 비장애인들과 교류할 수 있는 프로그램 및 기회를 많이 가질 수 있도록 한다. • 기존 시설의 공간을 개방화하여 지역주민이 참여할 수 있는 프로그램을 운영한다. • 장애인의 문화를 위한 선택과정에서 장애인의 참여를 적극적으로 보장한다. • 개별 장애인에 대한 문화활동의 자원체계가 확보될 수 있도록 최대화한다. • 장애인의 문화향유를 위해 지역사회 속에서 통합되어 참여할 수 있도록 지원한다. • 장애인의 접근성이 확보되어야 한다. • 물리적 장애의 제거와 공유 공간 확보를 통해 생활환경을 개선한다. • 비장애인과의 거리를 좁혀 주고 진정한 의미의 사회통합을 달성한다.

⑥ 정치권

침해영역	개입 및 문제해결
참정권	• 선거관련 정보와 선거를 위한 교육이 요구된다. • 선거와 관련되어 기관장 및 직원은 중립성을 확보한다. • 선거 및 참정에 필요로 하는 기구 및 편의용품을 최대한 확보하여 제공한다. • 피선거권과 공무담임권이 보장될 수 있도록 한다.

⑦ 권리구제

침해영역	개입 및 문제해결
권리구제	권리구제는 마지막으로 이루어지는 절차다. 하지만 신체적·정신적·성적 폭력이 시설 내에서 자행된다면 이것은 바로 신고해야 할 사항이다. 정신적 폭력은 장애인을 비하하는 용어를 사용하거나 장애인의 연령에 상관없이 무조건 어린아이처럼 취급하면서 반말과 욕설을 사용하는 경우다. 어떤 이유로도 신체적 체벌은 허용되지 않는다. 성폭력도 마찬가지다. 권리구제를 하는 방법은 인권을 지키기 위해 활동하는 기관이나 단체를 알아보는 것이다. 대표적인 기관으로 국가인권위원회가 있다. 이들을 통해 주체적으로 법에 항소하는 방법을 찾아나가는 것이다. 각 사례마다 대응방법이 다양하다. 따라서 국가인권위원회에 우선 진정을 하는 것이 필요하다. • 피해자 인권침해 내용의 진정(국가인권위원회) • 국가인권위원회 사전조사 • 상황에 따라 긴급구제 • 인권침해에 대한 실질조사 • 조사종결 및 조치

3) 노인시설

노인복지 향상을 위해 지켜야 할 실천철학은 노인을 위한 UN 원칙에 있다. 이 실천원칙들은 노인복지시설을 운영할 때 반영되어야 한다.

(1) 독립의 원칙

1. 소득, 가족과 지역사회의 지원 및 자조를 통하여 적절한 식량, 물, 주거, 의복 및 건강보호에 접근할 수 있어야 한다.
2. 일을 할 수 있는 기회를 제공받거나 다른 소득을 얻을 수 있는 기회에 접근할 수 있어야 한다.
3. 직장에서 언제, 어떻게 그만둘 것인지에 대한 결정에 참여할 수 있어야 한다.
4. 적절한 교육과 훈련 프로그램에 접근할 수 있어야 한다.
5. 개인의 선호와 변화하는 능력에 맞추어 안전하고 적응할 수 있는 환경에서 살 수 있어야 한다.
6. 가능한 한 오랫동안 가정에서 살 수 있어야 한다.

(2) 참여의 원칙

1. 사회에 통합되어야 하며, 그들의 복지에 직접 영향을 미치는 정책의 형성과 이행에 적극적으로 참여하고, 그들의 지식과 기술을 젊은 세대와 함께 공유해야 한다.
2. 지역사회봉사를 위한 기회를 찾고 개발해야 하며, 그들의 흥미와 능력에 알맞은 자원봉사자로서 봉사할 수 있어야 한다.
3. 노인들을 위한 사회운동과 단체를 형성할 수 있어야 한다.

(3) 보호의 원칙

1. 각 사회의 문화적 가치체계에 따라 가족과 지역사회의 보살핌과 보호를 받아야 한다.

2. 신체적 · 정신적 · 정서적 안녕의 최적수준을 유지하거나 되찾도록 도와주고, 질병을 예방하거나 그 시작을 지연시키는 건강보호에 접근할 수 있어야 한다.
3. 그들의 자율과 보호를 고양시키는 사회적 · 법률적 서비스에 접근할 수 있어야 한다.
4. 인간적이고 안전한 환경에서 보호, 재활, 사회적 · 정신적 격려를 제공하는 적정수준의 시설보호를 이용할 수 있어야 한다.
5. 그들이 보호시설이나 치료시설에서 거주할 때도 그들의 존엄, 신념, 욕구와 사생활을 존중받으며, 자신들의 건강보호와 삶의 질을 결정하는 권리도 존중받는 것을 포함하는 인간의 권리와 기본적인 자유를 향유할 수 있어야 한다.

(4) 자아실현의 원칙

1. 자신들의 잠재력을 완전히 개발하기 위한 기회를 추구해야 한다.
2. 사회의 교육적 · 문화적 · 정신적 자원과 여가에 관한 자원에 접근할 수 있어야 한다.

(5) 존엄의 원칙

1. 존엄과 안전 속에서 살 수 있어야 하며, 착취와 육체적 · 정신적 학대에서 자유로워야 한다.
2. 나이, 성별, 인종이나 민족적인 배경, 장애나 여타 지위에 상관없이 공정하게 대우받아야 하며, 그들의 경제적인 기여와 관계없이 평가되어야 한다.

제**8**장

사회복지시설 운영자의
운영철학, 윤리와 자세

이 장에서는 사회복지시설을 운영할 때 클라이언트의 삶의 질 제고를 위해 갖추어야 할 철학과 이념적 패러다임, 시설에서 윤리적인 운영실천 그리고 시설운영자의 자세와 역할을 살펴보고자 한다.

1. 사회복지시설 운영의 이념적 패러다임 변화

최근 사회복지시설의 환경은 급속한 변화를 겪고 있다. 과거 시설에서 제공되는 서비스는 클라이언트의 일차적인 욕구와 필요, 즉 생리적인 욕구 충족, 주거서비스 제공과 같은 보호 중심의 서비스가 주를 이루었다. 그러나 현재는 단순한 수용, 보호의 차원을 넘어서 클라이언트의 삶의 질 제고를 위한 다양하고 포괄적인 서비스를 제공하도록 요구받고 있다. 시설운영의 방향성을 안내하는 이념적 패러다임은 다음과 같다.

1) 인권보장의 철학

인권이란 우리나라 헌법과 국내외 인권에 관한 규범에 근거하여, 모든 사람이 인간의 존엄과 가치를 가지고 스스로 행복을 추구할 수 있어야 한다는 기본적 · 필수적 · 당위적 권리다. 그러므로 누구나 법 앞에 평등하며 자유롭게 인간다운 삶을 누릴 수 있는 거주,

직업, 사생활, 종교, 양심, 통신, 학문, 재산, 정치, 언론 등의 제반 권리가 개별적 · 사회적으로 보호되어야 한다(국가인권위원회, 2006).

인권보장의 철학은 인간의 기본적인 권리로서 인간의 존엄성, 생존권, 생명존중의 가치, 인간다운 생활을 할 권리 등이 보장되어야 한다는 것을 의미한다. 따라서 사회복지시설의 운영과정에서 가장 우선시되어야 하는 것이 바로 인권보장의 철학이다.

인권보장의 철학에서 규정한 인권의 영역은 천부적 권리, 규범적 권리, 형성적 권리로 구분된다. 천부적 권리는 생명권, 자유권, 평등권을 의미한다. 규범적 권리는 생활, 직업, 교육, 언론, 재산, 참정권, 권리구제에 관한 것을 의미한다. 형성적 권리는 우리의 사회공동체를 위한 구성원으로서 권리, 재구성되어야 할 인권, 차별금지 등에 관한 것이다(보건복지부, 2007a).

2) 정상화의 철학

정상화의 철학은 1950년대 후반 북유럽에서 시설 내 장애인의 생활환경 개선을 위해 제기된 철학이다. 이 이념의 주요 내용은 시설장애인도 지역사회 내의 일반 주류 시민들과 동일한 생활방식과 환경에 가깝도록 처우되어야 한다는 것이다.

이후 정상화의 이념은 울펜스버거(Wolfensberger, 1989)가 구체화하였다. 즉, 사회의 일상생활에서 장애인이 사회의 보편적인 흐름에 합류하기 위해 문화적인 수단을 사용해야 하며 그 문화적인 수단으로 '가치 있는 사회적 역할 강화(social role valorization)'를 해야 한다는 이론을 주장하였다. 정상화의 철학은 첫째, 장애인의 정상적이고 일상적인 생활 리듬을 존중해야 한다는 것, 둘째, 장애인 개인의 성장과 발달에서 정상적인 발달경험을 하도록 할 것, 셋째, 장애인 자신의 삶에 중요한 영향을 미치는 일상사건에의 참여와 선택이 중요하다는 것, 넷째, 사회에서 가치저하에 놓일 위기가 있는 클라이언트를 위해 가능한 한 클라이언트의 내재화된 잠재력과 사회적 역할을 강화하기 위한 지원을 제공하여 방어해 주는 것을 강조하고 있다(김용득, 유동철, 김진우, 2012).

즉, 가치 있는 사회적 역할을 강화함으로써 이전에 가치절하와 사회적 역할이 박탈되었던 클라이언트가 지역사회에서 가치 있는 시민으로서 사회참여를 할 수 있도록 돕는 이념적 철학이다.

3) 사회통합의 철학

사회통합(social integration)의 철학은 시설에 입소한 클라이언트라도 사회구성원으로서 역할을 수행하며 살아가는 것을 의미한다. 진정한 사회구성원으로 살아가기 위해서는 그 사회에서 인정하는 생활방식과 기회에 완전하게 참여해야 한다. 사회복지시설은 사회통합을 촉진시키기 위해 물리적·심리적·문화적인 제약조건들을 제거하기 위한 노력을 기울여야 한다(정무성, 2004).

사회통합을 이루기 위한 단계는 다음과 같다. 첫째, 시설 내부에서 지역사회로 이전하는 것으로 물리적 통합을 이루는 것이다. 둘째, 기능적인 통합으로 지역사회 내에서 사는 것이다. 셋째, 조직적으로 지역사회의 조직들을 활용하는 것이다. 넷째, 사회적 통합으로 지역사회주민들과 사회적으로 혼합되는 것이다. 다섯째, 개인적·심리적으로 지역사회주민들과 친밀한 관계를 유지하는 것이다. 마지막으로 지역사회에 완전히 통합되는 것이다.

사회통합이 원활히 이루어지기 위해서는 시설에서 계획한 모든 사업과 프로그램이 지역사회 안에서 개방적으로 이루어져야 한다. 다음은 사회통합의 차원을 설명한 것이다.

(1) 물리적 통합

물리적 통합은 사회적 상호작용을 촉진시킬 수 있는 물리적 환경을 마련하는 것이다. 물리적 통합의 특징은 다음과 같다.

첫째, 시설의 위치, 서비스의 비중이 지역사회에 쉽게 흡수될 수 있는 구조여야 한다. 둘째, 시설이 지역사회와 물리적으로 조화로워야 한다. 셋째, 접근성이 보장되어야 한다. 교통수단이 편리하고 쉽게 접근할 수 있어야 한다. 넷째, 서비스를 제공하는 시설은 인구특성에 따라 분산되어 있으면서도 클라이언트들이 모든 자원을 활용하기 용이하도록 분포되어야 한다. 그리고 프로그램은 대규모 형태보다는 소규모 형태로 제공되어야 한다.

(2) 사회적 통합

통합은 물리적 조건에 의해서도 영향을 받지만 사회적인 조건에 의해 촉진되거나 감소될 수 있다. 사회적 통합을 촉진시키기 위한 요소는 다음과 같다.

첫째, 시설입소 클라이언트에게 낙인 대신 긍정적인 명칭을 사용해야 한다. 클라이언트에게 낙인을 부여할 수 있는 명칭, 시설장소에 대한 명칭 등은 올바른 인식을 향상시키기 위해 고려되어야 한다. 둘째, 지역주민과의 긍정적인 접촉이 이루어질 수 있도록 사회적으로 수용되는 태도, 외모, 행동과 같은 요소를 강화하는 프로그램들이 마련되어야 한다. 셋째, 직원과 시설종사자의 클라이언트에 대한 태도나 모습도 외부환경의 반응에 영향을 미친다. 클라이언트의 이미지를 개선할 수 있는 우수하고 역량 있는 직원의 모습을 나타내야 한다.

4) 자립생활의 철학

자립생활의 철학은 인간이 스스로의 삶을 선택하고 결정하며, 자신의 생활 전반에 대한 통제력을 가지고 있음을 나타내는 것이다. 이는 클라이언트가 어떤 생활방식을 선택할 것인지, 누구와 어디에서 살 것인지 등을 스스로 결정하는 것이다. 즉, 수혜자의 입장에 있지 않으며, 클라이언트가 능동적이고 주체적인 삶의 양식을 가질 수 있다는 이념이다. 따라서 그 선택과 결정에 대한 책임도 클라이언트 당사자에게 있다.

자립생활의 철학은 다음과 같은 내용으로 클라이언트의 시민권과 존엄성을 존중한다(오혜경, 1999). 첫째, 모든 인간의 삶은 가치 있는 것이다. 둘째, 인간은 누구나 자신 스스로 선택할 수 있는 능력이 있다. 셋째, 다양한 형태의 사회적 제약이 있더라도 자신의 생활 전반을 관리하고 조정할 수 있는 권리가 있다. 넷째, 사회생활 전반에 참여할 권리가 있다.

5) 강점 중심의 철학

강점 중심의 철학은 클라이언트의 잠재능력, 재능, 자질을 강화시켜 줌으로써 사회적 적응을 보다 가능하게 하는 데 초점을 둔 운영철학이자 접근방법이다. 이 접근은 클라이언트의 병리보다는 강점, 자기결정을 강조한다. 따라서 사회복지전문가들이 클라이언트를 문제가 있는 사람, 결핍자 등의 병리학적 측면에서 접근했던 기존의 접근들을 강하게 비판한다.

이 철학은 클라이언트의 강점과 잠재력에 초점을 맞추는 것은 물론 개인문제보다는 사회환경적인 문제의 해결에 더욱 초점을 둔다. 그러므로 실천의 목표로 지역사회, 사회구조, 제도 등에 영향을 미치고자 한다. 이 접근의 실천범위는 개인 중심의 협력관계부터 지역사회 내의 중간적인 측면, 사회구조 및 제도개선의 거시적인 측면을 모두 포함한다.

강점 중심의 철학적 접근의 특성은 다음과 같다.

첫째, 문제가 아닌 도전을 강조한다. 클라이언트의 문제를 수치감, 비난, 죄책감, 낙인을 수반하는 전제가 아닌 도전, 성장의 기회로 생각한다. 둘째, 병리가 아닌 강점을 강조한다. 문제를 병리의 측면에서 바라보면 대상자나 실천전문가의 강점과 능력을 과소평가할 수 있기 때문이다. 셋째, 과거가 아닌 미래를 강조한다. 클라이언트의 미래 성장을 위해 현재의 자원을 탐색하고 사정하며 이를 통합할 수 있는 기회를 강조한다.

따라서 이러한 접근과 철학에서 시설운영자와 사회복지전문가는 다음과 같은 특성을 인지해야 한다(Cowger, 1994). 첫째, 사람들은 성장과 변화를 위한 개별적·본래적 능력을 갖고 있다는 것을 인식한다. 둘째, 클라이언트 체계는 자원과 능력을 원천적으로 지니고 있음을 인식한다. 셋째, 상호작용과 협력을 통해 기존의 자원을 증대시킬 수 있음을 인식한다. 넷째, 긍정적인 변화는 희망과 미래의 가능성 위에 구축됨을 인식한다. 다섯째, 클라이언트 체계는 그들의 상황을 가장 잘 아는 체계이며, 문제해결을 위한 대안이 주어지면 가장 좋은 해결책을 결정할 수 있음을 확신한다. 여섯째, 무력감을 증대시키기보다는 완수감과 능력을 증대시키기는 과정을 지지한다. 일곱째, 체계의 결함보다는 체계 간의 상호교류 과정에서 도전과 관심을 제기한다.

이러한 특성을 실천하기 위한 실천상의 지침은 다음과 같다.

첫째, 클라이언트를 믿는다. 클라이언트가 정직하고 신뢰할 만한 사람이라는 것을 믿고, 모든 사람은 삶의 도전에 대처하고 다른 사람과 상호작용하는 방법 속에서 긍정적인 변화를 할 수 있다고 가정한다.

둘째, 강점에 관심을 나타낸다. 클라이언트의 능력, 기술, 자원, 동기를 나타내는 모든 것에 주의를 집중하고 클라이언트에게 이를 환기시킨다.

셋째, 클라이언트의 정체성, 명확성 그리고 클라이언트가 기관에서 기대하는 것을 보다 정확하게 이루도록 돕기 위해 노력한다.

넷째, 클라이언트를 자신의 삶, 행동, 상황, 변화 노력이나 치료계획을 가장 잘 수행할 수 있는 전문가로 가정한다.

다섯째, 클라이언트에 대한 사정과 개입계획 과정을 클라이언트와 사회복지사가 공동으로 활동하는 것이라고 생각한다.

여섯째, 사정을 하지만 진단은 하지 않는다. 또한 클라이언트에 대해 진단적 분류를 사용하는 것을 피한다.

일곱째, 이전에 클라이언트가 시행하였던 일들에 대한 논의는 피한다. 이전에 문제상황을 해결하기 위하여 클라이언트가 시도하여 실패했던 일들에 대한 논의는 대부분 비생산적이다. 그러므로 그 대신 향후 해결해야 하는 것에 대해 더 많은 시간과 에너지를 사용하도록 한다.

여덟째, 클라이언트의 가족, 사회적 관계망, 지역사회 등의 공식적 · 비공식적 자원을 모두 활용한다.

아홉째, 개입계획은 클라이언트와 그 상황에 따라 구체적이고 개별화하여 세우도록 한다.

6) 역량강화의 철학

역량강화(empowerment)란 능력을 가지는 것, 능력을 향상하는 것으로 볼 수 있다. 구체적으로 살펴보면, 목적적 의미에서는 '자신의 삶에 대한 집단적 통제력을 획득하는 것'으로 정의될 수 있다. 과정적 의미로는 '사회복지사들이 사람들의 결여된 힘을 증대시키기 위해 추구하는 방법' 또는 '서비스에서 클라이언트의 참여와 자조운동을 강화시키는 과정'으로 정의될 수 있다. 도구적 의미에서 보면, '개인, 집단, 지역사회가 그들의 환경에 대한 통제력을 얻고, 그들 자신의 목표를 달성하여 결과적으로 그들 자신과 다른 사람을 원조하여 삶의 질을 최대화시켜 나가는 수단'이라고 정의할 수 있다.

역량강화의 철학은 클라이언트가 스스로 자신의 삶을 운영하도록 개인생활, 대인관계, 사회적·정치적·경제적·문화적 능력을 증가시키는 목적 또는 과정에 초점을 둔다. 이 철학은 클라이언트 자신의 강점, 이웃과 지역사회의 자원들, 해결이 가능하다는 신념 등에서 출발하며 결과적으로는 사회적·조직적 환경에 대한 개인의 역량강화를 의미한다.

이 철학적 접근의 특성은 다음과 같다. 첫째, 생태체계적 관점을 통합하고 있다. 둘째, 클라이언트의 결함보다는 강점을 지향한다. 셋째, 문제확인보다는 문제해결을 추구한다. 넷째, 처방에 따른 치료보다는 능력향상, 역량강화에 초점을 둔다. 다섯째, 전문가의 전문적 능력보다는 클라이언트가 변화과정의 모든 국면에서 완전한 동반자로 참여해야 한다는 전제를 갖고 있다. 그래서 클라이언트와 전문가 간의 협력적인 동반자적 관계를 강조한다. 여섯째, 환경에는 많은 잠재적 자원이 있으므로 다양한 환경적 자원을 활성화하는 데 역점을 둔다. 이와 더불어 클라이언트 자신을 자원으로 인식하도록 돕는다.

실천과정에서 역량강화를 위한 개입과정은 다음과 같이 세 가지 단계로 구분된다.

첫째, 대화 단계다. 이 단계는 전문가와 클라이언트 간의 상호신뢰라는 협력적 관계를 확립하고 유지시키기 위해 함께 준비하기, 동반자 관계 형성하기, 해결해야 할 일 설명하기, 강점 확인하기, 방향 정하기 등의 활동을 수행한다.

둘째, 발견 단계다. 이 단계에서는 전문가와 클라이언트는 체계적으로 해결에 필요한 자원발굴 방법을 모색하는데, 여기에는 자원체계 조사하기, 자원의 능력 분석하기, 해결책 고안하기 등이 있다.

셋째, 발달 단계다. 이 단계는 클라이언트와 전문가가 기존의 자원을 활성화하고 클라이언트가 목적에 도달할 수 있도록 새로운 대안들을 개발한다. 또한 발달 단계에서는 자원을 조직하고 확대시키며, 결과목적을 달성하기 위해 일하며 공식적인 개입과정을 결정짓는다. 이 단계에는 자원을 활성화시키기, 기회 확장하기, 성공을 인식하기, 결과들을 통합하기 등이 있다.

2. 사회복지시설에서 윤리적인 운영실천

사회복지시설 운영에서 가장 핵심적인 부분은 사회복지사의 활동과 실천이라 할 수 있다. 사회복지사가 실천의 기준을 정하고 실행하는 데 영향을 미치는 실천윤리와 관련된 이론은 의무론적 이론과 목적론적 이론으로 나누어 볼 수 있다(오혜경, 2005).

1) 의무론적 이론

의무란 그리스어로 'deontos', 즉 책임을 다한다는 의미에서 비롯되었다. 의무론(deontology)은 특정 행동에 의해 어떤 결과가 발생되었는지에 상관없이 그 행동 자체가 옳은지 혹은 옳지 않은지를 확인하는 일에 초점을 둔다.

의무론을 주장하는 대표적인 철학자는 18세기 독일의 철학자인 칸트(Kant)라고 할 수 있다. 의무론이 강조하는 내용은 진실을 공개하는 것은 당연하고 옳은 일이며 진실을 공개할 수 있다는 것 자체가 매우 중요한 일이라는 것이다. 의무론은 규범, 권리, 의무 그리고 원칙들은 매우 신성한 것이고, 어길 수 없는 것이라고 여겨 왔다. 또한 의무론에서는 중요한 규정이나 권리, 원칙 혹은 법률을 지킬 수 없는 경우 그 실천목적이 무엇이든 상관없이 그 수단과 방법에 대해 정당화시킬 수 없다는 입장이다.

그러나 의무론의 문제점은 인간은 본래 선천적으로 옳은 속성을 가지고 있다는 의견과 인간은 선천적으로 옳지 않은 속성을 타고났다는 의견 간에 상호 논쟁이 지속되고 있으며, 아직까지 합의된 의견이 없다는 것이다.

의무론을 강조하는 사회복지사는 인간이 본질적으로 옳고 도덕적이라고 믿는다. 따라서 의무론적인 입장에서 사회복지사는 클라이언트의 권리, 자기결정권 등을 존중하는 것이 사회복지사의 본질적인 임무라고 생각한다. 사회복지사로서의 의무를 수행하기 위해 실천의 원리와 원칙을 지킴으로써 선택된 실천행동은 윤리적인 선택이며 윤리적인 행동으로 받아들여지고 있다.

2) 목적론적 이론

목적론적 이론(teleological theory)은 그리스의 'teleios'에서 비롯되었다. 목적론적 이론의 특징은 가급적 다양한 접근방식을 선택함으로써 결과적으로 그 선택을 통해서 좋은 목적을 달성하고 바람직한 결과를 얻을 수 있을 때 그것을 윤리적인 선택이라고 믿는 것이다. 즉, 실천에서 좋은 결과를 얻을 수 있다고 기대되면 어떠한 실천행동의 선택도 가능하다는 것을 의미한다. 좋은 목적을 달성하기 위해서는 어떠한 행동도 정당성을 인정받게 될 것이라는 주장이다.

목적론적 이론의 핵심은 특정 행동의 결과가 좋은 경우 그 행동의 정당성을 인정받게 되며 특정 행동의 정당성은 그 행동의 결과가 좋은 것에 의해 결정된다는 것이다. 목적론적인 관점에서는 좋은 결과를 얻고 바람직한 목적을 달성하기만 하면 어떠한 행동이든 그 선택된 행동이 바람직한 행동 혹은 좋은 행동으로 결정되기 때문에 목적론을 주장하는 사람들은 때로는 결과론자라고 부르기도 한다.

목적론에서는 선택하고자 하는 다양한 행동방식과 방향에 따라 다른 결과가 나오기 때문에, 사회복지사는 각기 다르게 나타날 수 있는 결과에 대해 예측을 할 수 있는 능력이 있어야 한다. 뿐만 아니라 선택된 행동에 따라서 나타날 결과를 정확히 측정할 수 있는 책임 있는 전략을 수립할 수 있어야 한다.

목적론적 이론의 핵심적인 두 가지 개념으로는 자기중심의 이기주의와 공리주의가 있다.

(1) 자기중심의 이기주의

자기중심의 이기주의(egoism)는 결과론적 이론의 한 형태이나 사회복지실천에는 특정하게 적용되지 않는 개념이다. 이기주의적 관점에서는 사람들이 역할의 갈등 혹은 의사결정의 딜레마에 직면하게 될 경우, 자신에게 최대한 유익하고 좋은 결과가 나타날 수 있는 방향으로 선택하고 동시에 자신의 개인적인 관심을 가장 중요하게 여긴다.

따라서 이기주의적 관점에서 결정을 할 때는 어떤 결정이 자신에게 최대한의 이익이 되며 혹은 결과적으로 무엇이 자신에게 궁극적인 이익이 되는지를 따져 의사결정을 하게 된다. 즉, 자신을 최소한도 내에서 불리하게 만드는 일이 무엇인지 혹은 자신을 최소한으로 악화시킬 수 있는 일이 무엇인지 등을 고려하여 선택하는 것이다. 예를 들면, 클라이언트에게 존재하는 잠재적인 갈등을 최소화시킬 수 있으며 동시에 사회복지사에게는 법률적인 책임을 최소화할 수 있는 선택을 하는 것이다.

(2) 공리주의

공리주의(utilitarianism)는 원칙상 선택한 행동이 옳은 것이어야 하며, 최대한으로 좋은 결과가 기대되는 것을 선택하는 것이다. 공리주의는 역사적으로 결과론적 이론에서 가장 많이 사용된 개념이다. 또한 사회복지 분야에서 절대적으로 이루어지는 많은 결정에 대해 최대한 정당화하는 기준으로 제공되고 있다.

공리주의의 대표적인 학자들로는 18세기 영국의 벤담(Bentham), 19세기의 존 스튜어트 밀(John Stuart Mill) 등이 있는데, 공리주의자들은 개인의 역할과 임무에 대해 갈등을 겪을 때 그 결과가 최대한 좋은 것을 생산해 낼 수 있는 결정이 무엇인지를 고려해 이를 선택한다. 이 원리에서는 사회복지사들이 사회복지실천에 있어 어떤 결과가 최고의 좋은 생산을 끌어낼 수 있는지 따져 봄으로써 의사결정을 하게 된다.

공리주의의 형태는 두 가지가 있다. 첫째, 물질총합공리주의(good aggregative utilitarianism)다. 이 이론에서 대부분의 적절한 행동은 최대다수의 최대복리를 증진시키는 것이다. 또 다른 이론은 활동의 총합공리주의(locus aggregative utilitarianism)다. 이 개념에 의하면 가장 적절한 행동이 최대한의 사람들에게 최대한의 좋은 결과를 가져온다. 이는 전체에 좋은 것을 생산해 내는 것뿐만 아니라 좋은 것을 제공받는 사람들의 수도 최대화시킬 수 있다는 주장이다.

공리주의의 문제점으로는 첫째, 바람직한 결과를 도출할 가능성이 있는 다른 경쟁적인 선택의 정당성에 의해 밀릴 수 있다는 점이다. 공리주의에 따른 행동은 바람직한 결과를 나타냈을 경우에는 정당한 것으로 인정되지만 좋지 못한 결과를 나타낸 경우는 취한 행동이 정당성을 인정받기 어렵다는 것이다. 사회복지실천에서 법률로 규정되어 강제적인 조항이나 실천지침을 따르는 것과 공리주의에 입각한 실천의 차이점을 이해하는 것은 매우 중요하다.

두 번째 문제점은 각각의 사람들이 각자 다른 생활의 경험, 가치, 정치적인 이념 등 다양한 특성을 가지고 있기 때문에 이들이 다른 각도에서 서로 다른 방법으로 문제의 심각성을 측정하게 된다는 점이다.

세 번째 문제점은 최대의 효과를 얻기 위해 상처받기 쉬운 최소한의 권리가 무시당하는 경우가 있다는 점이다. 지금까지의 역사를 바탕으로 우리 사회의 다수 사람들이 얻어 낸 이득과 우리 사회의 소수자의 권리나 억압받는 소수집단에 속한 구성원들이 얻어 낸 이득의 차이를 비교해 볼 때 소수자들은 지속적으로 불이익을 받아 온 것을 알 수 있다. 이들 사회적 소수자는 개인적인 능력이나 자신이 가지고 있는 자원이 빈약하고 또한 스스로 자신을 옹호하는 능력이 부족하고 집단적으로 세력화가 되어 있지 못한 경우가 많기 때문에 우리 사회의 일반적인 다수의 사람들이 얻어 낸 이득이나 사회적 혜택에 비해 언제나 불이익을 받아 온 점을 부인할 수 없다.

따라서 공리주의 철학으로 시설을 운영할 때는 철저한 원칙을 지키고 최소의 비용과 최대의 효과를 고려한 실천을 강조하게 된다. 이는 우리 사회의 소수자나 약자들이 경험한 사회적 불이익에 민감하지 못한 반응을 보이는 것이며 동시에 적절치 못한 대처방식을 취하는 것으로 인식될 수 있다. 또한 사회복지사의 민감하지 못한 반응과 적절치 못한 대처로 인해 사회적인 약자나 소수자들이 얻게 되는 이득은 사회적 강자나 다수의 사람들이 취하는 이득에 비해 더욱 줄어들 수밖에 없는 결과를 낳게 된다.

3. 사회복지실천에서 윤리적인 결정 모델

사회복지실천 과정에서 사회복지사들은 보통 두 가지 철학적인 모델에 기초하고 있다. 하나는 의무론적 원리이고, 다른 하나는 목적론적 원리다. 의무론적 원리에 입각한 사회복지실천은 실천의 모든 과정을 원칙대로 따라서 철저히 규정된 원리를 지키는 것이 가장 바람직하며, 결국 원리원칙에 맞춘 사회복지실천은 결과도 바람직한 결과를 기대할 수 있다고 믿는 것이다.

의무론적 이론을 지향하는 사회복지사들은 클라이언트의 자기결정이나 비밀보장의 가치들이 매우 절대적이고 무조건적이기 때문에 전문가들이 반드시 지켜야 할 실천원칙이라고 믿는다. 따라서 클라이언트의 자기결정을 존중하고 지킬 때에는 그 결과 역시 반드시 실천적인 면에서 효과가 나타날 것이라고 믿으며, 다른 종류의 실천원리보다 우세한 실천결과를 기대할 수 있다고 믿는다.

목적론적 이론에 입각한 사회복지실천은 실천과정에서 정해진 원리와 원칙을 지키기보다는 오히려 실천의 결과를 중시한다. 따라서 실천과정에서 제도나 규범 혹은 사회적 가치나 윤리원칙을 절대적으로 준수하지 못하고 어느 정도 실천의 원리에서 벗어나는 경우에도 그 실천결과가 클라이언트의 삶의 질을 향상시킬 수 있거나 클라이언트에게 이득이 된다고 판단되면 궁극적으로 클라이언트에게 도움이 될 수 있는 방법을 선택하는 것이다. 따라서 목적론적 접근을 시도하는 사회복지사는 앞으로 발생하게 될 실천의 결과와 그 결과로 인해 발생될 상황까지 예측할 수 있어야 한다.

대부분의 사회복지사는 목적론적 원칙과 의무론적 원칙을 혼합한 방법을 활용하고 있다. 사회복지전문가의 가치는 자연적으로 의무론적이라고 주장한다. 그러나 복잡한 윤리적 딜레마를 극복하기 위해 목적론적인 주장, 즉 실천의 결과가 유익하면 실천과정에서 어느 정도 원칙을 벗어난 실천을 허용하는 방법을 활용하고 있다.

사회복지실천 과정에서 윤리적인 결정을 내리기 위한 실천모델은 많은 학자가 제시하였다. 리머(Reamer, 1995)는 목적론적 체계를 제안하였고, 루이스(Lewis, 1984)는 목적론적 접근과 의무론에 입각한 윤리적인 접근을 통합시킨 접근방법을 제시하였다. 로웬버그와 돌고프(Lowenberg & Dolgoff, 2000)는 여러 가치 가운데 우선순위를 매겨 어떤 가치를 우선적으로 고려할 것인가 하는 서열화된 모델을 제안하고 사회복지사가 실천과정에서 최선의 윤리적인 선택을 할 수 있도록 돕고 있다. 콩그레스(Congress, 1999)는 사회복지실천의 가치를 고려하여 사회복지사가 가능한 한 신속하고 효과적으로 윤리적인 결정을 하는 데 도움을 제공하기 위해 다음과 같은 ETHIC 모델을 개발하였다.

1) ETHIC 모델

(1) E

사회복지사의 개인적 가치, 사회적 가치, 기관의 가치, 클라이언트의 가치, 전문가의 가치를 검토한다.

Examine relevant personal, societal, agency, client and professional values.

전문가의 가치에 의존하고 있는 사회복지사는 윤리적인 의사결정에 도움이 되는 클라이언트와 관련된 모든 정보를 충분히 가지고 있지 못하는 경우가 많다. 이 경우 클라이언트의 개인적 가치를 충분히 고려해야 한다. 또한 사회복지실천기관의 가치와 전문가의 가치 사이에서 종종 모순이나 불일치를 경험하게 될 때 발생하는 갈등을 풀어야 한다.

(2) T

> 특정 상황, 관련법률, 사례결정 등에 사회복지사협회 윤리강령의 윤리기준을 적용하는 문제를 고려한다.
> Think about what ethical standard of the NASW Code of Ethics applies to the situation, as well as about relevant laws and case decisions.

사회복지사협회의 윤리강령에 의한 윤리적 기준은 6개 조항으로 이루어져 있다. 첫째, 사회복지사의 클라이언트에 대한 윤리적 책임, 둘째, 동료에 대한 윤리적 책임, 셋째, 실천현장에서의 윤리적 책임, 넷째, 전문가로서의 윤리적인 책임, 다섯째, 전문가에 대한 윤리적 책임, 여섯째, 포괄적인 사회에 대한 윤리적 책임이다.

윤리적인 딜레마의 주체는 사회복지사와 클라이언트의 관심사에 대한 갈등, 클라이언트의 자기결정권, 동의내용에 대해 클라이언트에게 알리는 일, 클라이언트의 비밀보장, 문서와 기록에 대한 공유, 서비스 비용과 종결에 관한 내용들이 많다. 이때 관련법률과 함께 윤리강령의 윤리기준이 고려되어야 한다.

(3) H

> 각기 다른 결정으로 나타날 수 있는 가능한 결과에 대해 가설을 설정한다.
> Hypothesize about possible consequences of different decisions.

이 단계에서 사회복지사는 윤리적인 딜레마를 해결하기 위해 목적론적인 원리를 사용하게 된다. 사회복지사가 결정한 사항에 대해 발생 가능한 일들에 대한 내용의 목록을 작성한다. 각각의 경우에 나타날 수 있는 가능한 결과들에 대한 분석은 사회복지사가 발생 가능한 부수적인 결과들에 대해 어떤 대처와 준비를 해야 할지를 결정하게 한다.

(4) I

사회복지실천에서 가장 상처 입기 쉬운 사람에게 사회복지실천 개입이 우선적으로 수행되었을 때 이로 인해 혜택을 입는 사람은 누구이며 혹은 이 경우 피해를 입게 될 사람은 누구인지 확인한다.
Identify who will benefit and who will be harmed in view of social work's commitment to the most vulnerable.

사회복지실천의 선택과 의사결정 과정에서 두 가지 선택 혹은 그 이상의 선택사항들 가운데 가장 바람직한 한 가지를 선택하는 것이 아니고, 두 가지 혹은 그 이상의 선택들이 모두 최선의 선택이지도 않으며, 동시에 그러한 선택이 바람직한 선택도 아니지만 선택사항들 중 가장 바람직한 선택을 해야 할 때도 있다. 또 때로는 가장 바람직하지 못한 최악의 선택을 피하고 그 선택들 가운데 최선의 선택을 취하게 되는 경우도 있다.

의사결정의 선택과정에서 특정 선택을 하게 될 경우 왜 그런 결정을 하게 되었는지 명백한 이유를 설명할 수 있어야 한다. 특히 사회복지사는 상처받기 쉽고 소외된 계층의 문제를 해결하고 이들의 삶의 질 향상을 위해 노력해야 할 책임이 있다. 윤리강령에서도 "사회복지사는 모든 사람, 상처받기 쉽고, 불이익을 당하고, 억압을 받고, 부당하게 착취를 당하고 있는 개인과 집단들과 함께 이들의 선택과 기회를 넓히기 위해 행동해야 할 것이다"고 명시하고 있다. 따라서 사회복지사는 취약계층의 클라이언트가 가진 강점을 확인하고 이를 개발해야 할 책임도 갖고 있다.

(5) C

> 가장 윤리적인 선택에 관해 슈퍼바이저와 동료들로부터 자문을 구한다.
> Consult with supervisor and colleagues about the most ethical choice.

사회복지실천에서 다른 사람들의 의견을 받아들이는 것은 중요하다. 특히 윤리적인 결정을 위해서 정보나 선택 가능한 대안들을 제안할 수 있는 사람들의 의견을 받아들이는 일은 매우 중요하다.

사회복지사는 자신에게 자문을 제공하는 슈퍼바이저의 의견, 동료들로부터의 비공식적인 자문을 통해서도 윤리적인 딜레마에 관한 질문을 하도록 해야 한다. 또한 사례발표를 하거나 기관 윤리위원회를 구성해야 한다.

4. 시설종사자의 자세와 역할

전문원조가로서 시설종사자에게는 전문적 지식과 기술을 활용하는 과학적 실천가로서의 능력과 실천현장에서 융통성 있게 실천적 지혜를 발휘할 수 있는 예술가적 특성을 갖추려는 자세가 필요하다. 이 두 가지 요소는 클라이언트의 특성, 시설의 특성 혹은 전문가에게 부여되는 역할에 관계없이 모든 실천상황에 적용되는 것이다.

사회복지실천을 효과적으로 수행하기 위해서 사회복지사는 예술적 능력과 과학적 능력을 혼합하여 사용해야 한다. 실천과정에서 과정과 성과에 영향을 미치는 보이지 않는 예술적 요인들, 즉 관계를 형성하는 것, 창의적 사고를 하는 것, 동정과 용기, 희망과 에너지, 건전한 판단력을 사용하는 것 그리고 적합한 가치에 헌신하는 것을 포함하는 예술적 요인과 동시에 자신의 예술적 능력을 전문적 지식과 과학적 기반에 혼합시켜야 한다. 예술이 없는 과학적 기반은 가치가 없고, 지식이 없는 예술은 효과성이 없다. 사회복지사는 자신의 예술적 능력과 전문직의 과학을 실천준거틀에 혼합하는 것이 필요하다.

1) 예술가로서 사회복지사

예술가로서 시설종사자의 역할은 클라이언트에 대한 동정(compassion)과 인간의 고통에 직면하는 용기(courage), 의미 있고 생산적인 원조관계를 수립하는 능력, 변화에 대한 장벽을 극복하는 창의성, 변화과정에 에너지와 희망을 불어넣는 능력, 건전한 판단력을 발휘하는 능력, 개인적인 가치와 전문직의 가치를 상호 적합하게 조화시키는 능력 그리고 효과적으로 전문가 스타일을 형성하는 것이다(남기철, 정선욱, 조성희 역, 2014).

동정은 다른 사람과 함께 괴로워하는 것을 의미하는 동시에 비탄에 빠졌거나 괴로움을 겪는 사람들의 고통에 함께하거나 몰입하려는 의지를 의미한다. 동정심이 결여되어 있다면 사회복지사는 자신과 클라이언트의 관심사 사이에 거리를 둘 가능성이 있다.

용기는 기본적인 인간의 고통과 혼란, 특히 인간의 부정적이고 파괴적인 행동에 대해서도 일상적으로 직면할 수 있는 것을 의미한다. 사회복지사는 질병, 장애, 폭력, 방임, 성적 학대, 약물중독, 범죄적 착취, 빈곤, 이상행동과 혼란스러운 가족문제, 사랑하는 사람과의 이별, 외로움, 유기 등 여러 가지 다양한 유형으로 고통을 받는 사람들에게 건설적으로 반응할 수 있어야 한다. 또한 자신의 정서적 반응으로 인해 주의가 산만해지거나 흔들리지 않으면서 혐오스러운 인간의 문제를 다룰 수 있어야 한다.

변화에 대한 장벽을 극복하는 창의성은 각 클라이언트의 상황이 독특하고 항상 변화하기 때문에 중요하다. 창의적 사고는 다양한 사실과 정보를 통합하여 독창적인 아이디어를 창출하는 것이다. 다양한 클라이언트의 문제가 독특하기 때문에 사회복지사의 창의적 사고를 기반으로 한 실천은 필수적이다. 상상력이 있는 사회복지사는 클라이언트 문제해결을 위해 다양한 접근방법을 확인하고 문제를 해결할 수 있는 반면, 상상력이 없는 사회복지사는 단지 한두 가지의 선택을 하거나 전혀 하지 못한다. 사회복지사가 상상력을 발휘해야 할 또 다른 영역은 시설의 정책을 해석하고 수행할 때 독특한 클라이언트의 욕구를 충족시키기 위해 정책을 적용하거나 변형시킬 방법을 찾는 것이다. 단순히 시설운영 규정과 지침의 문헌적 해석에 제한을 받는 사회복지사는 다양한 클라이언트를 위한 서비스 체계를 만들 수 없다.

융통성(flexibility)도 창의성의 한 차원이다. 다른 사람이 변화하도록 돕기 위해서 계획을 세우고 결정을 내리기 전에 지속적으로 수정하고 적용하는 것이 필요하다. 또한 사회복지사는 인내심(persistence)을 갖고 창의적인 아이디어를 행동으로 옮기기 위해서 자기 규율과 목표지향성이 필요하다. 창의적인 문제해결 과정에서는 융통성과 인내심이 모두 필요하다.

변화가 불안을 초래하거나 고통스럽다고 판단될 때에도 클라이언트가 변화를 위한 활동에 동기와 의지를 갖도록 하기 위해서 사회복지사는 클라이언트와 상호 협력적으로 활동하며 클라이언트의 문제상황이 개선될 수 있다는 전망을 전달할 수 있어야 한다. 클라이언트의 변화를 위한 동기를 증진시키는 데 중요한 요인이 사회복지사의 희망(hopefulness)과 에너지(energy)다. 희망은 사람들의 기본적인 선함, 긍정적인 방식으로 변화하는 능력 그리고 공동선을 위해 다른 사람과 협조적으로 활동하는 의지에 대한 확고한 믿음과 신념을 말한다. 에너지는 어떤 것이 진행되도록 하고, 결과를 얻고, 실수와 실패로부터 회복할 수 있도록 움직이게 하는 능력이다. 그러나 에너지를 전달하기 위해 활기 있는 응원단장의 자세를 취할 필요도 없고 현실성에 근거하지 않은 낙관주의와 같은 잘못된 분위기를 조성해서도 안 된다. 변화과정을 위해 시간을 투입하고 노력할 의지를 갖고 있음을 보여 주는 것만으로도 클라이언트가 변화과정 활동에 노력할 수 있도록 격려하는 것이다.

원조과정의 특성, 클라이언트 상황의 독특성을 고려하여 사회복지사는 실천의 전체 과정에서 어려운 판단(judgement)을 하게 된다. 여기에는 클라이언트와 그의 상황을 사정하고, 대안적인 해결책을 분석하여 제시하고, 원조과정을 계획하고, 변화활동을 수행하며, 서비스 종료와 평가과정을 결정하는 것들이 모두 포함된다. 이 과정에서 사회복지사는 명확하고 예리한 사고력을 활용하여 바람직한 판단을 해야 한다.

가치는 사람의 결정과 행동에 미치는 지속적인 선호이고, 개인의 깊은 신념에 기초하여 헌신적인 활동을 유발하게 하는 것이다. 즉, 어떻게 되어야 하고, 무엇이 옳고 가치 있는 것인가에 대한 기본적인 신념이다. 사회복지시설을 운영하고 그에 종사할 때 대부분의 사람은 타인에 대한 관심과 보다 좋은 세상을 만들기 위한 바람으로 이 분야에 입문한다. 가치갈등이 발생할 때 클라이언트에 대한 비심판적 태도를 유지하기 위해서는 사람의 신념체계에 대해 아는 것이 전제조건이 되며 클라이언트의 상황을 우선적으로 고려하려는 태도와 자세가 필요하다. 또한 사회복지사가 갖고 있는 개인적 가치는 사회복지 전문직의 가치와 양립 가능해야 한다. 만일 이 두 가치체계가 갈등적이면, 전문적

사회복지사로서 임무를 완수하지만 그 속에 마음이 없기 때문에 클라이언트와 동료 모두에게 진실성이 결여되거나 사회복지사가 지침이 되는 전문직의 가치와 원리를 거부하고 자신의 개인적 가치와 신념에 기초하여 클라이언트에게 반응하게 되는 문제가 발생할 수 있다. 사회복지 전문직이 숙지해야 할 사회복지사의 가치는 다음과 같다. 첫째, 서비스 제공이다. 클라이언트를 돕는 의무가 사회복지사의 개인적 관심보다 우선되어야 한다. 둘째, 사회정의다. 사회복지사는 부당한 사회적 조건을 변화시키기 위해 노력해야 한다. 셋째, 존엄성의 가치다. 사회복지사는 클라이언트를 가치 있는 사람으로 고려하기 위해 노력해야 한다. 넷째, 인간관계의 중요성에 대한 가치다. 사회복지사는 관계가 개인, 가족, 집단, 조직 혹은 지역사회에 봉사하는 성공적인 원조과정뿐만 아니라 인간의 발달에도 중심적인 역할을 함을 이해해야 한다. 다섯째, 통합성의 가치다. 사회복지사와 클라이언트가 상호 신뢰하여 협력적인 원조관계를 구축하는 것이 필요하다.

전문적인 관계를 활용하는 역할은 클라이언트와 신뢰감을 형성하는 것을 토대로 한다. 사회복지사는 전문적 관계를 활용하여 사람들이 변화의 가능성에 관해 개방적이 되도록 하고, 적극적으로 변화과정에 참여하도록 도와야 한다. 타인과 긍정적인 관계를 형성하고 유지하는 것은 개인, 가족 혹은 클라이언트 집단을 효과적으로 원조하기 위한 전제조건이 될 뿐만 아니라 조직과 지역사회를 구성하는 사람들과의 활동관계에도 중요하다.

예술가로서 사회복지사의 특성 중 마지막 요인은 사회복지사가 자신만의 독특한 전문가 실천스타일을 갖추는 것이다. 사이포린(Siporin, 1993: 남기철 외, 2005 재인용)은 사회복지사의 개성, 장인정신, 지식과 기술 적용에서의 예술성은 전문가 스타일과 개인적 스타일을 통해 정교화된다고 하였다. 전문가 스타일은 사회복지사가 클라이언트와 관계를 맺는 방법, 즉 그들의 에너지, 창의성, 실천지혜, 판단뿐만 아니라 특정한 사회적 이슈에 대한 사회복지사의 열정과 헌신성에서 표현된다. 이 외에도 전문가의 독특성은 의복, 헤어스타일, 자세, 언어, 그들이 누구이고 자신과 타인에 관해 어떤 생각을 하는지에 대한 메시지를 전달하는 여러 가지 다른 선택과 행동을 통해 표현된다. 이러한 전문가 스타일은 상황, 클라이언트 기관에 적합하게 활용되어야 한다. 또한 사회복지사의 개별적 특성과 실천에서 요구되는 행동이 균형을 이룰 때 나타난다. 그래서 사회복지사는 늘 '나는 클라이언트에게 서비스를 제공하고 기관의 기대를 충족시키기 위해서 나의 개성과 개인적 선호도를 어느 정도로 타협하려고 하는가?'와 같은 질문을 할 필요가 있다. 클라이언트가 적절한 서비스를 받고 소외되거나 해를 받지 않는 한 사회복지사의 전문적 스타일은 상당한 정도 허용될 수 있다. 또한 전문직은 각 전문가의 다양한 스타일에 의해 풍부해진다.

2) 과학자로서 사회복지사

과학자로서 사회복지사의 역할은 클라이언트에게 필요한 지식과 가장 효과적인 원조 방법을 활용함으로써 전문가의 능력을 발휘하는 것이다. 지식의 한 형태인 실천지혜 (practice wisdom)는 사회복지사의 관찰과 그들의 관찰을 비공식적으로 공유하는 여러 세대에 걸친 사회복지사들의 집합적 경험을 통해 도출된 것이다. 과학은 이론적인 설명과 현상에 대한 객관적인 확인, 서술, 실험적 조사로 규정되는데, 사회복지사는 실천가들에게 활용될 수 있는 과학적 지식을 증대시키려고 노력해야 한다. 과학적 실천을 위해 사회복지사가 활용해야 할 방법은 다음과 같다.

첫째, 사람들의 사회적 기능수행을 나타내는 자료들을 수집하고 조직화하고 분석한다.

둘째, 새로운 기법, 새로운 실천지침, 새로운 프로그램과 정책을 개발하기 위해 관찰, 경험 그리고 공식적인 연구를 활용한다.

셋째, 사회복지 개입을 안내하는 제안과 개념적 준거틀을 세우기 위해 기초가 되는 자료를 활용한다.

넷째, 개입방법과 개입이 사람들의 사회적 기능수행에 미치는 영향을 객관적으로 검토한다.

다섯째, 전문직에서 다른 사람들이 설명하는 아이디어, 연구 그리고 실천을 교환하고 비평적으로 평가한다.

과학자로서 사회복지사가 갖추어야 할 지식은 다음과 같다.

첫째, 사회적 현상에 관한 지식이다. 즉, 사회복지사는 체계의 다양한 수준과 실천에서 다양한 상황의 상호관련성에 관해 이해해야 한다. 이 외에도 사회적 이슈, 문화, 정체성, 차별주의, 종교적 차이와 개인 및 사회적 이슈 등에 대해서도 이해해야 한다.

둘째, 사회적 조건과 사회문제에 관한 지식이다. 즉, 사회적 조건과 사회문제가 사람들에게 해롭거나 혹은 지역사회나 사회에 위협이 된다고 인식될 때, 사회정책이 형성되고 사회적 프로그램이 그런 위협적 문제들을 다루기 위해 만들어진다.

셋째, 사회복지 전문직에 관한 지식이다. 즉, 사회복지사는 전문직이 사회에서 수행하는 기능과 역할, 지역사회에 대한 책임을 이해해야 한다. 사회복지 전문직의 지식기반을 확인하고, 전문가 조직을 만들어 내고, 그들의 영역을 확보하고, 자질 있는 사회복지사를 확보하기 위한 구체적인 기준을 확인하고 보다 가치 있는 전문직이 되기 위해 여러 조치를 취하는 노력을 지속해야 한다.

넷째, 사회복지실천에 관한 지식이다. 즉, 사회복지사는 사회복지실천의 개념적 준거틀로 이론, 모델, 관점 등에 관해 이해해야 한다. 준거틀을 이해해야 하는 이유는 유용성을 갖고 있기 때문이다. ① 복잡하고 정서적인 인간문제와 상황을 분석하기 위한 구조를 제공하고, ② 정보, 신념 그리고 가정을 의미 있는 전체 속에 조직화하고, ③ 행동과 의사결정을 위한 합리성을 제공하고, ④ 사람들과 활동하는 데 더 체계적이고 질서정연하며, 예측적인 접근을 촉진하고, ⑤ 전문가 사이의 의사소통을 촉진시키는 것이다.

3) 시설종사자로서의 다양한 역할

많은 전문가에게 요구되는 역할과 직무기능은 사회규범과 역사적 전통, 활동을 평가하는 법령과 행정적 규정 그리고 기관의 정책과 절차에 의해 변화된다. 그리고 어떤 역할이든 전문가에게는 여러 가지 특징적인 기능을 수행하도록 요구된다. 마찬가지로 사회복지사 역시 다양한 역할을 요구받는데, 그 기능과 역할은 다음과 같다(남기철 외 역, 2005; 남기철 외, 2014).

(1) 중개인으로서의 역할

중개인으로서 사회복지사는 클라이언트를 적절한 인간서비스와 자원에 연결하는 데 목적을 둔다. 중개인 역할을 수행하기 위해서 사회복지사는 클라이언트의 욕구를 확인하고 다양한 자원을 활용할 동기와 능력을 사정하며, 클라이언트가 가장 적합한 자원에 접근할 수 있도록 돕는다. 클라이언트를 자원에 연결하는 과정에서는 클라이언트의 동기와 능력 그리고 클라이언트에게 제공할 만한 서비스와 자원의 가능성에 관해 판단을 내리는 것이 필요하다. 중개를 원활히 하기 위해 사회복지사는 서비스 전달체계의 다양한 부분과 지속적인 상호작용을 촉진해야 한다. 또한 클라이언트나 지역사회의 집단, 입법가 혹은 지역사회의 다른 의사결정자들에게 정보를 전달해야 한다.

(2) 옹호자로서의 역할

옹호자로서 사회복지사는 클라이언트가 자원과 서비스를 받을 권리를 유지하도록 돕거나 클라이언트나 클라이언트 집단에게 부정적인 효과를 주는 프로그램과 정책을 변화시키는 운동을 적극적으로 지지하는 데 목적을 둔다. 옹호에는 두 가지 종류가 있는데, 하나는 클라이언트가 서비스나 자원을 제공받도록 보증하기 위한 클라이언트나 사례옹호이고, 다른 하나는 클라이언트 집단이나 공통적인 문제나 관심사를 지닌 인구집단을 위한 계층옹호다.

(3) 교사로서의 역할

교사로서 사회복지사는 클라이언트나 일반 대중이 문제를 예방하거나 사회적 기능을 향상시키기 위해 필요한 지식과 기술을 갖추도록 준비시키는 데 목적을 둔다. 바커(Barker, 1999)는 교육자 역할을 "클라이언트가 이해할 수 있는 방식으로 관련된 정보를 제공하고, 권고와 제안을 하고, 대안과 그 가능한 결과를 확인하고, 행동을 시범 보이고, 문제해결 기술을 가르치고, 인식을 명확하게 함으로써 필요한 적응기술을 가르치는 책임"이라고 정의했다.

교육자로서 사회복지사가 하는 역할은 클라이언트의 사회적 기능을 향상시키기 위해서 사회생활과 일상생활 기술을 가르치고, 행동변화를 촉진하기 또한 문제의 진행을 막는 것과 같은 일차적인 예방을 위한 교육 등이 포함된다.

(4) 상담가로서의 역할

상담가로서 사회복지사의 목적은 클라이언트가 자신의 감정을 보다 잘 이해하고, 행동을 수정하며, 문제상황에 대처하기 위해 학습하도록 도움으로써 사회적 기능수행 능력을 향상시키는 데 있다. 이 역할을 수행하기 위해서 사회복지사는 인간행동에 관한 지식과 사회환경이 개인에게 어떻게 영향을 미치는가에 대한 이해, 클라이언트의 욕구와 기능을 사정하는 능력, 스트레스를 클라이언트가 다루도록 도울 수 있는 개입내용에 관한 판단, 개입전략을 적용하는 기술 그리고 변화과정을 통해 클라이언트를 지도하는 능력이 필요하다.

상담가로서의 역할은 클라이언트에 대한 심리사회적 사정과 진단을 하고, 지속적이고 안정적인 보호 그리고 사회치료를 제공하는 것이다. 사회치료는 클라이언트가 관련된 사람들과 사회집단 사이의 관계를 이해하도록 돕고 클라이언트의 사회적 관계를 수정하기 위한 노력을 지지하며, 문제해결이나 대안적 변화 노력에 클라이언트를 참여시키는 것이다. 그리고 개인과 개인, 개인과 사회제도 사이의 갈등이나 차이점을 중재하도록 돕는 활동이 포함된다. 이 외에도 임상가로서 사회복지사는 실천평가를 한다. 실천평가에는 첫째, 직접적 서비스 수준에서 사회복지사가 활용한 개입의 효과성을 사정하기 위해 자신의 수행을 검토하는 것과 둘째, 신규 혹은 개정된 서비스와 공공정책을 통해 해결될 필요가 있는 사회문제를 파악하기 위해 클라이언트 자료를 수집하는 것이 포함된다.

(5) 사례관리자로서의 역할

사례관리자로서 사회복지사의 목적은 클라이언트를 적합한 서비스에 연결하고 그 서비스를 활용하도록 조정하는 과정에서 개인과 가족에게 서비스를 지속적으로 제공하는 것이다. 사례관리자로서 사회복지사는 다중적 서비스를 활용해야만 하는 클라이언트를 위해 아주 중요한 역할을 해야 한다. 사례관리자로서의 역할에는 다음과 같은 광범위한 활동이 포함된다.

첫째, 정보를 수집하고 클라이언트의 욕구와 관심을 확인하는 방법으로 클라이언트의 상황을 사정하며, 클라이언트에 관해 수행될 수 있는 것을 사정한다.

둘째, 클라이언트의 욕구와 관심사에 초점을 두고, 실행이 가능한 사례계획 혹은 서비스 계획을 수집한다.

셋째, 프로그램과 서비스 제공자를 배치하고, 클라이언트에게 필요한 서비스의 전달체계를 수립하고, 이러한 서비스 제공을 조정한다.

넷째, 클라이언트 욕구를 충족시키는 데서 사례계획의 효과성을 점검하고, 클라이언트에게 보다 나은 서비스를 제공하기 위해서 이 계획에 필요한 조정을 한다.

다섯째, 책임소재와 의사소통의 중심지점을 확인함으로써 클라이언트와 다양한 서비스 제공자가 서비스 전달과정 중 문제나 질문이 발생했을 때 그들을 원조할 수 있는 사람에게 신속히 접근할 수 있도록 한다.

여섯째, 클라이언트를 위한 옹호활동을 한다. 특히 복잡한 서비스 체계 속에서 사각지대에 있는 클라이언트들을 위한 적극적 개입을 한다.

일곱째, 지역사회에서 활용할 수는 없지만 클라이언트에게 필요한 서비스와 프로그램을 개발하기 위해 지역사회 내의 다른 사람들과 활동한다.

사례관리는 포괄적인 서비스를 수립하고 제공하는데 사회복지사의 사례관리의 핵심 기능은 다음과 같다. 첫째, 클라이언트 확인과 방향이다. 사례관리자로서 사회복지사는 사례관리를 통해 긍정적으로 영향을 받을 수 있는 서비스를 직접적으로 확인하고 선택한다. 둘째, 클라이언트 사정이다. 사회복지사는 클라이언트의 욕구, 삶의 방향, 자원에 관한 정보를 수집하고 사정한다. 셋째, 서비스/치료계획이다. 클라이언트 및 관련된 사람들과 협조함으로써 사회복지사는 클라이언트의 욕구를 충족시키기 위해 접근할 수 있는 다양한 서비스를 확인한다. 넷째, 연결과 서비스 조정이다. 중개인 역할처럼 사례관리자로서 사회복지사는 클라이언트를 적합한 자원과 연결해야 한다. 중개인과 다른 점은 사회복지사가 기관이나 가족에게 서비스를 전달하는 능동적인 참여자가 된다는 것이다. 다섯째, 사후조치와 서비스 전달 점검이다. 사회복지사는 클라이언트와 서비스 제공자 모두와 정기적이고 빈번하게 사후조치를 위한 접촉을 함으로써 클라이언트가 필요한 서비스를 실제적으로 잘 받고 활용하는지를 확인한다. 여섯째, 클라이언트 지지다. 다양한 자원에 의해 서비스가 제공되는 동안 사례관리자로서 사회복지사는 클라이언트와 그 가족이 바람직한 서비스를 받는 데서 부딪치는 불가피한 문제를 다루도록 돕는다. 여기에는 갈등해결, 상담, 정보제공, 정서적 지지 제공, 옹호 등이 포함된다.

(6) 업무량 관리자로서의 역할

업무량 관리자로서 역할 목적은 클라이언트에게 가장 효율적으로 서비스를 제공하고, 고용된 조직에 책임을 지는 것이다. 사회복지사는 클라이언트에게 필요한 서비스를 제공하는 동시에 고용된 기관의 요구사항인 업무량을 충실히 지켜야 한다.

사회복지사의 업무량 관리의 기능은 다음과 같다. 첫째, 업무계획이다. 사회복지사는 그들의 업무를 사정하고, 중요하고 긴급한 것에 따라 우선순위를 정하며, 가능한 한 가장 효과적이고 효율적인 방법으로 업무를 수행할 계획을 세운다.

둘째, 시간관리다. 사회복지사는 작업시간이 주의 깊게 할당될 수 있도록 시간관리를 해야 한다. 또한 컴퓨터와 같은 기술상의 자원을 활용한다.

셋째, 품질보증 점검이다. 사회복지사는 그들이 제공한 서비스의 효과성을 정기적으로 평가하고 동료가 제공한 서비스를 사정하는 데 참여한다. 이 활동에는 기관의 기록을 검토하고, 직무수행 평가를 하고, 동료나 자원봉사자와 협의하여 수행된 업무를 검토하는 것이 포함된다.

넷째, 정보처리 과정의 기능이다. 사회복지사는 필요한 기록과 서비스 급부, 보고서 작성, 사례기록, 다양한 지출사항을 구체화하기 위해 자료를 수집해야 한다. 그리고 기관규정과 절차에 관한 정보는 모든 사람에게 이해되어야 한다.

(7) 직원개발자로서의 역할

직원개발자로서 역할의 목적은 훈련, 슈퍼비전, 인사관리를 통해 기관 직원의 전문적 개발을 촉진시키는 데 있다. 시설종사자의 중간관리자들은 직원 업무수행을 유지하고 향상시키기 위한 에너지의 한 부분으로 헌신할 능력이 있어야 한다. 직원개발은 훈련욕구에 관한 정확한 사정에 기반을 두고, 업무코칭, 슈퍼비전, 자문 그리고 훈련회의나 워크숍 등을 실행하거나 참여하는 것과 같은 개별화된 교육형태를 활용한다. 주요 기능은 직원 오리엔테이션과 훈련, 인사관리, 슈퍼비전, 자문 등이 해당된다.

(8) 행정가로서의 역할

행정가로서의 목적은 인간서비스 조직에서 정책, 서비스, 프로그램을 계획하고 개발하며 수행하는 것이다. 행정가 역할에서 사회복지사는 기관정책을 수행하고 그 프로그램을 유지하기 위한 책임을 질 것을 가정한다. 이 역할을 수행할 때 시설의 주요 행정책임자가 되기도 한다.

행정가로서 사회복지사에게 요구되는 기능은 다음과 같다. 첫째, 관리기능이다. 행정가로서 사회복지사는 프로그램, 서비스 단위 혹은 전체조직에 대한 운영상의 감독을 한다. 여기에는 기관 이사회의 업무를 촉진하고, 직원을 모집하고 선발하며, 직원의 활동을 지시하고 조정하며, 우선순위를 정하고 조직구조를 분석하며, 조직 내에서 전문적 기준을 증진시키며, 직원갈등을 조정하고, 조직을 운영하기 위해 필요한 자원을 획득하는 것과 같은 책임들이 포함된다. 이외에도 예산관리, 자원관리, 시설관리 업무 등이 포함된다.

둘째, 내부적/외부적 조정의 기능이다. 사회복지사는 기관 업무를 내부적으로 효율적·효과적으로 수행하기 위한 계획을 개발한다. 외부적으로는 외적 압력으로부터 직원을 보호하기 위한 완충제 역할을 하고, 소비자들과 협상하며, 기관의 생존능력을 유지하기 위해 지역사회에 프로그램을 해석하는 것들이 포함된다.

셋째, 정책과 프로그램 개발기능이다. 사회복지사는 효과적인 행정가로서 정기적으로 새롭고 색다른 서비스의 필요성을 사정해야 한다. 그러기 위해서 욕구조사를 하고, 사회적 변화 흐름과 경향에 관한 지식이 있어야 하며, 조직을 운영하기 위한 대안적인 정책목적을 만들기 위해 고민하며, 운영위원회가 채택한 정책목적이나 새로운 프로그램을 서비스로 전환하는 것이 필요하다.

넷째, 프로그램 평가다. 행정가로서 사회복지사는 질 통제에 관한 책임이 있다. 기관기능을 감독할 때, 사회복지사는 기관의 프로그램을 점검하고 평가하며, 서비스의 적절성을 기록하는 데 도움이 될 자료를 수집하고, 서비스 질 향상을 위한 행동조치를 제시해야 한다.

(9) 사회변화 대행자로서의 역할

사회변화 대행자로서 역할의 목적은 지역사회의 문제를 확인하고, 지역사회 프로그램과 삶의 질을 향상시키는 영역을 확인하는 데 참여하기 위해서 그리고 변화나 새로운 자원획득을 옹호하기 위해 이익집단을 동원하는 데 있다.

이 역할에서 사회복지사가 수행하는 기능은 다음과 같다. 첫째, 사회 프로그램이나 정책을 분석하는 것이다. 사회복지사는 사회변화를 위해 문제의 특성을 이해하고, 경향을 분석하고, 자료를 수집하며, 의사결정자가 이해할 수 있는 방식으로 결과를 보고해야 한다.

둘째, 지역사회의 관심고취다. 문제에 관한 이해를 사회변화 노력으로 전환시키기 위해서는 관심 있는 개인, 집단 그리고 조직을 동원하고 활기를 불어넣어야 한다. 이해당사자들을 모으고 상황을 분석하며, 이슈에 관한 그들의 이해관계를 확장하도록 돕고, 그들이 달성할 수 있는 목적을 확인하며, 변화전략을 선택하도록 원조하고, 바람직한 변화를 달성하는 데 영향을 미칠 의사결정자들을 확인하며, 변화를 초래하기 위해 필요한 활동을 계획하고 실행하는 것이 포함된다.

셋째, 사회적 자원개발이다. 사회변화 대행자로서 사회복지사는 필요한 프로그램과 서비스를 개발하기 위한 자원개발 활동을 한다. 자원개발에는 자원이 없는 곳에 새로운 자원을 만들고 현존하는 자원을 확대 혹은 향상시키며, 불필요한 인간서비스의 중복을 피하기 위해 활용 가능한 자원을 계획하고 할당하며, 단위, 기관 혹은 여러 기관에서 제공하는 서비스의 효과성과 효율성을 증대시키기 위한 활동 등이 포함된다.

(10) 전문가로서의 역할

전문가로서의 역할의 목적은 유능하고 윤리적인 사회복지실천에 참여하고 사회복지 전문직의 발전에 기여하는 데 있다. 기본적으로 전문가는 사려 깊고, 의도적이며, 적합하고 책임성이 있으며, 윤리적인 행동을 하는 사람이다. 전문가의 지위로 인해 혜택을 받기 때문에 사회복지사는 전문직의 향상과 강화를 위한 활동에 능동적으로 참여해야 한다.

이 역할에서 사회복지사가 수행하는 기능은 다음과 같다.

첫째, 자기사정이다. 전문가가 의사결정을 할 때 자율성을 행사할 수 있는 것은 지속적인 자기사정의 책임이 있기 때문이다. 사회복지사는 자기사정을 기초로 해서 자신의 전문적 개발을 위해 노력해야 한다.

둘째, 개인적·전문적 개발이다. 자기사정의 결과는 자신의 능력을 개발하고 확인된 업무수행상의 문제를 해결하는 데 기여한다. 대부분의 사회복지사는 정기적으로 전문가의 문헌과 과학적 저널, 신문 그리고 직업 책임성에 관련된 잡지를 읽고, 동료에게 그들의 실천에 관한 비평을 구하고, 주기적으로 워크숍, 세미나 등 다른 프로그램들에 참여하고 자신의 직무상의 지식과 실천을 위한 기술을 향상시키고자 노력해야 한다.

셋째, 사회복지 전문직의 향상이다. 사회복지사는 전문직의 성장과 발전 그리고 그 지식기반의 확장을 위해 기여해야 한다.

시설에 종사하는 사회복지 전문직으로서 사회복지사가 갖추어야 할 자질과 태도, 역할의 범위는 상당히 넓고 다양하다. 사회복지사는 기본적인 직무상의 기능을 수행하는 데 능숙해야 할 뿐만 아니라 자신의 능력을 최대한 확대하기 위한 노력도 기울여야 한다.

제2부

사회복지시설의 운영

제9장

사회복지시설의 프로그램 기획

이 장은 사회복지시설의 프로그램 기획에 대한 기본적인 이해와 함께 사회복지기획의 전반적인 과정과 중요 요소들에 대한 개괄적인 지식을 습득할 수 있도록 구성하였으며 특히 사회복지 프로그램 계획 수립에 필요한 내용을 중심으로 구성하였다. 이 장의 내용은 크게 세 부분, 즉 첫째, 사회복지 프로그램과 기획의 의미, 둘째, 사회복지기획의 과정, 셋째, 프로그램 기획자의 역할과 역량으로 구성되어 있다. 사회복지 프로그램 기획의 과정은 문제확인 및 욕구측정, 목표설정, 대상자 선정, 개입전략 수립 및 프로그램 설계, 예산수립, 관리 및 점검 계획 수립, 평가계획 수립 순으로 제시하였다.

1. 사회복지 프로그램과 기획

1) 사회복지 프로그램의 의미

프로그램은 일반적으로 일의 진행계획이나 순서를 의미한다. 즉, 어떠한 목적을 달성하거나 문제를 해결하기 위한 일들의 진행계획이나 순서를 의미하는데, 이에 따라 사회복지 프로그램이란 사회복지적인 목적을 달성하거나 그러한 상태를 저해하는 문제를 해결하기 위한 일련의 활동들의 계획이나 순서라고 할 수 있다. 사회복지 프로그램은 거시적·중시적·미시적 차원의 활동을 모두 포괄하므로 사회복지 정책이나 서비스와 혼용하기도 하고 차별적인 의미로도 사용된다. 즉, 사회복지 정책이나 제도를 프로그램이라고도 하지만 정책이나 서비스를 전달하거나 그 목표를 실현하는 수단을 프로그램이라고도 간주한다.

사회복지 프로그램의 의미를 사회복지시설에 대입해 보면 그 시설이 존재하는 목적이나 시설이 해결해야 할 문제를 위한 계획이라고 할 수 있겠다. 즉, 노인들을 위한 시설이라면 그 지역사회 노인들의 복지 혹은 삶의 질을 저해하거나 제약하는 문제를 해결하여 궁극적으로 지역사회에 거주하는 노인들의 복지를 증진시키고자 시설에서 진행하는 일련의 활동이라고 할 수 있다. 이러한 맥락에서 정무성과 정진모(2001)는 사회복지 프로그램을 사회복지조직에서 사회복지적인 목표를 달성하기 위한 활동들의 집합체라고 정의하였다. 보다 구체적으로 황성철(2014)은 사회복지 프로그램을 특정한 목적달성을 위하여 자원과 기술을 투입하여 일정한 절차에 따라 이루어지는 조직의 계획적인 활동체계로 정의하였는데, 이를 좀 더 자세하게 살펴보면 다음과 같다.

- 목적(goal): 프로그램 활동이 궁극적으로 추구하고자 하는 가치와 바람직한 미래의 상태를 의미한다. 따라서 사회복지 프로그램은 시설의 설립이념과 미션을 달성하기 위한 수단이 된다. 또한 프로그램의 목적은 참여하는 개별 클라이언트의 구체적인 목표(objectives)로 분화되어야 한다.
- 자원과 기술(resources and technology): 자원은 인적·물적 자원을 의미하는데, 인적 자원은 시설의 관리자, 실무자(사회복지사), 자원봉사자 등을 의미하고 물적 자원은 재원을 의미한다. 기술(technology)이란 목적을 달성하는 데 필요한 이론과 실천에 필요한 기법을 의미한다.
- 계획된 활동(planned activities): '계획된'이란 사회문제를 해결하거나 클라이언트의 욕구를 충족시켜 주는 방향으로 설계되고 수행되는 것을 의미하고, '활동'이란 서비스 제공활동, 행정활동, 지역사회활동을 의미한다.

특히 여기서는 '활동'을 주목할 필요가 있다. 사회복지 프로그램이라고 하면 종종 집단형태의 프로그램을 떠올리는 경우가 종종 있는데 프로그램에서의 활동은 서비스 제공활동, 행정적 활동, 지역사회활동 모두를 포괄하는 의미다. 따라서 지역사회에 거주하

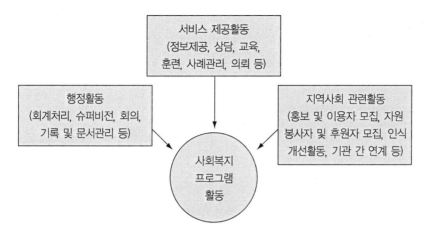

[그림 9-1] 사회복지 프로그램 활동의 요소

고 있는 독거노인들을 위한 프로그램을 기획한다고 하면 노인들의 가정을 가가호호 방문하면서 사례관리를 진행하는 것, 건강지원을 위해 간호사가 가정간호를 실시하는 것, 노인 자조집단 모임, 지역사회 노인들을 대상으로 유관기관 간에 네트워크를 활성화하는 것, 후원자 개발 및 연계, 이러한 활동이 가능하도록 하는 회계업무, 슈퍼비전, 기록 및 문서관리 등의 제반 활동 전체를 사회복지 프로그램이라고 할 수 있다. 이를 도식화하면 [그림 9-1]과 같다.

이러한 사회복지 프로그램으로서의 정체성에 부합되는 우수한 프로그램이 되기 위해서는 다음의 조건이 전제되어야 한다(Royse, 2001; 김통원, 2003: 황성철, 2014 재구성).

첫째, 적합한 인력배치와 안정적 재원마련이 필요하다. 프로그램에 투입되는 예산이나 운영기간 등은 재정규모에 의해 결정되기 때문에 중요하며, 프로그램에 참여하는 직원들이 재정적인 문제에 신경을 쓰지 않고 프로그램에만 몰두하여 사기를 유지하고 동기를 부여할 수 있게끔 재원은 안정적이어야 한다.

둘째, 고유의 정체성과 서비스 철학을 토대로 기획해야 한다. 우수한 사회복지 프로그램은 인간의 존엄성과 사회정의라는 사회복지의 본질적인 가치의 토대 위에서 기획되고 운영되어야 하며, 이를 운영하는 기관의 사명과 정책을 실현하는 수단이 되어야 한다. 또한 사회복지실천의 가치와 윤리와도 조화로운 관계를 유지해야 한다. 이와 더불어 프로그램 이용자를 어떻게 대하고 처우할 것인가에 대한 명확한 서비스 철학이 바탕에 깔려 있어야 한다. 프로그램 기획자가 설정한 목표를 달성하기 위해 클라이언트의 자기 결정이나 선택과 같은 사회복지실천의 기본적인 원칙을 위배한다면 우수한 프로그램이라고 할 수 없다.

셋째, 개입하고자 하는 문제의 원인과 결과에 대한 개념적·이론적 이해 위에서 기획되어야 한다. 또한 다양한 개입방법의 유용성에 대한 제고를 통해 검증된 활동들로 프로그램을 구성해야 한다.

넷째, 유용한 사회복지 프로그램이 되려고 한다면 새로운 기획과 단회적인 실행에서 그치는 것이 아니라 계획-실행-평가 과정을 통해 프로그램의 효과와 효용성에 대한 검증 과정을 거쳐야 한다. 이를 위해서는 과학적이고 체계적인 평가가 기획 단계에서부터 계획되고 이와 더불어 적절한 자료수집과 평가 작업이 진행되어야 한다.

2) 기 획

기획(planning)을 한다는 것은 계획을 수립하는 과정을 의미한다. 즉, 어떤 일을 하기에 앞서 방법, 순서, 규모 등을 미리 결정한 내용을 계획이라 한다면 이를 수립해 나가는 과정을 기획이라고 할 수 있다. 그렇다고 해서 기획이 단순히 계획서를 작성하는 수준을 의미하는 것은 아니다. 통찰력과 체계적 사고 그리고 조사연구를 통한 문제해결을 시도하는 것이며 이 과정에서 어떠한 행동을 취할 것인가에 대한 의사결정을 하는 가치선호 행위를 의미한다(황성철, 정무성, 강철희, 최재성, 2015). 사회복지 분야에서 기획이 필요한 이유는 합리성과 책무성 증진을 위해서다. 합리성(rationality)은 목적(결과)에 대한 수단(방법)의 적합성을 과학적(경험적)인 방법으로 추구하는 것이고, 책무성(accountability)은 조직이나 프로그램의 정당성을 합리화할 수 있는 효과성이나 효율성에 관련된 체계적·경험적 분석이나 설명을 제시하는 것이다(김영종, 2015). 사회복지시설에서 개발하여 실행하는 프로그램은 그 시설이 존재하는 이유인 사회복지시설 이용자의 존엄성 회복을 지원하기 위해 정부나 민간기관으로 지원받은 재원으로 운영된다. 따라서 합리성과 책임성에 대한 요구를 점점 더 강하게 요구받는 상황에 놓여 있다.

사회복지 프로그램을 기획한다는 것은 프로그램 계획을 만드는 과정이라고 협의적으로 볼 수도 있지만, 이에 그치지 않고 계획을 만들고 실행하고 이를 평가하여 환류하는 전반적인 과정으로 이해해야 한다. 즉, 사회복지 프로그램 개발의 과정은 기획과 설계 단계뿐만 아니라 실행과 평가 단계를 포함하는 연속적 과정으로 이해할 필요가 있다. 이를 뒷받침해 줄 수 있는 개념적 틀로서 PIE 모형을 제시할 수 있는데, 이는 사회복지 프로그램 개발의 단계와 과정을 기획(Planning) 및 설계, 실행(Implementation), 평가(Evaluation)의 3단계로 나눈 것이다(황성철, 2014). 따라서 프로그램 기획 및 설계 단계에서는 실행과 평가까지를 염두에 두고 계획에 포함시켜야만이 실행 단계에서 필요한 활동을 미리 계획하고 필요한 자료들을 확보하는 데에도 도움이 될 수 있다. 이러한 사회복지 프로그램 개발의 과정을 도식화하면 [그림 9-2]와 같다.

이러한 프로그램 기획과정은 자칫 분리되어 있는 것 같지만 상호 유기적으로 연결되어 있다는 점에 유의할 필요가 있다. 간단히 말하면 프로그램 기획이란, 기획자가 바람직하다고 판단하는 어떠한 목표를 설정하고 이렇게 설정된 목표를 가장 잘 달성할 수 있을 것이라고 기대되는 적절한 수단을 선택하고 결정해 나가는 과정이다. 또한 미래지향적, 과정지향적, 결정지향적, 목표지향적, 수단지향적 속성을 지닌 작업이라고 할 수 있다(이봉주, 김기덕, 2008). 앞서 언급한 바와 같이 프로그램 개발은 기획 및 설계, 실행, 평가를 포괄하는 과정이지만 이 장에서는 기초과정인 기획 및 설계 단계에 초점을 두고 기술하고자 한다. 따라서 문제확인 및 욕구측정, 목표설정, 대상자 선정, 개입전략 수립 및

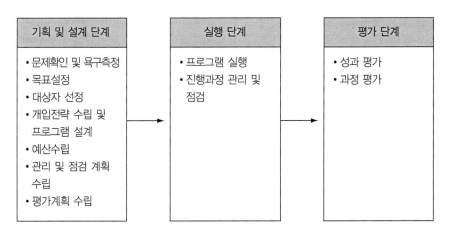

[그림 9-2] 프로그램 개발의 단계

프로그램 설계, 예산수립, 관리 및 점검 계획 수립, 평가계획 수립 순으로 사회복지시설에서 개발되고 실행될 사회복지 프로그램에 초점을 맞추어 소개하고자 한다.

본격적인 프로그램 기획에 앞서 사회복지사는 새로운 프로그램의 기획의 필요성과 타당성을 확보하기 위하여 사전조사를 실시할 필요가 있다. 이를 위해서는 첫째, 지역사회가 당면한 문제의 정도가 심하거나 관련된 클라이언트 집단의 불편과 고통의 정도가 클수록 새로운 프로그램의 필요성에 관한 당사자들의 동의를 구하기가 쉽다. 둘째, 새로운 프로그램은 기존에 투입된 재원과 인력의 범위를 초월하게 되므로 추가 자원과 인력의 조달과 투입이 가능할 것인지에 대한 탐색이 이루어져야 한다. 셋째, 새로운 프로그램에 대한 필요성과 타당성이 인정되었다고 해서 반드시 기획이 이루어지는 것은 아니다. 따라서 시설 내외의 책임 있는 인물(상급자, 시설장 등)이나 조직(운영위원회, 이사회, 상급기관, 재원기부 기관 등), 지역사회의 이해관계 당사자의 승인을 얻을 수 있을 것인가에 대한 고려가 이루어져야 한다(황성철, 2014).

2. 문제확인 및 욕구측정

사회복지 프로그램의 기획은 개입하고자 하는 문제에 대한 확인에서 시작된다. 즉, 프로그램이 대상으로 할 문제를 찾아내고 그 문제의 속성과 심각성 등 본질을 확인하는 작업으로부터 비롯된다고 할 수 있다. 문제를 확인하기 위해서는 문제에 대한 분석과 욕구측정 내지는 조사가 필요하다. 이러한 작업이 중요한 이유는 프로그램에서 성취하고자 하는 목적과 목표를 무엇으로 설정해야 할지, 구체적인 대상은 누구로 할지와 관련이 있기 때문이다. 뿐만 아니라 이러한 문제를 해결하기 위해 지역사회와 타 기관에서 해 온 노력과 가용한 자원들에 대한 정보를 얻을 수 있기 때문에 중요하다. 개입하고자 하는 문제에 대한 이해가 부족한 상태에서 개발된 프로그램은 해결이나 완화의 대안이 될 수 없다.

일반적으로 사회복지시설에서 프로그램을 기획하고자 할 때에는 해당 시설이 존재하는 목적과 서비스 대상의 범주 내에서부터 출발하게 된다. 즉, 노인복지시설이라면 노인에, 장애인복지시설이라면 장애인에 초점을 두고 그들의 복지나 삶과 관련해서 바람직하지 못한 상태는 어떠하며 그 원인은 무엇인지를 파악하려는 노력을 기울이는 과정을 문제확인 혹은 문제분석의 과정이라고 할 수 있다. 지역사회 내 특정 사회문제를 확인하는 단계에서는 구체적으로 개입하고자 하는 문제의 근본적인 발생 원인과 그로 인한 부정적인 결과 간의 인과관계를 이해하고 그 문제를 소유할 수 있는 클라이언트의 욕구를 측정해야 한다(김학주, 2004; 지은구, 2010).

1) 문제의 인과관계 이해

사회복지시설의 프로그램을 설계하기 위해서는 시설이 위치한 지역사회나 서비스 이용자들이 직면해 있는 문제를 인식하고 이해해야 한다. 프로그램을 설계하기 위해서는 그 지역 또는 사회복지시설이 서비스 대상으로 삼는 지역사회 내에서 해당 문제가 발생하게 된 근본적인 원인을 파악함은 물론 사회문제와 이의 부정적인 영향과의 인과관계에 관한 가설 또는 내재화된 가정을 설정할 수 있어야 한다. 또한 개입하고자 하는 문제의 원인이 무엇인지, 그 문제의 발생과 확산의 정도는 어떠한지에 대한 면밀한 파악이 필요하다. 그리고 문제의 인과관계에 대한 이해를 바탕으로 문제의 원인을 제거하거나 감소시켜 궁극적으로 문제해결을 이끌어 낼 수 있다는 논리를 바탕으로 프로그램을 설계해야 한다. 세상의 어떠한 프로그램도 하나의 프로그램만으로 사회문제의 다양한 원인에 모두 개입할 수는 없다. 따라서 시설과 기획자의 역량과 자원을 고려했을 때 개입할 수 있는 원인들이 무엇인지를 가려내고, 그 원인을 제거하거나 약화시킬 수 있는 프로그램을 기획해야 한다(이봉주, 김기덕, 2008).

사회문제로 고통을 받거나 취약한 상황에 놓이게 되는 위험집단은 클라이언트 집단이다. 따라서 사회문제는 클라이언트의 문제로 환원되어 사회복지 프로그램의 표적이 된다. 사회복지 프로그램을 통해 해결하고자 하는 클라이언트의 당면문제를 정의하기 위해서는 문제의 양상, 원인 그리고 문제로부터 고통을 받는 클라이언트 집단에 대한 정확한 기술이 필요하다. 또한 기획자는 문제의 심각성과 파급범위를 고려하여 우선순위를 정하여 접근해 나가는 요령이 필요하다(황성철, 2014).

2) 욕구측정

사회복지시설이 문제해결을 위해서 무엇을 할 수 있는지를 파악하기 위해서는 문제를 욕구로 전환하는 노력이 필요하다. 욕구는 클라이언트가 당면한 문제의 전부 또는 일부분일 수 있고 개입을 위한 적극적인 근거로 작용하기 때문이다(황성철, 2014). 프로그램 차원에서 욕구는 어떤 구체적인 서비스에 대해 사람들이 갖는 잠재적이면서 내재적인 필요성을 의미한다(김영종, 2013). 따라서 프로그램 기획자는 클라이언트 욕구의 내용과 수준을 파악하여 제시할 수 있어야 하기 때문에 욕구측정이 필요하다. 욕구측정을 위해서는 다양한 조사방법을 활용할 수 있는데 이를 도식화하면 [그림 9-3]과 같다.

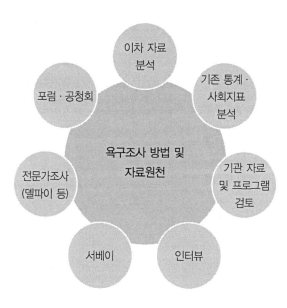

[그림 9-3] 욕구조사 방법 및 자료원천

3. 목표설정

　문제확인과 욕구측정을 통해서 프로그램의 목표가 설정된다. 기획자가 수집한 자료에 근거하여 파악한 문제의 정도, 규모, 경향, 심각성 등은 어떠한 문제를 해결할 것인가에 대한 전망, 즉 목표를 확정하는 데 사용된다(이봉주, 김기덕, 2008). 일반적으로 목표(objective)는 목적(goal)과 함께 언급되면서 유사한 의미로도 사용된다. 그러나 목적이 프로그램의 방향 내지는 장기적으로 도달하고자 하는 상태에 대한 포괄적인 결과를 의미한다면, 목표란 목적을 달성하기 위한 수단적 성격과 함께 하위목적으로서의 성격을 동시에 갖는다. 일반적으로 목적은 프로그램의 방향을 제시하는 것으로 반드시 측정 가능할 필요는 없지만, 목표는 프로그램 실행을 위한 기본 틀이라는 점에서 구체적일 필요가 있다(황성철 외, 2015). 또한 목표는 프로그램의 구성방향을 제시할 뿐만 아니라 실행과 평가의 지침 내지는 기준을 제공해 준다는 점에서 목표설정이 적절하게 이루어졌다면 기획의 절반이 진행되었다고 봐도 무방할 것이다.

〈표 9-1〉 목적과 목표 간의 비교

목적	목표
• 문제의 정의와 인과관계에 대한 설명 • 개입의 포괄적인 수준 결정 • 클라이언트 집단의 성격과 규모는 문제의 규모와 범위에 따라 결정되어야 함 • 프로그램 실행에 한계와 지침 제공	• 과정보다는 결과에 중점을 둠 • 명확한 시간기준과 구체적 성취수준을 제공 • 산술적인 측정 가능: 정확하게 측정되고 관찰되어야 함 • 목적의 위계화와 조직의 활동범위에 맞아야 함

출처: 김학주(2004).

1) 목표의 유형

　문제확인과 욕구측정을 기반으로 목적이 설정되고 나면, 이를 토대로 구체적이며 상세한 목표를 수립해야 한다. 목표는 추상적이지 않고 경험적이며 일정한 분량의 성취도를 측정 가능한 형태로 제시해야 한다(김영종, 2013). 목표설정에 활용할 수 있는 목표의 유형은 다음과 같다(황성철, 2014).

(1) 상위목표와 하위목표

체계론적 관점에서 목표는 상위목표와 하위목표로 나뉜다. 상위목표는 포괄적·핵심적 목표, 주목표를 의미하며, 하위목표는 상위목표를 세분화한 목표를 의미한다. 하나의 주목표는 2~3개의 하위목표로 분화하는 것이 적절하다.

(2) 과정목표와 성과목표

과정목표는 프로그램 수행과정 단계별로 이루어지거나 설정될 수 있는 목표다. 목표설정의 주체가 기관 혹은 사회복지사로, 기관목표나 활동목표로 간주할 수 있다. 반면, 성과목표는 일련의 프로그램이 수행된 결과 클라이언트 체계의 변화를 나타내는 최종목표를 의미한다.

(3) 기관목표와 활동목표

기관목표란 기관의 입장에서 설정한 목표를 의미하고, 활동목표는 프로그램 수행과정에서 사회복지사가 스스로 정하는 목표를 의미한다.

(4) 영향목표와 서비스목표

영향목표는 프로그램 차원을 넘어 개별 기관들이 특정 프로그램을 수행할 경우 지역사회 전체의 측면에서 또는 전체 클라이언트 집단 측면에서 어떤 파급효과를 가늠할 수 있는 목표로 사회문제 해결과 클라이언트의 욕구충족의 정도를 나타내 주는 목표다. 반면, 서비스목표는 프로그램이라는 틀 속에서 개별 클라이언트가 서비스를 받을 경우 발생하는 기대효과를 의미한다.

2) 목표의 기술

목표를 기술할 때에는 누가(who), 무엇을(what), 어떻게 하다(do)라고 하는 3요소가 포함되어야 한다. 즉, 프로그램 참여자의 변화 내용과 정도, 행위 또는 결과가 포함될 필요가 있으며 변화를 이끌어 낼 도구(how)를 포함하여 기술할 수도 있다. 가령, '가족구성원이(누가) 가족지원 프로그램을 통해(도구) 가족결속력을(무엇을) 증진한다(어떻게 한다)'고 기술할 수 있다(황성철, 2014). 케트너 등(Kettner et al., 1990)에 따르면 목표는 분명하고 구체적이며 측정 가능하고 시간 제한적이며 실현 가능하도록 기술해야 하는데(지은구, 2010 재인용) 프로그램 목표 기술 시 공통적인 요구사항은 다음과 같다.

첫째, 욕구 및 목적과 연관되어야 한다.

둘째, 클라이언트에 대한 성과목표를 포함해야 한다.

셋째, 변화의 방향뿐만 아니라 정도까지를 나타내야 하므로 측정 가능한 용어로 기술해야 한다.

넷째, 목표가 성취되는 시간적인 틀이 확인되어야 한다.

다섯째, 목표는 실행과 성취가 가능한 것으로 규정되어야 한다.

여섯째, 부정적인 측면보다는 긍정적인 변화 측면을 대상으로 삼아 명확하고 긍정적인 형태로 기술한다(김영종, 2013).

4. 대상자 선정

프로그램 기획의 다음 단계는 프로그램을 통해 변화될 인구집단을 선정하는 과정이다. 전술한 바와 같이 사회문제는 이와 관계된 사람들의 욕구형태로 나타난다. 대상자 선정과정은 사회문제 또는 욕구가 개입하고자 하는 지역사회 내 대상집단에게 얼마나 심각하게 퍼져 있는가를 파악하는 작업인 동시에 프로그램의 효과성을 확보하기 위하여 사전에 대상의 범위를 제한하는 성격을 갖는다(김학주, 2004). 프로그램의 대상자를 누구로 할 것인가는 매우 중요하기 때문에 막연하게 필요한 사람은 다 참여할 수 있다는 식의 접근은 곤란하다. 따라서 프로그램에 포함시킬 대상자를 선정하는 것은 체계적인 판단에 의해서 이루어질 필요가 있다. 이러한 방법으로 사회문제에 노출될 위험집단이 누구인지를 추정하고자 할 때 다른 사회조사 자료를 이용하여 인구학적 정보를 바탕으로 문제집단의 규모를 추정하는 방법으로 테이버와 피네건(Taber & Finnegan, 1980)의 표적집단 추정방법이 유용한 것으로 널리 알려져 있다(김학주, 2004; 정무성, 정진모, 2001; 황성철, 2014). 이들은 4가지 인구집단을 구분하여 그 범위를 점차 좁혀 가는 방법을 제시하고 있다.

- 일반집단(general population): 해당 문제를 가질 수 있다고 판단되는 가장 포괄적인 대상인구 집단으로 보통 계획의 대상지역 내에 거주하는 그 문제의 속성과 관련이 있는 전 인구집단을 지칭한다.
- 위험집단(at-risk population): 일반집단 중 문제에 특히 노출될 위험이 있는 집단을 지칭할 때 쓰는 개념이다.
- 표적집단(target population): 수립하려고 하는 프로그램이 직접적·구체적으로 대상으로 하는 인구집단이다. 위험집단의 모든 사람이 모두 대상문제로 고통을 받고 프로그램을 필요로 하는 것이 아니기 때문이다. 표적집단에 대한 정보는 프로그램을 계획하는 데 필수적이다.
- 클라이언트 집단(client population): 프로그램의 최종대상이 되는 인구집단으로, 프로그램을 이용할 것으로 예상되는 프로그램 소비자들이다. 특히 사회복지시설의 경우 클라이언트 집단의 규모를 추정하는 것이 중요하다.

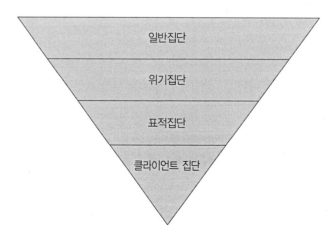

[그림 9-4] 표적집단 추정방법

5. 개입전략 수립 및 프로그램 설계

1) 개입전략 수립

문제확인과 욕구측정 과정을 거친 후 목표설정과 대상자 선정이 이루어지고 나면 이를 달성하기 위해 어떠한 개입전략을 선택할 것인지를 결정하고 이에 따라 구체적인 프로그램 계획이 이루어져야 한다. 목표를 달성할 수 있는 대안은 매우 다양하기 때문에 가능성을 넓게 열어 놓고 대안을 검토할 필요가 있다.

개입전략을 모색할 때 프로그램 가설(program hypothesis)을 설정하여 대략적 개입전략의 윤곽과 내용이 사회문제나 클라이언트의 욕구와 어떠한 논리적인 관계에 있는지를 살펴볼 필요가 있다. 가설설정을 위한 원칙으로는 인과관계의 도출과 원인으로 간주되는 것들 중 프로그램으로 접근 가능한 요인을 식별하는 것이다(황성철, 2014). 실례를 제시하면 〈표 9-2〉와 같다.

〈표 9-2〉 아동학대의 원인과 가설, 개입전략 예

클라이언트의 문제 (결과)	원인 및 가설	개입전략 및 서비스
아동학대	부모의 아동양육 기술 부족 → 만일(if) 부모가 적절한 아동양육 기술을 습득하여 실행한다면 아동학대는 예방될 수 있을 것이다.	아동양육 기술 습득을 위한 교육 및 훈련

출처: 황성철(2014). 재구성.

2) 프로그램 설계

프로그램 설계는 서비스 대안들의 확인 및 선택이다. 프로그램을 구성하는 개입방법들은 수도 없이 많으며 이들 중에서 프로그램(목표달성)에 가장 적합한 대안을 결정해 내는 것은 쉽지 않다. 프로그램을 구성하는 최종의 대안활동은 우선순위 비교와 자원동원 가능성 등에 따라 결정되는데, 대안들을 비교·검토하는 데 사용되는 기준은 타당성

(desirability)과 실행 가능성(feasibility)이다. 타당성은 채택된 대안이 수행될 경우 그 결과가 얼마나 바람직한 것이냐 하는 정도를 측정하는 기준이며, 실행 가능성은 대안이 채택되어 집행될 수 있는 가능성을 나타낸다(정무성, 정진모, 2001).

다양한 대안 가운데서 사회복지 프로그램의 내용을 선정할 때 기본적으로 고려해야 할 기준과 선정된 프로그램 내용을 의미 있게 배열할 수 있는 조직하는 원칙을 제시하면 〈표 9-3〉과 같다(김영숙 외, 2002; 이봉주, 김기덕, 2008; 정무성, 정진모, 2001).

〈표 9-3〉 프로그램 내용의 선정원칙과 조직원칙

프로그램 내용의 선정원칙	프로그램 내용의 조직원칙
• 합목적성-목표와의 연계성 • 능력수준과 흥미에의 적합성 • 서비스 가능성 • 포괄성 및 다양성 • 실용성 및 현실성 • 지역성 • 적절성 및 효율성 • 자발성	• 연속성의 원칙 • 계열성의 원칙 • 통합성의 원칙 • 다양성의 원칙

한편, 사회복지 프로그램이 성립하기 위해서는 포함되어야 할 요소들이 존재한다(김학주, 2004; 이봉주, 김기덕, 2008; 정무성, 정진모, 2001; 황성철, 2014). 즉, 참가자, 실사주체, 활동 내용, 실시방법, 장비·도구, 실시기간, 환경 및 장소, 프로그램 담당자, 경비와 예산, 프로그램 평가에 대한 계획이 포함되어야 목표달성을 위한 수단으로서의 프로그램이 의미를 가질 수 있으며 실행에도 도움을 줄 수 있다.

6. 예산 수립

예산이란 조직의 목표를 금전적으로 표시한 것이고 재정활동의 감시장치를 제공하는 것이다(Gross, 1978: 최성재, 남기민, 2010 재인용). 프로그램 예산이란 프로그램 계획의 금전적 표현으로, 예산수립은 프로그램 수행에 필요한 인적·물적 자원을 어떻게 동원하고 배분하여 사용할 것인가를 종합적으로 기획하는 것이다(이봉주, 김기덕, 2008).

예산수립 방식에는 품목별 예산, 성과주의 예산, 계획 예산, 영기준 예산 방식이 있다(정무성, 정진모, 2001; 황성철, 2014). 품목별 예산은 전통적이고 일반화된 예산체계로, 품목 혹은 항목별로 수입과 지출을 기재하는 방식이다. 전년도 예산을 근거로 일정한 양만큼 증가시키는 점진주의적 특성을 가지고 있어서 효율성이 떨어지고 투입 중심적일 수 있다. 성과주의 예산은 기능주의 예산(Functional Budget) 또는 프로그램 예산(Program Budget)이라고도 부른다. 조직의 활동을 기능별 또는 사업별로 나누고 이를 다시 세부사업(performance)으로 나누어 세부사업 단위의 원가를 계산하고 업무량을 곱해 예산액을 산출하는 방식을 취한다. 계획 예산은 사업계획과 예산을 통합하는 것으로서 조직의 사업계획하에서 각 연도별 목표달성을 위해서 예산을 조직목표에 통합하여 작성하는 예산의 유형이다. 영기준 예산이란 지금까지의 관행이나 전년도의 사업의 계속성과는 무관하게 처음부터(영의 상태에서) 새로 사업을 시작한다는 전제하에서 예산을 세우는 방식을 의미한다.

프로그램 기획은 그 필요성과 타당성이 인정되고 그것이 진행된다 하더라도 예산의 뒷받침이 없이는 실행될 수 없는 서면상의 계획서에 불과하다. 따라서 프로그램에 소요되는 예산을 어떻게 충당할 것인가에 대한 고민이 사전조사 단계부터 이루어져야 한다. 이를 위해서는 프로그램 사전조사와 기획 시 프로그램 실행을 뒷받침할 수 있는 재정상태인지를 검토해야 한다. 또 기획된 프로그램에 재원이 충분히 제공될 수 있는 재정계획을 수립하고 계획된 재정을 조달할 수 있는 재원조달 과정을 거쳐 적절하게 할당해야 한다(정무성, 정진모, 2001).

일반적으로 프로그램 예산의 원천은 정부보조금, 그랜트(특정 사업에 대한 정부지원금), 법인전입금, 공동모금회 지원, 기업 및 공공기관 지원금, 기부금(후원금), 수익금, 이용료 등이 될 수 있다.

프로그램 예산을 수립하기 위해서는 산출항목의 명확화, 산출근거의 구체화, 예산조달 계획의 명확화의 단계를 밟아야 한다(이봉주, 김기덕, 2008). 사회복지시설에서 중요한 재원조달의 원천으로 간주하고 있는 공동모금회나 기업복지재단의 지원 프로그램 예산의 경우를 예로 들어 보고자 한다. 산출근거로서 인건비는 프로그램 실천에 필요한 모든 인적자원을 활용하는 비용을 의미하고 사업비는 프로그램 활동에 소요되는 비용을 의미한다. 하나의 단위 프로그램을 운영하는 비용계산에는 인건비, 사업비, 설비, 비품, 사무용품 등이 필요하며 이를 크게 분류하면 직접비(direct cost)와 간접비(indirect cost)로 나눌 수 있다. 직접비란 해당 프로그램만을 위해 신규로 편성되고 지출되어야 할 비용, 신규 시설, 신규 인력 등을 의미하고 간접비란 그 프로그램과 다른 프로그램이 공유하는 비용을 의미한다. 따라서 간접비는 하나의 단위 프로그램이 다른 프로그램들과 자원을 공유할 때 그 해당 비율을 따져 계산한다. 즉, 기존 시설(사무실, 집기 등), 인원(관장, 기존 스태프 등) 중 신청 프로그램에 할당되는 비율을 근거로 계산한다.

7. 관리 및 점검 계획 수립

사회복지시설의 서비스 전달과정은 다른 일반조직에 비해서 특수성을 가지고 있다. 사회복지시설은 조직목표가 다양하고 모호하며 서비스 기술의 불확실성, 서비스 대상인 인간에 대한 관찰과 측정이 어렵다는 점 등 때문에 서비스 산출과정과 성과를 파악하는 것이 어려울 뿐만 아니라 프로그램 관리에도 영향을 미친다. 따라서 프로그램이 결정되면 진행활동을 효과적으로 관리하기 위한 방법을 결정하고 계획을 수립해야 한다. 이를 위해 사회복지 분야에서 일반적으로 활용되고 있는 기법으로는 갠트 도표(Gantt chart)가 널리 알려져 있는데, 이것을 사용하기 위해서는 한 프로그램을 구성하는 개별 활동이 무엇인지를 규정하고 그 활동이 종료되는 데 필요한 시간을 결정한 후 도표 위에 일정을 표기하면 된다. 〈표 9-4〉는 사회복지공동모금회 배분신청서 작성 예시에 포함되어 있는 사업 진행 일정표에 활용된 갠트 도표의 예다.

8. 평가계획 수립

프로그램 기획·설계 단계의 마지막 과정은 평가계획 수립으로, 프로그램 진행이 얼마나 의도한 방향대로 진행되고 있는지 혹은 실행 후에 의도한 변화가 일어났는지를 측

〈표 9-4〉 갠트 도표를 활용한 사업진행 일정표

내용 ＼ 기간	2014. 12월	2015. 1월	2월	3월	4월	5월	6월	7월	8월	9월	10월	11월	12월	2016. 1월
사업 세부계획 수립	■													
대상자 선정/보호자 동의		■												
야간아동보호			■	■	■	■	■	■	■	■	■	■	■	
안전귀가동행서비스			■	■	■	■	■	■	■	■	■	■	■	
기초학습지원/숙제지도			■	■	■	■	■	■	■	■	■	■	■	
가족관계 개선 프로그램			■	■	■	■	■	■	■	■	■	■	■	
사업평가, 보고서 작성														■

출처: 사회복지공동모금회(2015).

정하고 분석하기 위한 틀 내지는 계획을 사전에 구성하는 것이다.

프로그램 평가는 다음과 같은 목적으로 수행된다(성규탁, 1994; 정무성, 정진모, 2001).

첫째, 프로그램 운영계획이나 운영과정에 필요한 정보를 확보하여 이 과정이 바람직하게 추진되도록 노력하는 것으로서 프로그램 과정상의 환류기능이라고 볼 수 있다.

둘째, 환류를 통해 프로그램의 중단, 축소, 유지, 확대 여부 등 정책결정을 하기 위한 것이다.

셋째, 자금 사용의 효율성 및 효과성 등을 내보이는 책임성의 이행을 위해서다.

넷째, 프로그램 속에 내재된 변수 간의 인과관계를 검증하여 이론형성에 기여하기 위해서다(정무성, 정진모, 2001).

1) 평가절차와 기준

평가의 절차는 프로그램 확인, 평가기준 선정, 평가방법 설계, 자료수집, 분석 및 해석의 과정으로 진행된다.

- 프로그램 확인: 검토대상인 프로그램을 확인
- 평가기준 선정: 효과성, 효율성 등 평가기준을 무엇으로 할 것인지를 결정

- 평가방법 설계: 평가방법에 대한 설계
- 자료수집: 평가에 필요한 자료수집
- 분석 및 해석: 평가를 위해 수집한 자료의 분석 및 해석

평가의 기준이라고 하면 프로그램의 어느 측면을 평가할 것인가, 판단의 '잣대', 즉 기준을 정하는 것이다. 즉, 프로그램의 목표달성을 기준으로 효과성을 평가할 것인지, 비용-노력의 비율을 기준으로 효율성을 평가할 것인지 등에 대한 판단의 기준을 선정하는 것이다. 사회복지시설이나 프로그램 평가에서 많이 활용되고 있는 기준들로는 노력, 효율성, 효과성, 영향(impact), 서비스의 질, 만족도, 과정, 형평성 등이 있다(김영종, 2015; 황성철, 2014; 황성철 외, 2015).

2) 로직모델에 의한 평가체계

프로그램 개발과 관련하여 로직모델(논리모델)에 대한 관심이 높아지고 있다. 이 모델은 프로그램 개발을 위한 기획과정에 적용할 수 있는 중요한 도구이며 실행뿐만 아니라 성과를 평가하기 위한 기본 틀로서도 유용하다. 로직모델은 이용자의 변화, 문제해결, 지역사회 변화와 같은 목표달성을 강조하여 성과 중심의 기획 모델로 주목받고 있다(황성철 외, 2015). 로직모델을 이용한 프로그램 평가를 통하여 프로그램이 과연 계획한 대로 진행되고 있는지를 점검할 수 있으며 또한 프로그램의 결과를 검증할 수 있어 프로그램의 작동과 작동원리에 대한 지식을 축적할 수 있다(이봉주, 김기덕, 2008). [그림 9-5]는 로직모델에 따른 프로그램의 구조와 구성요소를 보여 주고 있다. 이를 좀 더 자세하게 살펴보면 다음과 같다.

- 투입(inputs): 프로그램에서 사용하는 모든 종류의 자원을 의미하며 직원이나 자원봉사자와 같은 인적자원, 조직, 재정적 자원, 장비나 도구와 같은 물적 자원, 공간, 기술 등을 모두 포함한다.
- 활동(activities): 프로그램에 투입되는 자원들을 가지고 목표달성을 위해 과정, 도구, 행사, 행동 등을 포함하여 실질적으로 수행하는 활동을 의미한다.

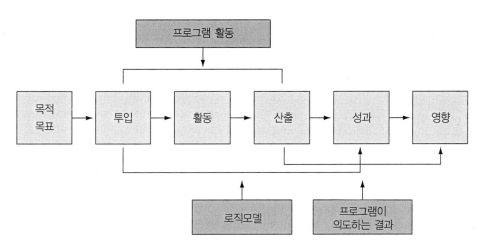

[그림 9-5] 로직모델에 따른 프로그램의 구조

- 산출(outputs): 프로그램의 활동으로 얻어진 직접적인 결과물로서 제공된 서비스의 크기, 범위 등 구체적이고 양적인 수치로 표현된다.
- 성과(outcomes): 프로그램 참여자들이 얻는 이익으로 행동, 지식, 기술, 지위, 기능 수준의 변화를 의미한다.
- 영향(impacts): 장기적으로 나타나는 성과로서 프로그램의 결과로 나타나는 조직적·지역사회적·체계적 차원의 변화를 의미한다(황성철 외, 2015).

[그림 9-6]은 로직모델에 따라 구성된 은퇴노인의 재취업 프로그램의 체계를 설명해 주고 있다. 이 모델을 이용한 프로그램 평가는 크게 형성평가와 결과평가의 두 가지로 이루어질 수 있다. 형성평가는 은퇴노인의 역량강화와 재취업을 위해서 필요한 자원(인적, 물적)은 계획한 대로 적절히 확보되었는지, 자원을 이용하여 계획한 프로그램 활동은 적절히 수행되었는지, 그러한 활동이 계획한 프로그램의 산출물들을 적절히 생산해 내었는지를 점검하는 과정이다. 한편, 결과평가는 프로그램이 의도한 궁극적인 목표인 은퇴노인의 역량강화와 재취업이 달성되었는지를 입증하는 평가로, 즉 설정한 성과와 영향이 프로그램으로 인해 나타났는지를 입증하는 과정이다(이봉주, 김기덕, 2008). 따라서 산출평가, 성과평가, 영향평가 등이 이루어져야 한다.

목표	투입	산출	성과	영향
• 은퇴노인의 역량 강화와 재취업	• 은퇴노인 20명 • 봉사자 5명 • 전문강사 5명 • 프로그램실 25평 • 상담실 2평 • 예산	• 교육수료자(비율) • 출석(률) • 교육시간 • 교육만족도 • 수료자 수	• 참여노인 역량강화 • 참여노인 재취업 • 생활만족도 향상	• 지역 내 긍정적 노인 이미지 확립 • 경제활동참가 노인 증가로 지역 경제 발전에 이바지

[그림 9-6] 로직모델에 의한 은퇴노인의 재취업 프로그램

출처: 황성철 외(2015).

3) 평가설계와 자료수집

평가설계란 평가과정을 어떻게 이끌어갈 것인가에 대한 구상으로, 프로그램 결과분석에 대한 기본 계획이다. 따라서 어떤 평가기준을 적용하느냐에 따라 내용이 달라질 수밖에 없다. 프로그램을 통해 참여자들이 얼마나 변화되었는지, 어떠한 이익을 얻었는지가 가장 중요한 평가의 관심사이므로 이를 기준으로 살펴보면 평가의 내적 타당도(프로그램이 영향을 미쳤는가를 논리적으로 확신할 수 있도록 구도를 잡는 것)와 외적 타당도(프로그램 결과를 타 조건, 타 상황에도 일반화할 수 있느냐의 문제) 확보가 관건이다. 따라서 이를 확보할 수 있는 방법으로 평가설계를 할 필요가 있다. 이를 위해 사용할 수 있는 평가설계 방법은 독립변수(X), 즉 프로그램을 조작해 넣어 실험적 상황을 만들 수 있느냐에 따라 실험적 설계방법과 비실험적 설계방법으로 나뉜다. 실험적 설계방법은, 예를 들어 개발된 항암제의 효과를 검증하기 위해 암환자를 선정하여 일정 기간 동안 그 약을 주사하는 것처럼 독립변수의 투입을 조작할 수 있는 것이다. 반면, 비실험적 설계방법은 양로원의 효과를 검증하기 위해 노인을 강제로 입소시킬 수 없는 것처럼 프로그램을 조작해서 투입할 수 없을 경우에 하는 평가방법이다(정무성, 정진모, 2001; 황성철, 2014).

자료수집 계획은 평가대상 문제 및 기준, 평가설계 모형과 밀접한 관계가 있다. 예를 들어, 은퇴노인의 재취업 프로그램을 계획하면서 노력과 성과 평가를 실시하려고 한다면 서비스 투입 노력을 측정해야 할 것이고, 참여노인의 역량이 프로그램 참여 전에 비해 얼마나 강화되었는지를 평가해야 할 것이며, 은퇴노인의 역량강화를 측정할 수 있는 방법으로 자료를 수집해야 할 것이다. 앞서 언급한 바와 같이 평가기준, 평가설계, 자료 수집 설계와 수집방법은 프로그램 기획 단계에서부터 계획되어야 한다.

9. 프로그램 기획자의 역할과 역량

사회복지 프로그램 기획자는 새로운 대안을 찾고 결정해 나가는 사람이라고 할 수 있다. 따라서 다양한 경험과 체계적인 지식을 최대한 활용할 수 있어야 한다. 사회복지 프로그램 기획자는 다음의 자세를 갖추는 것이 중요하다(김영종, 2013).

첫째, 참여적 가치 관점이 필요하다. 프로그램 기획의 제반과정에서 다양한 이해관계자의 참여를 최대한 이끌어 낸다.

둘째, 브레인스토밍(brainstorming)을 통해 프로그램 실행인력들의 지식과 경험들로부터 아이디어와 정보를 자유롭게 도출해 낸다.

셋째, 성공적인 휴먼서비스 프로그램에 대한 프로파일링(profiling)을 통해 수범사례(best practice)를 찾아본다.

넷째, 로직모델 등과 같은 합리적 기획도구를 활용해서 프로그램 요소들을 체계적으로 디자인한다.

이와 더불어 프로그램 기획자가 갖추어야 할 역량은 다음과 같다(김기덕, 이봉주, 2008).

첫째, 모험가 정신과 위험을 감수하는 용기가 필요하다. 프로그램 계획이 언제나 완벽한 것이 될 수 없다. 프로그램 기획자는 프로그램 계획을 둘러싼 불확실성을 두려워하지 않고 모험가 정신을 발휘해야 한다.

둘째, 프로그램의 성공에 대한 확신을 전파할 수 있는 능력이 필요하다. 프로그램과 관계된 사람들에게 프로그램의 성공에 대해 확신을 갖게끔 하는 능력이 필요하다. 이를 통해 관계자들이 동기부여가 될 수 있도록 해야 하는데 이를 위해서 프로그램의 개입논리에 대한 확신이 있어야 한다.

셋째, 명확하고 구체적인 목표를 설정할 수 있는 역량이 필요하다. 명확하고 구체적인 목표는 모든 프로그램의 기반과 골격을 이룬다. 따라서 명확한 목표가 없이는 전반적인 과정이 혼란스러울 수밖에 없으며 프로그램이 실시된 이후에 그러한 목표를 얼마나 충실히 이행했는지를 평가할 수도 없게 된다.

넷째, 큰 목표를 작은 과정의 과업으로 분해할 수 있는 능력이 필요하다. 목표를 현실화시키는 활동으로 구체화하고 그 활동들을 이루게 될 작은 과업들을 순서에 따라 나열하며 각 과업에 맞는 적절한 인력을 배치해야만이 성공적인 프로그램 수행이 될 수 있다.

다섯째, 철저한 기록과 모니터링 시스템을 활용할 수 있는 능력이 필요하다. 프로그램 실행과정에서 생산되는 정보를 효율적으로 저장하고 관리하기 위해서는 철저하게 기록하고 모니터링하는 능력이 중요하다.

제10장

사회복지시설의 인사 및 조직관리

사회복지시설의 조직목표를 달성하기 위하여 필요로 하는 인력을 채용하고 능력을 개발하며 조직에 기여할 수 있도록 동기부여를 하고 유지하는 일련의 관리활동을 인사관리라고 한다. 인사관리와 관련된 요소는 다양하나 대체로 채용, 직원교육, 사기관리와 동기부여, 직원유지의 과정을 통해 인사관리가 이루어지게 된다. 이 장에서는 인사관리의 의미와 기능을 살펴본 후 각 과정을 검토해 보겠다.

1. 인사관리의 의미와 기능

사회복지시설은 인간을 대상으로 인간이 서비스를 제공하는 조직이기 때문에 타 조직에 비해 불확실성이 크다는 특성을 가진다. 뿐만 아니라 인간의 존엄성과 관련된 활동을 전개한다는 점에서 사회적인 책임이 크다. 사회복지시설과 인력의 급격한 양적 증가와 함께 사회복지조직과 인력에 대한 인식이나 기대치가 점차 높아지고 있으며 사회복지시설의 인력 관리에 대한 중요성도 강조되고 있다. 경쟁력 있는 사회복지시설이 되기 위해서는 무엇보다도 인적자원이 중요하다. 조직의 목표와 문화에 부합되는 인력을 채용하고 그들이 잠재력과 역량을 최대한 발휘하여 조직에 기여하면서 조직에 대한 만족감과 안정감을 가질 수 있도록 하는 것은 조직의 목표달성과 개인의 발전을 위해서 매우 중요하고 의미 있는 일이다.

모든 조직은 사람들로 구성되고 이들을 조직의 목적에 충실하게 움직이게 하는 것이 인사관리의 핵심이다(김영종, 2015). 따라서 사회복지시설의 인사관리란 사회복지시설의 조직목표를 달성하기 위한 인력 관리 활동이라고 정의할 수 있겠다. 사회복지시설은 그 어느 조직보다도 조직구성원 간의 신뢰를 바탕으로 협조함으로써 효율적 운영과 관리가 필요한 곳이므로 인사관리와 관련된 모든 의사결정 또한 투명하고 합리적인 것이 되어야 한다.

인사관리의 기능은 인력계획, 경력관리, 보수 및 퇴직금, 보건, 안전 및 복지후생, 사기와 인간관계 관리, 복무와 근무규율, 노사협조 등을 포함하며 이러한 기능을 수행함에 있어 준수되어야 할 원칙은 다음과 같다(이재호, 1994).

- 직무 중심의 인사관리: 추상적인 인사관리를 지양하고 직무에 바탕을 둔 직무 중심의 인사관리를 수행해야 한다.
  - 직종별·직무별 채용관리의 정착화
  - 직무 중심의 채용관리
  - 인사평가에서 업적평가로 전환
  - 능력주의 승진 및 보상관리
- 능력주의 인사관행의 정착화: 연공주의 인사관행을 버리고 채용에서부터 승진·보상에 이르는 인사관리 과정 전반에 걸쳐 능력주의를 뿌리내려야 한다.
- 일 중심의 인사관리: 사람 중심의 조직 및 인사관리에서 일 중심의 조직 및 인사관리로 전환해야 한다.
- 행동과학적 접근에 의한 인사관리: 사회복지시설 직원들의 의식이나 욕구를 파악하여 불만의 원인을 제거하는 소극적인 인사관리를 지양하고 적극적으로 동기를 찾아 만족시켜 주어야 한다. 즉, 통제에 의한 인사관리보다 목표관리로, 처우관리에서 능력개발 관리로 한 차원 높은 방향전환을 꾀할 필요가 있다.
- 인사관리의 과학화: 다수의 측정기준과 도구를 활용하여 각종 데이터와 정보의 원천을 정리함으로써 객관성 있는 직무수행과 해석이 가능해야 한다.

2. 채용

채용이란 사회복지시설의 일원으로 적절한 인력을 충원하는 것을 의미하며 모집, 선발, 임명의 과정으로 이루어진다.

1) 모집

모집(recruitment)이란 공석 중인 직위에 적합한 인력을 확보하기 위하여 우수한 인력들을 유인하는 활동 내지는 절차를 의미한다(김병식, 박용순, 변보기, 윤도현, 2002).

직원을 모집하는 데 활용되는 절차로, 먼저 모집해야 할 직위에 대한 직무분석을 하고 직무의 종류 및 내용 등을 중심으로 직무명세서를 작성한다. 다음으로 자격 있는 후보자들이 지원할 수 있도록 사회복지와 관련된 온·오프라인상의 매체에 모집공고를 낸다.

사회복지시설 종사자 채용과 관련해서는 공개모집 원칙을 준수해야 한다. 특히 정부가 인건비를 지원하는 시설의 시설장 및 종사자 신규채용은 직위에 관계없이 공개모집을 원칙으로 하고 있다. 그러나 종교법인 소속 시설에 해당 종교단체 성직자를 임명하는 경우나 학교법인 소속 시설에 해당 대학 교직원을 임명하는 경우와 같은 순환직의 경우 등 신규채용이 곤란한 경우에는 예외를 둘 수 있다(보건복지부, 2015b).

2015년도 사회복지시설 관리안내에 따르면 공개모집이란 자격을 갖춘 누구에게나 응모기회를 제공하여 능력이 있는 자를 임용하는 제도로, 법인 또는 시설에서 독자적 혹은 공동으로 채용 시에는 해당 법인 및 시설 홈페이지, 지자체 홈페이지, 워크넷(www.work.go.kr), 복지넷(www.bokji.net) 중 2곳 이상의 사이트 등에 채용관련 사항을 15일 이상 공고한 후 법인 및 시설 내규 등에 따라 채용하도록 되어 있다. 이때 활용할 수 있는 임용공고문안의 예시는 〈표 10-1〉과 같다.

〈표 10-1〉 임용공고문안 예시

직원 모집 공고

1. 모집기관명
　장애인거주시설 ○○○○○ (주소지: 서울 서초구, 근무지: 주소지와 동일)

2. 모집직종 및 인원: 사회복지사(사회재활교사) 1명

3. 모집일정
　1) 공고일: 20○○. ○○. ○○.
　2) 서류접수: 20○○. ○○. ○○. 까지
　3) 1차 서류전형 발표: 20○○. ○○. ○○.
　4) 2차 면접: 20○○. ○○. ○○.
　5) 근무일: 20○○. ○○. ○○.

4. 자격조건
　1) 사회복지 1급 이상 소지자 또는 관련학과 졸업예정자
　2) 사회재활교사 실무경력 2년 이상인 자

5. 자질
　1) 장애인을 존중하는 태도
　2) 장애와 특수한 상태에 대한 지식 함양
　3) 장애와 특수한 상태에 따른 기술과 긍정적 태도
　4) 기타 인권보호 기준을 충족하는 태도

6. 근무조건: 주 40시간 기준 8시간 3교대

7. 급여: 서울시 장애인복지사업안내 인건비 지급기준에 의함

8. 접수방법: 이력서 및 자기소개서 작성 후 접수기간 내 방문접수

* 문의 02-○○○-○○○○ 인사담당 ○○○

출처: 백은령, 이은미, 양희택 (2012).

2) 선 발

일반적인 인력 선발의 방법으로는 시험이 부과된다. 시험은 채용하고자 하는 직무에서 요구하는 적격자를 선발하기 위하여 능력을 포함한 구비조건의 판단을 하는 인사기능이라 할 수 있다. 시험이 이러한 역할을 제대로 수행하기 위해서는 동일 자격의 모든 응시자에게 동등한 기회를 부여하여야 하고, 지원자들의 우열의 순위를 판별할 수 있어야 하며, 합격 후의 행동을 측정할 수 있어야 하고, 장래 근무능력의 발전성을 예측할 수 있어야 하는 요건이 충족되어야 한다(박연호, 2001).

시험의 내용은 채용예정 직무의 종류, 성격, 자격요건 등에 따라 달라야 하며 응시자의 능력소유 여부를 가장 잘 측정할 수 있는 방법을 선택해야 한다. 일반적으로 필기시험, 면접시험, 서류심사, 신체검사 등이 활용되는데 어느 한 가지 방법만을 활용하는 경우는 거의 없고 대부분 몇 가지 방법을 조합하여 시행한다. 특히 사회복지시설은 인사관리의 공정성을 기하기 위하여 자체 인사위원회를 반드시 구성하도록 되어 있는데 시험을 비롯한 채용과정에도 인사위원회 위원들의 참여와 심의를 거치도록 해야 한다(보건복지부, 2015c). 시험의 효용성을 높이기 위해서는 네 가지 기본적인 요건인 타당성, 신뢰성, 객관성, 난이도가 충족되어야 한다(신윤균, 1999).

- 타당성: 시험이 측정하려고 하는 대상을 정확하게 측정할 수 있는 정도를 의미한다. 즉, 직무수행 능력을 얼마나 정확하게 측정할 수 있느냐가 관건이다. 시험성적과 직무수행 능력의 상관도가 높으면 시험의 타당성이 확보되었다고 볼 수 있다.
- 신뢰성: 시험이 측정수단으로서 갖는 일관성을 의미하며 동일한 시험을 동일한 사람이 시간을 달리해서 실시해도 동일한 결과가 나타나는 것을 말한다.
- 객관성: 채점기준의 객관화를 의미하며 채점자의 감정이나 주관 등이 결과에 영향을 미치지 않는 것을 의미한다.
- 난이도: 시험의 어려운 정도를 의미하는데 응시자의 능력차이를 분별할 수 있도록 득점분포가 정상분포를 이루는 것이 좋다.

시험이라는 것이 때로는 아주 불완전하게 보이기도 하지만, 직원 선발과정에서 매우 중요한 부분을 차지하므로 지속적으로 시험장치를 개선하고 새로운 선발기법을 발전시켜 나가는 것이 사회복지시설 행정가들에게 주어진 과제다(최성재, 남기민, 2006).

3) 임명

사회복지시설의 채용 담당자는 시험결과에 따라 임용후보자 명부를 작성해야 한다. 이때 명부는 직급별로 시험성적순에 따라 작성하는 것이 원칙이다. 최종사정을 위해 채용인원과 동수 혹은 2, 3배수를 추천하여 임용권자가 결정하도록 한다. 임용권자는 추천받은 임용후보자 중 적합한 사람을 선발하여 수습임용을 할 수 있다. 수습임용은 정식 채용에 앞서 일정 기간을 설정하여 그 기간 내에 직원으로서의 업무수행 능력 및 적성이나 자질 등을 고려하여 사회복지시설의 직원으로서 적합한지 판단함으로써 정식 임용여부를 결정할 수 있도록 하는 임용관리의 안전장치라 할 수 있다. 신규임용 직원의 수습기간은 발령일로부터 ○개월 이내로 정해야 하는데 해당 분야 실무종사 경력자는 그 기간을 단축 또는 면제할 수 있다.

모집, 선발, 임명의 과정을 거쳐 시설과 임용후보자 간의 근무관계가 발생케 하는 행위를 임용이라고 한다. 임용은 크게 두 가지로 나뉜다. 첫째, 외부로부터의 임용은 공개경쟁채용과 특별채용이 있다. 둘째, 내부로부터의 임용은 승진, 임명, 승급, 겸임, 전직, 전보 등을 포함하는 것으로 임명보다 넓은 의미로 사용하고 있다(신윤균, 1999).

3. 직원교육

1) 직원교육의 의미와 유형

직원교육은 조직차원에서는 인적자원 개발을 도모하고 개인차원에서는 조직을 통해 창의력과 가능성을 개발함으로써 조직과 개인의 동반성장을 추구하는 것이다(조병태, 1994). 직원교육의 일차적인 목적은 직원들로 하여금 새로운 지식과 기술 및 전문적 태도를 향상시켜 사회복지시설이 제공하는 서비스의 효과성을 높이려는 데 있다. 전문적 지식과 기술, 태도는 사회변화와 함께 급속하게 변화·발전되기 때문에 직원 개개인이 이들을 공부하는 것은 한계가 있을 수밖에 없다. 따라서 직원교육의 기회를 통해 새로운 정보를 제공하고 토론해 나가는 상호작용을 통해 직원 간의 이해도와 연대감을 높임으로써 조직 효과성을 높일 수 있다(최성재, 남기민, 2006). 목적에 부합되는 직원교육이 되기 위해서는 다음과 같은 점들이 전제되어야 한다(김교연, 2000).

첫째, 인적자원의 개발을 장기적으로 어떻게 계획하고 실행에 옮길 것인가에 대한 최고경영자의 비전과 정책이 확립되어 있어야 한다.

둘째, 사회복지시설의 장기 비전에 바탕을 둔 인적자원의 육성과 개발계획을 실행에 옮기기 위한 최고경영자의 장기전망이 동반되어야 한다.

셋째, 조직구성원들의 자아존중감을 존중하여 창의성을 발휘하게 함으로써 문제해결형 인간으로서 개인의 능력을 배양하고 환경변화에 대한 자주적인 대응능력을 양성해야 한다.

직원교육은 그 유형도 매우 다양한데, 대체로 교육대상과 교육장소에 따라 다음과 같이 분류하고 있다.

먼저, 교육대상에 따라 현 직원에 대한 '재직자교육'과 신입직원에 대한 '신입직원교육'으로 나눌 수 있다. 재직자교육은 다시 '직원보수교육' '관리자교육' '경영자교육'으로 나눌 수 있고, 신입직원교육은 오리엔테이션(orientation)의 성격이 강한 '입직훈련(入職訓練)'과 '경력직간부교육'으로 나눌 수 있다. 입직훈련은 새로운 직원에게 조직과 조직의 서비스 등을 소개하는 시간이므로 다음의 사항들이 포함되어야 한다.

- 조직의 역사와 서비스
- 기본정책, 규정 및 절차
- 조직구조
- 봉급, 작업시간, 휴가, 병가 등에 관한 기본정보
- 사무실 배열
- 특별급여
- 승진, 봉급인상과 같은 제반 조건

또한 직원교육은 교육장소에 따라 직장 내부에서 실시하는 '직장내교육'과 직장 외부에서 실시하는 '직장외교육'으로 구분할 수 있다. 직장내교육은 '관내교육'이라고도 하며 교육담당자의 계획과 진행 아래 실시된다. 직장외교육은 '관외교육'이라고도 하는데 관련단체나 기관, 전문연수기관 또는 해외 관련기관에서 실시되는 연수에 직원을 파견시켜 참여하게 하는 형태로 실시된다(김교연, 2000).

2) 직원교육의 방법

(1) 강 의

강의(lecture)는 일정한 장소에 직원들을 모아 놓고 특정한 주제에 관한 정보를 전달하는 방법으로 전통적이고 일반적인 교육방법이다. 강의는 많은 집단을 대상으로 활용할 수 있어서 교육대상자 1인당 비용이 저렴하다는 장점이 있으나 교육대상자들이 수동적이 되기 쉬우며 참여기회가 비교적 적고 강사의 자질과 교육방법이 우수해야 소기의 목적을 달성할 수 있다는 단점이 있다. 그럼에도 교육방법에서 강의방법을 배제할 수 없으므로 단점을 보강할 수 있는 다른 교육방법과 병행하거나 시청각 매체를 활용하여 강의를 보완하는 것이 바람직하다.

(2) 회 의

회의(conference, seminar)는 어떤 주제에 관한 논의 내지 토의가 이루어지는 모임으로 소규모 집단토의, 조직적 주제 및 적극적 참여를 강조하는 교육방법이다. 구술적 참여와 구성원 간의 상호작용을 통해서 학습이 촉진될 수 있다. 참여자들은 한 사람으로부터 배우는 것이 아니라 상호 간의 의견교환을 통해 배우게 된다. 회의 참여자들이 토론할 주제에 대한 지식을 어느 정도 가지고 있는 것이 회의의 진행을 도울 수 있고 교육효과도 있다. 이론적인 지식을 발전시키고 태도를 창조하고 수정하는 데에는 유용한 반면, 소규모 집단에만 적용할 수 있고 과정이 느리다는 단점이 있다(박연호, 2001).

(3) 토 의

특정 주제에 대해 해박한 지식을 갖고 있는 사람이 먼저 발표한 후, 여러 사람이 그에 대해 토론을 하는 방법을 의미한다. 자유롭고 공개적인 분위기에서 집단사고를 통해 중지를 모을 수 있다는 장점이 있는 반면, 많은 사람이 참여하기 때문에 개인적인 의견을 개진할 기회가 적고 결론 없이 끝날 수 있다는 단점이 있다.

(4) 사례연구

교육대상자 스스로가 특정 사례에 기술된 상황을 분석·연구하고 이에 대한 질문, 비판 및 제안을 받으면서 그 사례 속에 제기된 여러 문제에 대한 최선의 해결책을 모색해 나가는 방법이다. 구체적인 형태로 제시된 문제를 놓고 여러 각도에서 검토함으로써 미처 생각하지 못한 다른 문제점에 대해서도 인식하게 되고 문제에 대한 통찰력을 증대시킬 수 있다는 점에서 의의가 있다(박연호, 2001).

(5) 역할연기

2인이나 그 이상의 인간관계 또는 상하관계 등의 상황을 기초로 실제적인 역할을 연기하고 이를 본 후 연기를 중심으로 평가하고 토론 또는 분석한 다음 사회자가 다시 종합하여 결론적인 설명을 하는 방법이다. 미리 많은 준비를 하지 않아도 융통성 있게 활용할 수 있다는 점과 실제 행동화를 통한 학습방법을 강조하고 있다는 점, 교육대상자의 참여를 높일 수 있다는 점은 장점이나 기술적인 방법이 요구되며 역할연기자를 잘 선정하기가 용이하지 않다는 점은 단점이다.

(6) 브레인스토밍

교육대상자를 10명 내외의 소집단으로 구성하고 하나의 구체적인 과제를 주어 생각나는 대로 아이디어를 제안하게 하는 방법이다. 이는 창의성 개발에 도움이 되는 방법이다. 원활한 진행을 위해서는 자유로운 분위기를 조성하는 것이 매우 중요하며, 제안된 아이디어에 대해 비판하는 것을 경계해야 하고, 다량의 아이디어를 제안하도록 하며, 아이디어의 모방과 통합·개선을 허용해야 한다.

(7) 슈퍼비전

직원이 실제 직위에서 자신의 업무를 진행하면서 윗사람으로부터 직무에 관한 지도 감독을 받는 것을 의미한다. 사회복지조직의 직원교육과 개발에서 슈퍼비전은 매우 중요한 위치를 차지하고 있다. 일대일뿐만 아니라 집단적으로도 가능하다. 직무를 수행하면서 훈련을 받을 수 있다는 점에서는 이점이 있지만 다수인을 동시에 훈련할 수 없다는 단점이 있다(Skidmore, 1995). 시설 내부 인력에 의한 슈퍼비전이 일반적이지만 필요한 경우 외부 인력에 의한 슈퍼비전을 실시할 수 있다.

4. 사기관리와 동기부여

1) 사기관리

사기(morale)란 조직구성원이 자신이 속한 조직의 목표달성에 기여하겠다는 직무수행 의지라고 할 수 있다. 이러한 사기가 높고 낮음에 따라 조직의 원활한 운영을 좌우하기 때문에 인사관리에 있어서 사기관리가 중요하다.

데이비스(Davis, 1951)는 조직에 있어서 높은 사기의 효과로서 다음의 것들을 지적하고 있다(박연호, 2001 재인용).

첫째, 구성원들로 하여금 조직목적의 달성에 자발적으로 협력하도록 만든다.

둘째, 역경을 극복해 나갈 수 있는 조직의 능력을 배양하고 강력한 지탱력을 키워 준다.

셋째, 담당직무와 조직활동에 대한 직원들의 관심이 높아진다.

넷째, 직원들이 창의성을 합리적으로 발휘할 수 있도록 한다.

다섯째, 조직에 대한 구성원들의 자부심을 배양한다.

이와 반대로 낮은 사기는 직장에 있어서 불안정한 상태를 야기하여 직원 간의 갈등과 관리자에 대한 불신감 등을 조장하게 할 수 있다.

사기는 보수, 일을 배울 수 있는 기회, 인사배치, 신분보장, 인간관계 관리, 작업환경, 승진, 리더십, 참여의 기회, 조직의 성과 등과 관련이 있는데(신윤균, 1999), 이 가운데서도 민주적인 조직운영을 통한 참여관리, 직무개선, 인사상담, 고충처리, 제안제도, 단체

활동 등이 사기진작에 도움이 되는 것으로 알려져 있다.

2) 동기부여

사회복지시설의 효과성과 효율성을 높일 수 있는 또다른 중요한 요소가 동기부여다. 이는 인간의 행동을 유발하고 그 행동을 유지시키며 나아가 그 행동을 목표지향적인 방향으로 유도해 나가는 과정이라고 할 수 있다(박연호, 2001). 동기부여는 기업조직과 정부조직에서 생산성을 향상시키기 위한 방안으로 연구되다가 사회복지조직의 행정에서도 조직구성원의 동기를 높일 수 있는 방안에 대한 관심을 갖게 되었다.

스키드모어(Skidmore, 1995)는 사회복지조직에서 동기부여를 위해서는 조직 및 과업에 대한 개인적 관심을 촉진시키고, 조직의 이익을 위해 사고할 수 있는 시간을 갖도록 하는 것, 행정적 지지, 책임 및 권한의 명확화, 승인과 칭찬, 성취기회 등이 중요한 요인이라고 언급하고 있다.

한편, 금전도 사람들에게 동기부여를 해 주는 역할을 한다. 다른 조건이 동일하다면 금전은 대부분의 사람에게 중요한 동기부여의 조건이 될 수 있기 때문이다. 사회복지시설의 경우 재정적 어려움으로 인해 시행하기가 쉽지 않지만 일반 조직의 경우 금전적 동기부여의 수단으로 보상 및 인센티브를 제공하기도 한다. 이러한 제도가 적절하게 운영되지 못하는 경우도 있지만 조직의 성과와 긴밀하게 연계되는 제도라고 할 수 있으므로 사회복지시설에서도 예산의 범위 내에서 적용해 보는 것도 의미 있는 작업이라 할 수 있다. 단, 이 때에는 조직에 기여한 실질적인 능력 사정과 객관적인 근무성적 평정방법을 활용하여 실시해야 한다. 직원들에 대한 보상체계는 기본적으로 지급되는 급여, 초과시간에 따른 수당, 근속수당, 인센티브 시스템, 연금이나 유급휴가와 같은 부가급여 등이 포함된다. 이러한 제도를 시행할 때는 다음의 기준을 염두에 두도록 한다(김영종, 2015).

- 보상수준: 직원들의 기본적 욕구를 충족시키기에 충분한 수준의 보상을 한다.
- 평등성: 외부적으로는 다른 기관들에서의 보상수준과 같거나 그 이상이어야 하고 내부적으로는 직원들 간에 공평한 배분이 이루어지도록 한다.
- 개별성: 개인들의 욕구에 적합한 보상이 이루어지도록 한다.

● 수행성: 개인적 및 집단적 수행실적에 보상을 연계한다.
● 구조: 관리 스타일과 조직 위계에 적합한 방식으로 보상을 배분한다.

5. 직원유지

앞에서 살펴본 사기진작과 동기부여가 직무만족과 관련된 내부적 요소를 강조하는 반면, 직원유지(maintenance)는 직무수행 평가, 승진 및 보수와 같은 외부적 보상체계를 의미한다.

1) 직무수행 평가

직무수행 평가(performance evaluation, performance appraisal, employee evaluation)는 일반적으로 관리자에 의해 이루어지는데 일정한 기간 동안에 수행한 근무실적, 근무수행 태도, 능력, 직무수행 가치, 청렴도 등을 체계적·정기적으로 기록하고 평가하는 것을 의미한다. 이를 업무성과라고도 하는데 업무성과를 평가하는 방향은 크게 네 가지로 정리된다(황성철 외, 2015).

첫째, 조직구성원들이 만들어 낸 산출물, 즉 결과물에 대해서 평가하는 것을 의미하는 결과(results approach)다. 이의 대표적인 방법이 목표관리 방법, 즉 MBO(Management By Objectives)다.

둘째, 효과적인 업무를 수행하기 위해서 조직구성원이 반드시 나타내야만 하는 행동을 보이는가를 평가하는 행동평가(behavioral approach)다. 이는 기본적으로 그 과업을 성공적으로 완수하기 위해서 절대로 필요한 일(critical incidents)을 파악하고 그것의 수행 정도를 평가하는 방법이다.

셋째, 조직의 성공적인 운영을 위해서 조직구성원이 나타내야 하는 바람직한 특성, 예를 들면 리더십, 발의성, 경쟁력 등을 얼마나 지니고 있는가를 평가하는 특성평가(traits approach)다.

넷째, 조직구성원이 직접적인 통제력을 갖는 부문에 대해서 얼마나 책임 있게 요구되는 행동을 보이고 성공적인 일을 만들기 위해서 꼭 필요한 원인적 행동과 활동들을 만들어 냈으며 조직을 위해 필요한 행동을 실천하였는가를 평가하는 종합적 품질관리 평가 (total quality management approach)도 시행된다. 이러한 업무성과 평가방식 각각에 대한 신뢰도와 타당도를 정리하면 〈표 10-2〉와 같다.

일반적으로 승진이나 직원개발을 위해 업무수행 평가를 실시하는데 평가는 일련의 과정을 통해 실시된다. 로빈스(Robbins, 1990)는 직무수행 평가의 과정을 다음과 같이 설명하고 있다.

첫째, 직무수행의 기준을 확립해야 하는데 이를 위해서는 직무에 대한 기대치, 책임자, 평가시기 등이 포함된 직무명세서를 작성해야 한다.

둘째, 직원들에게 직무수행의 기대치를 전달한다. 앞서 작성한 직무명세서를 가지고 관리자와 직원이 함께 정기적으로 검토할 필요가 있다.

셋째, 가능한 한 객관적으로 직무수행을 측정할 수 있는 도구를 가지고 직무수행을 측정한다.

넷째, 실제 직무수행 기대치와 직무수행 기준을 비교한다.

다섯째, 평가결과를 직원과 토의한다.

여섯째, 필요한 경우 직무수행 기대치와 직무수행 기준을 수정한다.

직무수행 평가방법은 매우 다양한데 주요 방법을 간략하게 살펴보면 다음과 같다(신윤균, 1999).

- 객관적 사실기록: 근무성적을 객관적인 사실에 기초를 두고 평가하는 방법으로 평가

〈표 10-2〉 업무성과 평가방식에 대한 신뢰도와 타당도

성과평가 방식	신뢰도	타당도
결과평가	높음	일반적으로 높은 편임
행동평가	일반적으로 높은 편임	일반적으로 높은 편임
특성평가	일반적으로 낮은 편임	일반적으로 낮은 편임
종합적 품질관리 평가	높음	높음

출처: 황성철 외(2015).

기준에 따라 산출기록(production records), 정기적 시험법(periodic tests), 가감점수법(merit and demerit system) 등이 있다.

- 지도기록법: 평가의 목적이 직원의 근무상황을 평가하는 것이라기보다는 근무상황을 지도교정하는 것을 강조하는 방법이다.
- 상호비교법: 인력을 상호 비교하여 서열을 정하는 성적순위법, 평정요소(지도력, 적극성, 기획력 등)와 표준인물을 정해서 다른 인력들과 비교·평가하는 대인비교법 등이 포함된다.
- 평정척도법: 가장 오래되고 광범위하게 활용되는 방법으로 한쪽에 직무의 질, 전문지식, 태도 등과 같은 평정요소를 나열하고 다른 한쪽에는 요소와 관련된 직무수행의 등급을 나타내는 척도가 있어 평가자가 직무수행의 등급을 표시하는 방법이다.

2) 승진 및 보수

승진이란 보다 높은 직위로의 이동을 의미한다. 승진을 하게 되면 개인의 직위와 직급이 높아지고 이에 따라 보수도 인상되기 때문에 인사관리에 있어서 매우 민감한 요소다. 따라서 사회복지시설은 이에 대한 객관적이고 합리적인 절차와 기준을 마련해야 한다.

승진기준으로는 경력, 학력, 시험성적, 근무성적, 교육훈련 성적, 승진예정직에서의 시험적 근무성적, 상벌의 기록 등이 포함될 수 있다. 승진을 결정할 때는 단일기준을 적용하기보다는 복수의 기준을 활용하는 것이 바람직하다.

사회복지시설의 경우 대부분 조직규모가 작기 때문에 상위직급이 많지 않다. 따라서 승진기회가 적어 인력들에 대한 보상이 적절하게 이루어지지 못하는 문제점이 있다. 특히 공공복사회복지 전문인력의 경우 상당기간 별정직으로 되어 있었기 때문에 승진이 되지 않고 동일 직급에 장기간 근무하게 됨으로써 근무의욕이 저하되는 문제점이 있었으나 사회복지 직렬화가 이루어짐으로써 이러한 문제점이 다소 해소되었다(최성재, 남기민, 2006).

보수란 노동의 대가로 제공되는 금전적 보상을 의미하며 능률이나 근무의욕을 유인하는 중요요인이다. 뿐만 아니라 보수는 유능한 인력을 확보하는 데에서도 간과할 수 없는 요소다. 그러나 우리나라 사회복지시설들은 금전적 보상이나 유인책을 적극적으로 활용하기 어려운 여건에 놓여 있다. 특히 정부보조를 받는 사회복지시설의 경우 정부가 정하는 보수기준을 따르도록 되어 있고 시설의 재정여건 또한 충분하지 못하기 때문에 자율적인 보수체계를 갖기가 쉽지 않다. 무엇보다도 정부가 정한 보수수준이 유사 직무를 수행하는 교사나 치료사, 사회복지 전담공무원에 비해 상대적으로 낮기 때문에 직원들의 사기가 저하되고 이직 내지는 전직을 감행하게 되는 원인이 되고 있어 안타까운 실정이다. 이러한 문제점을 해결하기 위해서는 일단 사회복지시설 인력의 보수수준을 동종업계 종사자나 사회복지 전담공무원 수준으로 상향 조정하고 보수기준을 현실화하는 것이 급선무라 할 수 있겠다.

보수도 승진과 같이 인사관리에 있어서 매우 민감한 요소이기 때문에 사회복지시설은 객관적이고 합리적인 체계를 마련해야 한다. 그러나 사회복지조직의 특성상 자율성을 발휘할 수 있는 폭이 넓지 않아 대부분의 경우 정부의 지침을 준용하고 있는 실정이다.

6. 인사관리 규정의 제정

인사관리 규정은 사회복지시설 운영을 위해 필요한 인사와 관련된 업무수행의 과정과 기준을 정해 놓은 준칙을 의미한다. 동일한 유형의 사회복지시설이라 할지라도 보건복지부가 정한 목적사업을 수행해야 한다는 점에서는 동질성을 찾을 수 있지만 개별 시설이 처한 사회문화적·경제적 환경이 상이하기 때문에 인사관리에 있어서 나름대로의 애로 사항을 갖고 있기 마련이다. 따라서 개별 시설의 실정에 적합한 인사관리의 체계와 전략을 세워 나가야만 하는데 이와 같은 인사관리 체계와 전략을 명문화해 놓은 것을 인사관리 규정이라고 부른다.

인사관리 규정을 제정하기 위해서는 먼저 개별 시설이 처한 환경에 대한 이해가 선행되어야 한다. 다음으로는 해당 시설의 운영과 관련된 사항들을 규정해 놓은 관련 법률, 즉 노동법, 근로기준법, 중앙 및 지방정부의 지침(사회복지시설 관리업무안내, 복지사업안내 등), 운영 법인 정관 등과의 연계성을 고려해야 하며 관련법률과 지침에서 정한 제정 절차를 준용해야 한다. 인사관리 규정은 직원의 채용에서부터 퇴사에 이르기까지 인사와 관련된 전반적인 행정사항을 포함해서 제정해야 하며 조직구성원들의 합의와 동의를 이끌어 내기 위한 다각적인 노력을 기울여야 한다.

　인사관리 규정 제정을 위해 검토하고 고려해야 할 관련근거와 주요 구성 내용은 다음과 같다.[1]

1) 관련근거

- 근로기준법(전체)
- 사회복지사업법 제35조(시설의 장), 제36조(종사자)의 조건
  - 시설의 장은 상근(常勤)하여야 함
  - 시설장이 될 수 없는 경우
  - 종사자가 될 수 없는 경우
- 보건복지부 사회복지시설 관리안내
  - II-3(사회복지시설 운영관련 참고안내)
    사회복지시설의 장 결격사유, 사회복지시설 종사자 정년제 권고
  - II-4(사회복지시설 종사자 관리)
    사회복지시설 종사자 채용관련: 공개모집 원칙, 공개모집 방법(홈페이지, 소식지, 지자체 홈페이지 등에 채용관련 사항을 15일 이상 공고), 근로기준법 적용
  - II-5(종사자 처우 관련)
    호봉의 획정 및 승급 등 참조사항(경력인정 범위, 전력조회, 호봉의 획정, 승급방법), 보수지급 기준, 법정근로수당 등 참고자료, 인건비 가이드라인
- 보건복지부 사업안내(사회복지시설 유형에 따른)

2) 주요 구성 내용

(1) 목 적
사회복지시설에서 인사관리를 함에 있어서 필요한 모든 내용을 객관적이고 효율적으

---

1) 조석영 등(2012)의 '장애인복지관 운영 규정 및 지침 표준안 연구' 의 내용 중 일부를 발췌, 수정·보완하였다.

로 운영할 수 있도록 하기 위한 내용을 중심으로 한 인사규정의 목적을 명시한다.

(2) 용어정리

이 지침에서 사용하는 용어의 정의를 명시한다. 임용, 임명권자, 직위, 직종, 직책, 직급, 승진, 승급, 전보, 복직, 징계 등의 용어를 정의한다.

(3) 구성요소

- 총칙: 목적, 적용범위, 용어의 정의
- 인사위원회: 목적, 구성, 위원회의 기능, 위원회의 소집 및 회의, 서면심의 및 비밀엄수
- 임용: 신규채용, 결격사유, 정형방법, 시험의 공고, 응시자의 제출서류, 경력 연수 산정, 초임호봉 산정기준
- 승진과 승급: 승진, 승진소요 연수, 직원의 승진 시 호봉획정, 승진 및 승급에 따른 보수, 정기승급, 승진임용의 제한, 근무평정
- 보직과 전보: 보직관리의 원칙, 휴직자의 충원, 겸직, 전보제한, 직무대행
- 휴직: 휴직, 휴직기간, 휴직의 효력
- 포상 및 징계: 포상, 징계사유, 징계의 종류, 효력, 징계심의 요구, 기한, 징계의결, 재심의
- 위임전결: 위임전결, 용어의 정의, 권한과 위임, 권한의 행사, 전결기준
- 퇴직: 구분, 당연면직, 직권면직, 정년퇴직, 의원면직

(4) 관련근거에 따른 세부내용

① 인사위원회의 구성 및 역할

- 인사를 위해서는 반드시 사회복지시설에 시설장 및 실무책임자를 중심으로 하는 인사위원회가 구성되어야 하며 구성원의 구성과 위원회를 운영하기 위한 기본방침에 대해 명시되어 있어야 함
- 구성: 위원장과 ○명 이상 ○명 이하의 위원으로 구성하되 기관의 크기에 따라 조정할 수 있음

● 위원장 및 위원의 기준, 간사의 선임에 대해 명시함
● 인사위원회의 역할에 대한 명시: 각 시설별로 인사위원회의 역할은 조금씩 상이할 수 있으나 직원의 임용 및 인사와 관련되는 사항 등 기본적인 역할과 부과적인 역할에 대해 명시함

② 임용
● 임용의 기본원칙: 신규채용은 공개채용을 원칙으로 함
● 전형방법: 서류심사, 면접심사를 기본으로 하며 필요한 경우에는 필기시험을 추가로 할 수 있으며, 기타 인사위원회에서 필요하다고 생각하는 사항을 추가할 수 있음
● 결격사유: 사회복지시설 유형과 관련된 법에 따라 각 분야의 전문자격을 갖춘 사람을 임용하되 결격사유를 반드시 규정하며, 특히 마약·대마 또는 향정신성 의약품의 중독자, 성범죄로 형 또는 치료감호를 선고받아 확정된 사람 등 관련법상에서 규정하는 사유를 확인하고 명시해야 함
● 경력인정: 관련법률 및 사회복지시설 관리안내의 사회복지시설 종사자 관리에 준하여 인정함

③ 호봉획정 및 승진·승급
● 호봉의 획정: 호봉획정 및 승급은 임용권자가 하며 경력인정의 경우 기본적으로 보건복지부의 기준에 따르도록 함
● 승진기준: 바로 하위직급에 재직하는 직원을 상위직급으로 승진 임용하되 종합적인 평가에 의하며, 인사위원회의 심의를 거침. 관련법 및 당해 사회복지시설 관리안내에 따른 승진 소요 연수를 따름
● 근무평정: 사회복지시설장은 직원의 승진임용에 있어 공정하고 명확한 근거를 마련하기 위하여 직원의 근무에 대한 전반적인 평가를 정기적으로 실시하며, 직원평가에 있어 평정의 신뢰성과 타당성이 보장되도록 객관적 근거에 의해 종합적으로 분석·평가하도록 노력하고, 구체적인 방법은 별도로 정함

④ 휴직 및 복직
● 출산 및 장기요양 등 휴직의 사유로 인정할 사안에 대해서 규정
● 일반적으로 최대 1년까지로 하고, 특별한 사유가 있을 때에는 사회복지시설장이 인정하는 범위에서 연장이 가능하도록 하며, 업무손실을 줄이기 위한 대체인력 관련규정도 함께 정하는 것이 바람직함

⑤ 포상 및 징계
● 포상: 직원 중 업무를 충실히 행하였거나 공헌한 공적이 현저한 자와 외부인사로서 시설발전에 기여한 공적이 많은 자에 대하여 포상을 행하거나 외부포상을 추천하고 근무평정에 반영하며, 구체적인 내용은 규칙으로 만들어서 적용가능
● 징계: 직원이 과오를 저지른 때에는 인사위원회의 심의를 거쳐 징계 처분할 수 있으며 구체적인 사항(사유, 절차, 내용 등)을 미리 정해 놓는 것이 조직운영 시 객관적인 근거로 작용할 수 있음

⑥ 퇴직
● 당연면직, 직권면직, 정년퇴직, 의원면직의 종류가 있으며, 각각의 경우를 규정을 통해서 정의해 놓음으로써 직원의 퇴직에 따른 객관적인 근거를 마련할 수 있으며, 이와 함께 퇴사직원들의 인수인계에 대한 부분도 명시해 놓아 업무의 손실을 최소화해야 함

〈표 10-3〉 인사관리 규정 틀 예시

인사관리 규정 틀

제1장 총칙

제1조(목적)
제2조(적용)
제3조(직원의 구분)
제4조(임용권자)

제2장 인사위원회

제5조(설치)
제6조(구성)
제7조(심의사항)
제8조(위원회의 소집 및 회의)
제9조(직무대행)
제10조(서면 심의 및 비밀엄수)

제3장 임용

제11조(신규채용)
제12조(전형방법)
제13조(구비서류)
제14조(결격사유)
제15조(수습임용)

제4장 복무

제16조(복무수칙)

제17조(근무일 및 근무시간)

제18조(휴일)

제19조(당직)

제20조(수강)

제21조(출강)

제22조(휴가의 종류)

제23조(병가)

제24조(공가)

제25조(휴가원 및 허가)

제26조(특별휴가기간 중의 공휴일)

제27조(출장 및 연수)

제28조(이직 시 업무인계)

제5장 보수

제29조(보수)

제6장 신분보장

제30조(의사에 반한 신분조치의 금지)

제31조(휴직)

제32조(휴직의 효력)

제33조(퇴직)

제34조(직권면직)

제7장 승진

제35조(일반승진)
제36조(성적의 평가)
제37조(특별승진)
제38조(승진의 제한)

제8장 상벌

제39조(포상)
제40조(징계사유)
제41조(징계청원권)
제42조(징계의 효력)

부칙

제1조(시행일)

제11장

사회복지시설의 재무관리

사회복지시설의 목적을 달성하는 데 필요한 재원을 정확히 추산하고 확보하여 이들 사업의 목적에 맞게 적절히 배분하는 일련의 과정을 재무·회계라 한다. 이 장에서는 재무·회계의 개념 및 원칙 그리고 실제적 재무회계 방법을 살펴보고자 한다.

1. 재무·회계 관리

사회복지행정은 계획, 조직, 인사, 통제, 조정, 보고, 재정(회계), 평가의 과정으로 특히 재무·회계 관리는 일선 사회복지사에게 꼭 필요한 지식이다. 일반회계가 기업의 재무상태와 경영성을 파악하는 데 목적을 두는 것과 달리, 사회복지회계는 공익을 위한 사업에 소요되는 비용을 적절히 분배하여 사업의 효과성과 신뢰성을 높이는 데 목적을 두고 있다.

사회복지와 회계는 분리할 수 없는데 그 이유는 다음과 같다. 첫째, 필요한 재원의 확보다. 보조금과 자부담으로 이루어진 사회복지기관의 재원은 보조금이 사업의 전반적인 부분을 담당할 수 없기 때문에 사업을 진행하기 위해 필요한 재원을 확보할 수 있는 능력이 요구된다. 따라서 사업에 대한 필요성을 인지하지 못하고는 예산을 확보할 수 없다. 둘째, 사업의 목적에 맞는 예산의 적절한 분배계획의 필요성으로, 사업에 대한 정확한 지식을 갖지 못하고 예산을 편성할 경우 불필요한 예산이 편성되고 필요한 예산이 편성되지 않는 문제점이 발생하여 사업의 수행에 있어서 어려움을 초래할 수 있다. 셋째,

사업에 필요한 경비의 지출방법에 있어서 정확한 절차를 이해하지 못하고 지출이 일어났을 경우 그 사업에 대한 신뢰성을 갖지 못하게 할 수 있기 때문이다.

이와 같이 사회복지회계는 사회복지사업을 수행하는 데 필요한 중추적인 역할을 갖는다. 따라서 사업을 진행하는 사회복지사는 사업의 효과성과 신뢰성을 높이기 위해 사업에 대한 이해와 더불어 사업에 필요한 자금의 획득, 편성, 집행에 능숙하여야 하고 예산을 효과적이며 능률적으로 집행할 능력과 기술이 요구되므로 이 능력과 기술을 키우기 위해서는 회계의 흐름을 인지할 필요성이 있다.

1) 재무ㆍ회계의 목적과 원칙

(1) 재무ㆍ회계의 개념

회계란 무엇인가? 기업회계기준 총칙에서는 회계에 대한 정의를 "정보이용자가 기업실체와 관련하여 합리적인 의사결정을 할 수 있도록 재무상의 자료를 일반적으로 인정된 회계원칙에 따라 처리하여 유용하고 적정한 정보를 제공하는 것"이라 정하고 있다. 이를 보다 쉽게 설명하자면, 경제활동을 하는 일정한 사회적 조직이 어떻게 돈을 사용했거나 벌어들였는지에 대한 정보를 일정한 규칙을 갖고 화폐단위로 표시한 일련의 과정을 '회계'라고 말할 수 있다(김승오, 2006 재인용).

회계는 재무적 성격을 갖고 있는 거래나 사상을 의미 있는 방법으로 화폐에 의해서 기록, 분류, 요약하며 그 결과를 해석하는 기술이다. 즉, 회계는 이해관계자들이 자원배분에 관한 합리적인 의사결정을 할 수 있도록 회계실체의 경제활동을 화폐적으로 측정하여 기록하고 이를 분류, 요약 및 해석하여 이해관계자들에게 전달하는 일련의 활동체계다(박이봉, 2005 재인용).

(2) 재무ㆍ회계의 목적과 구분

사회복지법인 재무ㆍ회계 규칙은 사회복지사업법 제23조 제4항 및 제45조 제2항에 의하여 사회복지법인의 재무ㆍ회계 및 후원금에 관한 사항을 규정하고, 재무회계 및 후원금관리의 명확성ㆍ공정성ㆍ투명성을 기함으로써 사회복지법인의 합리적 운영에 기여함을 목적으로 하고 있다. 따라서 법인의 재무ㆍ회계는 그 설립목적에 따라 건전하게 운영되어야 한다.

회계는 그 목적에 따라 관리회계, 재무회계 등으로 나눌 수 있다. 관리회계라는 것은 그 명칭에서도 나타나듯이 경제집단의 관리자(내부 이해당사자)를 위한 회계제도의 일종이다. 이는 재무회계와 대조적인 것으로 경영자를 위한 회계를 의미한다. 재무회계의 목적은 경영 외부의 이해관계자(은행, 채권자, 주주 등)들에게 기업회계의 내용을 보고하는 것이지만, 관리회계는 재무회계와 관련을 가지면서도 경영자가 기업활동을 계획하고 조정하며 그것을 통제하는 데 필요한 회계를 의미한다. 관리회계는 경영계획 수립에 필요한 각종 계수를 제공함과 동시에 그 계획에 따르는 경영활동의 결과를 측정하여 이를 비교·분석하고, 비능률이 발생하는 요소와 그 책임자 및 원인을 신속히 밝힘으로써 현재 및 미래의 경영활동에서 낭비를 제거할 목적으로 행하는 회계다.

재무회계라는 것은 경제집단의 외부 이해당사자를 위한 회계제도로서 외부보고 회계라고도 할 수 있다. 이는 기업의 경영실적·재정상태를 주주·채권자·투자자 등 외부의 관계자에게 보고할 목적으로 쓰이는 회계이기 때문에 관리회계와 대비되는 것이다. 일반적인 재무회계의 방법으로는 기간손익계산이 있다. 이것은 일정한 회계기간을 설정하여 그 기간 중의 활동결과, 즉 기업자본의 투자·회수·재투자의 전말을 추적하고 손익계산서와 대차대조표를 통해 특정 기간에 기업자본에서 생긴 손익의 변화와 특정 시점의 기업자본의 크기를 주식차원에서 명확히 밝히는 것이다. 다시 말해, 일정 회계기간의 경영실적(손익계산서)이나 재무상태(대차대조표)를 외부이해 관계자에게 보고하는 회계다.

이와 같이 사회·경제 또는 문화적 환경이 변화함에 따라 회계의 목적도 변화되지만 회계는 크게 조직의 내부 및 외부의 이해관계자에게 의사결정에 유용한 정보를 제공하는 관리회계의 영역과 조직의 외부 이해관계자에게 회계정보를 보고하는 재무회계의 영역으로 대별할 수 있다. 사회복지법인의 재무회계 목적은 구체적으로 다음과 같다(박이봉, 2005 재인용).

첫째, 자원배분 결정에 필요한 정보를 제공한다. 사회복지법인에 있어서 재무보고는 현재 또는 잠재적 자원제공자와 기타의 이용자가 그 조직체의 자원배분에 대해 합리적인 의사결정을 할 수 있도록 유용한 정보를 제공한다.

둘째, 서비스 및 서비스 제공능력의 평가를 위한 유용한 정보를 제공한다. 자원제공자나 정보이용자는 당해 사회복지법인 조직의 서비스 내용을 평가하고 장차 그런 서비스의 제공가능성을 평가한다. 즉, 사회복지법인은 자원제공자로부터 계속적으로 자원을 조달받아 필요한 서비스를 제공하기 위해 이들이 원하는 회계정보를 제공해야 한다.

셋째, 관리자의 수탁책임 및 성과측정에 유용한 정보를 이해관계자에게 제공한다. 사회복지법인에서 관리자의 수탁책임은 특히 중요하다. 이 조직의 대부분이 스스로의 사업을 통하여 자원을 획득하는 것이 아니고 계속적으로 자원제공자로부터 자원를 제공받아야 하기 때문이다. 그렇기에 관리자가 수탁책임을 훌륭히 수행하였다는 보고가 존재할 때 그 제공은 가능하다.

넷째, 사회복지법인의 재화나 서비스 제공능력을 평가함에 있어서 중요한 정보 중의 하나는 조직의 경제적 자원, 채무, 순자산, 거래, 환경 및 이들의 변동사항인데 이것들이 회계정보를 통하여 정보이용자에게 적절히 전달되어야 한다.

사회복지법인에서 이러한 재무회계의 목적을 충족시키기 위해서는 예산의 적정 집행을 위하여 법규, 내규, 예산, 사업의 효과성 등을 검토해야 한다. 또한 사회복지법인 재무회계규칙, 보조금의 예산 및 관리에 관한 법률, 시·도 보조금 관리조례, 시·도 재무회계규칙, 국가를 당사자로 하는 계약에 관한 법령, 사회복지사업법, 근로기준법 등의 법규를 숙지하여야 한다. 그리고 법인 및 시설의 운영상황 파악 및 평가를 위하여 일정한 양식의 재무제표와 보충자료를 통해서 체계적으로 관리하여야 한다. 이와 더불어 법인 및 시설의 정당성을 확보하기 위하여 재정관리를 투명하게 하여야 한다.

(3) 회계의 기능 및 원칙
① 기능

회계는 기업의 모든 경제활동을 화폐가치로 측정, 평가하며 그 결과와 원인을 명확히 하는 측정기록의 기능과 이 측정기록한 회계정보를 회계정보 이용자 또는 기업 이해관계자들에게 알리는 전달보고의 기능을 가지고 있다. 뿐만 아니라 회계는 이 측정·전달 등의 기능을 통하여 기업 및 사회복지법인의 능률적이고 합리적인 운영을 위한 관리기능도 갖고 있다(박이봉, 2005 재인용).

● 측정기능

정부, 기업, 가계 등의 경제주체는 외부로부터 끊임없이 재화나 용역을 취득하는 한편, 외부에 재화와 용역을 제공한다. 따라서 이를 계산하기 위하여 반드시 필요한 것이 측정이며 이렇게 경제주체의 경제활동을 측정하는 것이 회계의 측정기능이다.

● 전달기능

경제활동의 현상은 반드시 화폐단위로 평가된다 하더라도 이것을 경제주체를 둘러싼 이해관계자들에게 전달하지 않으면 아무런 의미가 없다. 따라서 측정된 회계정보를 경제주체의 내 · 외부 이해관계자 집단에게 전달해야 하는데 이것이 회계의 전달기능이다.

● 관리기능

관리기능은 회계가 기업의 경영관리 활동에 이용되는 기능을 말한다. 즉, 측정, 전달 등의 기능을 통하여 재산의 손실을 방지하며 나아가 그 재산을 관리하고 계산의 부정, 착오 등을 방지토록 하며 경영자의 관리목적에 기여할 수 있는 자료를 제공하는 것 등이 관리기능이다.

② 재무회계의 원칙

재무제표[1]의 신뢰성을 확보하고 외부의 이해관계자의 이익을 옹호하기 위해서는 재무제표가 적정하게 작성되었는지를 판단을 할 수 있는 기준이 있어야 한다. 즉, 재무제표를 작성하고 또 이것을 이해하는 경우에 그 판단의 기준이 되는 사회일반에 걸쳐 공정타당하다고 인정되는 일정의 원칙이 필요한데, 이것이 회계원칙 또는 회계기준이다.

- 신뢰성의 원칙: 회계처리와 보고는 신뢰할 수 있도록 객관적인 자료와 증거에 의하여 공정하게 처리하여야 한다.
- 명료성의 원칙: 재무제표의 양식 및 과목과 회계용어는 이해하기 쉽도록 간단명료

---

1) 상법에 의해서 기업은 매년 일정 시기를 정해 경영성과와 재무상태를 주주에게 보고하게 되어 있는데, 이렇게 기업을 정리한 보고서류가 재무제표다. 이러한 재무제표로는 기업의 일정 시점의 재산상태를 나타내는 대차대조표와 일정 기간 기업의 경영성과를 나타내는 손익계산서 그리고 이익의 처분상황을 나타내는 이익잉여금(결손금), 처분계산서, 현금흐름의 변동내용을 명확하게 보고하기 위한 현금흐름표, 중요한 회계 방침 등 필요한 사항을 표기하는 주기와 주석이 있다.

하게 표시하여야 한다.

● **충분성의 원칙**: 중요한 회계방침과 회계처리의 기준, 과목 및 금액에 관하여 그 내용을 재무제표상에 충분히 표시하여야 한다.

● **계속성의 원칙**: 회계처리 및 절차는 매기 계속하여 적용하고 정당한 사유 없이는 이를 변경하여서는 아니 되며 분기별 비교가 가능하도록 하여야 한다.

● **중요성의 원칙**: 회계처리와 재무제표 작성에 있어서 과목과 금액은 그 중요성에 따라 실용적인 방법에 의하여 결정하여야 한다.

● **안정성의 원칙**: 재무처리 과정에서 몇 개의 가능한 방법이 있는 경우에는 재무적 기초를 견고히 하는 관점에 따라 회계처리를 하여야 한다.

2) 회계장부의 체계과 기장

(1) 회계의 구분

법인의 회계는 크게 법인회계, 시설회계, 수익사업회계로 나눌 수 있다. 법인회계는 당해 법인의 업무 전반에 관한 회계이며, 시설회계는 당해 법인이 설치·경영하는 사회복지시설(생활시설, 이용시설 등 모두 포함)에 관한 회계다. 수익사업회계는 법인이 수행하는 수익사업에 관한 회계로서, 수익사업이란 법인이 운영하는 사회복지사업에 충당할 목적으로 이윤 동기에 의하여 운영되는 사업을 말한다. 이 경우 수익사업 운영에 관한 관계부처의 사업승인이 있어야 하고 세무서에 사업자 등록이 되어 있어야 한다. 수익사업에서 얻는 수익은 당해 사업 수행상의 필요경비를 제외하고는 전액 당해 시설의 목적사업 수행에 충당되어야 한다. 수익사업회계는 법인 일반회계와 구분 경리하여야 한다. 또한 법인회계와 일반회계로 구분 경리한다.

(2) 법인과 시설의 구분 경리

① 사회복지법인: 법인운영에서 발생하는 수입, 지출사항을 법인회계로 구분 경리한다. 시설에 대한 법인의 보조금은 '○○시설 전출금'으로 표시한다.

② 시설: 사회복지시설 운영에서 발생하는 수입, 지출사항을 시설회계로 구분 경리한다. 법인으로부터의 보조금은 '법인 전입금'으로 표시한다. (계정과목)

(3) 회계연도의 귀속

① 회계연도는 예산의 유효기간을 말한다. 사회복지 법인 및 시설의 회계연도는 매년 1월 1일부터 시작되어 12월 31일 종료되는 정부의 회계연도와 같다.

② 회계연도의 귀속: 법인 및 시설의 수입·지출의 발생과 자산 및 부채의 증감 변동에 관하여는 원칙적으로 현금(금융기관의 예금을 포함한다)의 영수일 및 지출일을 기준으로 회계연도를 구분한다. 단, 그 사실이 발생한 날을 정할 수 없는 경우에는 그 사실을 확인한 날을 기준으로 하여 연도소속을 구분한다.

③ 세출기간: 회계연도에 속하는 법인의 출납에 관한 사무는 다음 연도 2월 말일까지 완결하여야 한다.

(4) 회계담당자의 임명

① 법인과 시설에서는 수입과 지출의 현금출납 업무를 담당하게 하기 위하여 수입원과 지출원을 두어야 한다. 단, 법인과 시설의 규모가 소규모인 경우에는 수입원과 지출원을 동일인으로 할 수 있다.

② 수입원과 지출원은 법인의 대표이사와 시설장이 임명한다. 수입원과 지출원 등 회계담당자는 재정보증(이행보증보험을 포함)을 필요로 한다. 재정보증은 연간 재산세 10만 원 이상 납부자 또는 이에 준하는 이행보증보험으로 할 수 있다. 재정보증은 수입원과 지출원의 상급자(팀장 등)에게도 적용하는 것이 안전하다. 수입원과 지출원에게는 임명장(사령장)을 수여하고 임명사항을 인사발령부와 개인인사기록카드에 기재한다.

③ 회계관련 직원의 자세 및 역할

● 자세

　– 정확한 업무처리를 해야 한다.

　– 신속한 업무처리를 해야 한다.

　– 원칙대로 업무처리를 한다.

　– 언행을 신중히 한다.

　– 오늘 일은 오늘 완료한다.

　– 통찰력을 갖고 타 부서를 도울 일이 무엇인지를 연구한다.

● 역할
- 적정하게 예산을 집행(계획성, 절약성, 효과성)한다.
- 효율적으로 자금을 관리한다.
- 기관장에게 재정상태를 보고하여 기관장이 판단하는 데 도움을 준다.
- 타 부서와의 협조를 유지한다.
- 효율적으로 물품관리를 한다.

(5) 회계(부기)의 방법

① 부기의 개념

부기란 글자 그대로 장부기입이라는 뜻에서 만들어진 용어로, 거래사실을 요약·정리하여 장부에 기록하는 단순한 기술을 뜻한다. 반면, 회계는 앞서 언급한 바와 같이 거래를 장부에 기록하는 부기의 차원을 넘어 이것을 회계정보로서 기업의 여러 이해관계자들에게 제공함으로써 그들이 합리적으로 의사결정을 할 수 있도록 해 주는 것이다. 그렇다고 부기가 중요하지 않다는 의미는 아니다. 회계가 제대로 되기 위해서는 부기가 정확하게 되어야 하는 것은 두말할 필요가 없다. 통상적으로 '부기'라 할 때는 가정에서 입출금을 기록하는 가계부와는 다른 뜻으로서 회사의 부기를 말한다(김승오, 2006 재인용).

② 부기의 구분

부기는 기록 방법 및 내용에 따라 단식부기와 복식부기로 구분한다. 사회복지 법인 및 시설은 단식부기를 원칙으로 하고 있으며, 필요한 경우에 한하여 복식부기를 사용하도록 하고 있다.

● 단식부기: 일정한 원리법칙이 없이 단지 자산과 부채의 증감만을 거래요소로 보고, 대차평균의 원리에 의하지 아니하고 기록하는 상식적이며 간단한 기장법이다. 재무상태는 불완전하나마 평가할 수 있으나 손익에 관한 기록이 불완전하므로 일정 기간의 순손익은 알 수 있어도 그 발생이나 원인을 알 수 없다.
● 복식부기: 자산, 부채 및 자본의 증감변동을 거래요소로 보고 '대차평균의 원리'에 따라 빠짐없이 기록하는 조직적 내지 완전한 기록법을 말한다. 따라서 자산과 부채

및 자본의 변화과정을 이중기록(대차관계기록)함으로써 그 인과관계를 명백히 할 뿐 아니라 자동적으로 오류를 발견하는 기능, 즉 자기점검의 기능을 가진 완전한 부기다. 일반적으로 부기라 하면 복식부기를 말한다.

(6) 장부의 종류 및 기장과 증빙서류
① 비치할 장부
사회복지법인 및 사회복지시설에 비치해야 할 필수장부는 현금출납부, 총계정원장, 총계정원장 보조부, 재산대장, 비품관리대장, 소모품대장이다.

② 장부의 기장 및 증빙관리
- 장부는 정확히 기록·작성하고 관련되는 증빙을 영구·보관하여야 한다. 장부기록과 증빙 관리부실은 부정과 오류에 대한 사후 적발을 회피하는 수단으로 악용될 소지가 있기 때문에 다음과 같은 사항이 발생하지 않도록 주의해야 한다.
  - 관련 장부 및 증빙 미비
  - 증빙의 정리 부실로 장부대조 불가능
  - 통장, 현금출납부, 수입·지출 결의서 불일치
  - 예금통장 폐기 또는 분실
  - 장부부실로 인한 원인 불명의 수입·지출 간 차이
  - 회계장부 작성부실
- 장부는 수입결의서 및 지출결의서에 의해 기장한다.
- 현금출납부 기장방법: 현금출납부 기장은 1월 1일자 전기이월금부터 기장한다. 기타 장부(총계정원장 등)는 첫 번째 발생 건부터 기장한다. 장부는 당일에 기장한다.

〈표 11-1〉 현금출납부 기장방법 예시(2×××. 1. 10.)

- ○○구청으로부터 1/4분기 운영비 보조금 25,000,000원이 통장으로 입금됨
- 김△△로부터 후원금 300,000원을 받아 은행에 예입함
- 공공요금: 1월 전기료 200,000원을 은행에서 인출하여 지불함
- 연료비: 가스 20kg 30,000원을 은행에서 인출하여 지불함

- 차량비: 1/5 지급했던 유류대 등 반납금 여입(20,000원)하여 은행에 예입함
- 사업수입금: 1/7에 받은 사업수입금 중 50,000원을 반환함. 은행에서 인출하여 송금함
- 2×××년 1월 9일분 공공요금 1월 전화료 40,000원 지출(은행에서 인출하여 지불함)한 내용이 장부상 미기재되었음을 1월 10일에 확인하고 추후 기록(추기)함
- 1월 11일 후원금 김△△로부터 70,000원 영수함

- ● 총계정원장: 예산과목을 찾아 '날짜' '내용' '금액'을 기재한다.
- ● 총계정원장 보조부: 예산과목을 찾아 '날짜' '내용' '금액'을 기재한다.
- ● 재산대장: '날짜' '내용-구입처-수량-단가' '고유번호'를 기재한다.
- ● 물품관리대장(비품관리대장, 소모품대장): '날짜' 등 서식에 의해 기재한다.
- ● 장부기장 시 유의사항
  - 과년도 수입과 반납금 여입
    - ▶ 출납이 완결한 연도에 속하는 수입, 기타 예산 외의 수입을 모두 현 연도의 세입에 편입시켜야 한다.
    - ▶ 지출된 세출의 반납금은 각각 지출한 세출의 당해 과목에 '여입'하여야 한다. 반납금 여입은 '지출'란에 주색으로 또는 △ 표시 후 금액을 표시한다.

〈표 11-2〉 반납금 여입절차 예시

신 ○○에게 출장비 100,000원을 지급하였으나, 상황변동으로 출장 취소되었음

〈현금출납부 예시. 별표1 서식〉

연월일	적 요	수입액	지출액	차인잔액
2×××. 1. 10.	No.1. 보조금(1/4보조) ○○구청	25,000,000		
〃	No.2. 후원금, 김△△	300,000		
〃	No.3. 공공요금 1월분 전기료		200,000	
〃	No.4. 연료비, 가스통 20kg		30,000	
〃	No.5. 차량비, 1/5 유류대 등 여입		△20,000	
〃	No.6. 사업수익, 1/7분, 반환	△50,000		25,040,000
추기 2×××. 1. 9.	No.4. 공공요금, 1월분 전화료		40,000	25,000,000
1. 11.	No.1. 후원금, 김△△	70,000		25,070,000

내부결재(품의) 서류

수 신: 내부결재

제 목: 출장비 반납

내 용: 2×××년 3월 5일에 신○○에게 지급한 출장비를 다음과 같은 사유로 반납하고자 하오니
결재하여 주시기 바랍니다.

  출장자명: 신○○

  직책: 팀장

  반납액: 70,000원(수령액 70,000원)

  반납사유: 출장취소

  반납일: 2×××. 3. 6. 끝.

반납절차는 다음과 같다.

첫째, 신 ○○는 출장취소로 인한 출장비 반납 내부결재를 받는다.

둘째, 신 ○○는 내부결재 서류와 반납금을 회계담당자에게 인계한다.

셋째, 회계담당자는 결재받은 내부결재 서류에 근거하여 지출결의서(반납)를 작성하고 금액란에 주색으로 반납하는 금액을 기재하고, 결의서 적요란에 그 사유를 기록한다. (당초 지급된 날짜와 금액, 내용)

넷째, 회계담당자는 반납금을 금융기관에 예입한다.

다섯째, 회계담당자는 처음 지급된 지출결의서 비고란 또는 여백에 반납일자와 반납금액을 기재하여 증빙서와 비교가 되도록 한다.

일상경비 및 개산급의 정산결과 생긴 불용액 또는 잔액을 반납할 경우에는 위의 예와 같은 절차를 취한다.

 – 누락분 추가 기재 시: 장부기재 후 확인한 결과 당일 기장분에서 누락된 것이 있는 경우는 발견한 즉시 〈표 11-3〉과 같이 장부에 기재하여야 한다.

〈표 11-3〉 추가발생일 예시

월 일	적 요	수 입	지 출	차인잔액
(추가)발생일	내용			

 – 수정 및 삭제 시

  ▶ 기장한 내용 중 일부를 수정할 경우는 수정할 부분을 주색으로 두 줄을 긋고, 기장자가 날인한 후 수정하는 내용을 그 위에 기재한다.

▸ 기장 내용 중 삭제할 경우, 장부의 한 줄 또는 몇 개의 줄을 삭제 시 주색으로
두 줄 긋고 날인한 후 여백에 주색으로 '사유를 설명하고 삭제'라고 기재한다
(예: 이중기장으로 삭제).

▸ 장부의 한 면 전부 또는 반 이상을 삭제하고자 할 경우에는 주색으로 해당되는
부분의 처음과 끝 칸에 'X'를 하고 날인한 후 '삭제하는 사유를 설명하고 삭
제'라고 기재한다.

▸ 수정 및 삭제한 경우 수정 및 삭제된 내용을 해득할 수 있어야 한다.

▸ 수정잉크로 지우는 것은 허용되지 아니한다.

– 과목변경: 예산과목 등 기타의 착오가 있음을 발견했을 경우 과목변경 내부결재

〈표 11-4〉 2×××년 1월 5일자 수입결의서 내용 예시

▸ 입소경비 수입 100,000원 입금

▸ 2×××년 1월 8일 확인 → 입소경비 수입이 아닌 후원금 수입임

❶

수입결의서	
일시	2×××. 1. 5.
과목	입소경비 수입
금액	십만 원(100,000)
적요	최○○ 입소경비

❷　　　　　　　　주색

대체수입 결의서	
일시	2×××. 1. 8.
과목	입소비용 수입
금액	일십만 원(주색)
적요	예산과목 오용으로 후원금 수입으로 대체 (2×××. 1. 5. 입금분)

❸　　　　　　　　주색

대체수입 결의서	
일시	2×××. 1. 8.
과목	후원금 수입
금액	일십만 원(청색)
적요	예산과목 오용으로 입소경비 수입에서 대체 (2×××. 1. 5. 입금분)

〈표 11-5〉 제세공과금 예시

▶ 2×××년 1월 25일 확인 → 2×××년 1월 20일 전화요금 50,000원을 공공요금으로 지출해야 함

❶

지출결의서	
일시	2×××. 1. 20.
과목	제세공과금
금액	오만 원(50,000)
적요	전화요금

❷   청색

대체지출 결의서	
일시	2×××. 1. 25.
과목	제세공과금
금액	오만 원(주색)
적요	예산과목 오용으로 공공요금에 대체 (1. 20. 지출분)

❸   청색

대체지출 결의서	
일시	2×××. 1. 25.
과목	공공요금
금액	오만 원(청색)
적요	예산과목 오용으로 입소경비 수입에서 대체 (1. 20. 지출분)

를 받아 변경한다. 이 경우 내부결재 서류를 근거로 하여 대체수입 및 대체지출 결의서를 작성하고 이에 따라 현금출납부를 제외한 다른 장부에 변경사항을 기재한다.

③ 장부마감
● 장부마감은 일계, 월계, 연계, 누계로 구분한다.
● 일반적으로 월계와 누계로 마감한다.
● 월계, 누계 마감 시 장부마감을 한다.

④ 장부기장의 정확성을 기하기 위해 회계책임자가 유의하여야 할 사항

● 매일 일계표를 작성하여 결재를 받도록 한다.

● 일계표에는 수입결의서와 지출결의서를 결의서 번호순으로 편철한다.

● 결의서에 의거하여 장부기장이 정확히 되었는지 확인한다(누락여부, 계정과목 정확성, 재원구분의 정확성).

● 증빙서는 제대로 첨부되어 있는지 확인한다.

● 당일 수입·지출액과 예금 입출금액이 계정별로 정확히 되었는지 확인한다.

● 월계를 하기 전에 다시 한 번 기재사항을 확인한다(누락여부, 계정가목 정확성, 재원구분의 정확성).

● 앞면에서 이월 시 제일 윗줄 적요란에 '앞면(또는 전면)에서 이월'을 기재하고 수입액, 지출액, 차인잔액란에는 앞면의 수입지출 누계금액과 차인잔액을 그대로 이기한다.

● 마감 첫 달은 월계만 한다.

● 마감 둘째 달부터 월계 누계를 한다.

● 계속사업(2개 연도 이상)을 수행할 때(예: 후원사업)는 연계를 한다.

〈표 11-6〉 이월 기장 시 기장 방법 1

연월일	적 요	수입액	지출액	차인잔액
공 란	앞면에서 이월	56,000	50,000	6,000

월 일	적 요	수입액	지출액	차인잔액
					← 한줄(주색)
	월계				← 한줄(주색)
	누계				← 두 줄(주색)

⑤ 다음 면으로 이월 기장 시 기장 방법

제일 끝줄 적요란에 '다음 면(또는 차면)으로 이월'을 기재하고 수입액 및 지출액, 차인잔액란에는 그 '면까지의 누계금액'을 기록한다. 단, 제일 끝줄이 누계금액을 기재하는 경우 '다음 면으로 이월'은 생략한다.

〈표 11-7〉 **이월 기장 시 기장 방법 2**

연월일	적 요	수입액	지출액	차인잔액	
		...			
	다음 면으로 이월	56,000	50,000	6,000	← 한줄(주색)
					← 두 줄(주색)

3) 수입과 지출

(1) 수입금의 수납

모든 수입금의 수납은 수입원이 담당하며 그다음 날까지 금융기관에 예입하여야 한다. 그러나 장부와 예금통장 간의 일체성을 위해 당일 수입금은 당일 금융기관에 예입하는 것이 바람직하다. 또한 금융기관 업무 마감 후의 수입은 그다음 날 예입하도록 하되 영수증에는 '마감 후 수입'의 표시를 하여 정확성을 기한다. 가능하면 '마감 후 수입' 부분은 그다음 날짜로 수입결의서를 작성함이 바람직하다. 현금시재는 일단위로 마감함으로써 현금에 관한 부정과 오류의 위험을 배제할 수 있을 것이다.

수입원이 수납하는 금액에 대해서는 영수증(대표이사명 또는 시설장명)을 발급하고 납부자에게 1부를 주고 1부는 보관한다. 영수증은 1권을 50~100매 단위로 미리 편철하고 사전에 영수증 일련번호를 부여한다. 단, 전산으로 영수증 발급 시는 일련번호를 준수한다. 영수증 기재내용의 이상으로 영수증을 재발급해야 할 경우 미리 발급한 영수증을 회수하여 영수증 철에 보관하고 회수된 영수증에는 주색으로 'X'를 표시한 후 날인하고 '서손(書損)'이라 기재한다. 사업수입, 후원금수입 및 기타수입 시 납부자가 다수인 경우 수입 성질별로 구분하여 '세입내역 명세서'를 수입결의서에 첨부한다.

(2) 지출의 원칙

지출은 지출결의서에 의하여 지출업무를 담당하는 관리자(법인의 대표이사 또는 시설의 장, 위임을 받은 자)의 지출명령이 있는 것에 한하여 지출원이 행한다. 이러한 지출명령은 예산의 범위 안에서 하여야 한다. 지출절차는 [그림 11-1]과 같다.

지출결의서 작성 시 지출원인 행위(내부결재)가 선행되어야 한다. 지출원인 행위는 내부결재 또는 경비청구서로 수행한다. 지출원인 행위 시 두 개 이상의 예산과목에서 또는 두 번 이상으로 나누어 지출할 때는 주된 과목 또는 최초의 지출결의서에 지출원인행위 관계 증빙서류를 첨부하고 다른 지출결의서에는 그 뜻을 기재하여 관계성을 갖도록 한다.

이때 지출금액은 객관성, 타당성, 정확성을 유지하여야 한다. 즉, 저렴한 가격으로 좋은 품질의 물품을 구입하여야 한다. 물품의 구입은 저렴한 가격 또는 타당성을 인정받는 가격 선에서 이루어져야 한다(예: 종합물가정보지 등 참조).

[그림 11-1] 지출 절차도

(3) 지출의 방법

① 지출은 상용의 경비 또는 소액의 경비 지출을 제외하고는 금융기관의 수표로 행하

거나 예금통장을 통해 진행한다.

② 지출원은 거래처의 예금구좌로 무통장 입금(계좌입금)하는 것이 객관성, 정확성 유지에 도움이 될 것이다. 이 경우에도 영수증은 받아 두는 것이 좋다. 특히 10만 원이상은 계좌 입금토록 노력한다. 또한 법인신용카드를 사용하도록 한다.

③ 지출원은 상용의 경비 또는 소액의 경비지출을 위하여 100만 원 이하의 현금을 보관할 수 있다.

● 이 경우 '현금보관' 내부결재를 받은 후 보관하며, 내부결재 서류는 당일의 결재서류철에 함께 편철하여 당일의 예금 입·출금액과 그 내용이 일치하도록 한다. 현금보관자와 보관장소를 지정한다.

● 보관액 중에서 일부 금액을 사용한 경우에는 사용액만큼을 정상적인 절차에 따라다시 복원하도록 한다.

④ 가능한 한 현금잔액은 없도록 한다.

⑤ 지출 시 유의사항

● 채주가 정확한지 여부를 확인한다.

● 물품, 공사, 기타 대금 지불 시 구비서류를 확인한다.

● 채주의 영수인은 대금청구서에 날인한 인장과 같은지 여부를 확인한다.

● 채주와 예금주의 명의 일치 여부를 확인한다.

(4) 증 빙

① 수입은 수입결의서, 지출은 지출결의서에 작성한다.

② 모든 수입, 지출은 결의서(날짜 및 그 내용)를 기재하여 법인의 대표이사 또는 시설의 장의 결재를 받고 결의서 날짜 단위로 일련번호를 기재하고 월별로 편철하여 보관한다(위를 1일로 하여 아래는 31일로 편철).

③ 기능보강비(물품구입 및 공사)와 관련된 지출은 지출결의서와 함께 품의서, 계약서, 견적서, 거래명세서, 물품검수조서 또는 준공검사서, 신용카드 매출전표 또는 계좌금 의뢰서 및 무통장 입금증, 세금계산서, 기타 증빙을 첨부하여 보관한다. 인쇄·출판 시는 인쇄 및 출판물을 첨부(상품안내 카탈로그 등 해당 부분)한다.

④ 소액의 거래는 지출결의서와 함께 세금계산서 또는 영수증(금전등록기 영수증 포

함), 기타 증빙을 첨부하여 보관하여야 한다.

⑤ 증빙서에는 재사용 방지를 위하여 지출증빙서에 '지급필'(또는 출납필) 인을 간인한다. 그리고 지출증빙서는 원본을 첨부한다. 단, 특정사업 보조기관(공동모금회, 삼성복지재단 등)에 정산서와 함께 지출증빙서 원본을 제출하도록 계약이 된 경우에는 증빙서 사본에 원본 대조필 도장을 찍고 결의서 여백에 그 사유를 기재하여야 한다.

⑥ 지출원(계약담당자)은 거래 상대방이 어떤 증빙서 발급대상자인지를 사업등록증에 의거해 먼저 확인하여야 한다. 법인사업자, 일반사업자는 세금계산서를, 간이과세자는 간이영수증 또는 금전등록기 영수증을, 면세사업자는 계산서를 받는다. 가능한 한 세금계산서, 금전등록기 영수증(품명 금액표시)을 받도록 한다.

⑦ 영수증의 두서금액은 정정, 도말 또는 개서하지 아니한다. 영수증 금액은 한글 또는 한자로 표시한다. 아라비아 숫자를 부기할 때에는 두서에 '＼' 기호를 표시한다.
  ⑩ 壹百萬 원정(＼1,000,000)

⑧ 물품구매 및 물품대금 지급 시 구비서류

● 물품구매 시 구비서류는 구매내부결재서류(견적서 첨부), 시장가격조사서, 물품구매 계약서다.

● 물품대금 지급 시 구비서류는 지급내부결재서류, 납품서, 물품검수조서, 대금청구서, 계좌입금 의뢰서, 세금계산서, 사업자등록증 사본, 증빙자료(사진 등), 기타 필요한 서류다.

⑨ 공사계약 및 공사대금 지급 시 구비서류

● 공사계약 시 구비서류는 내부결재서류, 계약서, 사업자등록증 사본, 법인등기부등본, 인감증명서(법인은 법인 인감증명서), 계약보증금, 정관(단체수의계약 등 필요시), 사용인감계, 면허수첩 사본, 기술자수첩 사본, 착공계, 현장 대리인계, 공정표, 기타 필요한 서류다. 입찰 시 입찰서의 사용인감과 입찰등록 신청서상의 날인 인감이 같아야 한다.

● 공사대금 지급 시 구비서류는 지급내부결재서류, 준공검사원, 공사 준공계, 준공검사서, 공사감독일지, 세금계산서, 계좌입금 의뢰서, 시·국세 완납증명서, 하자보수 보증금, 증빙자료(사진 등), 기타 필요한 서류다.

(5) 일계표의 작성

법인의 대표 및 시설의 장 또는 수입 및 지출에 관한 사무를 위임받은 소속직원은 매일매일의 수입과 지출 내역이 요약된 일계표를 작성한다.

(6) 예금통장의 관리

① 법인 또는 시설 명의로 예금통장을 개설해야 한다. 또한 통장개설(또는 폐기) 시 내부결재로 법인의 대표이사 또는 시설의 장의 승인을 얻도록 하고 통장계좌에 대한 대장을 유지하여야 한다.

② 법인회계, 시설회계, 수익사업회계를 구분하여 거래통장을 만든다. 여기에 추가하면 예산편성 회계단위(일반회계, 특별회계)로 구분하여 보조금(사업별)과 일반수입(법인전입, 자체수입), 후원금으로 구분한다.

③ 통장상의 예입액과 인출액은 당일의 수입액 및 지출액과 일치하도록 한다.

(7) 지출의 특례

① 선급금: 지출에 있어서 선급금을 할 수 있는 경비의 범위는 사회복지법인 재무 · 회계 규칙에서 규정하고 있다. 선급금이라 함은 이행기가 도래하기 전에 채무를 변제하기 위하여 세출금을 지출하는 것으로서 선급금의 채무 부담액은 계약 등에 의하여 확정되어 있으므로 개산급에서처럼 사후 정산은 불필요하다. 선급금의 범위는 다음과 같다.

- 외국에서 직접 구입하는 기계, 도서, 표본 또는 실험용 재료의 대가
- 정기간행물의 대가
- 토지 또는 가옥의 임대료와 용선료
- 운임
- 소속직원 중 특별한 사정이 있는 자에 대하여 지급하는 급여의 일부
- 관공서(정부투자기관관리기본법에 의한 정부투자기관 및 특별법에 의하여 설립된 특수법인을 포함한다)에 대하여 지급하는 경비
- 외국에서 연구 또는 조사에 종사하는 자에 대하여 지급하는 경비
- 보조금

〈표 11-8〉 예금통장의 관리(별표14) 예시

○○○○년 ○월 예금 입·출금 명세서		예금액 / 인출액
		잔 액

은행명	계좌번호	일	일	일		월 합계
합　계						

* 법인 및 시설은 사용인감 인영부를 비치하여 정확을 기한다.

인장명	사용인감	제작일자	폐기 또는 분실 일자	보관자
대표이사 직인				
은행거래 인장				

- 사례금
- 계약금액이 1천만 원 이상인 공사나 제조 또는 물건의 매입을 하는 경우에 계약금액 100분의 50을 초과하지 아니하는 금액
② 개산급: 지출에 있어서 개산급을 할 수 있는 경비의 범위는 사회복지법인 재무·회계규칙에서 규정하고 있다. 개산급이라 함은 채무는 존재하나, 지급할 금액이 미확정인 경우에 계약금액으로서 채무이행의 도래 이전에 지급하고 사업실적에 의하여 채무액을 확정·정산함을 말한다. 개산급의 범위는 다음과 같다.
- 여비 및 관공비
- 관공서(정부투자기관관리기본법에 의한 정부투자기관 및 특별법에 의하여 설립된 특수법

인을 포함)에 대하여 지급하는 경비

● 보조금

● 소송비용

(8) 기 타

① 지출 시 수입재원이 무엇인지를 명시하면 재원관리에 효율적이다.

② 지출결의서의 우측 상단에 '수입재원표시'(예: 보조금, 자부담 등)를 한다.

③ 인건비 지급 시 보조금 재원과 자부담 재원을 합쳐서 지급하는 경우 재원을 명시
한다.

〈표 11-9〉 수입재원 명시 예시

성 명	급 여	수 당	계
○○○	500,000원	100,000원	600,000원
	보조금 400,000	보조금 98,000	보조금 498,000
	자부담 100,000	자부담 2,000	자부담 102,000

(9) 퇴직금 계산 및 퇴직금 적립

① 법인 및 시설은 근로기준법 제34조의 규정에 의하여 1년에 30일분 이상의 보수를
퇴직적립금으로 적립하여 퇴직 시 지급하여야 한다. 근무년수가 1년 미만인 자에
게는 퇴직금을 지급하지 아니한다. 즉, 365일 이상 근무한 자에게 퇴직금을 지급하
며, 퇴직일은 근무일수에서 제외된다.

● 퇴직금 적립의 시기는 월별, 분기별, 반기별 또는 수시로 할 수 있다. 퇴직금 추계
액을 산출하여 연말에 적립부족액을 일시불로 적립할 수 있다.

● 매월 봉급 총액의 1/12을 적립할 수 있으며, 이 경우 30일분(1/12)은 당해 법인이나
시설의 퇴직금 기준에 따라 상향 조정할 수 있다.

● 근속기간은 재직기간에서 휴직, 정직, 직위해제 처분 등으로 그 직무에 종사하지
아니한 기간을 제외한 기간이며, 근속기간은 1할 계산하고 퇴직일은 근무일수에서

제외한다.

② 퇴직금 계산방법은 다음과 같다.

● 평균임금 산출방법

$$\frac{\text{최근 3개월의 본봉}}{3} + \frac{\text{상여금}}{3} + \frac{\text{수당}}{3} + \frac{\text{정근수당}}{6} = \text{평균임금}$$

● 퇴직금 계산(월단위)

$$\text{평균임금} \times \frac{\text{재직월수}}{12} = \text{퇴직금} - \text{국민연금 퇴직전환금} = \text{차인지급액}$$

③ 직원의 퇴직적립금은 별도의 예금통장으로 관리하여야 하며 퇴직금 지급 이외의 사유로 인출하여서는 안 된다.

④ 퇴직적립금 등을 출납하는 때에는 재산대장(퇴직적립금 보조부)에 즉시 기록하여야 한다.

〈표 11-10〉 퇴직금 실지급액 예시

▶ A씨의 경우: 5년 5개월 ××××년 1월 25일 확인 → 공공요금으로 지출해야 함

㉠ 평균임금산출(최근 3개월간 보수내역)

기간	본봉	상여금	수당	정근수당	계	재직월수	퇴직금 ①	국민연금 전환금 ②	퇴직금 실지급액 (①-②)
3.31.~3.1.	800,000	800,000	250,000	-	1,850,000	5년 5개월 (××××.11.1. ~××××. 3.31.)	7,669,402	0	7,669,402
2.28.~2.1.	800,000	-	250,000	-	1,050,000				
1.31.~1.1.	800,000	-	250,000	600,000	1,650,000				
평균임금	800,000	266,666	250,000	100,000	1,416,666	5년 5개월			

❶ (800,000×3월)/3＋(800,000원)/3＋(250,000원×3월)/3×600,000원/6

＝1,416,666원(평균임금: 30일분, 즉 1년분 퇴직금)

❷ 1,416,666÷30일＝47,222원(평균임금: 1일분)

ⓒ 퇴직금 지급액

❶ 월계산: 1,416,666원×65월/12월＝7,673,607원

❷ 일수계산: 1,416,666원×1976일/365일＝7,669,402원

4) 물 품

(1) 물품의 범위

물품이라 함은 현금, 유가증권 및 부동산 이외의 것으로서 비품 및 소모품을 말한다. 비품은 그 품질현상은 변하지 아니하고 비교적 장기간 사용할 수 있는 물품이다. 그리고 소모품은 그 품질이 사용됨으로써 소모되거나 파손되기 쉬운 물품을 일컫는다.

(2) 물품의 관리자와 출납원

대표이사와 시설의 장은 그 소관에 속하는 물품(현금 및 유가증권을 제외한 동산)을 관리한다. 그리고 그 소관에 속하는 물품관리에 관한 사무를 소속직원에게 위임할 수 있다. 이때 위임받은 자를 물품관리자로 한다. 물품의 출납보관을 위하여 소속직원 중에서 물품출납원을 지정하여야 한다.

(3) 물품의 관리의무 및 관리

물품관리자 및 물품출납원은 선량한 관리자로서 사무에 종사하여야 한다. 물품관리자는 물품을 출납하고자 할 때에는 물품출납원에게 출납하여야 할 물품의 분류를 명백히 하여 그 출납을 명령하여야 한다. 그리고 물품출납원은 상기의 명령이 없이는 물품을 출납할 수 없다. 상기 두 조항에 따라 법인 및 시설 운영규정 종사자 직무내용 중에는 물품관리자 및 물품출납원의 업무분담에 따른 내용이 있어야 한다. 물품관리자와 출납원은 재정보증이 필요하다.

(4) 물품구입 및 출납 절차

물품구입(구매) 및 출납은 다음과 같은 절차로 이루어진다.

① 물품구입(구매)

- 물품을 필요로 하는 부서에서 물품지급을 요청하는 내부결재(또는 물품지급청구서)를 받는다. 물품청구인은 물품관리자의 협조를 얻어야 한다. 결재 시 유의사항은 다음과 같다.
  - 현재 보관 중인 물품의 유무를 확인하여 보관 중인 물품부터 우선 지급한다.
  - 물품의 필요성을 확인한다.
  - 예산을 확인한다.
  - 물품의 필요 우선순위를 파악한다.
- 물품을 외부로부터 구입해야 할 경우 물품구매 담당자는 물품구입 내부결재를 얻어야 한다.
  - 일반적으로 시장조사를 실시하여야 한다. 조달청 가격 또는 수개소의 견적을 받아 저렴한 가격으로 구입할 수 있도록 한다.
  - 지명경쟁, 수의계약, 일반(공개)경쟁 중 하나를 선택하여야 한다.
  - 경쟁계약을 하고자 할 경우 담당자는 어떤 방법을 선택할 것인지를 결재를 받아 두어야 한다.
- 물품 납품 의뢰: 가장 저렴한 가격의 낙찰가에게 물품을 납부토록 통보한다.
- 물품검수: 계약상대자는 계약상대자가 계약의 이행을 완료한 때에는 그 이행을 확인하기 위하여 계약서, 설계서, 기타 관계 서류에 의하여 스스로 필요한 검사를 하여야 한다. 또한 전문적인 지식 또는 기술을 필요로 하거나 기타 부득이한 사유로 직접 검사를 할 수 없을 때에는 전문기관 또는 기술자로 하여금 필요한 검사를 하게 할 수 있다.
- 검수조서보고: 내부결재를 통해서 한다.
- 물품출납부에 기록(구입내용) → 소모품대장, 비품대장 등 기록한다.
- 물품청구자에게 지급한다.
  (물품수령자는 수령을 확인하는 표시를 함 → 수령증 또는 물품출납대장에 직접 서명함. 필

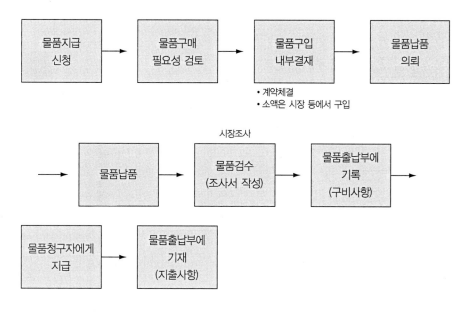

[그림 11-2] 물품 구입 및 출납 절차도

요한 경우 사용자의 보관증을 받을 수 있음 → 중요한 비품 등 지급)
● 물품출납부에 지급사항을 기재한다.

② 불용품 처리

물품 중 그 사용이 불가능하거나 수리하여 다시 사용할 수 없게 된 물품이 있을 때에
는 그 물품에 대한 불용의 결정을 한다. 그리하여 폐기 시에는 폐기 기안과 함께 사진을
첨부하여 폐기대장에 기입을 하고, 매각 시에는 매각금액을 시설의 세입예산에 편입시
킨다.

(5) 재물조사

법인의 대표이사와 시설의 장은 연 1회 그 관리에 속하는 물품에 대하여 정기적으로
재물조사를 실시하여야 하며 필요하다고 인정하는 때에는 정기재물조사 외에 수시로 재
물조사를 할 수 있다.

5) 계 약

(1) 계약제도의 의의

일반적으로 사법상 계약이라 함은 상호 대립되는 2개 이상의 의사표시의 합치에 의하여 성립한 법률행위로서 채권의 발생을 목적으로 하는 것이며, 계약자유의 원칙·신의·성실의 원칙 등 기본원리가 지배하는 것이다. 사회복지법인도 경제주체로서 시설 공사, 물품구매 등에 계약을 필요로 하는 경우가 많다고 할 수 있다. 이에 따라 재무·회계 규칙에서는 가능한 한 정부계약 제도를 준용하도록 하고 있다.

(2) 계약담당자

법인과 시설의 계약담당자는 그 법인의 대표이사와 시설의 장이 되며, 이 계약체결에 관한 사무는 소속직원에게 위임할 수 있다.

(3) 계약의 종류

계약의 종류는 계약의 목적물에 따라 그리고 계약의 특수성에 따라 구분할 수 있다. 이를 〈표 11-11〉과 같이 나타낼 수 있다.

(4) 계약의 방법

계약으로는 일반경쟁계약, 제한경쟁계약, 지명경쟁계약 및 수의계약이 있다. 사회복지법인이 계약을 체결하고자 하는 경우에는 지명경쟁계약 또는 수의계약에 의하는 경우를 제외하고는 공고를 하여 일반경쟁에 부치는 것을 원칙으로 한다. 그렇지만 계약의 목적, 성질 등에 비추어 일반경쟁계약에 의할 수 없거나 일반경쟁계약에 의하는 것이 법인에 현저하게 불리하다고 인정되는 경우에는 지명경쟁계약 또는 수의계약에 의할 수 있도록 하고 있다. 이 경우 수의계약 등을 하는 이유를 계약담당자가 입증하여야 한다.

① 일반경쟁계약

일반경쟁계약은 계약의 목적 등을 공고하여 일정한 자격자 중에서 다수의 희망자로 하여금 경쟁시켜 그중에서 법인에 가장 유리한 자를 선택하여 계약을 하는 것이다. 일반

〈표 11-11〉 계약의 분류

구 분	계약의 종류

계약의 목적물에
따른 구분
	1. 시설공사 계약
	  ① 건설공사: 일반공사(토목, 건축 등), 특수공사(포장, 조경 등), 전문공사(미장,
	    창호 등)
	  ② 전기공사(전기통신공사업법)
	2. 물품의 납품 및 제조계약
	3. 용역계약: 학술, 기술, 청소 등 시설관리 계약

계약의 특수성에 따른 구분	1. 개산계약 및 확정계약(계약 내용과 금액의 확정여부에 따른 계약) 2. 단가계약* 및 총액계약(계약대상 물량과 금액에 대한 계약체결 여부) 3. 일반계약 및 장기계속계약(이행기간) 4. 공동도급계약 5. 회계연도 개시 전의 계약

* 단가계약이란 일정 기간 계속하여 제조, 수리, 가공, 매매, 공급, 사용 등의 계약을 할 필요가 있을 때 당해 연도
예산의 범위 안에서 단가에 대하여 계약을 체결하는 것이다. 사회복지시설의 주 · 부식 구입 시 구매계약(단가계
약) 체결이 필요하다.

경쟁계약의 장점은 공개성, 공정성, 기회의 균등성 등 다수 입찰자의 경쟁에 의하여 법
인에 유리한 가격과 조건으로 계약을 체결하게 하려는 경제성을 감안한 것이다. 일반경
쟁계약은 공고를 내어 다수의 희망자를 통해 입찰경쟁을 하는 계약이다.

② 제한경쟁계약

제한경쟁계약은 입찰 참가자격 공사도급 한도액, 실적, 장비 또는 기술자 보유상황
등 객관적인 기준에 따라 제한을 함으로써 불성실하고 능력이 없는 자를 입찰에 참가하
지 못하도록 하여 공개성, 공정성, 경제성을 유지하고자 하는 것이다. 제한경쟁계약은
참가자격을 제한하여 실시하는 입찰경쟁계약이다.

③ 지명경쟁계약

지명경쟁계약도 경쟁계약의 일종이나 일반경쟁 또는 제한경쟁에 부치지 아니하고 계
약담당자가 적당하다고 인정한 상대방을 수명 · 지명하여 그들로 하여금 경쟁의 방법에
의하여 계약을 하는 것이다. 지명경쟁계약은 입찰대상자를 수명 · 지명하여 입찰경쟁을

하는 계약이다.

지명경쟁계약을 할 수 있는 경우는 추정가격이 1억 원 이하인 공사 또는 제조의 경우, 추정가격이 3천만 원 이하인 재산을 매각 또는 매입할 경우, 예정임대와 임차료의 총액이 3천만 원 이하인 물건을 임대·임차할 때다.

④ 수의계약

수의(특정인)계약이라 함은 경쟁에 부치지 아니하고 계약담당자가 특정인을 상대로 계약을 체결하는 것이다. 이는 경쟁에 관한 절차를 생략하여 자본과 신용이 있고 경험이 풍부한 상대방을 선택할 수 있는 장점이 있다.

수의계약을 할 수 있는 경우는 공사의 경우 예정가격이 5천만 원 이하인 경우, 물품의 제조, 구매, 용역, 기타 계약의 경우 추정가격(임차 또는 임대의 경우에는 연액 또는 총액 기준)이 2천만 원 이하인 경우다.

(5) 계약절차

일반적으로 계약은 ① 계약방법을 결정하여 ② 입찰일까지 예정가격을 작성하고, 입찰보증금을 납부시킨 후 ③ 입찰을 실시하게 되며, 이때 입찰 참가자격도 심사하게 된다. ④ 입찰 후에는 개찰하여 낙찰자 적격여부를 심사하여 낙찰자를 결정·선언하게 되며, ⑤ 낙찰자와 계약을 체결, 계약서를 작성하고 계약보증금 등을 납부하면서 사실상 계약업무는 종결된 것으로 보는 것이 일반적이다. ⑥ 계약이행 과정에서는 감독업무 외 설계변경 또는 물가변동에 의한 계약금액 조정업무가 중요시되며, ⑦ 계약종료 단계에서는 검사와 대가지급 업무가 핵심을 이룬다. 이러한 사항을 [그림 11-3]과 같이 나타낼 수 있다.

① 계약서의 작성

계약담당자는 계약을 체결하고자 할 때에는 계약의 목적, 계약금액, 이행기간, 계약보증금, 위험부담, 지체보상금, 기타 필요한 사항을 명백히 기재한 계약서를 작성하여야 하며, 계약서를 작성하는 경우에는 계약담당자와 계약상대자가 계약서를 기명 날인함으로써 계약이 성립된다. 계약서에는 필요한 기재사항으로 다음과 같은 사항이 반드시

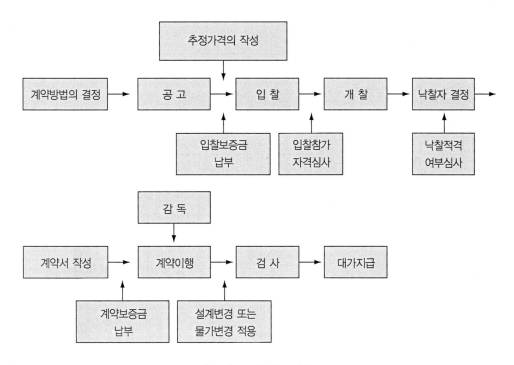

[그림 11-3] 계약절차

기재되어야 한다.

● 시설공사계약은 공사명, 현장, 계약금액, 계약보증금, 차액보증금, 하자보수보증금률, 하자보수책임기간, 지체상금률, 시공연월일, 계약이행의 확정내용과 계약 시의 주소, 상호, 대표자 성명, 주민등록번호 등을 기재한다.
● 물품구매계약은 물품명, 계약금액, 계약보증금, 납품장소, 보증금내역, 지체상금률, 납품일자, 계약이행의 확정내용과 계약자의 주소, 상호, 대표자 성명, 주민등록번호 등을 기재한다.

② 계약서의 작성 생략
계약담당자는 다음에 해당하는 경우에 계약서 작성을 생략할 수 있다.

- 계약금액이 2천만 원 이하인 계약을 체결하는 경우
- 경매에 부칠 경우
- 물품매각의 경우에 있어서 매수인이 즉시 대금을 납부하고, 그 물품을 인수할 경우
- 전기, 가스, 수도의 공급계약 등 성질상 계약서의 작성이 필요하지 아니한 계약을 할 경우

단, 위와 같이 계약서의 작성을 생략하는 경우에는 청구서, 각서, 협정서 등 계약 성립의 증거가 될 수 있는 서류를 받아 비치하여야 한다.

③ 계약보증금

법인에서 계약을 채결할 때에는 체결된 계약의 적정한 이행을 담보하고, 불이행 시 손해보전을 위해 입찰금액 또는 계약금액의 100분의 10 이상의 보증금 또는 보증서, 증권으로 받아야 한다. 다만, 계약보증금을 받음으로써 계약체결에 현저하게 불리하다고 인정되는 확실한 사유가 있을 때에는 계약담당자는 계약보증금을 받지 아니할 수 있다. 필요시 계약보증지급각서로 대체할 수 있다.

④ 직영공사

법인과 시설의 각종 공사는 그 법인의 대표이사와 시설의 장의 결정에 따라 이를 직영할 수 있다. 직영공사를 할 때에는 작업일지와 자재수급부, 노임지급명세표 등을 비치하여 정확하게 기록하고, 집행, 관리 및 감독은 전문기술자로 하여금 담당하게 하여야 한다.

⑤ 검사조서 작성

계약담당자는 계약상대자가 계약의 이행을 완료한 때에는 그 이행을 확인하기 위하여 계약서, 설계서, 기타 관계서류에 의하여 스스로 필요한 검사를 하여야 한다. 이 경우 전문적인 지식 또는 기술을 필요로 하거나 기타 부득이한 사유로 검사를 할 수 없는 때에는 전문기관 또는 기술자로 하여금 검사를 하게 할 수 있으며, 검사를 할 경우에는 검사조서를 작성하여야 한다. 다만, 다음의 경우에는 그 검사조서의 작성을 생략할 수 있다.

- 계약금액이 2천만 원 이하인 계약의 경우
- 매각계약의 경우
- 전기, 가스, 수도의 공급 계약 등 그 성질상 검사조서의 작성을 요하지 아니하는 계약의 경우

6) 후원금 관리

(1) 후원금의 개념

후원금이란 법인의 대표이사와 시설장이 아무런 대가 없이 무상으로 받은 금품, 기타의 자산을 말하며 이러한 후원금은 수입, 지출 내용을 관리하는 명확성이 확보되도록 하여야 한다.

(2) 후원금의 수입과 영수증 교부

법인의 대표이사와 시설의 장은 후원금을 받은 때에는 후원금 영수증을 즉시 교부하여야 한다. 다만, 금융기관 또는 체신관서의 계좌입금을 통하여 후원금을 받은 경우 그렇지 않다.

(3) 후원금의 수입 및 사용통보와 보고

법인의 대표이사와 시설의 장은 연 1회 이상 해당 후원금의 수입 및 사용내역을 후원금을 낸 법인, 단체 또는 개인에게 통보하여야 한다. 이 경우 법인이 발행하는 정기간행물 또는 홍보지 등을 이용하여 일괄 통보할 수 있다.

그리고 법인의 대표이사와 시설의 장은 매반기 종료 후 10일 이내에 후원금 수입 및 사용결과 보고서를 관할 시장 · 군수 · 구청장에게 제출하여야 한다.

시장 · 군수 · 구청장은 제1항의 규정에 의하여 제출받은 후원금의 수입 및 사용결과 보고의 내역과 후원금 전용계좌 등의 후원금 입 · 출금 내역을 매반기 종료 후 30일 이내에 인터넷 등을 통하여 공개하여야 하며, 공개일부터 3월간 누구든지 이를 볼 수 있게 하여야 한다. 다만, 후원자의 성명(법인 등의 경우는 그 명칭)은 공개하지 아니한다.

(4) 후원금의 예산편성

후원금의 수입 및 지출은 예산의 편성 및 확정 절차에 따라 세입·세출 예산에 편성하여 사용하여야 한다.

(5) 후원금의 사용범위

법인의 대표이사와 시설장은 후원금을 후원자가 지정한 사용용도 외의 용도로는 사용하지 못한다. 후원금의 사용범위는 다음과 같다.

- 후원자가 지정한 용도에 사용한다.
- 총 후원금의 10%를 모금, 홍보 및 사후관리 비용으로 사용할 수 있다. 단, 사회복지법인 한국복지재단을 통한 지정후원금은 제외한다.
- 비지정후원금은 시설운영비로 사용하되 다음 사항을 준수해야 한다. 간접비 집행은 50%를 초과하지 못한다.
- 시설운영비의 구분
  - 직접비(예시): 생계비, 연료비, 의료비, 아동정서 교육비, 전산교육비, 위생비, 프로그램 운영비, 학교 준비물, 학용품비, 이용자 병원 후송여비, 장의비, 수업료, 중고생 교통비 등
  - 간접비(예시): 수용비, 인건비, 기관운영비, 회의비, 자산취득비, 기능보강사업비, 차량유지비, 공공요금, 제세공과금, 운송비, 수수료, 잡 지출 등
- 후원금 지출 금지항목 규정
  - 시설장 등 임직원 판공비, 정보비
  - 별도 기금 설치·운영, 법인전출금, 다른 시설이나 법인에 대한 지원후원금 지출 금지 항목 규정
- 후원금 세입·세출
  - 세입·세출서 작성 시 후원금(관)을 신규 설치
  - 세항에 지정, 비지정 후원금 구분

(6) 후원금 관리 서류

후원금 관리 서류에는 후원회원 가입신청서, 후원자명부, 후원금 수입 · 지출부, 후원금의 수입 및 사용결과 보고서, 후원금 회계보고서(개인별), 후원금 관리카드(개인별), 기간별 · 개인별 후원금 수입지출 명세서, 후원금 영수증 철이 있다.

7) 감 사

감사의 역할은 다음과 같다.

- 법인의 감사는 당해 법인과 시설에 대하여 매년 1회 이상의 감사를 실시하여야 한다.
- 법인의 대표이사는 시설의 장과 수입원 및 지출원이 사망하거나 경질된 때에는 그 관장에 속하는 수입, 지출, 재산, 물품 및 현금 등의 관리 상황을 감사로 하여금 심사하게 하여야 한다.
- 감사를 함에 있어서는 전임자가 입회하여야 하며 전임자가 입회할 수 없는 경우에는 그 전임자가 지정하거나 법인의 대표이사가 관계직원 중에서 지정한 입회인을 입회하게 하여야 한다.
- 감사를 한 때는 감사보고서를 작성하여 당해 법인의 이사회에 보고하여야 하며 재산상황 또는 업무집행에 관하여 부정 또는 불미한 점이 발견된 때에는 시장, 군수, 구청장에게 보고하여야 한다.
- 감사보고서에는 감사가 서명 또는 날인하여야 한다.

8) 사무의 인계, 인수

회계사무를 담당하는 직원이 경질된 때에는 발령일부터 5일 이내에 당해 사무의 인계, 인수를 행해야 한다.

또한 인계자는 인계할 장부와 증빙서류 등의 목록을 각각 3부씩 작성하여 인계자, 인수자가 각각 기명 날인한 후 각각 1부씩 보관하고 1부는 이를 예금잔고 증명과 함께 인계, 인수보고서에 첨부하여 법인의 대표이사에게 제출하여야 한다. 이 경우 시설에 있어서는 시설의 장을 거쳐 제출하여야 한다.

9) 보고서

법인 및 시설에서 실시하고 있는 보고서의 내용을 종합해 보면 다음과 같다.

(1) 1일보고
● 업무일지
● 일계표 및 예금 입 · 출금 명세서

(2) 월간보고
● 월간 회계보고서(예산 대 실적대비)
● 사업실적보고서(계획: 목표 : 대 실적대비)

(3) 분기별 보고
보조금 정산보고

(4) 반기별 보고
후원금 수입명세 및 사용결과보고서

(5) 연간보고
● 결산서
● 사업실적(연간)
● 후원금 회계보고서(P. R 동봉)
● 재물조사 현황보고

10) 중점 검토사항

법인 및 시설의 운영주체는 '사회복지법인 재무 · 회계 규칙과 기타 규정'에 따라 재무 및 회계 업무를 처리하고 있는지 등을 중점적으로 검토해야 한다.

〈표 11-12〉 **사회복지법인 재무 · 회계 규칙과 기타 규정 주요 내용**

구 분	주요 내용
일반사항	• 법인회계와 시설회계의 구분 • 회계장부 비치 여부 및 장부 관리 • 일일마감, 보조부기록, 증빙작성, 보관, 편철의 적정성 • 회계 · 물품 담당직원의 재정보증
예산 관리	• 예산 집행 시 과목 준수 여부 • 예상 총괄주의 준수여부 및 편성절차, 예산서 제출기일 준수 • 추가경정예산의 적법편성 여부 및 제출기일 준수 • 결산서 제출기일 준수 • 일시차입금의 적법처리 여부 • 세출전용사항 보고 및 승인 여부 • 수입금과 지출금의 통장대조 • 지출방법 및 지출증빙, 계좌입금 여부 • 예금통장관리
법인전입금 관리	• 법인회계와 시설회계 간의 자금 대체의 적정성 여부
실비이용 프로그램의 수입금 관리	• 수납된 실비이용료가 시설의 세입예산에 편입되었는지 여부 • 실비이용료가 회계장부에 정확히 기록되었는지 여부
잡수입 관리	• 세입 · 세출에의 정당한 반영 여부
집행잔액 관리	• 전년도 집행잔액의 현년도 세입포함 여부
인건비 지출	• 급호봉의 적정성 및 경력 확인 • 퇴직금 적립의 적정성 여부 • 신입직원 및 퇴직직원의 해월 급여는 일괄 계산하여 지급 여부 • 세무서에 원천징수금액 보고: 원천징수 영수증 발급
시설 증 · 개축 및 물품구입비 지출	• 계약 및 지출의 적합성 여부 • 증빙자료 관리의 적정성 여부 • 구입된 장비의 목적 활용 여부

	• 시설공사 등에 있어 예산교부 이전에 선공사 여부 • 2인 이상의 비교견적에 의한 물품구입 여부
사업비 지출	• 사업별 집행의 정당성 여부 • 경비의 허위지출 여부
후원금 관리	• 사회복지법인 재무 · 회계 · 규칙 제4장의2 준수 여부 • 후원자 등에 대한 수입 및 사용명세서 통보 여부 • 후원금 영수증 교부 • 후원금 등의 예산편성 여부 • 후원금 등의 해당 회계 구분 여부 • 후원금 등의 접수대장과 영수증의 적절한 회계처리 여부 • 후원금 등에 대한 수입 및 지출부의 작성 비치 여부 • 후원금 등의 수입명세서, 사용명세서 작성 비치 및 집행의 적정성 여부 • 후원금의 수입 및 사용결과 보고서 제출 여부
기타	• 재물조사 연 1회 실시 및 조사표 부착 여부 • 불용품에 대한 불용결정 여부(서류상) • 주 · 부식비 집행의 정확성 • 사무인계 · 인수 절차 • 수입원 · 지출원 임명 • 물품관리자 · 물품출납원 임명 • 예산 제출 시한: 익년도 개시 5일 전까지 • 추경 제출 시한: 추경예산 통과일부터 7일 이내 • 세출기간: 다음 연도 2월 28일까지 • 소득세법 제1조, 제7조에 의해 소득세 원천 징수하여 세무서에 납부(원 단위 익월 10일까지) ※ 관계서류, 증빙서 구비해야 함 • 상근하지 않는 직원에 대한 급여는 법인의 자체부담으로 지급 • 간이세금계산서를 증빙자료로 첨부하는 일이 없도록 해야 함 • 10만 원 이상 집행 시 신용카드로 사용하거나 세금계산서를 징구한 후 온라인 입금해야 함 • 부가가치세법 제26조 제4항에 의거 매입처별 세금계산서 합계표를 관할 세무서에 제출하여야 함

2. 예산·결산

1) 예산의 정의

예산은 법인의 1회계연도에 있어서의 활동에 수반되는 지출경비와 그 경비의 재원을 계수화하여 집계한 시한적 재정계획을 말한다. 사회복지법인 재무·회계 규칙에 따르면 법인과 시설의 1회계연도의 모든 수입을 세입으로 하고 모든 지출을 세출로 하여야 하며 수입과 지출 모두 예산에 편입하도록 하는 예산총계주의를 채택하고 있다.

2) 예산의 기본원칙

세입과 세출은 모두 예산에 계상하여야 한다. 모든 수입과 지출은 예산에 편성하여야 하며 수입의 직접 사용은 금한다. 이것이 예산총괄주의의 원칙(총계예산주의 원칙)이다. 예산의 기본원칙은 다음과 같다.

- 총계예산주의 원칙: 세입, 세출을 혼동함이 없이 모든 세입은 세입예산에, 모든 세출은 세출예산에 계산함을 원칙으로 한다.
- 단일예산주의 원칙: 모든 세입과 세출은 단일한 예산에 포함시키고 예산편성은 1년 1회에 한한다.
- 예산통일의 원칙: 예산의 일관된 질서와 계통적으로 종합 조정되어야 한다.
- 회계연도 독립의 원칙: 각 회계연도에 있어서 지출되어야 할 경비의 재원은 그 연도의 수입으로 조달되고 당해 연도에 지출한다.
- 사전의결의 원칙: 예산은 회계연도 중 세입, 세출의 견적이므로 회계연도 이전에 이사회(국회, 의회)의 의결을 얻어야 한다.
- 예산공개의 원칙: 민주적이고 능률적인 재정운영과 주민의 이해를 통한 참여와 협조를 위해 예산을 널리 공개(공고)한다.
- 수입금 직접 사용금지의 원칙: 모든 수입은 지정된 수납기관에 납부하여야 하며 직접

사용을 금지한다.

- 목적 외 사용금지의 원칙: 세출예산은 편성된 목적대로 집행하여 계획성 있는 재정운영과 이사회(국회, 의회) 결정사항을 존중한다.
- 건전재정운영의 원칙: 지역주민에게 양질의 복지(공공)서비스를 지속적으로 공급하고 원활히 자원을 배분하기 위하여 재정운영의 건전성과 효율성을 확보한다.

3) 예산의 종류

예산은 예산의 성립내용을 중심으로 본예산, 수정예산, 추가경정예산, 준예산으로 구분한다. 본예산은 당초 이사회의 심의를 얻어 확정·성립된 예산이며, 수정예산은 예산안을 이사회에 제출한 후 부득이한 사정으로 그 내용의 일부를 수정하여 제출하는 예산이다. 그리고 추가경정예산은 예산성립 후에 생긴 사유로 인하여 필요한 경비의 부족이 생길 때 추가 또는 변경을 가한 예산이며, 준예산은 회계연도 개시 전까지 예산이 성립되지 아니할 때에 시장에게 그 사유를 보고하고 전년도 예산에 준하여 집행하는 예산이다.

4) 예산의 절차

(1) 의 의

사회복지법인 재무·회계 규칙에 따르면 법인과 시설의 1회계연도의 모든 수입을 세입으로 하고 모든 지출을 세출로 하여야 하며 수입과 지출 모두 예산에 편입하도록 하는 예산총계주의를 채택하고 있다.

법인과 시설의 예산은 매년 대표이사 및 시설의 장에 의하여 편성되고 이사회의 심의, 의결을 거쳐 확정되며 대표이사 및 각 시설의 장에 의하여 집행된다. 그리고 법인감사의 감사를 받아 그 결산이 이사회에 제출되어 의결을 거치면 예산집행 책임이 해제되고 당해 예산의 기능은 완결된다. 이렇게 예산 편성에서 심의, 집행, 결산에 이르는 일련의 과정을 예산의 절차 또는 과정이라 한다.

(2) 기능

예산은 현실적인 조직 목표와 목적을 금전의 용어로 기록한 것으로 그해 동안의 재정적 활동을 감시한다.

(3) 예산편성요령 시달

재무 · 회계 운영의 기본원칙에 따라 매 회계연도 개시 1월 전까지 그 법인과 시설의 예산편성요령을 정하여야 한다. 법인 또는 시설의 소재지를 관할하는 시장, 군수, 구청장은 특히 필요하다고 인정되는 사항에 관하여는 예산편성요령을 정하여 매 회계연도 개시 2월 전까지 법인에 통보할 수 있다.

(4) 예산의 편성 및 결정

법인회계, 시설회계, 수익사업회계로 구분한 회계별 예산을 편성하여 이사회의 의결을 거쳐 확정하고 이를 매 회계연도 개시 5일 전까지 관할 시장, 군수, 구청장에게 제출하여야 한다.

예산편성 시 고려사항은 다음과 같다.

- 사업계획에 근거하여 수입 및 지출 예산을 편성한다.
- 예산편성은 전년도 또는 수개년분의 실적을 종합 검토한 후 수입, 지출규모의 틀을 추정한다.
- 사회복지법인, 특히 사회복지시설의 예산은 정부 및 지방자치단체의 보조금 확정액이 얼마인지를 확인하고 편성하여야 한다. 또한 전년도 3, 4월경에 보조금을 신청한 서류를 참고한다.
- 지출예산은 해당 부서가 요구한 예산요구를 근거로 하여 편성하되 법인이나 시설이나 정부 차원에서의 역점사업에 우선권을 부여한다.
- 지출단가에 대한 정부의 지침(예산편성기준)이 있는 경우 이를 적용한다. 또한 물가상승률을 고려할 수 있다.

5) 예산의 내용

재무 · 회계 규칙의 예산의 내용은 다음과 같다.

(1) 예산총칙

예산 전반에 관한 총괄적 규정을 두며 차입금의 한도액, 기타 예산전용의 범위, 회계 연도 중의 예산집행에 관하여 필요한 사항을 정한다.

〈표 11-13〉 ○○사회복지시설의 총괄세입세출표 예시

○○ 사회복지시설의 2×××년도 총세입액은 ○○○원이며 총세출액은 ○○○원이다.

1. 세입의 주요 재원은 다음과 같다(관 또는 항 단위).

    정부보조금　　　○○○원

    법인전입금　　　○○○원

    이용료 수입　　　○○○원

    또한 세출의 내용은 다음과 같다(관 또는 항 단위).

    인건비　　　　　○○○원

    관리비　　　　　○○○원

    ○○○사업비　　○○○원

2. 2×××년도에 신설된 사업은 ○○○이며 이 사업에 배정된 예산은 다음과 같다.

    수입　　　　　　○○○원

    지출　　　　　　○○○원

3. 예산 전용이 긴급한 경우 시설의 장이 우선 집행하고 이사회의 결의를 얻도록 한다.

4. 일시차입금은 ○○○원 한도 내에서 차입할 수 있다.

5. 기타 필요한 사항

---

(2) 세입, 세출 명세서

세입, 세출 명세서는 예산의 가장 중심이 되는 것으로 한 회계연도의 모든 수입과 지출의 예정액이 표시되며 법인의 주요 사업계획 및 소요내역 등이 모두 이 세입, 세출 예산을 통하여 계리되고 운영된다.

(3) 추정대차대조표

대차대조표는 법인의 재무상태를 명확히 보고하기 위하여 작성하는 것으로 현재(일정 시점)의 모든 자산, 부채 및 자본을 표시하는 재무제표다(복식부기로 회계 처리할 때 작성한다).

(4) 추정수지계산서

손익계산서 또는 수지계산서(단식부기에 의하는 경우에 한함)는 법인의 운영성과를 명확히 보고하기 위하여 그 회계기간의 수익과 비용을 표시하는 제무제표다.

(5) 세입예산의 편성

① 전체 재원을 예측하여 예산편성을 한다. 너무 많게 혹은 너무 적게 계상하는 것을 피해야 한다.

② 과년도 수입은 전년도에 세입 조정된 수입으로서 금년도에 수입으로 확정된 금액을 말한다.

③ 보조금 수입

● 국가 및 지방자치단체 등으로부터 법인 또는 시설의 원활한 운영을 위하여 지원되는 보조금 전액을 계상한다.

④ 후원금 수입

● 단체, 개인 등으로부터 받는 각종 기부금, 후원금으로 몇 년 동안의 평균치를 계상한다.

● 전년도 이월금으로 전년도에 사용하지 아니한, 즉 불용된 금액으로 이월된 금액이다.

(6) 세출예산의 편성

① 보건복지부로부터 배부되는 사회복지시설의 운영지침서에서 내시되어 보조될 수 있는 각종 보조금(국비, 지방비) 전액을 사업별로 계상한다. 그러나 당해 연도에 사용해야 하는 운영비 등이 전년도 12월 말경에 배부되는 것이 아니라 꼭 당해 연도 2월경 배부되기에 얼마든지 문제가 발생할 소지가 다소 내재되어 있다.

② 사회복지시설의 운영지침서에 기재, 내시되어 있지 않으나 시설운영상 절대적으로 필요한 경비(운영비 등)는 최소한의 범위 내에서 계상된다. 과다한 금액은 법인, 시설에 대한 행정기관의 지도, 점검 시 시비 및 오해의 소지가 발생하므로 가능한 한 피하는 것이 좋다.

③ 예산편성 체제

● 세출예산의 과목구조는 관, 항, 목으로 구분하며 재무 · 회계 규칙의 세출예산과목 해소 기준을 반드시 준수한다.

● 세출예산과목 해소란에는 목간의 경비별 소요액 산출내역 및 금액을 반드시 계상하여 명시한다.

④ 공통경비의 편성

● 수용시설과 이용시설의 관, 항, 목의 내용이 다르다.

● 운영비 및 수용비는 최소의 비용만으로 계상한다.

● 여비는 운영여비 · 보수규정과 같은 것이 제정되어 있어야 한다. 따라서 최근 2~3년간의 여비를 평균치로 예상하여 적정하게 계상한다.

● 제 수당 및 복지후생비는 법인, 시설의 부담능력을 고려하고 감안하여 적정하게 편성한다. 자체 보수규정에 반드시 제 수당의 지급에 대한 자세한 내용이 삽입되어 있어야 한다.

● 판공비는 법인, 시설의 부담능력을 고려하고 감안하여 적정하게 편성한다. 자체 보수규정에 기관운영관공비, 정보비, 회의비 등의 지급에 대한 내용이 삽입되어 있는 것이 좋다.

● 잡 지출은 상기 항의 판공비적 성격의 예산을 지양하는 것이 좋다.

● 예비비는 일반적으로 사용할 일이 그다지 많지 않다. 다만, 긴급한 재해를 당하였을 때 사용하는 것이라고 이해하면 편리하다.

(7) 예산편성 시 유의사항

① 세입은 1,000원 미만을 절사하고 세출은 1,000원 미만이라도 절상하는 것을 원칙으로 한다.

⑩ 수입: 1,000,459원 → 1,000천 원으로 한다.

지출: 1,000,459원 → 1,001천 원으로 한다.

② 예산의 단위: 세입, 세출 예산서에 표기하는 금액단위는 '천 원'으로 하되 산출기초 란의 금액에 '원' 단위로 나타낸다.

③ 일시차임금: 예산총칙에 일시 차임금의 한도액을 반드시 명시한다.

(8) 예산서의 편제 및 서식

① 예산서의 목차는 대개 다음의 순서로 작성하고 보관한다.

● 예산총칙
● 세입, 세출예산총괄표
● 세입예산
● 세출예산
● 이월사업

② 회계는 법인회계, 시설회계, 수익사업회계 순으로 작성 및 보관한다. 이때 특별회계가 있다면 재무 · 회계 규칙에 의거하여 예산서를 작성 및 집행하도록 한다.

(9) 추가경정예산

예산 성립 후에 생긴 사유로 인하여 이미 성립된 예산을 변경할 필요가 있을 때에 제 규정 및 절차에 준하여 추가경정예산을 편성 확정할 수 있다. 대표이사는 추가경정예산이 확정된 날로부터 7일 이내에 이를 시장, 군수, 구청장에게 제출하여야 한다. 이때 정관 등에서 규정하고 있는 예산편성 및 결정절차를 준수하도록 한다.

추가경정예산이 필요한 경우는 다음과 같다.

● 수입이 현저히 증가한 경우
● 지출이 현저히 증가한 경우

● 특정 과목의 예산이 현저히 증액 또는 감액되어야 할 경우
● 새로운 예산과목(신규사업)의 신설이 필요한 경우

〈표 11-14〉 추가경정예산서 작성 예시

1. 제안설명: 추경이유 설명

2. 사업계획 변경(안)

사업 분류	세부 사업명	목표(현행)		목표(변경)		사업내용	기대효과	비 고
		사업량	예산	사업량	예산			
						변경되는 내용을 기재		

3. 추경예산(안)

과 목			예산액		증△감	내 역
관	항	목	현 행	추 경		
						변경되는 내용을 기재
	합계					

4. 추경예산안 작성 시 예산총괄표도 함께 작성한다. (예산총괄표)

세 입							세 출						
관	항	목	현행 (A)	추경 (B)	증 감 (B)-(A)		관	항	목	현행 (A)	추경 (B)	증 감 (B)-(A)	
					액수	비율(%)						액수	비율(%)
	합계							합계					

6) 예산안 확정

예산안이 완료되면 이사회에서 심의 후 통과되어야 확정예산이 된다. 또한 통과된 예산은 매 회계연도 개시 5일 전까지 관할시장에게 제출하여야 한다. 예산안이 확정되면 법인의 대표이사는 법인과 시설의 게시판에 20일 이상 공고한다. 경우에 따라서는 일간신문 또는 정기간행물의 등록에 관한 법률 제2조 제1호의 규정에 의한 정기간행물에의 게재로 갈음할 수 있다.

7) 예비비

법인의 대표이사는 예측할 수 없는 예산 외의 지출 또는 예산의 초과지출을 충당하기 위하여 예비비를 세출예산에 계상할 수 있다. 예비비는 법인활동을 수행함에 있어서 예측할 수 없는 지출소요에 대비하게 함으로써 예산운영의 탄력성을 부여함은 물론 효율적으로 추진을 도모하기 위한 제도다.

8) 예산의 집행

(1) 예산범위 내 집행

예산의 집행이란 이사회에서 의결, 확정된 예산에 따라 수입을 조달하고 경비를 지출하는 재정활동을 의미한다. 법인 및 시설은 세출예산을 집행할 때 원칙적으로 예산에 표시된 목적과 금액의 범위 내에서 지출하여야 한다.

(2) 예산의 전용 및 이월사용(이월사업에 한함)

법인회계 및 시설회계의 예산은 세출예산이 정한 목적 외에 이를 사용하지 못하는 것이 원칙이다. 그러나 예산집행에 탄력성을 부여함으로써 사업계획이나 여건변동에 따라 탄력적으로 예산을 운영함으로써 사업을 보다 효율적으로 추진하기 위한 제도다.

9) 예산의 전용

법인의 대표이사는 관·항·목 간의 예산을 전용할 수 있다. 다만, 관 간의 전용은 이사회의 의결을 거쳐 관할 시장, 군수, 구청장의 승인을 얻어야 하고 동일 관 내 항 간의 전용은 이사회의 의결을 거쳐야 하며 예산총칙에서 전용을 제한하고 있거나 예산 성립과정에서 이사회에서 삭감한 관·항·목으로는 전용하지 못한다. 대표이사는 규정에 의하여 예산을 전용한 때에는 관할 시장, 군수, 구청장에게 즉시 보고하여야 한다. 예산총칙에서 전용을 제한하고 있거나 예산 성립과정에서 이사회에서 삭감한 관·항·목으로는 전용하지 못한다.

〈표 11-15〉 예산전용 품의 예시

관	항	목	전용 연월일	예산액 (1)	전용액 (2)	예산현액 (1+2=3)	전용사유	내역	비고
	합계								

10) 예산의 이월

법인 및 시설의 세출예산 중 경비의 성질상 당해 회계연도 안에 지출을 끝내지 못할 것으로 예측되는 경비와 연도 내에 지출원인 행위를 하고 불가피한 사유로 인하여 연도 내에 지출하지 못한 경비는 다음 연도에 이월하여 사용할 수 있다. 이때 해당 연도 내에 지출을 다하지 못한 경비는 다음 회계연도 예산에 이월 계상하고 그 사유를 명기하여 사용할 수 있다.

11) 특정목적사업 예산

완성에 수년을 요하는 공사나 제조, 그 밖의 특수한 사업을 위하여 2회계연도 이상에 걸쳐서 그 재원을 필요로 할 때에는 회계연도마다 일정액을 예산에 계상하여 특정목적사업을 위한 적립금으로 적립할 수 있다.

12) 결산서의 작성제출

법인의 대표이사는 법인회계와 시설회계의 세입, 세출 경산보고서를 작성하여 이사회의 의결을 거친 후 다음 연도 3월 31일까지 시장, 군수, 구청장에게 제출하여야 한다. 시장, 군수, 구청장은 동 규정에 의하여 결산보고서를 제출받은 때에는 20일 이내에 다음 각 호의 사항을 시 · 군 · 구의 게시판에 20일 이상 공고하고 법인의 대표이사로 하여금 당해 법인과 시설의 게시판에 20일 이상 공고하도록 하여야 한다. 동 규정에 의한 공고는 일간신문 또는 정기간행물의 등록 등에 관한 법률 제2조 제1호의 규정에 의한 정기간행물에의 게재로 갈음할 수 있다.

13) 결산보고서에 첨부하여야 할 서류

결산보고서에는 첨부되어야 하는 서류가 있다. 중요한 사항은 결산보고서 서류를 제출할 때 동 서류에 해당하는 항목이 없더라도 반드시 관련서류를 첨부하고 '해당사항 없음'을 기재하여야 한다. 첨부하여야 하는 서류는 다음과 같다.

- 세입, 세출 결산서
- 과목전용조서
- 예비비사용조서
- 대차대조표
- 수지계산서
- 현금 및 예금명세서
- 유가증권명세서
- 미수금명세서
- 제고자산명세서
- 기타 유동자산명세서

- 고정자산(토지 · 건물 · 차량운반구 · 비품 · 전화가입권)명세서
- 부채명세서(차입금 · 미지급금 포함)
- 제충당금명세서
- 기본재산수입명세서
- 사업수입명세서
- 정부보조금명세서
- 후원금수입명세 및 사용결과 보고서
- 인건비명세서
- 사업비명세서
- 기타비용명세서(인건비 및 사업비를 제외한 비용)
- 감사보고서
- 법인세 신고서(수익사업이 있는 경우에 한함)

14) 수입 및 지출 절차

(1) 수 입
① 모든 수입금은 그다음 날까지 금융기관에 예입하여야 한다.
② 프로그램 이용자의 경우 수급권자는 이용료를 수납하지 않으나 전산에는 입력하여 영수증을 '0'원으로 발급하여야 한다.
③ 프로그램이 종료된 후에 발생된 수납금의 경우 연도가 지났을 경우에는 수납할 수 없으므로 미리 체크하여 연도 내에 수납이 발생되도록 한다.

(2) 지 출
① 모든 지출은 금융기관의 예금통장, 신용카드에 의하여 행한다(무통장 입금처리).
② 지출이 발생할 경우 수입재원을 표기하여 준다(프로젝트의 경우).
③ 지출품의서 작성 시에 간단한 소모품이나 소액의 경비일 경우에는 경비청구서를 사용할 수 있으며 나머지는 기안을 작성한다. (현수막의 경우에는 현수막의 사이즈와 내용도 기재하여야 한다.)

④ 지출 시에는 거래 상대방이 어떤 증빙서 발급대상자인지를 사업자등록증에 의거해 먼저 확인해야 한다.

● 일반과세업자: 세금계산서 발급(무통장입금), 신용카드

● 간이과세업자: 간이영수증, 사업자등록증사본, 신용카드(금전등록기 영수증일 경우에는 품명과 금액이 표시되어 있어야 한다), 무통장입금

⑤ 식대의 경우에는 반드시 신용카드를 사용한다. (야근식대의 경우에는 1일 1인 5,000원이 한도이며 특근매식비 대장에 야근사유를 기재한다.)

⑥ 강사료에 대한 지출 시에는 3개월 이상 근무하는 강사의 경우 3%로 소득세를 공제하고 3개월 미만의 경우에는 지급액의 20%×25%의 소득세를 공제하도록 하며 주민세는 소득세의 10%를 공제하고 통장으로 입금하도록 한다.

(3) 증 빙

① 공사와 관련된 지출은 품의서, 계약서, 거래명세서, 신용카드 매출전표 또는 무통장입금증, 세금계산서를 첨부한다.

② 인쇄·출판 시는 인쇄 및 출판물을 첨부해야 한다.

③ 신용카드 사용 시에는 신용카드 사용부에 기재를 한 후, 신용카드 보관자에게 신용카드를 수령하고, 사용한 영수증과 함께 신용카드를 반납한다.

제12장

사회복지시설의 마케팅과 홍보

사회복지시설[1]이 조직의 비전과 목표를 달성하기 위해서는 서비스 이용자, 자원봉사자와 후원자, 관리감독기관, 지역사회와의 활발한 상호작용을 통해 시설이 하는 일과 제공할 서비스에 대해 알릴 필요가 있는데 이를 위한 제반 활동을 마케팅과 홍보라고 할 수 있다. 과거에는 사회복지조직의 마케팅이나 홍보에 대한 관심이 높지 않았으나, 외부 자원에 대한 의존도가 높은 사회복지조직의 특성상 시설의 목표를 추구하고, 이용자들에게 질 높은 서비스를 제공하기 위해서는 안정적인 자원 확보가 중요하기 때문에 이를 위해서는 조직을 좀 더 알리고, 지역사회와 소통하며, 더 나아가 잠재적인 후원자들과 활발한 교환활동이 필요하다는 인식이 확대되면서 점차 사회복지조직이 마케팅과 홍보를 위한 다양한 활동을 수행해 나가는 추세다.

1. 마케팅의 개념과 목적

마케팅의 사전적 의미는 소비자에게 상품과 서비스를 원활하게 이전하기 위한 기획 활동, 즉 시장조사, 상품화 계획, 선전, 판매촉진 활동 등을 의미한다. 기업과 같은 영리조직이 상품과 서비스 이전을 통해 영리를 추구한다면 비영리조직인 사회복지시설은 시

---

1) 이 장에서는 사회복지시설에 국한하지 않고 범위를 사회복지조직으로 넓혀 마케팅과 홍보에 대한 논의를 전개하고자 한다. 이러한 취지에서 사회복지시설이라는 용어 대신 사회복지조직이라는 용어를 주로 사용하고 필요에 따라 사회복지시설을 사용하겠다.

설의 공익적인 목적을 달성하고 가치를 실현하는 것이 목적이다. 따라서 일반적인 마케팅의 개념을 사회복지조직에 대입해 보면 소비자나 고객은 시설이용자, 자원봉사자와 후원자, 유관기관 및 지역사회(주민), 정부 등이 될 수 있다. 이와 같이 소비자 또는 고객의 범위가 넓은 것은 외부 자원에 대한 의존도가 높은 사회복지조직의 특성과 관련이 있다. 사회복지조직은 공익적인 목표와 활동을 추구하는 비영리기관이기 때문에 필요한 자원을 외부에 의존해야 하고 보다 안정적인 자원 확보를 위해서는 자원의 출처를 다양화할 수밖에 없다. 따라서 이와 같이 다양한 소비자 또는 고객들이 사회복지조직에 대해 좀 더 많은 관심을 갖고 활동을 지지하거나 참여하는 데 흥미를 갖도록 하는 제반 활동을 사회복지조직의 마케팅이라고 할 수 있겠다.

이처럼 사회복지조직이 조직의 비전과 목표달성을 위해 필요한 자원을 안정적으로 확보하기 위해서는 조직의 장점과 능력을 가능한 한 부각시켜야 한다. 한편, 사회복지조직에 대한 잠재적 후원자들은 후원활동을 통해 그들이 관심을 갖고 있는 사회문제가 완화되거나 해결되기를 바라는 이상과 목표를 가지고 있다. 이 이상과 목표가 잠재적 후원자들의 욕구이며 이와 같은 욕구를 실현시킬 수 있는 능력을 조직이 갖고 있음을 확신할 때 실질적인 후원자로 전환될 수 있다. 이러한 점에서 사회복지조직은 후원자들에 의한 일방적인 수혜집단에 머무는 것이 아닌 후원자들의 이상과 목표 실현의 욕구를 충족시켜 주는 역할을 수행하게 되고 이러한 점에서는 양자 간의 교환이 이루어진다고 할 수 있다(김형식, 이영철, 신준섭, 2002).

사회복지조직 마케팅의 목적은 다음과 같다(정익중, 1999 재구성).

첫째, 개인의 발전을 도모하기 위해서다. 지역사회복지관에서 월별 프로그램을 알리거나 자원봉사자를 모집하기 위해 노력하는 것은 거기에 참여하는 개인의 발전을 도모하는 데 도움을 줄 수 있다.

둘째, 사회적인 아이디어를 제시하고 설득하기 위함이다. 지역주민의 인식전환이나 사회문제를 이슈화하기 위한 캠페인 활동 등이 여기에 해당된다.

셋째, 새로운 정보와 실천을 전파하기 위함이다. 지역주민들에게 이익이 되는 정보를 전달하며 어떤 실천을 촉구한다.

넷째, 행동의 변화를 유도하기 위해서다. 사회복지조직은 자신과 사회에 이로울 수 있도록 개인의 행동을 변화시키려고 시도한다. 알코올 중독자나 아동학대자에 대한 행동변화 노력이 여기에 해당된다.

2. 마케팅 도입의 필요성

사회복지조직들도 점차 필요한 자원을 끌어들이기 위해 영리조직의 마케팅 방법을 활용하고 있지만, 사회복지조직의 구성원들은 자신들이 제공하는 서비스를 광고되고 전시되고 판매되는 상품으로 간주하는 데 익숙하지가 있다. 이는 사회복지조직의 서비스가 영리조직의 상품과는 차이가 있기 때문이다. 이러한 차이점은 다음과 같이 네 가지로 요약할 수 있다(Zeithaml et al., 1985: 황성철 외, 2015 재인용).

첫째, 서비스의 무형성(intangibility)이다. 영리부문에서 고객이 상품을 구입할 때는 그 상품의 외형, 냄새, 맛 등을 통해 그것을 평가하게 되고, 그 상품을 통해 얻게 될 이익에 대해 어느 정도의 기대와 그동안의 경험 혹은 정보를 통해 품질에 대한 확신을 갖게 된다. 그러나 사회복지조직의 서비스는 그것을 이용해 보기 전에는 서비스 제공자의 주장을 확인할 수 있는 방법이 거의 없다. 이러한 비유형성으로 인해 서비스는 상품처럼 진열하거나 재고정리를 하기 어렵고 상대방을 설득하기 위해 홍보를 하거나 특허를 내기도 힘들다. 서비스는 이용자가 실제 이용을 해 본 후에만 평가가 가능하기 때문에 마케팅의 어려움이 있다.

둘째, 서비스의 다양성(heterogeneity)과 복잡성(complexity)이다. 영리부문의 상품은 대량소비를 유도하기 위해 표준화를 통해 저비용을 유지하는 경우가 많아 다양성이 부족하다. 그러나 사회복지서비스는 이용자의 개별적인 욕구를 중시하기 때문에 다양한 서비스가 제공되며, 서비스와 관련된 이해집단의 다양한 욕구를 충족시키는 과정에서 매우 복잡한 특징이 있다. 특히 서비스 제공자와 이용자 간의 관계에 따라 다양하고 복잡한 과정을 통해 서비스가 제공된다. 이러한 이유로 대량생산이 불가능하고 결국 사회복지서비스 단위비용은 영리부문 상품의 단위비용보다 훨씬 높을 수밖에 없다.

셋째, 사회복지부문의 서비스는 생산과 소비가 동시에 일어난다. 영리부문에서의 물리적 상품은 생산이 선행되고 고객에 의해 소비가 발생한다. 그러나 사회복지조직에서는 생산과 소비가 분리되지 않는 경우가 많다. 즉, 서비스는 먼저 판매행위가 발생할 수 있지만 생산과 소비는 동시에 일어난다. 이는 생산자와 소비자가 서비스 생산과정에 동시에 참여한다는 것을 의미한다. 따라서 사회복지 마케팅에서는 상품의 교환과정뿐만 아니라 생산자와 소비자의 상호작용을 강조할 필요가 있다.

마지막으로, 사회복지서비스는 소멸성(perishability)이 있다. 사회복지기관의 서비스는 식품이나 가전제품처럼 쌓아 두거나 저장할 수 없다. 따라서 서비스는 반환되거나 되팔 수가 없다. 일단 서비스가 시작되면 참여하지 않은 사람은 그 서비스를 잃어버린 것이다. 유사한 서비스가 다음에 제공된다 할지라도 정확하게 똑같은 것은 아니며 그 서비스가 제공되기까지 일정 기간을 기다려야 한다. 그러므로 사회복지 마케팅에서는 서비스가 가능한 한 최적의 조건에서 제공된다는 것을 확신시키는 전략과 실제로 그렇게 제공하는 노력이 요구된다.

이러한 차이에도 불구하고 비영리조직인 사회복지조직에서 마케팅의 개념을 도입하고 실행해야 할 필요성은 다음과 같다(장천식, 2006).

첫째, 마케팅은 사회복지조직을 이용하고 있는 이용자나 잠재적인 이용자들에게 사회복지조직에서 제공하는 유용한 서비스에 대해 알 수 있도록 하기 위해서다.

둘째, 후원자나 지지자는 물론 잠재적인 자원봉사자들이 조직의 서비스를 제공하는 데 참여할 수 있도록 하기 위해서다.

셋째, 사회복지조직이 지지자나 후원자가 아닌 일반 대중으로부터 지역사회를 위해 일한다는 것을 인식시키고 이들의 지지를 이끌어 내기 위해서다.

넷째, 이용자들이 가지고 있는 문제나 욕구를 진단하고 분석하여 해결에 필요한 전략을 통해 이들을 해결하기 위해서다.

다섯째, 이용자는 일반 기업의 경영적 관점에서 상품을 구매하는 중요한 소비자다. 따라서 소비자적인 측면에서 마케팅 과정을 통해 이용자의 욕구를 해결할 수 있는 정보와 창의적인 아이디어를 얻기 위해서다.

여섯째, 거시적인 측면과 경쟁적인 과업의 환경적인 측면에서 조직의 생존은 물론 효과적인 서비스를 제공하기 위해서다.

3. 사회복지 마케팅의 특징

앞서 살펴본 바와 같은 필요성에 의해 영리조직인 기업에서 사용하는 마케팅을 사회복지조직에 도입한 것이므로 사회복지조직의 마케팅이 기업의 마케팅과는 어떠한 차이가 있는지를 비교해 볼 필요가 있다. 사회복지조직의 마케팅은 사회복지 마케팅이라고도 불리는데, 일반 기업이 제품 판매에 목적이 있다면 사회복지 마케팅은 앞서 언급한 바와 같이 잠재적인 이용자와 후원자, 지역사회가 사회복지조직에 대해 좀 더 관심을 갖고 교환활동이 이루어질 수 있도록 하는 하는 데 목적이 있다. 기업 마케팅과 사회복지 마케팅을 비교하면 〈표 12-1〉과 같다(황성철 외, 2015).

과거에는 사회복지시설과 같은 비영리조직이 마케팅을 해야 한다는 생각이 보편적이지 않았으나, 점차 사회복지조직의 책임성 확보와 비용효과성이 강조되고 사회복지조직이 기관목표를 달성하기 위해서는 충분한 양의 재정자원을 창출하고 보유해야 한다는 자본화(capitalization)의 필요성이 강조되면서 마케팅의 중요성을 부각시키는 계기가 되었다(정무성, 1998). 이렇듯 마케팅을 활용하기 위해 사회복지조직이 갖추어야 할 기본요소로는 조직 사명의 명확화와 구체화, 합리적 교환, 공중에 대한 인식, 조직의 이미지, 만족의 제공이 있다(신복기, 박경일, 장중탁, 이명헌, 2004; 정익준, 1999). 이를 좀 더 자세하게 살펴보면 다음과 같다.

첫째, 조직 사명의 명확화와 구체화로, 사회복지조직을 포함한 모든 조직은 사명을 가지고 있으며 합리적인 수단을 통해 사명을 달성하고자 한다. 조직의 사명이 명확해지고 구체화될수록 마케팅의 효과가 크게 발휘될 수 있다. 모든 사회복지기관이 비슷한 사명을 가지고 있다면 조직구성원이나 복지관 이용자들의 자부심이나 이용의 지속성이 줄어들 수 있기 때문이다.

둘째, 합리적인 교환으로, 조직은 사명을 수행하기 위해서 자원이 필요하다. 사회복지조직은 후원자, 자원봉사자, 후원금 및 물품, 사회복지사 등의 자원을 지속적으로 확보할 수 있어야 하므로 자원 의존적이라고 할 수 있다. 따라서 사회복지조직은 자원을 가진 사람에게 가치 있는 것을 제공하고 대신 필요한 자원을 획득하는 일련의 교환과정을 받아들여야 하며, 이 과정은 합리적이어야 한다. 예를 들어, 사회복지조직은 후원자

〈표 12-1〉 기업 마케팅과 사회복지 마케팅 비교

기 준	기업 마케팅	사회복지 마케팅
특징	기업의 내부 욕구 강조	복지조직을 둘러싼 내부 및 외부 욕구 강조
목적	목표시장이나 사회에 이익을 부여하면서 동시에 주목적인 이윤창출	이윤추구보다는 목표시장과 사회이익을 위해 봉사
노력의 초점	목표시장이 원하는 필요와 욕구를 충족시키기 위해 노력	목표시장의 태도와 행동을 변화시키기 위해 노력
마케팅 대상	아이디어를 수단으로 제품과 용역을 마케팅	사회의 전반적인 이슈나 이념 등을 마케팅
관심사	대체로 상품과 서비스에 대한 관심	상품, 서비스뿐만 아니라 사람, 장소, 조직에 대해서도 관심
교환	일반적으로 화폐의 형태로 이루어질 수 있음	무형(지지, 노력, 만족, 참여 등)의 형태로 이루어질 수 있음
목표	조직목표는 일반적으로 재정적인 것이며 투자에 대한 이익, 판매, 보고의 형태로 진술됨	조직의 목표는 상당히 복합적이고 재정적인 이슈를 넘어서 다양함
이익, 지불	이익이 보통 고객의 지불과 관련됨	사회복지서비스의 이익은 수혜자, 후원자의 지불능력과 상관이 없는 경우도 있음
시장분할	현재 또는 잠재적으로 가능성이 있는 시장분할을 하기 위해 노력함	사회복지조직에는 경제적으로 가능성이 없는 시장분할도 기대되거나 요구됨
고객	단일한 고객시장이 존재	두 고객(수혜대상자와 후원자) 이상의 시장을 보유함

출처: 황성철 외(2015).

의 후원금과 자원봉사자의 봉사활동에 대해 행복감과 성취감을 제공해야 한다.

셋째, 공중에 대한 인식으로, 사회복지조직은 조직 자체와 조직의 사업과 프로그램에 관심을 갖는 공중(대중)이 있음을 인식해야 한다. 공중은 어떤 조직의 목적달성에 있어 조직의 능력이 실제적 또는 잠재적으로 이해관계를 갖고 있거나 영향을 미치는 집단을 의미한다. 따라서 조직에게 중요한 공중을 찾아내고 이들에게 반응을 보일 준비를 갖추고 있어야 한다.

넷째, 조직의 이미지로, 일반적으로 공중은 조직의 이미지에 따라 행동하는 경향이 있다. 즉, 조직에 대해 긍정적인 이미지를 가지고 있다면 조직에 매력을 느낄 것이고 필요한 지원이나 후원을 쉽게 행하게 된다. 따라서 사회복지조직은 자신의 조직에 대한 지역사회의 이미지를 확인할 필요가 있으며, 기존의 이미지가 공중의 만족을 촉진시키는지 방해하는지에 대해서도 파악할 필요가 있다.

다섯째, 만족의 제공으로, 사회복지조직은 공중의 필요 및 욕구에 부응하는 서비스를 제공함으로써 그들을 만족시키려고 노력해야 한다. 따라서 이들에게 어떻게 반응할 것인지, 어떻게 만족을 측정할 것인지, 이를 위해 어떠한 노력을 행해야 하는지에 대한 준비를 해야 한다.

4. 사회복지 마케팅의 과정

사회복지조직의 마케팅 과정은 [그림 12-1]과 같이 조직환경 분석, 시장욕구 분석, 마

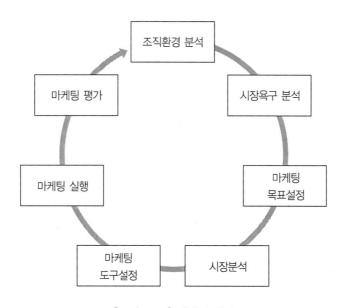

[그림 12-1] 마케팅 과정

출처: 김형식 외, 2002; 장천식, 2006; 정무성, 1998; 황성철 외, 2015. 재구성.

케팅 목표설정, 시장분석, 마케팅 도구설정, 마케팅 실행, 마케팅 평가의 과정으로 진행
된다(김형식 외, 2002; 장천식, 2006; 정무성, 1998; 황성철 외, 2015).

1) 조직환경 분석

마케팅을 위해서는 조직에 대한 분석과 조직이 처한 외부 환경에 대한 분석이 필요하
다. 조직 내부 환경으로는 조직의 존재이유와 조직의 프로그램 등 조직의 역량과 경쟁력
을 분석하고, 외부 환경으로는 정부, 관련사회복지기관, 고객뿐만 아니라 정치적 · 경제
적 환경, 관련법규 및 정부정책 등을 분석한다.

2) 시장욕구 분석

사회복지조직은 기업 마케팅에서 중시하는 소비자 중심의 욕구보다는 지역사회 문제
에 대한 분석과 그 문제에 대한 지역사회의 인식과 태도를 파악하는 것이 중요하다. 또
한 잠재적 후원자나 그들이 원하는 바가 무엇인지를 분석하는 데 초점을 둔다.

3) 마케팅 목표설정

사회복지조직은 마케팅의 목표를 명확하게 규정해야 한다. 목표설정은 정확한 문제
의 진술, 표적집단의 성격과 규모, 기관의 정책, 자원 등의 변수들에 따라 범위와 방향이
정해진다. 세부목표는 구체적이고, 측정 가능하고, 달성 가능하고, 결과 지향적이면서
시간적 한계를 명확하게 제시하도록 한다(정무성, 1998).

4) 시장분석

시장분석은 전체 시장 속의 세분화된 특정 시장의 소비자 욕구에 대응하는 마케팅 활동
을 위해 시장 세분화(segmentation), 표적시장 선정(targeting), 시장 포지셔닝(positioning)의
세 단계로 진행된다(황성철 외, 2015).

사회복지조직의 후원자 개발에 있어서도 후원자의 소득, 직업, 나이, 종교, 성 등에 따라 후원행위의 차이를 보이게 되므로 이들을 세분화하고 표적시장을 선정하여 집중적으로 마케팅을 하는 전략이 필요하다(강철희, 1998; 정무성, 1998).

5) 마케팅 도구설정

마케팅 대상을 선정하는 시장분석 못지않게 중요한 것이 어떤 방법으로 마케팅을 할 것인가다. 적절한 마케팅 도구를 설정하기 위해서는 과거 경험을 적절히 활용해야 하고 마케팅 대상에 따라 더 효과적인 방법이 무엇인지에 대한 분석도 필요하다. 모금 마케팅을 위해서는 연중모금, 전화 및 자동응답시스템(ARS), 특별행사, 재단기부금, 대중매체 광고, 직접우편(Direct Mail: DM) 등의 방법을 활용할 수 있다(김형식 외, 2002).

6) 마케팅 실행

마케팅 실행은 마케팅 목표를 달성하기 위해 마케팅 기획을 활동으로 옮기는 과정으로 누가, 어디에서, 언제, 어떻게 하는가를 의미한다. 효과적인 마케팅 실행을 위해서는 조직이 새로운 환경에서 목표를 달성하기 위해 전략을 개발하고 실행하는 데 요구되는 마케팅 정보 시스템, 마케팅 계획 시스템, 마케팅 통제 시스템, 평가 시스템을 구축할 필요가 있다(황성철 외, 2015).

7) 마케팅 평가

마케팅 평가는 마케팅에 대한 종합적인 평가와 함께 새로운 기관 외부 환경에 대한 분석으로 연계되는 과정이다. 기관 존재의 이유가 되는 사명에 기초한 사회적 욕구에 대한 새로운 분석이 필요하다. 이 점에서 마케팅 평가의 과정은 마케팅의 종료가 아닌 새로운 과정으로의 변환을 의미한다.

5. 사회복지조직의 마케팅 믹스

마케팅 기획과정은 소위 마케팅 믹스(marketing mix)라 불리는 4P로 구성된다. 4P란 생산품(product), 가격(price), 홍보(promotion), 장소(place)를 의미하며, 마케팅 믹스란 마케팅을 하는 주체가 4개의 각 영역에 자원을 할당하는 방식을 의미한다. 예를 들어, 사회복지관에서 서비스의 질을 높이기 위해 상품에 많은 예산을 투자하면 홍보와 같은 분야에는 상대적으로 낮은 예산이 배정될 수밖에 없다. 이러한 과정을 통해 최적의 함수를 도출해 내는 조직이 사회복지계에서 경쟁력을 갖게 되는 것이다(정무성, 1998). 셰퍼와 호레이시(Sheafor & Horejsi, 2008)는 사회복지 마케팅 전략을 개발할 때 고려해야 할 5개의 개념, 즉 5P를 고려할 필요가 있다고 설명하면서 4P에 잠재적 구매자 혹은 소비자를 추가하였다(남기철 외, 2010).

- 생산품(Products): 사회복지조직의 직원들은 그들의 생산물, 즉 서비스의 가치에 대하여 진정으로 신뢰해야 한다. 그들은 그것의 가치와 유익을 쉬운 말로 설명할 수 있어야 하고 가능하다면 독자적인 평가들로부터 나온 자료들을 가지고 그들의 신념을 설명할 수 있어야 한다.
- 가격(Price): 가격은 구매자가 그 제품을 얻기 위해 지불하고자 하는 대가를 의미한다. 생산자는 가격을 결정하기 전에 사람들이 그 제품에 어떤 가치를 부여하고 있는지를 파악해야 한다. 사회복지조직에서 가격을 결정할 때는 이용자의 지불능력이 고려되어야 한다. 지불능력이 높은 사람에게 더 많은 지불을 요구하고 지불능력이 없는 사람에게는 실비나 무료로 서비스를 제공하는 가격정책이 수립되어야 한다(황성철 외, 2015).
- 홍보(Promotion): 잠재적인 고객에게 서비스를 알리고 이들에게 필요시 언제든 서비스가 제공된다는 것을 확신시켜 주는 활동으로 의사소통(communication)을 의미한다. 홍보는 창의성과 다양성이 요구된다. 홍보에 있어 중요한 것은 기발한 소재다. 특히 사회복지기관에서는 창의적인 아이디어를 발휘할 것을 요구한다. 한편, 상품을 홍보하는 통로는 매우 다양한데, 일반적으로 대중매체가 많이 사용되지만 광고,

대변, 로비활동, 교육 프로그램 등 사람들과의 직접적인 대면방법도 사용된다. 홍보의 실제에 있어서는 다양한 방법이 동시에 이용된다(정무성, 1998).

- 장소(Place): 구매자들이 구입하기 적합한 장소에 마케팅 제품이 있도록 하는 것을 의미한다. 사회복지조직에서 장소는 서비스에 대한 접근용이성을 의미한다. 사회복지서비스는 공간적 접근성뿐만 아니라 심리적 접근성도 방해받지 않도록 제공되어야 한다(황성철 외, 2015).

- 잠재적 구매자 혹은 소비자(potential buyer or consumer): 사회복지조직을 지지하거나 활용하는 데 관심이 없는 사람들에게 시간을 낭비하기보다는 공통적인 관심과 가치를 공유하는 하위집단이 관심을 가질 만한 것을 결정하는 것이 중요하다. 중요한 하위집단이나 특별한 대중으로는 기관 가족, 자원봉사자, 클라이언트와 이전 클라이언트와 그 가족들, 지지자들, 지역사회 유력가들, 특정 이익집단 등이 있다.

6. 마케팅 기법

마케팅의 수행을 위해 활용할 수 있는 기법은 다양하다. 사회복지조직에서 활용할 수 있는 기법들로는 연중모금(annual fund), 자본모금(capital campaign) 및 프로포절을 통한 교부금 확보가 있다(김형식 외, 2002).

- 연중모금: 연중 계속적으로 진행하는 자원개발의 도구로 연중소액기부, 기부클럽, 거액기부, 재산기부 등의 유형이 있다. 연중모금을 위해서는 개별방문, 개별우편, 전화, 재단기부금, 특별행사, 광고, DM, ARS 모금 및 인터넷상 모금기법 등의 방법이 있다.

- 자본모금: 자본모금은 사회복지조직의 자산을 증식시키기 위한 방법으로 프로그램을 원활히 운용하기 위해 토대가 되는 기관의 전반적인 능력을 향상시키는 데 목적이 있다. 일정한 기간(보통 1~5년) 동안에 조직의 자산을 증가시키기 위한 집중적인 모금활동의 성격을 띤다. 건물의 신축, 기존 건물의 보수, 새로운 기관 공간의 확보, 각종 설비 및 장비의 확보 및 보수 등을 위한 모금활동 등이 자본모금에 속한

　　다. 자본모금을 위해 가장 초점을 두어야 하는 것은 거액모금의 가능성과 기관운영
　　자, 특히 기관이사진의 역할과 리더십이다.
● **프로포절을 통한 교부금 확보:** 교부금(grants)은 정부기관이나 각종 사회재단이 사회
　　복지조직의 특정한 프로그램이나 프로젝트의 수행을 위해 지원하는 재원을 의미한
　　다. 이를 신청하고자 하는 목적으로 정부기관이나 재단에 제출하는 서류가 프로포
　　절로 이것의 중요성이 더해가고 있다.

7. 사회복지조직의 홍보

　　홍보(publicity), 즉 PR(Public Relations)의 사전적 정의는 기업 혹은 단체가 관계하는
공중의 이해와 협력을 얻기 위해 자신의 목표 방향과 의지를 커뮤니케이션 수단을 통해
선전·설득하는 행위를 말한다. 이를 사회복지조직에 대입해 보면 사회복지조직이 그
들을 둘러싸고 있는 조직 내외의 다양한 관계자와 다양한 관계를 형성하고자 하는 노력
임을 알 수 있다.

1) 홍보의 필요성 및 중요성

　　사회복지조직에서 홍보가 필요한 이유는 다음과 같다.
　　첫째, 다양한 개성과 가치관을 가지고 있는 관계자들의 공통분모를 찾아내어 폭넓은
지지를 얻어 내기 위해서다.
　　둘째, 사회복지에 무관심한 사회 내 그룹들에 대한 복지조직으로의 참여유도를 위해
서다.
　　셋째, 지역사회에 사회복지조직의 활동을 전파함은 물론 조직과 조직의 사업을 이해
시키고 여러 가지의 자원가로서의 역할부여가 필요하기 때문이다(장천식, 2006).
　　이러한 홍보활동을 통해 사회복지조직은 다양한 직간접적인 이득을 얻게 된다. 그리
고 사회복지조직에서 홍보가 중요한 이유는 다음과 같다(남기민, 전명희, 2001).
　　첫째, 사회복지조직 시설 및 이미지의 홍보 때문이다. 이를 통해 지역주민들이 사회

복지조직이 자신들의 다양한 욕구 및 문제를 해결해 줄 수 있다는 믿음을 갖게 되어 편안하게 찾아올 수 있는 조직으로 인식할 수 있도록 홍보활동을 해야 한다.

둘째, 자원봉사자 모집 홍보를 위함이다. 자원봉사는 지역사회의 공동체 추구를 위한 노력으로 주민 모두가 주인의식을 갖고 그 지역의 문제를 공동으로 해결하여 건강한 사회를 만들고자 하는 노력이다. 자원봉사 참여 의사가 높은 지역주민들에게 자원봉사자 분야, 프로그램, 기관 활용 등과 같이 체계적이고 조직적인 홍보활동을 전개한다면 다수의 자원봉사자를 모집할 수 있다.

셋째, 후원자 개발을 위한 홍보다. 대부분의 사회복지기관이 재정적인 어려움을 안고 있어 지역 내의 자원을 동원해야 전문적이고 효과적인 복지사업을 원활히 수행할 수 있다. 소극적인 후원자 개발 및 관리로는 지속적인 후원활동을 기대하기 어려우므로 후원사업 활성화를 위해 가용자원을 최대한 발굴하여 활용할 수 있도록 홍보를 활성화해야 한다.

넷째, 프로그램의 참여를 위한 홍보다. 이용자가 찾지 않고 만족할 수 있는 서비스를 제공하지 못하는 사회복지조직은 도태될 수밖에 없을 것이므로 사회복지조직 스스로가 변혁시켜 나가는 노력을 기울여야 하는데, 이를 위해서는 프로그램 홍보가 필요하다.

2) 홍보의 매체

사회복지조직이 홍보를 위해 활용할 수 있는 매체는 일반적으로 다음과 같다(황성철 외, 2015).

- 시각적 매체: 신문, 잡지, 회보, 책자, 팸플릿, 보고서, 유인물, 사진 등
- 청각적 매체: 이야기, 좌담, 강연회, 라디오 등
- 시청각적 매체: 영화, 텔레비전, 비디오, 인터넷, 연극, 공개토론, 대중집회 등

이들 매체는 각각 고유한 특성이 있고 효과도 다르기 때문에 특정한 목표달성을 위해 가장 효과적이라고 판단되는 매체를 선택해야 한다. 사회복지조직이 특정 이슈를 가지고 대중매체를 활용하는 경우 일반인들의 기관에 대한 인지도를 높일 수 있고 기관의 모금에도 도움을 줄 수 있다. 또한 문제가 심각해지기 전에 여론화함으로써 사회문제를 예

방할 수 있고 문제를 부각시켜 정책결정자들에게 영향을 미칠 수 있다는 이점이 있다(황성철 외, 2015). 사회복지조직의 실무자는 대중매체 활동을 할 때 다음과 같은 점을 유의해야 한다(남기철 외, 2010).

- 일반적인 충고
  - 적극적으로 행동한다.
  - 기관을 대변하는 권한을 가진다.
  - 개인적인 친분을 만든다.
  - 연락이 가능하도록 한다.
  - 마감시간을 준수한다.
  - 공정하게 행동한다.
  - 보도되지 않은 이유를 이해한다.
  - 필요하다면 수정한다.
  - 감사를 표현한다.
- 보도자료에 포함되어야 할 내용
  - 기관정보
  - 명함
  - 캠페인이나 홍보활동 정보
  - 최소한 하나의 배경설명
  - 사실자료 혹은 뉴스 발표자료
  - 이전 발간 자료 등

뉴스 기사화가 되기 위해서는 보도기자에게 친숙한 형식과 최소한의 편집이 필요하도록 작성할 필요가 있다. 분명하고 간결하며 논리적인 문제로 작성하고 짧은 문장과 절로 쓴다. 기자가 '누가, 무엇을, 언제, 어디서, 왜'라는 요소에 관심을 둔다는 점에 유의하고 기사에 대한 관심을 증가시킬 수 있을 만한 사진도 한두 장 첨부한다. 기관의 이름, 주소, 전화번호, 담당자, 보도되어야 하는 특정한 날짜에 대한 정보도 포함하도록 한다(남기철 외, 2010).

제13장

사회복지시설의 자원개발

사회복지시설은 사회복지대상자의 욕구를 충족시키기 위해서 다양한 자원을 필요로 한다. 이 장에서는 사회복지시설을 운영할 때 필수적으로 요구되는 사회복지자원개발을 위한 지식과 기술로 사회복지시설자원의 개념과 필요성, 사회복지시설 자원의 유형, 유형별 자원개발 방안 등에 대해 살펴보고자 한다.

1. 사회복지시설 자원의 개념과 유형

사회복지시설의 자원이란 시설의 생존유지 · 성장 · 목적달성에 필수적인 요소로서 사회복지실천의 목적을 달성하는 데 도움이 되는 모든 것이다(김종일, 2005). 즉, 사회적 욕구충족을 위해 동원되는 인력, 시설, 설비, 자금이나 물자, 나아가 개인이나 집단이 갖는 지식이나 기능을 총칭하는 것이다. 핀커스와 미나한(Pincus & Minahan, 1973)은 사회복지자원을 인간이 생활을 유지하고 성장과 발달을 지속하는 데 필요한 재화와 서비스로 사회복지대상자의 목표를 성취하고, 문제를 해결하고, 생활상의 과업을 달성하며, 자신의 포부와 가치를 실현시키기 위해서 활용되는 모든 것이라 정의하였다. 사회복지의 목적이 사회구성원의 사회 · 경제 · 건강 · 여가 등에 대한 다양한 욕구를 충족시키기 위한 사회적 개입이라면(Zastrow, 2000), 사회복지자원은 사회복지의 목적을 실현시키는 데 수반되어야 할 중요 요소다.

　　사회복지자원은 크게 자원의 공급주체, 자원의 특성, 자원의 내용에 따라 유형화할 수 있다. 자원을 공급주체에 따라 분류하면 공식자원과 비공식자원으로 나눌 수 있다(최옥채, 2001). 공식자원은 국가 및 지방자치단체가 주체가 되어 제공하는 급여와 서비스로서 제도적으로 지역사회 주민의 정형화된 욕구에 대처하는 자원이다. 비공식적 자원은 공공 이외의 영역에서 친척, 친구, 이웃 그리고 자원봉사자들이 제공하는 자원이다.

　　자원의 특성 관점으로는 사회복지대상자를 중심으로 내부적 자원과 외부적 자원으로 분류할 수 있는데(이광재, 2003), 내부적 자원은 사회복지대상자 자신 및 가족들이 가지고 있는 자원을 의미하고, 외부적 자원은 사회복지대상자 자원체계를 제외한 사회환경적으로 내재화되어 있는 자원을 의미한다.

　　자원의 분류체계 중 가장 일반적인 것이 내용에 대한 분류인데 인적·물적·정보적 자원으로 유형화할 수 있다. 인적자원은 좁게는 시설에 종사하는 사회복지사만을 지칭할 수 있고 넓게는 지역사회 내의 모든 주민, 즉 전문인력 및 비전문인력을 포괄한다(박태영, 2002). 그러나 일반적으로 사회복지시설의 주요 인적자원은 사회복지서비스를 제공하는 사회복지사와 사회복지 프로그램 수행에 있어 중요한 협조자인 자원봉사자 등을 지칭한다. 물적 자원이란 그 존재형태가 물질적, 즉 가시적 자원으로서 사회복지대상자에게 도움이 되는 현금이나 현물을 의미한다. 사회복지시설의 물적 자원 중 현금은 정부보조금, 기업협찬금, 시민기부금(현금, 부동산, 증권, 물품 등), 서비스 이용료 등으로 유형화할 수 있으며, 현물은 후원자들이 사회복지시설에 제공하는 다양한 물품 등이다(양용희, 2001). 정보적 자원은 사회복지운영자와 사회복지대상자 모두에게 복지활동 과정에서 의사결정이나 행동에 유의미한 영향을 줄 수 있는 사회복지와 관련한 제반 지식과 욕구 및 서비스 등과 관련된 내용의 총체라 할 수 있다(이남희, 2000). 즉, 사회복지적으로 유용하게 사용될 가능성이 있는 정보를 의미한다.

2. 사회복지시설 자원개발의 필요성

사회복지시설의 목적을 달성하는 데에는 시설, 설비, 자금, 인력, 프로그램 등이 필요한데, 이를 지역사회 내에서 발굴하고 유용하게 만드는 일련의 과정을 자원개발이라고 한다. 즉, 사회복지시설의 자원개발이란 사회복지시설의 목적을 달성하는 데 필요한 자원들을 지역사회 내에서 발굴하여 유용하게 만드는 것이라 할 수 있다.

사회복지시설에서 자원을 개발한다는 의미에는 다양한 활동이 포함되어 있다. 시설의 가치홍보, 지역사회 자원파악, 대상자의 욕구파악, 잠재적 후원자 양육, 모금 등이 포함된다(양용희, 2001). 가치홍보란 사회가 공동 추구하는 가치인 공공선을 널리 알리는 작업을 말한다.

사회복지시설에서 지역사회자원을 개발하기 위해서는 시설의 활동이 곧 시민들이 바라고 추구하는 가치와 일맥 상통하다는 것을 보여 주어야 한다. 그럼으로써 후원은 일방적으로 주는 행위가 아니라 사회의 공공선을 달성하는 한 수단임을 인식시키는 것이다. 시민이 바라고 추구하는 것을 시설이 구현하고, 시민은 후원을 통해서 일부분 공공선 실현에 기여할 수 있는 장을 마련하여 주는 것이 곧 지역사회 자원개발의 의미다. 결과적으로 사회복지시설에서의 자원개발이란 시설 내의 부족한 자원을 보충하기 위해서 잠재적 및 기존의 기부자(후원자)를 찾아내어 이들로 하여금 사회복지대상자의 삶의 질을 제고하는 데 필요한 다양한 자원을 기부하도록 함으로써 사회의 공공선을 이루는 것이다.

사회복지시설 운영에 있어서 자원개발과 관리는 매우 중요하다. 사회복지대상자들은 사회적 능력 부족과 불리(handicap)의 어려움을 갖고 있기 때문에 이들의 문제해결을 위해서는 기본적 욕구 외에도 주거, 직업, 경제, 가정생활의 지원, 사회생활 및 여가활용, 법적인 보호와 같은 특수한 욕구들에 따른 다양한 자원이 필요하다. 기존의 연구에 의하면 전체 예산 중 민간자원이 차지하는 비중이 높은 시설일수록 시설의 사회복지대상자의 서비스에 대한 만족도가 높은 것으로 조사되었다(강철희 외, 2002).

지역사회의 민간자원을 개발하는 것은 시설 자체의 부족한 자원만을 보충한다는 것에만 의의가 있는 것이 아니며, 주민참여를 통해 사회연대의식을 갖게 함으로써 사회통합에 기여할 수 있다는 점에서도 중요한 의미를 가진다. 즉, 자원개발은 사회복지에 대한 관심의 확대를 가져오며, 사회문제에 대한 지역주민의 자발적인 대응능력을 높이고 참여를 통한 자원봉사활동의 확대를 가져온다. 또한 지역사회 자원개발을 통한 재정 확충은 사회복지시설이 정부나 지방자치단체의 공공재정에 지나치게 의존하는 것을 막아 주며 자율성 향상에 기여한다. 그러나 이러한 사회적 함의와 필요성에도 불구하고 실제로 사회복지시설의 자원개발은 활성화되지 못하고 있다. 개별 사회복지시설의 경우 공공부분의 재정지원이 전체 예산의 80%를 차지하여 지나치게 정부의 재원에 의존하고 있으며, 이 외에도 사회복지대상자가 필요로 하는 다양한 복지욕구를 충족시키지 못하고 있다(김미숙 외, 2002). 따라서 사회복지운영자에게 가장 필요한 지식과 기술 중의 하나는 사회복지대상자를 돕는 데 필요한 지역사회의 자원개발에 대한 능력이라고 할 수 있다(조만우, 2005).

지역사회는 사회문제의 장인 동시에 복지서비스의 장이며 또한 자원의 창고로, 다양한 자원이 산재해 있다. 따라서 자원개발을 위해서는 우선 지역사회에 대한 정확한 이해가 필요하다. 특히, 사회복지시설이 위치한 지역사회 환경적 요인은 자원개발에 결정적 영향을 미친다. 따라서 사회복지시설이 위치하고 있는 지역사회의 특성, 지리적인 위치, 주민들의 사회 · 경제적인 특성에 대한 조사를 통해 지역사회자원 개발에 대한 전략이 수립되어야 한다. 또한 지역사회 내의 시설, 기관, 단체의 관계자나 주민지도자 등을 파악하고, 자원개발 관련법률, 예산 등에 대한 지식도 습득해야 한다. 지역사회 자원개발의 성공은 지역사회주민과 관계기관 등이 문제해결에 어느 정도의 관심을 갖고 있느냐에 따라 크게 좌우된다. 지역사회 자원은 단순히 외부에서 주어지는 것이 아니고 지역사회 내에서 산출되는 것이므로 지역사회 주민들에게 문제해결의 필요성과 중요성에 대한 인식을 높이고 주민의 참여동기를 유발시켜야 지역사회의 자원을 원활히 동원할 수 있다(김수영, 1998).

3. 사회복지시설의 자원개발 방안

1) 인적자원의 개념과 개발방안

사회복지시설에서 사회복지서비스 제공 또는 서비스 수혜를 받는 주 · 객체가 사람이므로, 사회복지 실천활동에 있어서 가장 중요한 요소는 바로 사람이다.

사회복지시설의 인적자원이라는 개념은 그 폭이 매우 넓다. 좁게는 시설에 종사하는 사회복지사만을 지칭할 수 있고 넓게는 지역사회 내의 모든 주민, 즉 전문인력 및 비전문인력을 포괄한다(박태영, 2002). 결국 사회복지시설의 인적자원은 사회복지서비스를 제공하는 사회복지사와 사회복지 프로그램 수행에 있어 중요한 협조자인 자원봉사자 등을 모두 포함한다고 할 수 있다. 인적자원의 개발은 이러한 사회복지 수행인력의 교육, 훈련 등을 통한 인적자원의 양성뿐만 아니라 적재적소에 이들을 배치하고 효과적으로 활용하는 것을 의미한다(문대수, 2010).

네이들러(Nadler, 1970)는 인적자원의 영역을 크게 인적자원의 활용과 인적자원의 개발로 분류하였다. 인적자원의 활용이란 조직 내에서 고용된 사람을 능력과 적성에 따라 평가하고 보상하며, 이들을 적재적소에 배치하거나 이동시키는 등의 활동을 말한다. 인적자원 개발이란 교육, 훈련, 개발 프로그램을 통해 구성원의 능력수준과 조직성과를 개선하기 위한 계획된 지속적인 활동이다. 결국 인적자원 개발은 조직, 운영의 효율성을 증대하고 생산성을 높이는 동시에 종사자의 기술력과 전문성을 증진시킴으로써 서비스의 발전을 꾀하는 데 그 목적이 있다.

(1) 사회복지사의 인적자원 개발

인적자원 개발에서 가장 중요하게 실천되는 방법으로는 내부 종사자에 대한 교육훈련과 수퍼비전이라 할 수 있다. 교육훈련은 사회복지시설에서 활동하는 사회복지종사자의 철학과 가치를 배양하고, 전문적인 영역별 사업에 대한 기술과 실천방법, 직무수행 방법에 필요한 지식 등을 향상시킴으로써 바람직한 사회복지시설 종사자로서의 역할을 수행하게 하는 것이다. 이러한 교육훈련의 일차적인 목적은 직원들로 하여금 새로운 지식과 기술 및 전문적 태도를 향상시켜 사회복지조직이 제공하는 서비스의 효과성을 높이려는 데 있으며, 이차적인 목적은 함께 토론하고 감정을 공유하고, 함께 활동하는 것과 같은 직원들 간의 상호작용을 통해 상호 간에 더 잘 이해하고 연대감을 높임으로써 직간접적으로 조직효과성을 높이는 데 있다.

또 다른 교육훈련의 대표적인 실천방법으로 가장 많이 활용되고 있는 것이 사회복지시설에서의 수퍼비전이다. 수퍼비전이란 사회복지조직에서의 직원이 서비스를 효과적이고 효율적으로 전달하기 위하여 지식과 기술을 잘 사용하도록 도움을 주는 활동을 말한다. 카두신(Kadushin, 1985)은 수퍼비전의 기능을 크게 행정적 · 교육적 · 지지적 기능으로 범주화하였다. 행정적인 기능은 사회복지사들로 하여금 기관의 정책과 절차를 적절하게 수행하도록 하는 것으로 작업환경의 구조화와 업무수행에 필요한 접근법을 제공함으로써 효율적으로 이용할 수 있게 돕는 과정이라 할 수 있다. 교육적인 기능은 이론과 지식의 습득, 방법론, 기술발전을 위한 원조, 전문적 발전의 기회제공 등이 이루어지게 하는 것으로 지식과 기술 제공을 의미한다. 지지적인 기능은 사회복지사의 사기를 진작시키고 만족감을 느끼도록 하는 것이다. 이러한 인적자원 개발방법을 활용하여 사회복지시설 종사자의 자질향상을 위한 체계적인 교육이 이루어져야 할 것이다.

(2) 자원봉사자의 인적자원 개발

자원봉사자의 인적자원을 개발하기 위해서는 우선 사회복지시설에서 필요로 하는 자원봉사자의 수를 파악하고 이를 확보하기 위한 마케팅 방법을 활용해야 한다. 지역사회 내에는 다양한 단체가 존재하며 이들 단체를 통해서 다양한 자원봉사자를 확보할 수 있다. 지역사회 내 공지된 단체는 이미 분야별 지역사회기관 리스트들에 존재하고 있는데 주로 전화번호부, 팸플릿, 공기관의 데이터베이스, 기관소개 책자, 인터넷 등을 통해 자세히 알 수 있다. 미공지된 단체는 지역사회 주민조직이나 전문가의 네트워크의 체계에서 확보할 수 있다. 지역사회단체를 분류해 보면 〈표 13-1〉과 같은데 사회복지시설에서 활용 가능한 자원봉사자 인력 자원들은 크게 의료 · 보건단체, 사회복지단체, 교육단체, 행정단체, 자원봉사단체, 종교단체, 사회단체, 직업관련 단체, 언론단체, 법률단체, 정치조직 및 주민단체, 전문직협회, 기업조직, 시민사회조직, 기타 등으로 유형화할 수 있다.

확보된 자원봉사자들의 욕구를 파악하여 교육 및 훈련 개발 프로그램을 통해 자원봉사자들의 능력배양이 필요하다. 구체적인 인적자원 개발방법에는 강의, 회의, 토의, 수퍼비전, 사례발표, 역할연기, 집단훈련, 분임토의, OJT 등이 있다.

〈표 13-1〉 활용 가능한 지역사회 인력 자원의 소재

구 분	가용 자원
의료 · 보건	지역의사회(병 · 의원, 한의원, 재활의학의원), 지역약사회, 지역보건소, 정신건강증진센터 등
사회복지	종합사회복지관, 노인복지시설, 장애인복지시설, 사회복지협의회, 건강가정지원센터 등
교육	학교, 교육구청, 사설학원, 특수학교, 특수학급, 사회교육기관, 대학
행정	시 · 군 · 구청 사회과, 주민센터, 사회복지전담공무원
자원봉사	교회 및 성당의 봉사단체(레지오 등), 대한적십자봉사회, 자원봉사센터
종교	성당, 교회, 사찰 관련
사회	로터리클럽, 라이온스 클럽, 한국청년회의소, 환경운동단체 등
직업	고용노동부, 직업훈련기관 등
언론	지방신문, 케이블 방송, 방송국
법률	법률구조공단, 지방법원, 보호관찰소 등
정치	지구당, 의회 등
주민단체	청년회, 부녀회, 자율방범대, 향우회, 장애인부모회
전문직	약사회, 의사회, 건축가협회, 부동산협회 등
기업	상공회의소, 지역사회 내 기업
시민사회	참여연대, 경제정의실천 시민연합, YMCA, YWCA 등
기타	은행, 각종 연구소, 유통조직

2) 물적 자원의 개념과 개발방안

　물적 자원이란 그 존재형태가 물질적, 즉 가시적 자원으로서 정부보조금, 기업협찬금, 시민기부금(현금, 부동산, 증권, 물품 등), 서비스이용료(의료, 상담, 교육 등) 등의 현금이나 현물을 말한다(양용희, 2001). 그론버그(Gronbjerg, 1992)는 사회복지자원을 정부보조금, 후원금, 이용료로 세분화하였다. 정부보조금은 조세를 통해서 정부가 시설에게 지원해 주는 재원이다. 정부보조금은 보조금 예산 및 관리에 관한 법률과 지방재정법에 의거하여 정부가 시설의 사업비, 인건비, 관리비 등의 운영비를 지원하는 것이다. 사회복지시설은 노인복지법, 장애인복지법 등 개별법에 의거하여 정부보조금을 받고 있다.

후원금이란 시설이 개인, 기업, 기관들로부터 현금이나 현물 형태로 받는 자원이다. 여기에는 재단지원금, 협찬후원금, 직접적인 기부, 유산, 교회기부금 등이 포함된다. 마지막으로, 이용료는 시설이 서비스를 통해 이용자로부터 직접 확보하는 자원을 말하는데, 여기에는 교육 프로그램 수강료, 서비스 요금, 시설 대여, 상품판매 등의 수익사업에 의한 수입이 포함된다.

김영종(2001)은 세분화된 자원의 특성과 장단점을 분석하였다. 정부보조금은 정부가 고정적으로 시설에 지원해 주기 때문에 재정의 규모와 공급의 측면에서 안정적이라는 장점이 있으나, 이를 사용할 때 과도한 행정절차가 필요하고 융통성이 낮으며, 시설은 이를 사용하기 위해서 많은 업무가 필요하다는 문제점이 있다. 또한 정부보조금 지원 시기가 늦어 시설에서는 사업을 집행하는 데 어려움을 겪을 수 있다. 이에 비해 후원금은 시설이 융통성 있게 필요한 분야에 사용할 수 있다는 장점이 있다. 그러나 후원금의 총량을 늘리기 위해 노력하다 보면 후원자들의 취향과 욕구에 민감해지고 시설 본래의 사명에는 둔감해지게 되는 문제점이 수반된다. 또한 후원금은 제공자의 상황과 경제적 여건에 따라 유동적이어서 안정성이 낮다는 문제점이 있다. 후원금 확보활동은 사회복지서비스 활동과는 별개의 것이므로 시설이 후원활동에 전념하게 되면 시설의 본래 목적인 사회복지대상자에 대한 서비스 제공에 소홀하게 된다. 후원자의 취향과 욕구에 민감하다 보면 사회복지서비스가 희생하게 되는 것이다. 이용료 자원을 확보하기 위해서 시설은 클라이언트의 욕구충족에 주력하기 때문에 서비스의 질이 향상된다는 장점이 있다. 그러나 이용료는 후원금과 마찬가지로 시기마다 이용자가 고정적이지 않기 때문에 자원의 안정성이 낮은 한계가 있으며, 점차 감소하는 추세에 있기 때문에 이에 대한 의존도가 점차 낮아지고 있다. 이 밖에 사회복지시설의 자원으로 특별행사나 기증, 투자 등으로 발생한 수입이 있다. 이 수입은 규모가 크지 않기 때문에 따로 구분해서 보지 않는 경우도 있다. 이 절에서는 사회복지시설의 물적 자원을 크게 정부보조금은 정부부문으로, 기업협찬금은 기업부문으로, 시민기부금 및 기타(서비스이용료 포함)는 제3섹터의 사회복지 자원부문으로 분류하여 자원개발 방안을 설명하고자 한다.

(1) 정부부문의 자원개발

정부보조금은 이전(사회복지사업이 지방이양사업으로 본격화되기 이전)의 경우 국비와

도비, 시비의 지원 비율을 명시하여 근거에 따라 지원되어 왔다. 하지만 2004년 이후 재정분권화가 이루어지면서 국비지원이 줄어들고, 지방정부의 복지재정 지원이 늘어나고 있다.

① 지방정부의 보조금 이해

● 분권교부세

분권교부세는 예산내시 비율을 명시하지 않는 현재의 상황에서 정부가 지방정부에 기존에 지원하던 예산금액에 비례하여 지원하는 예산을 말한다. 이전에는 예산내시 비율을 명시하여 종합적으로 운영비 지급내역을 정하여 지원하였다면 분권교부세는 지방이양사업 이후 정부가 한시적으로 지원하는 예산이라 할 수 있다. 앞서 언급한 것과 같이 사전에 예산내시 비율을 정하여 지원하는 것이 아닌 관계로 지방정부는 전체 총액에서 지자체의 특성과 상황에 따라 결정하고 사업에 배정하여 사용 및 지원할 수 있다. 이러한 과정에서, 일부 지자체는 기존의 사회복지시설에게 전체 총액에서 지원하던 금액 그대로 지원하지 못하는 경우가 발생하기도 한다. 이는 지자체가 분권교부세의 전체 금액을 사용(집행)할 때 다른 사업을 개발하여 지원하거나 다른 목적사업으로 사용하면서 전체총액이 상대적으로 줄어들면서 발생하는 현상이라 하겠다. 분권교부세의 지원 시 사회복지사업 지원가능 내역만 표시하고 비율은 명시하지 않지만 노인시설이나 장애인시설 등 일부 시설에 대하여는 일정 비율을 제공하도록 명시하여 지침이 하달되고 있다. 결국 분권교부세는 지방정부의 재원에 따라 사회복지 보조지원금의 총액도 영향을 받게 된다.

● 특별교부세

분권교부세와 유사한 이름을 가진 특별교부세는 말 그대로 당초 예산에 있지 않았지만 어떠한 노력을 통하여 특별히 교부받은 예산이라 할 수 있다. 지방정부의 유치노력을 통하여 재원을 마련하는 것으로, 자연재해나 재앙 등으로 정부의 지원을 받게 되는 예산이나 지방정부의 행정가와 지역 정치가들의 활동으로 지역 내 숙원사업을 해결하기 위해 유치한 정부재원 등이 모두 특별교부세라 할 수 있다. 정부는 매년 일정 금액의 특별교부금을 예산에 책정하고 있는데, 이는 특별한 상황에 긴급하게 또는 적절하게 대처하기 위한 지원금이라 할 수 있다. (예: ○○아파트에 편의시설 마련을 위한 특별교부세 ○○억, ○○지역 경로당 건립을 위한 특별교부세 ○○억 등)

● 민간사회단체보조금

민간사회단체보조금은 비영리 민간단체에게 연초 공모형식을 통하여 사업을 제안받고 선정, 심의과정을 거쳐 일정 단체에 보조금을 지원하는 것을 말한다. 전체적인 사업내용은 비영리 민간단체의 지방정부 시정에 도움이 되는 사업으로 선정하게 되고 전체 공모사업 금액을 책정하고 그 금액 내에서 심의를 통해 지원하게 된다.

● 민간경상보조금

민간경상보조금은 민간사회단체보조금과 다른 개념이며, 사회복지시설에 지원되는 연사업 운영비를 민간경상보조금이라 한다. 민간경상보조금은 연단위로 지원되며, 위탁운영시설에 지원되는 보조금을 말한다. 이는 사회복지시설의 사업지침과 운영방식에 따라 차등적으로 지원하고 있다. 그 외 지방정부에서 지원하고 있는 별도의 사회복지예산 등도 모두 여기에 포함된다. (예: 어린이날 행사지원금, 경로식당 등)

● 복지기금

지방정부는 일정한 목적을 가지고 일정 기간 동안 기금을 적립하여 사용하지 않고 있다가 어느 정도 기금이 확보되면 그 기금의 이자를 통하여 사회복지사업을 추진하는데, 이를 복지기금이라 한다. 지자체에 따라 아동복지기금, 노인복지기금 등으로 조성되어 있다. 이는 지자체에서 예산을 출현하여 5년 또는 10년 적립하여 이자수입으로 해당 분야의 목적사업에 사용하는 것이다. 이를 위해 적립기간 동안 매년 원금은 그대로 둔 채 이자를 통하여 아동, 노인, 장애인 목적대상의 사업에 사용하고 혹은 보상차원에서의 목적으로 보훈기금을 마련하여 사용하는 경우도 있다. 이는 미래의 예측 불가능한 상황에 대비하기 위해 마련하는 사업기금이라 할 수 있다. 정부나 지방정부는 대체적으로 재원의 한계를 민간에서 찾고자 한다. 그 결과의 일환이 민간단체에게 사회복지사업을 위탁 운영하게 하는 것이라 할 수 있다. 수익자부담금이나 법인전입금이 이와 같은 재원의 확보를 가능하게 하기 위한 법적 지침이었다고 할 수 있다. 정부 또는 지방정부의 복지지출은 최소한으로 줄일 것이며, 민간기관에 위탁 운영하게 함으로써 민간자본을 최대한 활용하고자 할 것이다. 지방정부의 예산 확대나 지원이 넓어지는 데에는 한계가 있으며 이는 민간차원에서 자원의 발굴과 확대를 강화하는 배경이 될 수 있다. 예를 들어, 중앙 정부가 사회복지 숙원 및 필요 사업으로 지자체의 적극적인 사업추진을 독려하면서(정 부의 사회복지 책임은 다하되 의무는 그에 비례하지 않는 경우라 하겠다) 초기사업비의 일부 분을 지원하고 있지만 이후 점차적으로 그 지원금액을 줄여 나감으로써 지방정부의 재 정적인 어려움이 계속된다. 지방정부는 추진하던 사업을 갑작스럽게 중단할 수 없어 전 체 예산에서 조율하거나 민간으로 위탁 운영한다.

② 지방정부보조금 개발방안

첫째, 지방정부의 중장기 발전계획을 확인하고 적극적으로 사업에 대한 연계성을 찾아야 한다. 사회복지사업이 지방 이양되면서 각 지방정부는 지자체에 맞는 중장기 복지 계획을 수립하여 체계적으로 예산을 계획하여 사업을 추진하고 있다. 이에 각 시설에서 는 지방정부의 중장기 복지계획을 적극적으로 파악하고 관련 공청회와 설명회 등에 참 여하여 정보를 습득하는 일에 주의를 기울여야 한다.

둘째, 지역의 네트워크 사업에 적극 참여하여야 한다. 최근의 복지사업은 일개 시설의 사업으로 한정하여 추진하기에는 점차 그 규모와 사업의 수혜대상, 수혜지역 등이 넓어 지고 있다. 최근의 대다수 행정부처의 사업들이 지방정부가 사업의 주체 형식으로 예산 을 집행하고 있어 지자체와 공동 또는 지자체 내 민간사회단체와의 연합을 이룬 컨소시 엄 등을 적극적으로 활용하여야 한다.

셋째, 담당부서의 담당행정공무원과 유대관계 및 지속적인 만남을 가져야 한다. 사업 에 대한 이해를 높이고 지방정부의 사업의지 등을 연계하기 위해서는 사업을 담당하는 담당행정공무원과의 유기적인 만남이 중요하다. 지속적으로 사업에 대해 알리는 것과 사업 종료 후의 성과, 사업의 수행과정에서 나타날 기대효과와 발전방향 등을 종합적으 로 이해시키며, 사업의 안정을 위해 협력적인 자세를 유지하는 것이 필요하다.

넷째, 시설의 핵심사업을 알리고 지원가능성을 넓혀야 한다. 각 시설에는 시설의 중장 기 발전방향에 따라 기관의 핵심사업, 특화사업 등이 있다. 이러한 사업은 시설의 색깔 을 나타내며, 지역에서 복지사업의 지역별 특성화에도 대단히 중요하다. 시설의 지역적 특성과 지역주민의 욕구 등이 반영된 핵심사업에 대해 행정공무원 및 행정기관, 지방자치의원, 국회의원 등 다양한 관계기관과 인사에 이러한 사업의 중요성을 알리고 시설이 지속적으로 본 사업을 추진하고 있음을 기억하게 하여야 한다.

다섯째, 사회복지 정보와 흐름을 알리고 지방정부가 대처할 수 있도록 자극해야 한다. 사회복지 정보는 다양하게 유입되고, 확보되어 자원으로서 활용될 수 있다. 사회복지 흐름과 정보 등을 확인할 경우, 효과적인 서비스로 개발 · 발전될 수 있도록 지방정부에게 알리고 이에 대한 대책과 준비까지도 요구할 수 있어야 한다. 중앙정부의 각 행정부처에서는 각 사업별 예산이 있고 이에 대한 추진계획이 있었으나, 실상 추진되지 못하거나 일선 지자체까지 하달되지 못하는 등 중간에 정보가 차단되어 사업이 종료 또는 소멸되는 경우를 종종 보게 된다. 이러한 경우 적극적으로 사업에 대한 요구와 함께 예산이 집행될 수 있도록 지방정부를 자극하여야 하며, 상위 행정기관에 정식 요청하여 사업이 추진될 수 있도록 주장하여야 한다. 예를 들어, 국토교통부의 임대아파트 단지 내 주거환경개선 사업과 같은 경우 도와 시에 공문은 접수되어 있지만 일선 기관에 사업참여를 정식 요청하지 않은 경우가 있다. 이와 같은 경우 관련정보를 '○○공사' 및 '단지 관리소' 등과 유기적으로 연계하여 요청하고 사업비를 정상적으로 심의받아 사업이 추진될 수 있도록 적극적으로 요청하여야 한다.

여섯째, 기관에 대한 신뢰와 가치를 높이는 데 노력해야 한다. 후원자가 후원처를 선정하는 데 있어서 가장 중요하게 염두에 두는 점은 후원금을 받게 되는 대상자의 변화와 서비스를 전달하는 시설의 신뢰성이다. 이와 마찬가지로 정부차원의 경우에도 사업을 위탁하고 사업이 안정적으로 추진될 수 있다는 믿음을 주는 것이 행정기관에서 민간기관에 사업보조금을 선택적으로 전달 또는 선정하여야 하는 상황에서 대단히 중요하다. 이러한 신뢰성은 그간의 경험과 배경, 추진되어 온 역사와 결과 등 종합적인 산물의 배경이다. 따라서 일시적인 믿음이 아닌 장기적인 신뢰를 심어 줄 수 있어야 한다.

일곱째, 중앙 행정부처의 사회복지사업을 폭넓게 연계시켜야 한다. 중앙정부 내 각 행정부처의 사회복지사업에 대해 이해하고 활용할 수 있어야 한다. 관련홈페이지와 해당 사이트를 통하여 정보를 습득하고 이를 지방정부사업과 연계되도록 건의한다. 전체 각 부처 간의 사업에 대해 충분한 정보지식을 가지고 시설의 전체 사업과 유관한 내용을 선별적으로 정리한 후 계획에 의해 접근하고 충분한 고민과 논의를 거쳐 사업에 대한 계획을 지방 정부에 제공함으로써 안정적이며 명확한 사업으로서의 믿음을 심어 줄 수 있다.

여덟째, 지역주민과 함께 필요성을 알리는 통로를 마련해야 한다. 모든 사회복지시설의 복지사업은 지역주민의 욕구를 기반으로 한다. 따라서 주민의 욕구가 정책반영의 가장 큰 힘이며 무기다. 이에 주민의 목소리와 요구를 정기적으로 또는 대단위로 알릴 수 있는 욕구전달의 통로가 마련되어야 할 것이다. 주민공청회, 심포지엄, 포럼, 워크숍, 설명회 등의 집합적 교육 또는 행사(개관행사, 축제, 간담회, 바자회, 캠페인 등)를 통하여 사업의 본질과 필요성 등을 알릴 수 있어야 한다. 이 경우 주민, 대상자가 직접 사업의 필요성을 알리는 방법을 좀 더 효과적으로 활용할 수 있도록 한다면, 주민이 사회복지정책 개발의 주체가 될 수 있으며 지방정부의 복지계획 수립에 도움이 될 것이다.

(2) 기업부문의 자원개발

최근 기업에 의한 복지재단의 설립이 증가되고 있으며 기업의 사회공헌 활동 역시 활기를 띠고 있다. 기업이 보유하고 있는 물적 자원을 확보하기 위해서는 기업부문에 대한 자원이해와 더불어 이들 자원을 개발하기 위한 다양한 방법을 습득해야 한다.

① 기업의 자원이해

기업의 사회공헌이란 기업주나 구성원들이 자체적인 모금활동이나 기부 또는 직접적인 사회복지 프로그램을 운영함으로써 기업의 사회적 책임을 달성하고자 하는 행위를 말한다. 기업의 사회공헌 활동은 기업 내부에서 직접 이루어지기도 하며 기업 외부에서 재단의 설립 혹은 모금기관의 후원, 나아가 비영리기관과의 협력적 관계를 통하는 등 여러 가지 형태를 띠며 나타난다. 전국경제인연합회 발표자료를 살펴보면 국내 100대 기업의 사회공헌 활동이 활발하게 이루어지고 있으며 이들 정보는 기업의 홈페이지를 통해 비교적 수월하게 접근할 수 있다(김교성, 2004). 지역에 소재하고 있는 기업들도 몇 가지 이유로 기부를 하게 되는데 이러한 이유를 살펴보는 것이 중요하다. 기업이 기부 또는 사회공헌 활동에 참여하는 이유는 주로 이타적인 이유와 기업의 이미지를 강조하는 마케팅 전략의 일환으로 또는 기업 내 구성원 등 내부 결속과 사기진작을 위해 기부하는 것으로 나타났다.

② 기업의 자원개발 방안

첫째, 치밀한 계획을 선행해야 한다. 기업을 통한 자원개발 과정은 대개 자원개발을 위한 기업선정, 프로포절 작성, 프로포절 제출과 프레젠테이션, 기업의 기부여부 결정, 사업결과 통보 등의 순서로 이루어진다. 먼저, 무엇을 할 것인가를 결정하고 접촉 가능한 기업의 리스트 작업에 들어간다. 여기서는 기업의 경영전략, 영업성과, 사주의 경영철학, 공익사업 역사, 외부 평판 등 다양한 정보를 검토한다. 다음으로, 공익사업 담당자를 접촉해서 자신을 소개하고 회사의 공익사업 지원에 대한 전반적인 정보에 대해 문의한다. 만일 우리 사업에 관심을 가지고 있다면 정보를 제공하고 설명할 수 있는 기회를 요청한다. 이때는 실무자급과 임원급의 공동작업이 효과적이다.

둘째, 적극적으로 파트너십을 제안해야 한다. 기업의 윤리경영, 사회공헌 등 사회적 책임과 역할에 대한 요구가 높아짐에 따라 윤리적 브랜드가 해당 기업의 상품구매 및 이미지 개선에 큰 영향을 미치고 있다(한동우, 2005). 기업의 사회공헌 활동은 기업의 재원에 사회복지시설이 가진 열정 및 공익성이 합쳐지면서 상당한 효과를 발휘할 수 있게 된다. 파트너십은 일방적이거나 불평등한 관계가 아니며 각자의 자산을 상호 협력적으로 교환하는 것이다. 흔히 보통 사회복지시설은 자신의 자산을 과소평가하는 경향이 있지만 제공할 수 있는 대가가 많다. 즉, 사회복지시설이 제공할 수 있는 자산은 사명, 지역사회 평판, 자원봉사 기회, 홍보, 지역사회 문제에 대한 전문성, 긍정적 이미지 고양 등이다. 따라서 기업과의 협의 시 마치 사업 파트너와 협상하듯 주고받는 것(give and take)을 상호 간 분명히 협의하고 산출물(output)을 명확히 약속한다. 지속적인 파트너십을 위해서는 단순한 일회성 기부가 아닌 구체적인 문제해결을 위한 방식으로 제안하되, 직원들의 급여이체 기부방식이나 지속적으로 소요될 물품기부를 요청할 수 있다.

셋째, 전략적 제휴 접근을 활용해야 한다. 기업은 사회공헌 활동을 수행함에 있어 '어떻게 경쟁회사와 차별화할 것인가?' '직원들을 어떻게 끌어들이고 동기를 유발시키고 계속 충성하게 할 것인가?'에 관심이 있음을 유의해야 한다. 따라서 기업접근에 전략적 차별성이 필요하다. 기업의 상품과 이미지에 가장 알맞은 '사회적 이슈나 테마'를 반영한 공익연계 마케팅을 지속해야 한다. 전략적 제휴에는 특히 상호 파트너 선정이 중요한데 이때 요구되는 다양한 기준을 점검해야 한다.

넷째, 기업의 직접참여 방안을 강구해야 한다. 전통적 기부는 자선 모델에 근거하여

기부금 사용에 대한 결정은 물론 결과에 대해서도 관심이 없었다. 그러나 새로운 기업 기부 경향은 자신의 가치와 관심에 따라 기부 채널과 방식을 조사 선택하고, 직접 참여의 욕구가 높다는 것이다. 우리나라의 사회공헌 활동 형태를 살펴보면 현금 및 현물 직접지원, 임직원들의 자원봉사활동, 외부기관을 통한 지원의 순으로 나타나고 있다. 이를 위해 기부자들의 참여를 촉진시키는 프로그램을 개발하는 것이 필요하다. 기부금 사용현장에 기부자들을 자꾸 끌어들여 보람을 공유하거나, 특히 기부와 자원봉사의 연계 프로그램을 개발하는 것은 호응을 얻을 수 있다.

다섯째, 기부자에 대한 지속적 관리를 해야 한다. 기부자가 무엇을 원하는지에 민감해야 한다. 대부분의 사회복지 현장에서 이루어지는 기부자 관리는 감사서신 발송이나 소식지, 사진 제공이 고작이다. 그러나 파트너십을 지속시키기 위해서는 기부자가 긍지, 보람, 명예, 나아가 소속감까지도 느낄 수 있는 프로그램을 제공하여야 한다. 자원봉사 기회는 물론 언론매체를 활용하는 홍보, 기부자와의 교류관계를 확대할 수 있는 초청방문, 전화, 방문 등과 같은 비물질적이지만 관심을 갖고 있음을 보여 줄 수 있는 프로그램들이 포함되어야 한다. 그리고 기부금 사용결과에 대해 대외적으로 공개하고 기부기업에게 적절한 때에 정확하게 알려 주어야 한다.

(3) 공동모금회를 통한 자원개발
① 공동모금회의 자원이해

공동모금회를 통한 자원개발 부분도 사회복지시설에서 중요한 물적 자금원이라 할 수 있다. 사회복지공동모금회는 사회복지공동모금회법에 의해 설립된 사회복지법인이다. 공동모금회의 주요 사업으로는 성금모금사업, 성금배분사업, 성금 운용 및 관리 등이 있다. 구체적인 배분사업을 살펴보면 다음과 같다.

배분사업의 내용은 신청사업, 기획사업, 지정기탁사업, 긴급지원사업으로 분류되고 있다. 신청사업은 지역사회의 개별 사회복지기관이나 시설에서 공동모금회의 공고에 따라 자유주제 공모형태로 신청하는 사업이며, 지회를 중심으로 사업이 이루어진다. 기획사업은 제안기획사업과 테마기획사업이 있다. 제안기획사업은 사회복지 프로그램의 제도화 또는 모델화를 목적으로 사회복지현장의 제안에 의하여 수시로 신청하는 사업이며, 테마기획사업은 공동모금회의 기획주제에 따라 지원사업 주체, 사업 규모 및 대상,

신청 및 지원 절차 등을 사업의 성격에 따라 별도로 지정하는 사업이다. 지정기탁사업은 기부자의 기부의도에 따라 사업영역이나 사업의 기관, 시설을 지칭하는 사업이다. 긴급지원사업은 사회복지공동모금회법에 의하여 재난, 긴급구호 및 사회복지영역의 긴급지원에 필요한 사업으로 재난재해구호사업과 개인긴급지원사업이 있다. 그러나 긴급지원의 경우, 개인신청을 받지 않으며 사회복지기관이나 사회복지전담공무원 등 공공기관을 통하여 신청하도록 되어 있다.

② 공동모금회를 통한 자원개발 방안

첫째, 공동모금회 자원방향에 대한 탐색과 분석이 필요하다. 지원사업 내용에 대한 분석과 심사의 강조점을 면밀히 검토하고 지원 경향에 관심을 두어야 한다. 이는 사회복지 변화방향과도 관련이 있다.

둘째, 경쟁력 있는 프로포절을 작성해야 한다. 프로포절을 제출하는 시설의 일차적 목적이 사업수행에 필요한 재원의 확보이므로 호소력 있게 작성해야 한다. 정해진 양식에 따른 단순한 항목조차도 차별성이 있어야 한다. 예를 들어, 시설의 연혁조차도 제안하는 프로그램에 경쟁력이 있다는 증거를 보여 줄 수 있어야 한다. 특히 사업의 필요성을 파악하기 위하여 대상인구에 실시하는 사전욕구 조사는 중요한 요소다. 그리고 이 같은 필요성이 통계적 근거를 지니고 있거나 필요성을 실증하는 전문가의 연구 또는 진술을 담고 있는지는 선정의 핵심적 요소가 된다. 또한 이를 근거로 한 사업의 목적과 과정, 결과에 대하여 정확히 언급하고 있어야 한다.

셋째, 기관의 신뢰성을 제시해야 한다. 시설의 연혁, 신청한 사업에 대한 과거의 수행경험, 타 단체로부터의 지원실적 등을 통해 신뢰성을 제시할 수 있다. 구체적인 산출근거를 기반으로 예산수립, 적정한 전문인력 확보, 정직한 사업수행과 예산집행 가능성 등도 신뢰성을 제시하는 부분이 되어야 한다.

넷째, 자체 평가체계를 도입해야 한다. 자체 수퍼비전 체계의 도입 등 사후관리 방안을 제시하는 것이 바람직하다. 공동모금회의 자체 인력으로 많은 지원사업을 사후 지도 (follow-up)하는 데 한계가 있을 수밖에 없다. 따라서 프로포절에 자체 평가계획을 담고, 자문교수제 등을 도입하여 결과에 대한 평가뿐 아니라 사업수행 과정에도 자문을 통해 스스로 서비스의 질을 제고하는 방안들을 제시해야 한다.

기타 프로젝트 종료 후에 자구 실천방안을 위해 장래 재원조달 계획, 다른 기관이나 사회복지대상자 또는 지역사회지도자 등으로부터의 추천서, 신청사업에 대한 홍보방안 등이 포함되어 있으면 보다 좋은 결과를 얻을 수 있다.

(4) 제3섹터의 기부를 통한 자원개발

① 제3섹터의 자원이해

제3섹터의 사회복지자원은 지역사회 내 종교기관 및 다양한 주민조직의 기부활동 등을 통한 확보자원을 의미한다. 기부는 사회적 약자 및 소외계층을 위해 시간 및 돈을 자발적으로 내어주고 받는 것이라고 할 수 있다. 기부를 통한 사회복지 자원개발을 활성화하기 위해서는 우선 우리나라의 현재 기부문화의 특성을 명확히 인식하는 것이 필요한데, 기부주체(누가), 기부자의 특성(연령, 교육수준, 직업, 종교, 소득), 기부방식을 구체적으로 살펴보는 것이 중요하다. 사회복지공동모금회의 모금실적을 기초로 분석한 결과에 의하면 총 모금액 중 개인의 기부금이 차지하는 비중은 20% 내외인데, 이는 미국의 'United Way'의 경우 개인 기부금의 비용이 전체의 80% 정도를 차지하는 것과 매우 큰 차이를 보이고 있다. 아름다운재단(2004)의 조사에 의하면 우리나라 사람들 중 60% 이상은 종교적인 목적 외에 공익적 기부를 1년에 1회 이상 하는 것으로 나타났다. 우리나라 국민들의 개인 기부행위는 주로 비정기적이며 동정심이나 자선적 동기에 의한 것이 많고(60%), 주로 언론매체에 의해 정보를 접한다(40%)는 점이 특징적이다. 이는 우리 사회에서 개인의 기부는 일상생활 속의 문화로서 자리 잡고 있다기보다는 일회성 행사로서 자선적 동기에 의해 이루어진다는 점을 보여 주는 조사결과라고 할 수 있다. 우리 사회 기부의 특성을 잘 인식하여 시설의 특성에 맞는 후원전략을 수립하는 것이 필요하다.

② 제3섹터의 자원개발 방안

첫째, 시설의 비전과 사명을 후원과 연계시키는 것이 필요하다. 모금은 시설이 필요로 하는 재무자원 확보의 중심축을 이루고 시설의 목적, 즉 비전을 실현하는 수단이 된다. 그러므로 모금의 회원, 후원자, 각종 이해관계자들에게 먼저 시설의 비전과 사명을 알리고, 기관과의 관계성을 구축해야 한다. 따라서 모든 시설의 구성원들이 비전과 사명 실현이 모금과 직접 연계되어 있음을 이해하고 실천하는 것이 중요하다. 결국 시설의 정체성을 분명하게 하고 다른 시설과의 차별성을 부각시킴으로써 시설이 누구를 위해 어떤 일들을 하고 있는지 그리고 어떻게 그 과업이 수행되는지를 알려야 한다.

둘째, 조직차원의 팀워크를 조성해야 한다. 모금에 대한 조직차원의 지원, 모금의 중요성과 필요성에 대한 조직구성원의 인식이 제공되어야 한다. 이는 모금을 위한 조직의 노력은 이사회, 기관장, 직원들의 공유된 인식을 바탕으로 이루어져야 함을 의미하며, 모금을 위해 조직의 모든 구성원이 일정 부분 참여하고 조직의 주요 멤버가 일정한 책임을 부담하는 것이 전제되어야 한다.

셋째, 모금을 위한 투자와 체계적 분석이 필요하다. 모금을 위해서는 재정적 투자가 필요하다. 이는 조직차원에서의 재정문제의 중요성 인식과 철저한 사전준비, 과정의 투명성과 민주성, 체계적인 사후관리 문제까지를 포함한다. 이를 위해 모금 전문가 확보와 지속적 양성을 위한 투자, 모금 프로그램의 개발을 위한 예산 배정이 함께 필요하다. 결국 모금은 비전과 사명을 중심으로 조직 전체 차원의 팀워크로 수행되어야 하며 그에 상응하는 조직차원의 투자가 필요하다. 또한 체계적인 준비를 통해 실패의 가능성을 줄여야 하는데 여기에는 모금 기법과 성과에 대한 분석, 모금의 경험, 모금 대상과 시장 규모, 잠재적 기부자에 대한 파악 등이 필요하다. 이와 더불어 모금을 위한 적절한 예산과 인력이 수반되어야 한다.

넷째, 커뮤니케이션을 활성화해야 한다. 모금이 개인을 조직과 연계하는 것이라고 할 때 개인과 단체가 같은 가치와 관심을 공유하고 관계의 강화를 위한 노력을 지속함으로써 모금의 성공가능성이 높아지게 된다. 그러므로 상대를 알아가는 장기적 과정으로 잠재적 기부자 정보를 입수하고 그들을 단체의 생산적인 파트너로 바꾸기 위한 다양한 방법이 홍보와 마케팅의 활성화를 통해 모색되어야 한다. 이들 대상자를 선의의 기부자로 바꾸기 위해 단체는 기부자와 어떠한 연결고리를 가지고 있는지를 검토하고 인적 네트워크 확대를 위해 노력해야 한다. 또한 잠재적 기부자의 가치와 관심이 단체와 어떠한 관련성이 있는지 그리고 그들의 기부능력에 대한 조사가 체계적으로 이루어져야 한다. 기부자들과 지속적인 관계를 유지하기 위해 시설은 잠재적 기부자의 관심을 끌고 참여를 높여 나가야 하는데, 예를 들어 자원봉사 등으로 연결시켜 줌으로써 이를 통해 단체와 관련을 맺게 된 사람들이 장기적으로 잠재적 기부자나 참여자가 될 수 있고 잘 관리하면 단체의 굳건한 동반자가 될 수도 있다.

3. 사회복지시설의 자원개발 방안

다섯째, 모금환경을 개선해야 한다. 개인들의 기부 접촉기회를 확대함으로써 기부량을 확대시켜야 한다. 이러한 작업은 단순히 동정심에 의한 일회성 기부를 넘어 조직적으로 기부가 이루어질 수 있게 함으로써 기부의 지속성을 확보하는 것이 중요한 과제다. 또한 모금의 원칙과 윤리를 강화하며 투명성과 신뢰성을 높일 수 있게 해야 한다. 이렇게 할 때 기부자들의 관심과 이해를 충족시키고 전체적으로 기부자원을 확대하는 데 기여하게 될 것이다.

3) 정보적 자원의 개념과 개발방안

오늘날의 사회는 정보가 중요한 가치로 인식되는 정보화 사회다. 정보화 사회는 정보가 핵심적인 역할을 하는 사회라고 할 수 있다. 삶의 질 확보를 위해 정보를 활용하는 대중이 늘어나고 개인의 일상생활뿐만 아니라 행정기관의 지식경영에 이르기까지 산업화 사회와는 근본적으로 다른 정보화 마인드를 요구하고 있다(배혜영, 1996). 사회복지시설도 정보화의 거대한 흐름에 따라 그 시설의 내부적 상황과 외부적 상황의 다양한 욕구변화로 복지환경의 구축에 있어 상당한 변혁을 요구받고 있다.

사회복지적 자원으로서 정보적 자원은 '사회복지적 의미를 내재하고 있는 자료'를 사회복지 정보라 할 수 있는데, 이는 사회복지적으로 유용하게 사용될 가능성이 있는 정보 또는 도움이 된다고 인정되는 정보를 의미한다. 구체적으로 사회복지 정보라 함은 사회복지와 관련된 제반 지식과 욕구 및 서비스 등과 관련된 내용의 총체다.(이남희, 2000) 복지활동에서 획득, 생성되어 체계적으로 축적, 가공, 전달, 활용되는 제반 지식, 자료 또는 메시지로서 복지의 주체 및 객체의 의사결정이나 행동을 위하여 사용되는 의미 있는 내용이다(장중탁, 1998). 결국 사회복지적 정보자원이란 사회복지사와 클라이언트 모두에게 있어 복지활동 과정에서 의사결정이나 행동에 유의미한 영향을 줄 수 있는 사회복지와 관련한 제반 지식과 욕구 및 서비스 등과 관련된 내용의 총체라 할 수 있다(이남희, 2000).

(1) 정보적 자원 개발방안

전략적으로 정보를 활용하는 데 있어 가장 우선적인 접근은 정보적 자원을 발굴해 내는 것이다. 정보적 자원이 갖는 가치를 이해하고 발굴하는 것은, 데이터나 자료에 대해 먼저 사회복지대상자 입장에서 유용한 서비스로 발전할 수 있는 그 가치와 잠재적인 효용성을 보고, 이것을 정보적 자원으로 인지하는 데서 출발한다. 즉, 동일한 데이터를 보고 느끼는 사람마다의 차이가, 정보로서의 효용성을 높이는 것에 대한 성패의 결과로 나타날 수 있음을 말한다.

일반적으로 정보적 자원을 모으는 방법으로는, 먼저 사회복지시설의 자원목록 파일을 이용하거나 시설들과의 직접적인 전화연락를 통해서 혹은 지역사회와 기관회합 등을 통해서 정보를 수집하는 것 그리고 개인적 네트워크와 서적 등을 통해서 정보를 수집하는 것을 들 수 있다. 다음으로, 보편적이지 않지만 부수적으로 사용하는 이차적 방법으로는 우편을 통해 정보를 제공받는 것과 수퍼바이저로부터의 정보수집, 전화부와 디렉터리 관리를 통한 정보활용, 핫라인 정보자원의 사용 등이 있다. 특히 시설에서는 정보적 자원을 체계적으로 개발하기 위해 정기적인 자원조사를 통해서 자원을 발굴하는 것이 필요한데 이를 통해 지역사회 내 다양한 기관의 기능, 서비스 수혜자격 조건, 이용료, 이용가능성 여부, 질과 신뢰성, 분위기와 내부 시설들, 기관 내에서의 중요한 인물 등을 파악하는 것이 중요하다. 마지막으로, 최근 가장 활발하게 통용되고 있는 방법은 인터넷을 통해 정보를 획득하는 것이다. 최근과 같이 정보력이 경쟁력인 사회에서 인터넷을 기반으로 하는 정보획득은 비용절감과 신속성, 명확한 자료의 업데이트 확보, 편의성 등으로 가장 확대되고 있는 방식이다. 웹 자원은 웹을 통해 정보를 제공하는 형태로 웹 문서(web documents), 웹 페이지(web pages), 웹 사이트(web sites)를 포함한다. 정보를 제공하고 상호 교환하는 인터넷 정보자원의 하나이며 크기와 범위 면에서 우수하고 접근과 이용이 다양한 정보자원이라 할 수 있다. 웹 자원이 쉽고 빠르게 정보를 교환 제공함으로써 이용자는 정보이용을 위해 인쇄자료를 대출받는 번거로움 없이 자료를 이용할 수 있다.

정보적 자원을 효율적으로 활용하는 방법은 다음과 같다.

첫째, 적절한 장소에서 적절한 때에 적절한 형태로 적절한 정보를 사용해야 한다. 정보는 사용하는 시설과 사람에 따라 매우 광범위하게 전략적으로 사용할 수 있다. 따라서 최대한 그 효용 가능성과 가치를 극대화할 수 있는 방법을 찾아내야 할 것이고 그러기 위해서는 사전에 면밀히 측정하고 예측하는 광범위한 사용계획을 수립하는 것이 필요하다. 적절한 장소에서 적절한 시간에 적절한 형태로 적절한 정보를 사용하는 것은 전략적 정보사용의 핵심이 될 것이다.

둘째, 다양한 데이터, 재료가 정보로서 기능할 수 있도록 창조하는 노력을 기울여야 한다. 전략적 접근을 가능하게 하기 위해서는 데이터를 정보로서 창조해 내는 능력을 기르는 것이 중요하다. 데이터를 단지 존재하는 형태로만 바라보고 사용하는 것이 아니라 변화 가능한 자원으로 생산하고 확대하는 능력을 키우도록 노력하여야 한다.

셋째, 종합적인 자원관리 시스템을 개발하여 활용해야 한다. 정보는 매우 빠르다는 특성이 있기에 정보를 놓치지 않는 방법을 모색하는 것이 필요하다. 한 개인이나 한 시설이 확보하거나 발굴, 구분, 정리할 수 있는 정보의 양은 한정되어 있다. 따라서 정보를 재편집하고 목록화하고 정리구분, 보관, 산출할 수 있는 모든 과정에 대한 일련의 활동은 전산화 과정을 통해 데이터로 저장·관리·사용하여야 한다. 여기에서 데이터베이스의 중요성이 대두되는데, 정보를 보관하고 필요할 때 사용 가능한 방식으로 전환하고 효율성을 극대화할 수 있는 방법들을 찾아 활용하는 것이 중요하다. 한정된 틀 속에서 바로 보고 사용하는 것이 아니라 종합적인 데이터베이스를 통한 관리·개발이 필요하다.

이상과 같이 사회복지시설의 사회복지사는 정보를 수집하고 분석하는 정보관리자의 역할을 수행해야 하며, 관련문제들을 해결하는 데 필요한 정보를 규명할 능력을 갖추는 것이 중요하다.

(2) 정보적 자원 관리방안

사회복지 정보는 체계적인 시스템을 통해 자원을 목록화하고 단계적인 실천방법을 통해 개발하고 관리하는 것이 무엇보다도 중요하다. 지금까지 이러한 문제를 해결하기 위해 사회복지실천 과정에서 매뉴얼을 제작해 왔다. 하지만 매뉴얼은 현대사회에서 정보 활용과 관리, 개발이라는 측면에서는 아주 낮은 수준의 정보화라고 할 수 있다. 데이터베이스는 매뉴얼 수준을 훨씬 뛰어넘는 엄청난 양의 정보를 수정, 삭제, 첨가하는 과정에서 어떻게 유지, 관리, 보수할 것인가에 초점을 맞추고 있는 높은 수준의 정보화 개발 및 관리 시스템이라 할 수 있다. 데이터베이스 관리 시스템은 정보의 재활용성을 높임으로써 업무에 걸리는 시간과 비용을 줄이고 양질의 서비스를 제공할 수 있다.

구체적인 데이터베이스 관리 시스템 방안은 다음과 같다.

첫째, 카테고리화를 해야 한다. 데이터는 개별적이고 일회적인 경우도 있지만, 많은 경우 같은 카테고리로 규정할 수 있다. 클라이언트나 자원에 대해 어떤 사람은 차이점에, 또 다른 사람은 유사점에 우선적인 관심을 둘 수 있다. 정보화는 유사점에서 유래된 사고다. 사람은 각자 다를 수 있지만, 같은 눈높이에서 동일한 항목이 존재한다는 것이다. 누구나 그 사람을 설명하는 정보로 이름, 주민등록번호, 전화번호 등을 생각해 볼 수 있다. 상담기록카드가 존재한다는 것은 이미 그 카드 틀에 맞추어서 데이터를 수집하는 것을 의미한다. 만약 이러한 정보가 자주 활용되고, 다른 사람과의 정보의 공유가 필요하다면, 앞에서 언급한 자원의 재활용성을 높이는 방법에 대해 생각해 볼 수 있다. 정보화는 앞에서 말한 전산화처럼, 정보의 이용도와 활용도를 높임으로써 업무의 생산성을 높일 수 있으며, 또 의사결정 도구로 활용될 수 있다는 측면에서 이해될 수 있다. 정보화는 하나의 도구다. 정보화는 표(table)의 집합이다. 정보화는 마치 책과 같다. 하나의 주제에 따라 유용한 자료를 모아 놓은 것이다.

둘째, 눈에 보이도록 그려 보아야 한다. 데이터베이스는 여러 사람에 의해 공유되고 사용될 목적으로 통합하여 관리하는 데이터의 집합을 말한다. 청소년 관련단체는 청소년단체 테이블에, 후원 관련단체는 후원단체 테이블에 기록해 둔다면 나중에 이 정보를 찾고자 했을 때 쉽게 찾아볼 수 있을 것이다. 어떤 정보를 데이터베이스로 작성하기 위한 판단의 기준은 정보의 '유용성'이다. 사회복지사에게 있어서 정보의 유용성에 대한 판단의 근거는 기관이나 사업부서 또는 개인의 차원에서 고려될 수 있지만, 궁극적으로는 사회복지대상자의 욕구에 기인한다고 할 수 있다. 이러한 사회복지대상자의 관심과 욕구를 이해하고 파악하는 것은 사회복지전문가만이 할 수 있다. 사회복지대상자와 직접적으로 접할 수 있는 것은 현장에서 일하는 사회복지전문가이기 때문이다.

셋째, 전산화하여 관리를 하라. 정보화는 굳이 웹 문서가 아닌 일반 문서에서도 이루어질 수 있다. 그러나 정보의 집적이 일정 정도 달성되면, 방대한 정보를 관리하는 문제가 파생된다. 이때 웹 문서는 검색이 용이하고, 저렴한 비용으로 많은 사람이 동시에 공유할 수 있다. 정보화 매체를 오프라인에서 온라인으로 전환하는 것은 일정 수준의 정보화 축적과 함께 보다 발전적이고 적극적인 사회복지 정보자원 개발과 관리에 도움을 주게 될 것이다. 기술적인 문제와 비용문제는 차후의 문제이며 충분히 그 이상의 투자효과를 가능하게 한다. 사회복지시설에서는 조직의 목표달성을 위해 필요한 자원을 습득하고, 사회복지시설에 필요한 중요한 의사결정을 지원하기 위해 효과적으로 정보를 수집, 분석, 보급하는 등 정보자원을 관리하는 것이 중요하다. 이를 위해 사회복지전문가는 사회복지시설이 구체적인 전문서비스를 제공하는 과정에서 정보를 수집하고 분석하는 정보관리자의 역할을 수행해야 하고 관련문제들을 해결하는 데 필요한 정보를 규명할 능력을 갖추는 것이 중요하다.

4. 사회복지자원 개발과정

1) 지역의 욕구파악

지역사회 자원개발에 있어서 가장 먼저 이루어져야 할 것은 지역의 욕구를 바탕으로 한 자원활용에 관한 계획이며, 지역사회 자원에 대한 정확한 이해다. 즉, 복지대상자들에 대한 철저한 욕구파악이 선행되어야 한다(김수영, 1998). 보호 및 서비스 제공이 필요한 대상자가 발생하면 먼저 그 대상자가 가지고 있는 문제가 무엇인가를 발견하고 그 원인을 분석해야 한다. 즉, 대상자의 문제가 빈곤인가 질병인가 아니면 복합적 문제인가를 파악하고 물질적인 도움을 필요로 하는가 아니면 치료 또는 취업 등 비물질적인 도움을 필요로 하는가 등을 면밀히 분석하고 그 우선순위도 파악해야 한다. 그리고 더불어 지역사회 내의 공통적인 문제가 무엇인가도 파악해 두어야 한다. 이를 바탕으로 사회복지시설 및 사회복지대상자, 지역사회가 필요로 하는 필요자원 목록을 파악해야 한다. 자원이 사전에 확보되어 있다면 이러한 확보된 자원을 근거로 보다 원활한 서비스가 공급될 수 있다.

2) 자원개발 목표의 설정 및 계획

사회복지시설 및 사회복지대상자, 지역사회가 필요로 하는 자원의 양과 목록을 파악한 후 자원을 개발하기 위한 목표를 설정하고 계획서를 작성해야 한다. 자원개발의 계획서는 필요로 하는 자원분석을 바탕으로 구체적으로 작성되어야 하며, 구체적인 목표설정 및 절차가 포함되어야 한다. 이러한 계획서는 기관의 전 직원에게 공유되어야 하며 목표설정에 대한 합의가 이루어져야 한다. 자원개발 계획서에는 자원개발에 필요한 소요 예산 및 인력을 구체적으로 제시해야 한다. 지역사회 자원개발을 위해서는 직원뿐만 아니라 자원봉사자를 활용할 수 있다. 우선, 자원개발의 필요성을 직원 및 자원봉사자에게 인식시켜야 한다. 그리고 직원 및 자원봉사자는 자원개발에 신념과 자부심을 갖고 임하도록 하여야 한다. 또한 자원개발의 목적을 명확히 알아야 한다. 무에서 유를 창조하는 자원개발은 그 목적을 명확히 알고 그것을 지역사회 구성원에게 쉽게 그리고 분명히 전달할 수 있어야 한다. 이와 더불어 자원개발이 지역사회의 어느 계층의 어떤 문제를 어떻게 해결하고, 그 결과 지역사회에 어떠한 영향을 미치게 되는지를 쉽게 알 수 있게끔 자원개발 참여자에게 납득시킬 수 있어야 한다. 자원개발의 목적은 참여자로 하여금 부담감을 갖지 않게 하는 인도주의에 입각한 사회적 가치와 지역사회 구성원의 공감을 불러일으킬 수 있는 상식적인 것이어야 한다. 또한 자원개발의 목적은 그 성격 면에서 어느 정도 긴급성을 띠고 있음을 지역사회 구성원에게 감지시켜야 한다.

3) 홍보 및 지역사회자원의 파악

지역사회주민 또는 관계기관 등에게 지역사회의 도움을 필요로 하는 사람이 있다는 것을 알리고 지역사회의 발전을 위해서 민간자원의 동원이 필요함을 인식시켜야 한다. 자원개발은 지역사회자원의 상황 또는 주민의 문제의식 및 활동의욕 등에 따라서 달라진다. 지역사회자원을 개발하기 위해서는 지역사회 내의 시설, 단체 등을 파악하고 법률, 예산 등에 관한 지식도 가져야 한다. 또한 지역사회자원 개발을 성공하기 위해서 문제를 해결하려는 욕구가 지역사회 주민과 관계기관에서 어느 정도 갖고 있는가를 살펴보아야 한다. 지역사회자원은 단순히 외부에서 주어지는 것이 아니고 지역사회 내에서는 개발·산출되는 것이다. 따라서 지역사회 주민들에게 문제해결의 필요성과 중요성에 대한 인식을 높이고 주민의 참여동기를 유발시켜야만이 지역사회자원의 원활한 동원이 가능하다.

지역사회자원을 개발하기 위해서는 지역사회 내의 공사기관, 단체와의 유기적인 연계가 무엇보다 중요하다. 따라서 구청, 주민센터 등에서 제공되는 공식적인 자원의 원활한 연계를 위하여 관계증진 활동을 해야 한다. 구체적으로 정기적인 간담회, 방문을 실시하여 서비스 의뢰 및 연계활동을 원활히 수행하도록 해야 한다. 또한 지역의 병원, 교회, 기업체를 찾아 적극 홍보하고 자원을 개발하는 데 기관의 사업소개, 목적 등을 적극적으로 홍보하고 자원을 얻을 수 있도록 해야 한다. 그리고 지역사회자원 개발을 위해서는 민간조직을 활용해야 한다. 지역사회에는 각 지역사회 단위로 봉사단체, 새마을 부녀회, 4-H회, 청소년 보호선도위원회 등 공적 조직이 있으며 각종 계조직 등 사적 조직이 있다. 이와 같이 지역사회 내외 각종 조직을 파악한 후 각 조직의 목적 및 활동상황을 분석한다. 그리고 그 조직이 가진 자원을 집중적으로 파악하여야 한다.

4) 자원의 목록화

지역사회에 산재해 있는 자원에 대한 정보와 자원에 대한 접근성을 높이기 위해 지역사회에 있는 자원들을 확인하고 목록화하는 것이 필요하다. 자원의 목록은 어디에서 어떻게 자원을 얻을 수 있는지 쉽게 확인시켜 준다. 이런 자원목록은 전화나 기관방문 혹은 비공식적 망에 의해서 작성된다. 자원목록은 자원의 특성, 접근방법, 제공기준, 접촉대상자 등 자원개발자의 경험과 창의성을 가지고 목록사항들을 개발해야 한다. 이와 더불어 중요한 것은 자원목록이 시기적으로 뒤떨어질 수 있기 때문에 지속적으로 확인하고 수정·보완하여야 한다. 자원개발자는 자신이 가지고 있는 자원목록에만 의존해서는 안 되며 계속적으로 새로운 지역사회의 자원을 개발해야 한다. 자원목록표에 들어가

〈표 13-2〉 자원목록표 예시

번호	기관명	주소	전화번호	제공서비스	서비스대상	자격요건	필요서류	비용	담당자	비고

야 할 기본적인 정보는 기관명, 주소, 전화번호, 제공서비스, 서비스 대상, 자격요건, 필요서류, 비용, 담당자 등이다(장인협, 우국희, 2001).

이와 더불어 지역사회 내 자원의 분포상황을 한눈에 볼 수 있도록 지역사회 자원지도를 작성하는 것이 효과적이다. 지역사회 자원지도는 지역사회 자원분포를 도표로 나타내기 위하여 지도를 이용하는 것이다. 지역사회 자원지도는 자원분포를 확인할 수 있는 중요한 수단으로서 매우 유용하게 활용될 수 있다.

5) 자원개발 활동의 평가 및 보고

지역사회자원을 활용한 후에는 평가를 실시하며 목적 및 목표 달성의 정도, 효과성, 자원활용 과정에서의 문제점 등을 분석하고 이를 새로운 문제해결의 계획수립 및 실행과정에 반영하여야 한다(김수영, 1998). 이와 더불어 꼭 유념해야 할 점은 자원을 제공하는 지역사회 구성원은 그 자원이 어떻게 사용되었는지를 알기 원한다는 점이다. 자원개발을 시작할 때부터 자원사용자에 대한 정보가 자원개발 참여자에게 어떻게 전달될 것인가에 대한 것을 인식시켜 주어야 한다. 자원개발에 참여하는 지역사회 구성원은 자원개발사업의 일부가 되었다는 소속감과 의미 있는 사람들로부터의 인정 그리고 자신의 자아실현을 성취하고 있다는 심리적 보상을 받기 원한다. 이와 같은 심리적 욕구를 만족시켜 주는 작업(감사장, 소식지 기재, 축하연 등)을 게을리해서는 안 된다.

제14장

사회복지시설의 평가

사회복지시설의 책임성과 서비스 효과성을 입증해야 하는 현대사회의 요구로 사회복지사업법의 규정에 따라 사회복지시설은 3년에 1회씩 혹은 시설유형에 따라 매년 평가를 받는다. 이장에서는 사회복지시설 평가의 배경과 목적, 의의, 원칙, 평가의 실제와 주요 시설의 평가지표예시를 살펴보고자 한다.

1. 사회복지시설 평가의 배경 및 목적

1) 사회복지시설 평가의 배경

우리나라에서 사회복지시설의 발전을 위해 사회복지시설 평가제도가 1998년 사회복지사업법 개정을 통해 도입되었다. 평가제도의 도입은 사회 전반의 구조조정 시기와 맞물려 시설운영의 투명성과 효율성의 향상이라는 목표하에 사회복지시설에 대한 정기적인 평가를 법제화하였다. 경제위기로 인하여 사회가 위축되고 경제적 부문뿐만 아니라전 사회적인 부문에 걸쳐서 효율성의 향상을 위해 민간기업뿐만 아니라 공기업과 국가기관의 구조조정이 이루어졌다. 민간법인들로 구성된 사회복지시설도 예외는 아니었다. 경제위기 상황에서 사회복지욕구는 계속적으로 증대하는 데 비해서 자원이 제약됨에 따라 자원의 효율적 배분 및 활용이 주요 관심사로 대두되었다.

사회복지시설은 사회복지예산 지출의 정당성 확보를 위해 사회복지서비스의 효과성과 사회복지시설의 책임성을 입증해야 하는 필요성에 당면하고 있다. 즉, 사회복지시설이 효율적으로 운영되고 있는지, 서비스 제공 정도는 질적으로 우수한지, 효과적인지 등에 대한 내용을 판단하기 위해 평가제도의 도입이 요청되었다. 특히 운영비의 상당 부분을 국가로부터 지원받고 있는 사회복지시설의 경우 재원활용의 효과성을 입증하고 서비스의 책임성을 입증해야 할 필요성에 의해 시설평가제도가 도입되었다.

더욱이 사회 전체가 합리화, 투명화 노력에 따라 전근대적이고 주먹구구식의 비공개적인 시설운영을 지양하고 더욱 과학적이고 합리적으로 운영할 수 있도록 제도적인 노력이 필요하게 되었다. 그럼에도 사회복지시설 운영의 합리화와 투명화, 시설의 목적에 적합한 거주자 및 이용자에게 제공되는 서비스가 잘 이루어지지 않고 문제가 계속적으로 제기됨에 따라, 사회복지시설 평가제도는 그 필요성을 더하게 되었다(한국보건사회연구원, 2006).

따라서 1999년부터 평가지표 개발이 이루어지고, 정신요양시설과 장애인복지관에 대한 평가가 시행되었다. 2000년에는 영아시설, 노인요양시설, 정신지체인 생활시설, 여성생활시설, 부랑인시설 및 사회복지관에 대한 전면적인 평가를 수행하였다.

사회복지시설 평가제도는 이용자의 인권을 보호하고 지역사회와의 긴밀한 연계 속에서 사회복지시설의 운영이 이루어질 수 있는 기반을 마련하는 데 의미가 있다. 평가를 통하여 시설운영의 효율성을 향상시키며 또한 사회복지시설 서비스의 효과성, 적절성, 형평성, 질적인 수준을 향상시키는 데 가장 큰 목적이 있다.

2) 사회복지시설 평가의 목적

사회복지시설 평가를 수행하는 목적은 다음과 같다(서울복지재단, 2007a).

첫째, 평가는 사회복지시설의 효과성과 효율성을 평가하여 사회복지시설의 운영방향을 정립하는 데 도움이 될 수 있다.

둘째, 평가는 조직 내의 상호 간 이해와 유대를 강화시킨다. 평가를 통해 수집된 정보는 조직의 문제를 발견하고 문제발생을 예방하도록 도와 운영의 개선을 가능하게 하고 운영에 필요한 의사결정 능력을 신장시키는 데 도움을 준다.

셋째, 평가는 시설에서 제공하는 프로그램에 대한 객관적인 정보를 제공하여 프로그램을 보다 잘 이해할 수 있도록 하여, 일정 수준 이상의 서비스 수준을 유지하는 데 도움을 준다. 평가는 자료를 수집하고 분석하는 체계적인 과정으로 서비스 수혜자의 이익을 향상시키고, 새롭게 제공할 프로그램의 축소 또는 폐지해야 할 프로그램을 판단하는 근거자료가 된다. 이를 통해서 사회복지시설 서비스의 수준을 향상시킬 수 있다.

넷째, 평가는 시설의 질적 수준을 체계적으로 판단하여 그 결과를 사회에 공표함으로써 그에 대한 사회적 인정을 받게 해 준다. 이를 통해 지역사회의 관심과 지원을 이끌어 내고 시설의 위상을 제고하여 서비스 이용자와 제공자의 이익을 중대시키는 장점이 있다.

사회복지시설 평가는 사회복지 예산이 효율적으로 그리고 효과적으로 사용되고 있는지를 파악하기 위해 필수적이다. 또한 사회복지시설의 올바른 발전방향을 제시하여 장기적인 발전을 꾀하도록 하는 것이 목적이다.

2. 사회복지시설 평가의 의의

사회복지시설 평가를 통하여 얻을 수 있는 의의 및 기대효과는 다음과 같다.

첫째, 시설환경의 개선이다. 사회복지시설 평가를 통하여 시설 내외의 환경을 정비하는 계기를 갖게 된다. 이는 시설 거주자 또는 이용자에게 더욱 쾌적한 환경에서 생활할 수 있도록 하는 효과가 있다.

둘째, 시설운영에 관련된 각종 서류를 점검하고 새로이 마련하는 계기가 된다. 사회복지시설 평가를 통하여 시설운영에 반드시 필요한 서류임에도 구비하지 못한 서류를 정비하고, 시설 간의 교류를 통해 적당한 서식을 마련하는 계기가 된다. 이와 같은 효과는 시설운영의 효율성을 중대시키는 목적을 일부 달성한 것으로 평가할 수 있다.

셋째, 프로그램의 다양화 및 전문적 서비스 제공을 위한 노력이다. 많은 시설이 지속적인 발전을 위한 자체적인 노력을 하고 있으나, 시설 평가체계에서 강조하는 프로그램의 다양화 및 전문인 서비스 제공 항목을 통해 서비스의 질 향상을 위한 노력을 하는 계기가 된다.

이와 같이 사회복지시설 평가는 시설이 자기점검의 기회를 갖게 하는 계기가 되며, 시설의 역할을 재규정하는 과정이 된다. 시설운영의 효율성과 투명성 확보에 기여한다는 점에서 사회복지시설 평가의 의의는 매우 크다.

3. 사회복지시설 평가의 원칙

사회복지시설 평가의 원칙은 다음과 같다(한국사회복지협의회, 2006).

첫째, 시설운영 개선 및 서비스 질 제고를 유도한다.

둘째, 평가기준, 평가과정 및 평가결과를 누구나 이해할 수 있는 투명성을 확보한다.

셋째, 평가대상자가 능동적으로 평가과정에 참여한다.

넷째, 평가를 통한 시설 간 순위보다는 일정 수준 이상을 유도한다.

다섯째, 이용자 중심의 관점을 최대한 반영한다.

여섯째, 지역사회와의 관계를 강화하는 방향으로 유도한다.

4. 사회복지시설 평가의 실제

사회복지시설 평가의 과정은 평가대상 기관 및 평가일정 등 평가관련 사업에 대한 통지가 이루어진 후, 평가지표 개발을 위한 위원회 구성, 평가지표 확정 및 평가지표 발표회, 현장평가위원 선정 및 현장방문 평가, 평가결과 공표 등의 순으로 진행된다. 세부적인 평가지표는 매회 평가가 실시될 때마다 현장의 주요 의견을 수렴하여 변화하는 경향이 있다. 여기서는 그동안 시행되어 온 포괄적인 지표의 예시[1]를 제시한다.

1) 평가지표의 개발

(1) 평가기준

평가기준은 전체 시설에 함께 적용 가능한 '공통평가기준'과 시설유형별 특성을 고려한 '개별평가기준'으로 구분하였다. 공통평가기준은 시설환경, 인력관리, 재무관리, 법

---

1) 평가지표는 3년에 한 번씩 보건복지부, 한국사회복지협의회 사회복지시설평가원에서 지표를 공시하고 시행하므로 이를 참조하면 된다.

인의 운영, 지역사회 연계 등이 해당되고, 개별평가기준은 시설유형별 프로그램 내용, 프로그램별 적정성 및 효과성, 이용자의 만족도 등이 해당된다.

(2) 평가영역과 주요 평가지표 항목

평가지표는 시설 및 환경, 재정 및 조직운영, 인적자원관리, 프로그램 및 서비스, 이용자의 권리, 지역사회관계 영역의 총 6개 주요 항목으로 구성되었다. 각 시설의 종류별 특성을 반영하여 세부 평가항목과 내용을 달리 구성하였다.

2) 평가의 실시방법

(1) 평가팀 구성

평가팀에 포함되는 평가위원은 공무원, 대학교수, 현장전문가로 3인 1개 팀으로 구성된다.

(2) 평가방법

평가절차는 자기보고 평가와 현장평가의 2단계로 구성된다. 자기평가 보고서의 신뢰성과 현장평가의 정확성에 대한 검증으로 논란의 소지가 많다. 따라서 시설이 평가결과에 대해 이의를 제기할 경우, 다른 평가팀을 파견하여 재평가를 받을 수 있도록 하는 등 평가결과를 충분히 상호 수용·공감할 수 있도록 제도적 장치를 마련하였다.

평가결과는 시설을 서열화하기보다는 3~4개 군(우수, 양호, 노력 필요 등)으로 나누어 발표하고, 장기적으로는 일정 수준 도달여부만을 체크하는 인증제도로의 발전을 검토하고 있는 중이다.

(3) 평가 후 사후 관리

평가 후 기준 이하의 평가를 받은 시설에 대한 '사후관리체계'의 제도화를 실시하여 일정 기준에 도달할 수 있도록 지속적으로 관심을 가지고 특별히 집중 관리하도록 한다. 또한 평가위원회(평가단)에서 수시로 자문과 상담에 응하며, 시설의 자체적인 개선노력에 대한 지원을 검토하고 있는 중이다.

3) 사회복지시설 평가 공통지표

(1) 2015년 사회복지시설 평가지표

2015년도 사회복지시설(사회복지시설, 사회복지관, 노인복지시설)에 공통적으로 적용되는 지표는 〈표 14-1〉과 같다.

〈표 14-1〉 사회복지시설 공통 평가항목

평가영역	번 호	평가항목
시설 및 환경	A3	안전관리
재정 및 조직운영	B1	경상보조금 결산액에 대한 운영법인의 전입금 비율
	B2	경상보조금 결산액에 대한 사업비 비율
	B3	경상보조금 결산액에 대한 후원금 비율
	B4	기관의 미션과 비전 및 중장기 계획
	B5	운영위원회 구성 및 활동
	B6	회계의 투명성
인적자원 관리	C2	전체 직원 대비 자격증 소지 직원 비율
	C3	직원의 근속률
	C4	직원의 교육활동비
	C5	직원의 외부교육 활동시간
	C6	직원채용의 공정성
	C9	직원업무평가
	C10	직원교육
	C11	직원 고충처리
	C12	직원복지
	C13	슈퍼비전 및 외부전문가의 자문
이용자의 권리	E1	이용자의 비밀보장
	E2	이용자의 고충처리
지역사회 관계	F1	자원봉사자 활용
	F2	외부자원 개발
	F3	자원봉사자 관리
	F4	후원금(품) 사용 및 관리
	F5	홍보

출처: 한국사회복지협의회 사회복지시설평가원(2015).

(2) 2016년도 사회복지시설 평가지표

2016년도 사회복지시설 해당 기관(아동복지시설, 장애인거주시설, 장애인직업재활시설)에 공통적으로 적용되는 지표는 〈표 14-2〉와 같다.

〈표 14-2〉 이용시설 공통 평가항목(사회복지관·노인복지관)

평가영역	번 호	평가지표
시설 및 환경	A1	편의시설의 적절성
	A2	안전관리
	A3	응급상황에 대한 안전체계 구축
	A4	화재예방 및 피난대책
재정 및 조직운영	B1	월평균 생활 아동수 대비 운영법인의 자부담(전입금) 비율
	B2	월평균 생활 아동수 대비 사업비 비율
	B3	월평균 생활 아동수 대비 후원금 비율
	B8	회계의 투명성
인적자원 관리	C1	법정 직원수 대비 직원충원율
	C2	자격증 소지 직원 비율
	C3	직원 근속률
	C4	직원교육 활동비
	C6	직원채용의 공정성
	C7	시설장의 전문성
	C8	최고 중간관리자의 전문성
	C9	직원교육
	C10	직원복지
아동의 권리	E1	아동의 비밀보장
	E2	아동의 고충처리
	E3	아동의 인권보장 노력
지역사회관계	F1	외부자원 개발
	F2	자원봉사자 관리
	F5	후원금(품) 사용 및 관리

출처: 한국사회복지협의회 사회복지시설평가원(2015).

5. 사회복지시설별 평가영역과 내용

사회복지시설별 실제 평가영역과 내용은 평가주기에 따라 평가지표 개발위원회를 통해 매회 변화하는 경향이 있다. 한국사회복지협의회 사회복지시설평가원에서 주관하고 있으므로 매회 공표되는 평가지표를 확인하는 것이 필요하며, 이 장에서는 2014년도의 평가지표부터 2016년도에 시행될 평가지표 예시를 제시한다.

1) 사회복지관 평가

사회복지관 평가와 노인복지관 평가는 전체 공통평가와 이용시설 공통평가가 포함되어 있다.

(1) 사회복지관 평가영역 및 지표수, 배점

〈표 14-3〉 사회복지관 평가영역 및 지표수, 배점

평가영역		2012년 배점(%)	2015년 배점(%)	지표수			
				구분	가 형	나 형	다 형
A. 시설 및 환경		3	4	4(3)			
B. 재정 및 조직운영		10	7	7			
C. 인적자원관리		25	28	14			
D. 프로그램 및 서비스	사례관리	–	12	4			
	서비스 제공 (특화사업 포함)	50	30	프로그램 제출수 (특화사업수)	8(2)	7(2)	6(2)
				실지표수	8	8	8
				총 지표수	28	25	22
	조직 화사업	–	8	4			
E. 이용자 권리		3	3	3			

F. 지역사회관계	9	8	7		
총계	100	100	실지표수	51(50)	51(50)	51(50)
			총지표수	71(70)	68(67)	65(64)

출처: 한국사회복지협의회 사회복지시설평가원(2015).

(2) 사회복지관 평가영역 세부 지표내용

〈표 14-4〉 **사회복지관 평가영역 세부 지표내용(2015년도)**

영역	2012년도 평가	변경사항	2015년도 평가
시설 및 환경	A3 편의시설 설치상태(전체공통)	내용수정	A1 편의시설 설치상태(이용공통)
	A4 식품위생(이용공통)	내용수정	A2 식품위생(이용공통)
	A1 안전관리(전체공통)	내용수정	A3 안전관리(전체공통)
	A2 공간배치 및 청결상태 (전체공통)	내용수정	A4 공간배치 및 청결상태 (전체공통)
재정 및 조직 운영	B1 보조금 결산 대비 법인전입금 비율(전체공통)	해설수정	B1 보조금 결산 대비 법인전입금 비율(전체공통)
	B2 보조금 결산 대비 사업비 비율 (전체공통)	해설수정	B2 보조금 결산 대비 사업비 비율 (전체공통)
	B3 경상보조금 결산 대비 후원금 비율(전체공통)	해설수정	B3 경상보조금 결산 대비 후원금 비율(전체공통)
	−	신규	B4 기관미션과 비전 및 중장기계획 (전체공통)
	B6 운영위원회 구성과 활동(전체공통)	내용수정	B5 운영위원회 구성과 활동(전체공통)
	B7 회계의 투명성(전체공통)	해설수정	B6 회계의 투명성(전체공통)
	B5 기관운영규정 마련 및 시행	유지	B7 기관운영규정 마련 및 시행
	B4 후원금 사용 및 관리(전체공통)	이동	F4 후원금 사용 및 관리(전체공통)
인적 자원 관리	C1 충분성(전체공통)	내용수정	C1 직원의 충분성(전체공통)
	C2 전체직원 대비 자격증 소지 직원 비율(전체공통)	해설수정	C2 월평균확보직원 대비 자격증 소지 직원비율(전체공통)
	−	신규	C3 직원의 근속률(전체공통)
	C5 직원교육활동비(전체공통)	해설수정	C4 직원교육활동비(전체공통)

인적 자원 관리	C4 직원의 외부교육 참여(전체공통)	해설수정	C5 직원의 외부교육 활동시간(전체공통)
	C10 직원채용의 공정성(전체공통)	해설수정	C6 직원채용의 공정성(전체공통)
	C6 관장의 전문성(전체공통)	내용수정	C7 관장의 전문성(이용공통)
	C7 최고중간관리자의 전문성, 경력	내용수정	C8 최고중간관리자의 전문성, 경력 (이용공통)
	C12 직원업무평가(전체공통)	유지	C9 직원업무평가(전체공통)
	C11 직원교육	내용수정	C10 직원교육
	C13 직원 고충처리(이용공통)	해설수정	C11 직원 고충처리(이용공통)
	C9 직원복지(전체공통)	해설수정	C12 직원복지(전체공통)
	C8 슈퍼비전	내용수정	C13 슈퍼비전 및 외부전문가 자문 (전체공통)
	-	신규	C14 사회복지관 직원 급여수준 향 상노력
	C3 직원 이 · 퇴직비율(전체공통)	삭제	-
	C14 평균급여수준	삭제	-
프로 그램 및 서비스	D1-1 전체프로그램 등록 실인원	내용수정	D0-1 전체프로그램 등록 실인원
	-	신규	D1-1 사례관리 실행체계
	-	신규	D1-2 사례관리 인력의 전문성
	D1-3 사례관리 체계	이동	D1-3 사례관리 수행의 전문성
	-	수정이동	D1-4 사례관리 자원체계
	D1-2 무료감면인원	삭제	-
	D2-1 프로그램 기획의 전문성	이동	D2-1 프로그램 기획의 전문성
	D2-2 프로그램 수행과정	이동	D2-2 프로그램 수행과정
	D2-3 프로그램 평가	이동	D2-3 프로그램 평가
	D3-1 프로그램 기획의 전문성	이동	D2-1 프로그램 기획의 전문성
	D3-2 프로그램 수행과정	이동	D2-2 프로그램 수행과정
	D3-3 프로그램 평가	이동	D2-3 프로그램 평가
	D4-1 프로그램 기획의 전문성	이동	D2-1 프로그램 기획의 전문성
	D4-2 프로그램 수행과정	이동	D2-2 프로그램 수행과정
	D4-3 프로그램 평가	이동	D2-3 프로그램 평가
	D5-1 지역사회특성 반영	이동	D2-4 지역사회특성 반영
	D5-2 참여자 욕구반영	이동	D2-5 참여자 욕구반영

	D5-3 프로그램 수행과정	이동	D2-6 프로그램 수행과정
	D5-4 프로그램 차별성과 참신성	이동	D2-7 프로그램 차별성 및 참신성
	D5-5 프로그램 파급효과 및 모델링화	이동	D2-8 프로그램 파급효과 및 모델링화
	-	신규	D3-1 지역조직화 실행체계
	-	신규	D3-2 지역조직화 수행의 전문성
	-	이동	D3-3 지역사회 네트워크
	-	신규	D3-4 지역행사 및 편의시설 제공실적
이용자 권리	E1 이용자 비밀보장(전체공통)	해설수정	E1 이용자 비밀보장(전체공통)
	E3 이용자 고충처리(전체공통)	해설수정	E2 이용자 고충처리(전체공통)
	E2 서비스 정보제공 및 이용자 자기결정권(이용공통)	유지	E3 서비스 정보제공 및 이용자 자기결정권(이용공통)
지역 사회 관계	F1 자원봉사자 활용(전체공통)	해설수정	F1 자원봉사자 활용(전체공통)
	F2 외부자원개발(전체공통)	해설수정	F2 외부자원개발(전체공통)
	F3 자원봉사자 관리(전체공통)	내용수정	F3 자원봉사자 관리(전체공통)
	-	이동	F4 후원금(품) 사용 및 관리(전체공통)
	F11 자원개발 및 홍보	내용수정	F5 홍보(전체공통)
	F8 실습교육(이용공통)	삭제	-
	F9 연구보고서 및 연간사업보고서	내용수정	F6 연구보고서 및 연간사업보고서
	F10 연구결과 활용	내용수정	F7 연구보고서 및 컨설팅 결과보고서 활용
	F5 지역사회연계	수정이동	D1-4 사례관리 자원연계
	F6 지역사회 참여실적(관장 및 최상급자)	수정이동	D3-2-4 지역조직화 수행의 전문성
	F7 지역사회 참여실적(직원)	수정이동	D3-2-4 지역조직화 수행의 전문성
	F4 지역사회연합사업	수정이동	D3-3 지역사회네트워크

출처: 한국사회복지협의회 사회복지시설평가원(2015).

2) 아동복지시설 평가

〈표 14-5〉 아동복지시설의 평가영역 및 세부 지표내용(2016년도)

영역	평가지표
A 시설 및 환경	A1 편의시설의 적절성
	A2 안전관리
	A3 응급상황에 대한 안전체계 구축
	A4 화재예방 및 피난대책
	A5 시설구조 및 외관
	A6 시설구조(거실)
	A7 생활공간의 적절성
	A8 식당 및 식품보관 위생상태
	A9 식품보관 위생상태
	A10 심리검사 치료실 및 상담실
B 재정 및 조직 운영	B1 월평균 생활 아동수 대비 운영법인의 자부담(전입금) 비율
	B2 월평균 생활 아동수 대비 사업비 비율
	B3 월평균 생활 아동수 대비 후원금 비율
	B4 법인이사회 구성
	B5 비품관리
	B6 운영(원무)일지와 보육일지
	B7 입·퇴소 관련기록
	B8 회계의 투명성
C 인적자원 관리	C1 법정 직원 수 대비 직원충원율
	C2 자격증 소지 직원 비율
	C3 직원 근속률
	C4 직원교육 활동비
	C5 직원교육 활동시간
	C6 직원채용의 공정성
	C7 시설장의 전문성
	C8 최고중간관리자의 전문성
	C9 직원교육

	C10 직원복지
	C11 프로그램 기획회의
	D1 직원 및 보육사(생활지도원) 1인당 아동수
	D2 아동 1인당 프로그램 사업비
	D3 초기적응 프로그램
	D4 자립지원 표준화 프로그램
	D5 자립직전 아동 자립준비의 적절성
	D6 만기퇴소 및 연장종료(자립) 아동 관리의 적절성
	D7 자립지원(취업, 학업지도) 프로그램
	D8 퇴소지원 프로그램
	D9 서비스 욕구 및 만족도 조사
	D10 아동상담
D 프로그램 및	D11 가족, 연고자 상담
서비스	D12 사례관리
	D13 맞춤형 지도·학습 프로그램의 질적 수준
	D14 정서 및 사회성 프로그램의 질적 수준
	D15 가족의 시설방문 및 아동의 원가족 방문 프로그램
	D16 치료 프로그램
	D17 식사문화
	D18 아동 개인별 사진첩(앨범) 기록 정도
	D19 가족단위식 소규모 나들이
	D20 영유아 및 아동의 발달수준
	D21 학대 피해아동에 대한 지속적인 치료 및 적응 프로그램
	D22 영유아 장난감
	D23 직접 서비스 자원봉사자
	E1 아동의 비밀보장
	E2 아동의 고충처리
	E3 아동 및 직원의 인권보장 노력
E 아동권리	E4 입소 시 건강진단 및 정기 건강검진
	E5 교우 및 학교생활 관리
	E6 자치활동 보장
	E7 체벌 금지

F 지역사회관계	F15 외부자원 개발
	F2 자원봉사자 관리
	F3 지역사회 연계
	F4 지역사회 연계(자립지원시설 및 영유아 시설)
	F5 후원금(품) 사용 및 관리

출처: 한국사회복지협의회 사회복지시설평가원(2015).

3) 장애인복지시설 평가

장애인생활시설, 장애인복지관 평가는 앞의 사회복지관, 아동복지시설 평가지표에 나타난 바와 같이 평가영역, 평가지표가 유사하다. 이 절에서는 대표적으로 장애인복지관 평가지표와 직업재활시설지표를 살펴보겠다.

(1) 2014년도 장애인복지관 평가지표
① 평가지표 유형별 지표수 및 배점

〈표 14-6〉 장애인복지관 평가지표 유형별 지표수 및 배점

2011년			2014년		
평가영역	배점(%)	지표수	평가영역	배점(%)	지표수
A. 시설환경 및 설비	4	3	A. 시설 및 환경	4	3
B. 재정 및 조직운영	12	11	B. 재정 및 조직운영	12	9
C. 인적자원관리	20	12	C. 인적자원관리	16	15
D. 프로그램 및 서비스 (종합, 지적, 지체, 뇌병변, 청각, 시각 순)	44	50(46) (50)	D. 프로그램 및 서비스	44	17
E. 이용자 권리	7	6	E. 이용자 권리	8	4
F. 지역사회관계	13	14	F. 지역사회관계	16	10
총계 (종합, 지적, 지체, 뇌병변, 청각, 시각 순)	100	96(92) (96)	총계	100	58

출처: 한국사회복지협의회 사회복지시설평가원(2015).

② 2014년도 장애인복지관 세부 평가지표의 내용

〈표 14-7〉 장애인복지관 평가지표 유형별 지표수 및 배점

영 역	평가지표
A 시설 및 환경	A1 시설의 접근성
	A2 (공통) 안전관리
	A3 편의시설의 적절성
B 재정 및 조직운영	B1 (공통) 경상보조금 대비 운영법인의 자부담(전입금) 비율
	B2 (공통) 경상보조금 대비 사업비 비율
	B3 (공통) 경상보조금 대비 후원금 비율
	B4 (공통) 기관의 미션과 비전
	B5 (공통) 사업운영계획의 수립 및 실행
	B6 (공통) 운영위원회의 구성 및 활동
	B7 (공통) 회계의 투명성
	B8 시설운영평가 및 사업평가
	B9 정보관리
C 인적자원 관리	C1 (공통) 법정 직원 수 대비 직원충원율
	C2 (공통) 전체 직원대비 자격증 소지 직원 비율
	C3 직원 근속률
	C4 (공통) 직원의 외부교육 참여
	C5 (공통) 직원 교육활동비
	C6 (공통) 직원채용의 공정성
	C7 (공통) 시설장의 전문성
	C8 (공통) 최고중간관리자의 전문성
	C9 (공통) 직무분담의 적절성
	C10 (공통) 직원 인사평가
	C11 (공통) 직원교육
	C12 (공통) 신입직원교육
	C13 (공통) 직원의 고충처리
	C14 (공통) 직원복지
	C15 장애인종사자 고용실적

	D2-1. 접수상담 사정, 사례관리 부분의 서비스 이용인원
	D1-1. 접수상담
	D1-2 재활계획회의와 이용자 참여
	D1-8 기관 자원욕구조사 및 만족도 조사
	D2-2 의료재활서비스 이용인원
	D1-2 재활계획회의와 이용자 참여
	D1-4 개별화된 서비스
	D1-10 영역별 슈퍼비전 및 외부전문가의 자문
	D1-8 기관자원 욕구조사 및 만족도 조사
	D1-9 서비스 영역별 욕구조사 및 만족도 조사
	D1-5 사례회의
	D1-11 영역별 프로그램 운영평가
	D1-7 종결평가 및 사후지도
	D2-3 교육재활서비스 이용인원
D 프로그램 및	D1-2 재활계획회의와 이용자 참여
서비스	D1-4 개별화된 서비스
	D1-10 영역별 슈퍼비전 및 외부전문가의 자문
	D1-8 기관차원의 욕구조사 및 만족도 조사
	D1-9 서비스 영역별 욕구조사 및 만족도 조사
	D1-5 사례회의
	D1-11 영역별 프로그램 운영평가
	D1-7 종결평가 및 사후지도
	D2-4 사회심리재활 서비스 이용인원
	D1-2 재활계획회의와 이용자 참여
	D1-6 집단 프로그램의 계획기반
	D1-10 영역별 슈퍼비전 및 외부전문가의 자문
	D1-8 기관차원의 욕구조사 및 만족도 조사
	D1-9 서비스 영역별 욕구조사 및 만족도 조사
	D1-5 사례회의
	D1-11 영역별 프로그램 운영평가
	D1-7 종결평가 및 사후 지도

	D2-5 직업재활서비스 이용인원
	D1-2 재활계획회의와 이용자 참여
	D1-4 개별화된 서비스
	D1-10 영역별 슈퍼비전 및 외부전문가의 자문
	D1-8 기관차원의 욕구조사 및 만족도 조사
	D1-9 서비스 영역별 욕구조사 및 만족도 조사
	D1-5 사례회의
	D1-11 영역별 프로그램 운영평가
	D1-7 종결평가 및 사후 지도
	D2-6 재가복지, 가정지원, 가정봉사원 운영실적 및 이용인원
	D1-2 재활계획회의와 이용자 참여
	D1-4 개별화된 서비스
	D1-10 영역별 슈퍼비전 및 외부전문가의 자문
	D1-8 기관차원의 욕구조사 및 만족도 조사
	D1-9 서비스 영역별 욕구조사 및 만족도 조사
D 프로그램 및 서비스	D1-5 사례회의
	D1-11 영역별 프로그램 운영평가
	D1-7 종결평가 및 사후지도
	D4-1 특성화 사업
	D4-2 특성화 사업
	D4-3 특성화 사업
	D1-10 영역별 슈퍼비전 및 외부전문가의 자문
	D1-8 기관차원의 욕구조사 및 만족도 조사
	D1-9 서비스 영역별 욕구조사 및 만족도 조사
	D1-11 영역별 프로그램 운영평가
	D3-2 도서보급(대출) 사업
	D1-8 기관차원의 영역별 슈퍼비전 및 외부전문가의 자문
	D1-9 서비스 영역별 욕구조사 및 만족도 조사
	D1-10 영역별 슈퍼비전 및 외부전문가의 자문
	D1-11 영역별 프로그램 운영평가
	D3-1 도서제작사업

D 프로그램 및 서비스	D1-8 기관차원의 영역별 슈퍼비전 및 외부전문가의 자문
	D1-9 서비스 영역별 욕구조사 및 만족도 조사
	D1-10 영역별 슈퍼비전 및 외부전문가의 자문
	D1-11 영역별 프로그램 운영평가
	D3-3 정보제공사업
	D1-8 기관차원의 영역별 슈퍼비전 및 외부전문가의 자문
	D1-9 서비스 영역별 욕구조사 및 만족도 조사
	D1-10 영역별 슈퍼비전 및 외부전문가의 자문
	D1-11 영역별 프로그램 운영평가
	D3-4 생활용구 및 재활기기 개발 및 보급사업
	D1-8 기관차원의 영역별 슈퍼비전 및 외부전문가의 자문
	D1-9 서비스 영역별 욕구조사 및 만족도 조사
	D1-10 영역별 슈퍼비전 및 외부전문가의 자문
	D1-11 영역별 프로그램 운영평가
E 이용자 권리	E1 (공통) 이용자의 비밀보장
	E4 복지관과 서비스에 대한 정보제공 및 자기결정권 보장
	E2 (공통) 이용자의 고충처리
	E3 (공통) 이용자의 인권보장
F 지역사회 관계	F4 (공통) 후원자 및 후원금(품) 관리
	F2 (공통) 외부자원개발
	F5 (공통) 홍보
	F10 지역사회와의 관계 실적

출처: 한국사회복지협의회 사회복지시설평가원(2015).

(2) 2016년도 장애인직업재활시설 평가지표

① 평가지표 유형별 지표수 및 배점

〈표 14-8〉 직업재활시설 평가지표와 문항 수

평가영역	배점(%)	시설유형별 지표 수(개)		
		보호작업장	근로사업장	공통지표
A. 시설 및 환경	15	6	6	4
B. 재정 및 조직운영	15	6	6	4
C. 인적자원 관리	20	9	10	9
D. 프로그램 및 사업실적	45	14	13	–
E. 이용자의 권리	3	4	4	2
F. 지역사회관계	2	3	3	3
총 계	100	42	42	22

출처: 한국사회복지협의회 사회복지시설평가원(2015).

② 장애인직업재활시설 공통지표

〈표 14-9〉 직업재활시설 평가지표 문항 및 배점

평가영역		평가항목
A 시설 및 환경	A1	편의시설의 적절성
	A2	안전관리
	A3	응급상황에 대한 안전체계 구축
	A4	화재예방 및 피난대책
B 재정 및 조직운영	B1	월평균 이용자 수 대비 법인의 자부담(전입금)비율
	B2	월평균 이용자 수 대비 사업비 비율
	B3	월평균 이용자 수 대비 후원금 비율
	B4	회계의 투명성
C 인적자원 관리	C1	직원충원율
	C2	자격증 소지 직원비율
	C3	직원근속률

	C4	직원교육 활동비
C 인적자원관리	C6	직원채용의 공정성
	C7	시설장의 전문성
	C8	최고중간관리자의 전문성
	C9	직원교육
	C10	직원복지
E 아동의 권리	E1	아동의 비밀보장
	E2	아동의 고충처리
	E3	아동의 인권보장 노력
F 지역사회관계	F1	외부자원 개발
	F2	자원봉사자 관리
	F5	후원금(품) 사용 및 관리

출처: 한국사회복지협의회 사회복지시설평가원(2015).

③ 2016년도 장애인 직업재활시설 평가지표 세부내용

〈표 14-10〉 장애인 직업재활시설 세부 평가지표 내용

영 역	평가지표 세부내용
A 시설 및 환경	A1. 편의시설의 적절성(전체공통)
	A2. 안전관리(전체공통)
	A3. 응급상황에 대한 안전체계 구축(전체공통)
	A4. 화재예방 및 피난대책(전체공통)
	A5. 시설의 규모, 환경 및 근로장애인 기준
	A6. 작업 안전관리
B 재정 및 조직운영	B1. 월평균 이용자수 대비 법인의 자부담(전입금) 비율(전체공통)
	B2. 월평균 이용자수 대비 사업비 비율(전체공통)
	B3. 월평균 이용자수 대비 후원금 비율(전체공통)
	B4. 회계의 투명성(전체공통)
	B5. 시설의 미션 · 비전 및 장 · 단기 발전계획 수립
	B6. 사업(운영)계획 수립 및 평가

	C1. 직원충원율(전체공통)
	C2. 자격증 소지 직원비율(전체공통)
	C3. 직원근속률(전체공통)
	C4. 직원교육활동비(전체공통)
C 인적자원 관리	C5. 직원 외부교육활동시간
	C6. 직원채용의 공정성(전체공통)
	C7. 시설장의 전문성(전체공통)
	C8. 최고중간관리자의 전문성(전체공통)
	C9. 직원교육(전체공통)
	C10. 직원복지(전체공통)
	D1. 직업상담
	D2. 직업평가
	D3. 직무분석
	D4. 직업재활계획수립 및 개별서비스 제공
	D5. 재활프로그램(보호작업장)
	D6. 취업규칙
	D7. 서비스 종결(퇴사)
D 프로그램 및	D8. 판매처 개발노력 및 고객관리
사업실적	D9. 생산관리 및 품질관리
	D10-1. 최저임금 지급요건(보호작업장)
	D10-2. 최저임금 지급요건(근로사업장)
	D11. 임금지급
	D12. 매출 총 이익금 비율
	D13. 평균임금 증가율
	D14. 직업재활서비스의 체계성
	E1. 이용자의 비밀보장(전체공통)
E 이용자 권리	E2. 이용자의 고충처리(전체공통)
	E3. 이용자의 인권보장 노력
	E4. 서비스 정보제공 및 이용자의 자기결정권
	F1. 외부자원개발(전체공통)
F 지역사회관계	F2. 자원봉사자 관리(전체공통)
	F3. 후원금(품) 사용 및 관리(전체공통)

6. 사회복지시설 평가의 기대효과

1) 평가결과 활용을 통해 사회복지시설의 수준 향상

사회복지시설에 대한 평가는 그 목적이 결과에 따라서 시설의 순위를 매기는 것이 아니라 모든 사회복지시설이 일정 수준 이상을 갖출 수 있도록 하는 데 있다. 따라서 평가결과 상위시설에 대해서는 긍정적 인센티브제도를 도입하는 것이 더 바람직하며, 우수시설로 발표하고, 평가에 따른 추가적인 예산을 지원하거나 시설의 프로그램을 개발하는 데 소요되는 비용 그리고 운영비를 별도로 지원하는 것이 바람직하다. 또한 우수시설로 표창된 시설에 대해서는 사회복지공동모금회 등 민간복지재단의 재원을 우선적으로 지원할 수 있도록 유도하는 등 민간단체와의 연계도 추진해야 한다.

반면, 하위시설에 대해서는 일정한 수준(대상시설의 평균점수 또는 일정 수준 제시)에 이를 때까지 지도·감독을 강화해야 한다. 행정적인 지도·감독 외에도 서비스 질을 높이기 위해 학계 및 실무전문가의 지도가 이루어질 수 있도록 하며, 일정 기간 내에 재평가를 하여서 제시된 수준에 도달하지 못했을 때는 정부보조금을 중단하는 적극적인 조치를 취하여 시설의 개선노력을 촉진하도록 해야 한다.

그러나 평가의 목적이 순위 파악보다는 운영개선과 서비스 질의 제고에 있다는 점에서 볼 때 상위시설 외에는 개별 시설의 등수와 점수는 공개적으로 발표하지 않도록 하되, 개별 시설에는 평가결과와 개선이 필요한 내용을 통보하여 자체적인 개선노력이 이루어질 수 있도록 하는 것이 바람직하다.

2) 시설의 기능화

앞으로의 시설운영은 시설을 이용하는 이용자의 욕구와 관련하여 다양한 기능을 수행해야 할 것이다. 욕구에 중심을 둔 프로그램을 개발할 뿐만 아니라, 시설구조와 설비도 현대화하여 이용인과 생활인에게 안정감을 갖게 해야 하며 노후된 시설에 대한 기능보강도 이루어져야 한다.

3) 시설직원의 전문인력화

유능한 전문직 인력을 확보하는 것은 사회복지서비스의 전문성을 높이는 데 가장 중요한 요인이다. 서비스의 질은 바로 그 서비스를 수행하는 인력의 질에 달려 있기 때문이다. 앞으로 시설은 지속적으로 전문적인 인력확보를 위한 노력을 해야 한다.

4) 시설의 지역화

시설은 지금까지의 폐쇄적인 상황에서 지역사회로의 개방적인 상황으로 전환해 나가고 있다. 시설의 생활인이나 직원은 지역사회의 구성원이며 또한 지역사회의 시민도 시설을 지역사회의 사회적 기관으로 활용함으로써 상호 공존하고 지역사회 발전에 이바지할 것이다. 또한 시설과 지역사회가 밀접한 관계를 맺게 될 때 지역사회의 자발적인 힘과 자원을 최대한 활용할 수 있을 것이다.

제15장

아동복지시설의 종류와 시설 · 운영기준

전통적으로 아동은 가정에서 양육되어 왔으나 사회가 현대화, 산업화되면서 가정만으로는 더 이상 아동의 양육의 책임질 수 없게 되었다. 따라서 아동복지시설도 과거의 아동을 수용보호하는 차원을 넘어서서 아동의 다양한 욕구를 충족시키고 복지를 증진시키는 데 목적을 둔 다양한 형태의 시설이 요구되고 있다. 이 장에서는 아동복지시설의 성격과 유형, 운영원리, 설치 및 운영기준에 대해 살펴보고자 한다.

1. 아동복지시설의 성격과 의의

우리나라 아동복지사업의 역사는 아동복지시설의 역사라고 해도 과언이 아니다. 전통사회에서 아동은 가통을 이어 가고 가문을 번성시키는 수단이었을 뿐만 아니라 농경사회에서 노동력을 제공하고 노후의 부모를 부양하는 존재였다. 이러한 이유로 아동의 양육은 거의 전적으로 가족 또는 친족이 담당하였다.

삼국시대부터 조선시대에 이르는 전통사회는 고아와 기아 등 요보호아동을 노비나 양자로 삼도록 권장하여 이들의 문제를 해결하였다. 이러한 경향으로 근대에 이르러, 즉 조선조 말부터 광복 이전까지 고아원을 통한 시설보호가 시작되었으며, 광복 이후부터는 탈시설화와 시설의 소규모화를 통한 아동의 인권보장과 더불어 국가와 사회의 책임이 강화되었다.

광복부터 1960년대까지 전쟁고아, 기아와 부랑아를 보호하기 위해 국내외의 민간단체를 중심으로 아동보호시설을 설립하고 응급구호를 실시한 것이 오늘날 시설보호의 초기 역사이며, 이때 운영재정의 대부분은 외국의 원조에 의해 전개되었다.

1960년대부터 1980년대까지는 요보호아동을 대상으로 한 선별주의적 아동복지사업이 확대되었고, 이로 인해 시설에 수용 보호하는 아동의 수도 급증하였다. 1970년대에 이르러 경제성장으로 외원단체가 지원을 중단함으로써 국가보조가 증가하기 시작하였다. 1980년대 이후부터는 아동복리법이 아동복지법으로 확대 개정됨에 따라, 일반아동에 대한 보편주의적 아동복지사업이 전개되었으며, 취업모를 위한 새마을유아원, 탁아시설 등이 건립되었다. 1990년대 이후부터 영유아보육법의 제정으로 시설 수용보호와 입양사업에 치중하던 아동복지사업은 가정과 지역사회 중심의 서비스로 전환되기 시작하였다. 한편, 1997년 IMF 경제위기에 따른 가정해체로 시설에 맡겨지는 아동이 증가함에 따라 아동학대 예방사업에도 관심을 갖게 되었다.

이와 같은 역사적 전개에 비추어 보듯, 우리나라의 아동복지사업은 요보호아동에서 일반아동으로 확대되면서 가정과 지역사회 중심의 전문적 아동복지서비스 체계가 구축되고 있다.

2. 아동복지시설의 유형

아동복지시설은 아동복지법에 입각하여 설치된 시설로서, 시설보호뿐만 아니라 상담, 보호, 훈련 및 치료, 교육, 놀이 등의 서비스를 제공한다.

아동복지시설의 유형은 크게 생활시설과 이용시설로 나눌 수 있다. 생활시설은 가정상실아동을 입소시켜 보호·양육하는 것을 목적으로, 24시간 주거시설에서 집단 보호하는 것을 의미한다. 이러한 생활시설은 생활 중심의 시설과 전문적 치료·교육·훈련 중심의 시설로 구분할 수 있는데, 생활 중심의 시설은 일상생활의 영위를 목적으로 하는 시설로서 아동양육시설, 공동생활가정, 아동일시보호시설 등이 해당된다. 전문적 치료·교육·훈련 중심의 시설은 가정생활, 자립생활, 직업활동이 가능할 수 있도록 전문적인 서비스를 제공하는 것을 목적으로 하는데 아동보호치료시설, 자립지원시설 등이 여기에 해당된다. 이용시설은 아동이 자신의 가정에서 생활하면서 일시적으로 서비스를 이용하는 것을 목적으로 하는 시설로 아동상담소, 지역아동센터, 아동전용시설 등이 있다.

아동복지법에 제시된 아동복지시설의 유형은 〈표 15-1〉과 같다.

〈표 15-1〉 아동복지법에 제시된 아동복지시설

기능적 구분	시설구분	시설의 기능
수용(생활) 시설	아동양육 시설	보호대상 아동을 입소시켜 보호, 양육 및 취업 훈련, 자립지원 서비스 등을 제공하는 것을 목적으로 하는 시설
	아동일시 보호시설	보호대상 아동을 일시 보호하고 아동에 대한 향후의 양육대책 수립 및 보호조치를 행하는 것을 목적으로 하는 시설
	아동보호 치료시설	아동에게 보호 및 치료 서비스를 제공하는 시설 – 불량행위를 하거나 불량행위를 할 우려가 있는 아동으로서 보호자가 없거나 친권자나 후견인이 입소를 신청한 아동 또는 가정법원, 지방법원소년부지원에서 보호 위탁된 19세 미만인 사람을 입소시켜 치료와 선도를 통하여 건전한 사회인으로 육성하는 것을 목적으로 하는 시설 – 정서적·행동적 장애로 인하여 어려움을 겪고 있는 아동 또는 학대로 인하여 부모로부터 일시 격리되어 치료받을 필요가 있는 아동을 보호·치료하는 시설
	자립지원 시설	아동복지시설에서 퇴소한 사람에게 취업준비기간 또는 취업 후 일정기간 동안 보호함으로써 자립을 지원하는 것을 목적으로 하는 시설
	공동생활 가정	보호대상 아동에게 가정과 같은 주거여건과 보호, 양육, 자립지원 서비스를 제공하는 것을 목적으로 하는 시설
이용시설	아동상담소	아동과 그 가족의 문제에 관한 상담, 치료, 예방 및 연구 등을 목적으로 하는 시설
	아동전용 시설	어린이공원, 어린이놀이터, 아동회관, 체육·연극·영화·과학실험전시 시설, 아동휴게숙박시설, 야영장 등 아동에게 건전한 놀이·오락, 그 밖의 각종 편의를 제공하여 심신의 건강유지와 복지증진에 필요한 서비스를 제공하는 것을 목적으로 하는 시설
	지역아동 센터	지역사회 아동의 보호·교육, 건전한 놀이와 오락의 제공, 보호자와 지역사회의 연계 등 아동의 건전육성을 위하여 종합적인 아동복지서비스를 제공하는 시설

3. 시설보호의 개념 및 특징

1) 시설보호의 개념

시설보호란 지역보호(community care) 내지 재가보호(home care)에 대비되는 개념으로 요보호대상자를 수용시설에 보호·양육하는 것을 말한다. 시설보호사업이란 아동의 부모가 그 자녀를 양육할 의사나 충분한 능력이 없는 경우, 타인이 부모역할을 대리하여 일정한 시설에 아동을 일시적 또는 장기적으로 집단 보호하는 서비스다(Kadushin, 1980).

아동은 자신이 태어난 가정에서 보호받고 양육받는 것이 바람직하다. 그러나 부모의 사망, 이혼, 혼외출산, 학대, 유기 등 여러 가지 이유로 가정에서 아동이 양육되지 못하는 경우가 있다. 이와 같은 경우, 전통사회에서는 아동의 양육이나 보호가 친가나 외가 등 가족 내에서 해결할 수 있었지만, 현대사회에서는 핵가족화로 인해 아동양육을 가정 내에서 해결하기 어렵다. 따라서 사회가 아동에게 적절한 양육환경을 제공해 주어야 한다. 가정에서 양육되기 어려운 아동들은 위탁가정 보호나 입양과 같이 가능한 한 가정과 유사한 환경에서 양육될 수 있도록 해야 한다. 그러나 이러한 것들이 여의치 않을 때 고려할 수 있는 것이 아동복지시설에서의 보호다.

시설보호는 다음과 같은 5가지의 개념으로 설명된다(김명희, 2006).

첫째, 역할관련 개념으로 부모역할을 대신하는 대리보호를 의미한다.

둘째, 장소의 개념이다. 시설보호의 장소는 가정이 아닌 시설이라는 물리적 공간에서 이루어진다.

셋째, 시간적 개념이다. 24시간 보호와 장기간 시설에 거주함으로써 시설보호사업이 이루어진다.

넷째, 형태의 개념으로 아동에 대한 보호가 개별적으로 이루어지는 것이 아니라 집단적으로 이루어짐을 의미한다. 부모로부터 양육 및 보호를 받기 어려운 아동을 집단적으로 수용하여 보호하는 것이다. 개별보호에 비해 효율적인 보호서비스로 다수의 아동을 집단으로 보호한다.

다섯째, 제도적 개념으로 아동에 대한 보호의 주체가 일반 개인이 아닌 사회 전체임을 의미한다. 즉, 시설보호 서비스는 특정 개인에 의해 제공되는 것이 아닌 사회적 차원에서 실시된다. 친부모나 원가정이 아닌 사회가 양육주체가 되는 것이다.

2) 시설보호의 특성

(1) 생활거점으로의 시설
시설은 생활을 영위할 수 있는 장소다. 시설이 가정은 아니지만 보호, 교육, 휴게 등 적어도 정서안정의 가능한 조건을 갖추어야 하며, 더 나아가 재활, 치료, 훈련 등의 기능적 조건을 구비해 놓아야 한다. 우선, 생활의 기본적 조건을 명확히 해야 하며, 시설대상자가 쾌적한 생활을 영위할 수 있도록 원조해야한다.

(2) 인격 형성 및 재형성 장으로서의 시설
시설대상자는 다양한 가족의 문제로 어려움을 겪고 있어 정서가 불안정한 경우가 많다. 시설보호를 통한 생활의 거점으로서 정서적 안정이 이루어진다면 인격 형성의 효과적인 장이 될 수 있다.

(3) 사회생활 준비의 장으로서의 시설
시설에서의 생활은 가정의 대체적 기능을 갖고 있음과 동시에 사회생활의 경험을 가능하게 한다. 시설보호로 인하여 지역사회로부터 격리될 수도 있지만 지역주민의 한 사람으로서 생활할 수 있도록 시설을 개방해야 한다. 일반적으로 아동이 건전하게 성장 · 발달하기 위해서는 가정과 부모에 의한 양육이 가장 바람직하다. 시설보호는 아동양육에 있어 최선의 방법이 아니며 특히 영유아기의 시설보호는 더욱 바람직하지 않는 것으로 알려져 있다. 그러나 시설보호가 반드시 아동에게 부정적인 영향만을 주는 것은 아니며 경우에 따라 장점도 가질 수 있다.

3) 시설보호 아동의 특성

시설보호가 필요한 아동의 특성은 다음과 같다(도미향 외, 2009).

첫째, 부모의 질병이나 가족해체 혹은 이혼 등의 이유로 부모로부터 격리되어야 하는 상황이지만 부모 외에 타인과 유대를 이루지 못해 위탁보호를 할 수 없는 아동이다.

둘째, 신체가 심하게 부자유스러워 부모가 양육하기 어려운 장애아동들이다. 혹은 성장과정에서 장애를 일으킨 아동으로서 특수교육도 불가능하여 시설에서의 보호와 수용이 필요한 아동이다.

셋째, 문화실조나 정서장애 등 치료과정에서 집단적 생활경험이 필요한 아동들이다.

넷째, 비행청소년이나 범죄아동을 포함한다.

다섯째, 이전에 같이 생활하던 위탁가정으로부터 크게 실망하였거나 매우 깊은 상처를 입어 가족생활이 적합하지 않은 아동이다.

여섯째, 원래의 가족이나 위탁가정으로부터 이탈한 아동이다.

현재 우리나라에서 시설보호 대상이 되는 아동은 아동복지법에 따라 18세 미만의 자로 보호자가 없거나 보호자로부터 이탈된 아동 또는 보호자가 아동을 학대하는 경우 등 그 보호자가 아동을 양육하기에 부적당하거나 양육할 능력이 없는 경우의 아동을 의미한다. 즉, 시설보호 아동은 만 18세 미만으로서 가족해체 또는 장애, 비행 등의 문제로 원가정에서 성장하지 못하고 시설에서 성장하는 아동을 의미한다.

4. 아동복지시설의 운영원리

1) 아동복지시설의 기능

가족 내에 부양기능이 없거나 약화된 경우, 아동이 아동복지시설의 보호를 통해 정상적으로 성장할 수 있어야 한다. 아동에게 입소 전에 경험했던 왜곡된 가정생활의 경험이나 이로 인한 심리적 상처가 있다면 이러한 문제도 해결해야 한다. 따라서 아동복지시설은 단순히 의식주 해결의 수용보호 기능만을 담당하는 것이 아니라 교육 및 훈련, 문제가 있는 아동의 치료, 더 나아가 자립지원 기능까지도 담당해야 한다.

구체적인 시설의 역할에 따른 기능은 크게 세 부분으로 나눌 수 있다(박태영, 1998).

첫째, 기초적 기능이다. 기초적 기능은 종래부터 시설이 담당해 오던 기능으로, 생명보존 활동에 필요한 의식주 서비스를 지속적으로 제공하는 일상적 보호와 이에 필요한 생활환경을 제공하는 보호적 기능이다. 또한 발달이 빠른 시설아동들이 각자의 발달과 정에 도달할 수 있도록 지원하는 교육적 기능, 시설아동이 해결하거나 도달해야 할 생활 과제를 설정하여 이를 해결하기 위하여 치료, 훈련, 자립지원 등의 서비스를 제공하는 전문처우적 기능이다.

둘째, 고유적 기능이다. 고유적 기능은 수용보호 중심의 시설에서 시설아동이 주체적 이고 자립생활을 할 수 있도록 하기 위한 기능으로, 시설이 시설아동의 문화활동, 사회 참가, 가치 있는 삶을 추구하기 위한 문화적 생활기반을 확충하는 것을 의미한다. 또한 지역주민에게도 시설을 개방하여 시설과 지역의 상호교류를 촉진하여 사회복지센터로 서의 역할을 수행하는 문화적 기능과 시설아동에 대한 주민의 관계 및 기관의 차별, 편 견, 소외 등에 대응하여 시설아동의 권익을 옹호하고 시설아동의 친권대행, 후견 등을 수행하는 변호적 기능이다.

셋째, 파생적 기능이다. 파생적 기능은 기초적 기능과 고유적 기능이 상호관계를 가 지면서 앞으로 시설이 확충, 강화해 나가야 하는 기능이다. 단위시설로서는 대처하기 어려운 시설아동의 복잡 다양한 생활문제를 여러 사회자원의 개발과 연락, 조정, 네트 워크를 통하여 해결해 나가는 조정개발적 기능과 긴급한 상황에 처한 요보호아동에게 일시보호나 단기입소를 제공하여 응급상황을 잘 극복할 수 있도록 지원하는 긴급, 단기 지원기능이다.

이러한 기능을 수행하기 위해 시설은 가정은 아니더라도 보호, 휴식 등 정서적으로 안 정할 수 있는 환경조건을 갖출 필요가 있으며, 직원들과 보호아동 간에 정서적 관계를 경험할 수 있도록 해야 한다. 뿐만 아니라 보호아동들이 지역사회의 일원으로 살아가는 데 필요한 생활경험을 제공할 수 있도록 여러 기능을 포괄적으로 수행해야 한다. 또한 아동이기 때문에 성인과는 다른 특수한 보호의 원리가 활용되어야 하며, 궁극적으로는 보호아동의 삶의 질을 향상시키는 방향으로 시설이 운영되어야 한다. 지금까지의 내용 을 정리하면 [그림 15-1]과 같다.

[그림 15-1] 아동복지시설의 기능

2) 아동복지시설의 운영원리

아동복지시설은 아동의 4대 기본권(생존권, 보호권, 발달권, 참여권)에 의거하여 운영되어야 한다. 생존권(survival rights)은 적절한 생활수준을 누릴 권리, 안전한 주거지에서 살아갈 권리, 충분한 영양을 섭취하고 기본적인 보건서비스를 받을 권리 등 기본적인 삶을 누리는 데 필요한 권리다. 보호권(protection rights)은 모든 형태의 학대와 방임, 차별, 폭력, 고문, 징집, 부당한 형사처분, 과도한 노동, 약물과 성폭력 등 아동에게 유해한 것으로부터 보호받을 권리다. 발달권(development rights)은 잠재능력을 최대한 발휘하는 데 필요한 권리로, 교육받을 권리, 여가를 즐길 권리, 문화생활을 하고 정보를 얻을 권리, 생각과 양심/종교의 자유를 누릴 권리다. 참여권(participation rights)은 자신의 나라와 지역사회 활동에 적극적으로 참가할 수 있는 권리로 자신의 의견을 표현하고, 자신의 삶에 영향을 주는 문제들에 대해 발언권을 지니며, 단체에 가입하거나 평화적인 집회에 참여할 수 있는 권리다.

이를 바탕으로 시설아동 보호의 원리는 다음과 같이 다섯 가지로 요약할 수 있다(보건복지부, 2007d).

첫째, 인간생명의 절대적 존중원리다. 시설아동도 일반아동와 같이 누려야 할 권리를 보장받아야 한다. 아동은 적절한 생활수준과 의료서비스를 누릴 생존의 권리, 교육, 놀이,

여가, 정보, 종교의 자유 등을 누릴 발달의 권리, 가족과의 인위적 분리와 폐습으로부터 보호받을 권리, 아동의 능력에 부응하는 적절한 사회활동에 참여할 권리 등을 가지고 있다. 이러한 아동의 권리가 시설아동에게 있어서도 절대적인 기준으로 존중받아야 한다.

둘째, 인간성 회복과 형성의 원리다. 아동의 교육권과 발달보장도 중요하지만 생명보호를 최우선해야 한다. 생명을 존중하기 위해 시설의 구조와 설비, 안전관리, 의료보호, 시설직원의 생명존중의식을 강화할 필요가 있다. 시설에 입소하는 아동들은 대부분 입소 전에 많은 어려움을 겪었으므로 아동과 직원 간의 신뢰관계에 기초하여 인간성의 회복과 형성을 중요하게 다룰 필요가 있으며, 이를 위해 시설직원의 서비스 기술과 전문성 향상, 가치정립이 필요하다.

셋째, 친자관계 조정 및 존중의 원리다. 시설아동은 부모와 이별의 경험을 하게 되면서 친자관계가 약화되고, 불안감과 함께 그리움을 갖는 등, 부모에 대해 복잡한 감정상태를 갖고 있다. 시설은 부모와 자녀의 관계를 이해하면서 이별의 감정이나 불안을 해소할 수 있도록 서비스를 제공해야 한다.

넷째, 건전한 생활환경 조성과 개별화 서비스의 원리다. 시설의 자연환경, 인적·물적 환경, 사회적 환경, 정신적 환경은 아동에게 많은 영향을 미친다. 특히 인적 환경으로서 직원들은 아동 개인의 욕구에 맞는 서비스를 제공해야 한다.

다섯째, 적극적인 사회참여의 원리다. 시설아동은 가정과 분리되어 결핍되고, 사회성이나 정서적인 면에서 부족할 수 있다. 시설이 가정의 기능을 대신해야 하며, 시설에서 생활하더라도 궁극적인 목적은 사회복귀에 두어야 한다. 이를 위해 시설직원과 아동, 아동 간의 대인관계를 통해 인격의 향상을 도모하고 사회생활에 참여할 수 있도록 지원해야 한다.

5. 아동복지시설의 설치 및 운영

1) 아동복지시설 운영의 기본방향

보건복지부의 아동복지시설 운영의 기본방향은 다음과 같다(보건복지부, 2015a).

(1) 아동복지시설 기능의 다양화

아동복지생활시설은 요보호아동에 대한 전통적인 시설보호 양육체계에서 벗어나 아동이 건강하고 행복하게 자랄 수 있는 시설환경의 구축 및 지역사회 아동의 다양한 특성과 욕구에 맞는 기능 다각화를 추구해야 한다. 구체적으로 시 · 도, 시 · 군 · 구는 아동복지생활시설이 기존의 집단생활시설 형태의 운영에서 벗어나 가정형 소숙사 형태로 전환 · 운영될 수 있도록 지도 및 지원한다.

- 집단시설: 의식주를 공동으로 해결하며, 예산사용 및 물품관리 등 시설관리도 공동으로 하는 경우
- 소숙사시설: 시설 거주공간을 가정형태의 소숙사로 개선하여 의식주를 소숙사별로 해결하며, 예산사용 · 물품 등 운영관리도 시설 내에서 소숙사별로 하되 전체적으로 시설운영관리는 공동으로 하는 경우

(2) 다양한 특성 및 아동욕구에 맞는 이용시설 기능을 추가

기존 아동양육시설의 성격에 방과 후 보호, 아동상담, 일시보호, 가정위탁, 입양, 급식 프로그램 제공 등의 기능을 추가하는 아동복지시설 기능의 다양화를 추진한다.

아동복지법(제52조)상 아동복지시설의 고유업무 외 추가로 할 수 있는 사업은 아동가정지원사업, 아동주간보호사업, 아동전문상담사업, 학대아동보호사업, 공동생활가정사업, 방과 후 아동지도사업이다.

(3) 아동복지시설의 기능전환 추진

시설아동 수가 50% 미만인 경우 우선적으로 보호치료시설 또는 퇴소아동 자립시설 등 지역실정에 맞는 시설로 전환하도록 적극적으로 행정지도 및 지원한다.

지자체장은 아동복지시설이 희망할 경우, 심리 · 정서 문제를 보유한 아동을 치료할 수 있는 보호 · 치료시설로 전환하되, 필요한 인력 및 장비 보강 등을 우선 지원할 수 있다.

(4) 자립준비 프로그램의 운영 확대

시설입소 단계부터 아동발달 단계(미취학 · 초 · 중 · 고 · 대학)에 따른 자립준비 프로그

램을 운영한다. 시설은 입소부터 아동자립 지원을 위해 아동의 개인별 특성을 파악하여 적합한 프로그램을 운영한다.

(5) 시설 지도·점검의 내실화

지자체에서는 시설(법인) 지도·점검 시 회계(보조금, 후원금, 수익사업), 계약(공사, 구매), 자산관리(부동산, 장비 등) 등 취약업무와 통합회계관리시스템 활용도 등을 중점 점

〈표 15-2〉 시설아동의 자립지원 단계

단계별		서비스 내용
1단계	입소(위탁)상담	원가족 복귀계획 수립
2단계	입소(위탁)결정 후	건강, 정신, 심리, 학습 관련 통합 사정실시
3단계	시설(위탁가정) 적응기간	아동복지시설(위탁가정) 적응을 위한 프로그램 운영
4단계	적응기간 경과 후	아동복지시설(가정위탁센터) 내 사례관리회의 – 자립, 건강, 심리, 학습 등 관계자 참석
5단계	사례관리 회의 후	아동별 자립지원서비스 계획 수립 – 1, 4단계의 내용을 반영 – 원가족 유대강화 서비스 포함
6단계	자립지원통합관리 시스템(DB) 입력	5단계의 아동 자립지원서비스 계획을 보건복지부(아동자립지원사업단)의 '자립지원통합관리시스템DB'에 입력
7단계	자립지원 프로그램 운영	연령, 수요에 맞추어 자립지원을 위한 프로그램 운영
8단계	자립준비계획 수립 및 운영	15세부터 매년 퇴소(위탁종결) 후를 대비 개인별 자립준비계획을 수립하여 운영 – 진로, 학습, 취업 계획 등 포함
9단계	퇴소(위탁종결) 점검	퇴소(위탁종결)예정 아동에 대한 자립준비 점검 – 대학진학, 취업(예정)유무, 등록금조달, 주거마련, 원가족관계 등
10단계	퇴소(위탁종결)	
11단계	사례관리 및 상담	퇴소(위탁종결) 후 5년까지 안정적 자립정착을 위한 사례관리 및 자립수준 평가 실시

출처: 보건복지부(2015a).

〈표 15-3〉 자립준비 표준화 프로그램

	level 1	level 2	level 3	level 4
대상자	미취학~초 2	초 3~6	중 1~3	고 1~퇴소 전
해당 영역	1, 2, 3, 5	1, 2, 4, 5, 6	1, 2, 3, 4, 5, 6	8개 전 영역
중점 프로그램	- 기초학습지도 - 독서지도 - 원가족유대 강화 　집단 프로그램	- 심리, 정서 지지 　체계 - 학습지도 - 경제교육	- 진로적성검사 - 자립예비 사정 　및 계획 체크리 　스트	- 자립사정 - 취업 및 진학상 　담 체크리스트

대상자	퇴소(종결) 후 - 자립생활 정착까지	
서비스 지원	• 취업형과 진학형 구분 • 상담 및 사례관리 • 긴급생활자금 지원 및 의료지원	• 사회 초기적응 및 자립기반 구축 • 진로지도 및 인턴십 프로그램 • 심리정서지원

출처: 보건복지부(2015a).

〈표 15-4〉 자립기술의 8대 영역

1. 일상생활기술	일상생활에 필요한 세탁, 청소, 예의범절, 요리하기 등 기술 습득
2. 자기보호기술	개인위생관리, 응급처치방법, 성교육, 약물중독교육을 통한 자기보호 기술 습득
3. 지역사회 자원활용기술	지역 내 활용 가능한 서비스, 사회자원 방문조사 및 활용
4. 돈관리기술	교육을 통한 올바른 경제관념을 형성, 효율적인 용돈 관리기술 습득
5. 사회적 기술	집단활동을 통해 긍정적인 대인관계 기술습득, 봉사활동을 통한 사회구성원으로 역할 습득
6. 진로탐색 및 취업기술	적성검사를 통한 상급학교 진학 및 직업탐색
7. 직장생활기술	이력서 작성법, 면접방법, 대처방법 등 직장생활기술 습득
8. 다시 집 떠나기	집 구하기, 계약, 이사 등의 거주지 마련 방법 습득

출처: 보건복지부(2015a).

〈표 15-5〉 시설아동의 자립준비를 위한 프로그램 내용

영 역		내 용
일상생활기술	의복의 구입과 손질	• 옷장 계획, 빨래하기
	집 관리	• 방 청소, 욕실 청소, 부엌 청소, 전등 갈기 • 전기화재예방
	음식준비와 요리하기	• 식단 짜기, 장보기, 요리하기
자기보호기술	나 자신 돌보기	• 깔끔한 나, 개인위생, 응급처치, 의료적 도움 구하기(알코올, 담배)
	건강 유지하기	• 영양의 균형, 이럴 땐 이런 음식, 운동, 충분한 휴식, 여가시간
	어른 되기	• 어른이 되는 과정: 육체적인 변화, 사춘기
	성(性)	• 성적인 행동, 성에 대한 신화들 • 'NO' 라고 이야기하기, 언제 부모가 될까?, HIV 감염과 AIDS, 부모 되는 것 미루기
지역사회 자원활용기술	교통	• 대중교통 이용하기, 운전면허증 따기
	지역사회 자원활용	• 생태도(eco-map) 그리기, 여가활용, 사회복지 서비스, 응급상황
돈관리기술	돈 관리	• 예산 세우기, 올바른 지출, 요금 납부, 저축하기
	신용카드	• 신용카드 이해, 신용카드의 용도와 활용, 신용불량
사회적 기술	나에 대한 탐색	• 나의 가치, 내가 느끼는 감정, 나의 의사결정 스타일
	현명한 선택	• 결과에 대하여 배우기, 현명한 선택하기, 결과 예측, 도움 얻기, 습관 바꾸기
	대처기술	• 갈등해결, 스트레스 이해하기, 스트레스 다스리기
	대인관계	• 친구 들여다보기, 룸메이트 고르기, 또래의 압력에 맞서기, 잘 못된 관계 정리하기
진로탐색 및 취업기술	나에게 맞는 직업 찾기	• 일에 대한 가치, Work-Job 게임, Work-Job 게임 후… • 직업의 영역
	취업 준비하기	• 이력서, 자기소개서, 면접 준비하기
직장생활기술	즐겁게 일하기	• 출근 첫날, 사내 규칙, 직장에서의 태도, 직장 내 갈등 다루기, 직장에서 이런 일이 생긴다면…, 직장을 계속 다니거나 그만두 는 이유
다시 집 떠나기	새로운 시작을 향한 출발	• 인생 선배와의 인터뷰, 나의 목표, 보물찾기 • 변화에 대처하는 법, 자립 후 필요한 기술 • 어려움이 생기면…, 모든 것이 잘 되고 있다면…, 마지막 날, 새 로운 시작의 첫날
	혼자 살아가기	• 살 곳 결정하기, 집 찾기, 계약서 쓰기, 이사, 주택의 안전, 주택 관리 등을 계획하여 행동하기

검 항목으로 설정하는 등 지도 · 점검 내용을 보완 · 강화한다.

또한 지자체는 시설 내 성범죄 및 학대 예방 등 입소아동 인권강화를 위한 관리감독을 강화하며 시설종사자에 대한 아동학대 예방교육 참여 여부를 점검한다.

(6) 종사자의 근로환경 개선과 운영위원회 설치 의무화

사회복지시설 운영의 민주성 · 투명성 제고 및 시설생활자의 권익 향상 등을 위해 사회복지시설 운영위원회를 설치 · 운영해야 한다. 시설 운영위원회에서는 시설운영계획 전반에 관한 사항, 시설종사자의 근무환경 개선, 시설거주자의 생활환경 개선 및 고충처리에 관한 사항 등을 심의한다.

2) 아동복지시설의 설치기준

(1) 설치근거

아동복지시설의 설치 및 운영과 관련된 법적 근거는 아동복지법 제50조와 관련된다.

(2) 아동복지시설의 설치기준

아동복지시설의 시설기준, 신고, 변경신고 및 입소 등에 관하여 필요한 사항은 보건복지부령으로 정하고 있는데, 이에 따른 세부사항은 다음과 같다.

〈공통시설의 기준〉

1. 시설의 입지조건

시설은 보건 · 위생 · 급수 · 안전 · 환경 및 교통편의 등을 충분히 고려하고, 시설 50m 주위에 청소년보호법에 따른 청소년유해업소가 없는 쾌적한 환경의 부지를 선정하여야 한다.

2. 시설의 구조 및 설비

① 시설의 구조 및 설비는 그 시설을 이용하는 아동의 성별 · 연령별 특성에 맞도록

하여야 한다.

② 아동 30인 이상을 수용하는 시설에는 다음의 설비를 갖추어야 한다. 다만, 지역 아동센터의 경우에는 사무실, 양호실, 상담실의 설비 상호 간에는 이를 겸용할 수 있도록 설치할 수 있고, 아동이 상시 생활하지 않는 경우에는 거실 및 조리실, 목욕실, 세탁장, 건조장까지의 설비를 갖추지 않을 수 있다.

- 거실
  - 적당한 난방 및 통풍시설을 하고, 상당기간의 일조량을 확보할 수 있도록 하여야 한다.
  - 출입구는 비상재해 시 대피하기 쉽도록 복도 또는 넓은 공간에 직접 면하게 하여야 한다.
  - 복도·다락 등을 제외한 거실의 실제 면적은 아동 1명당 6.6㎡ 이상으로 하고, 침실 1개의 정원은 3명 이하로 한다.
  - 7세 이상의 아동을 수용하는 거실은 남녀별로 설치하여야 한다.
  - 허약아, 미숙아, 질병이환아 등을 격리하여 수용할 수 있는 격리실을 따로 두어야 한다.
- 사무실: 사무를 위한 적당한 설비를 갖추어야 한다.
- 양호실: 진찰, 건강상담 및 치료를 위한 적당한 설비를 갖추어야 한다.
- 상담실: 상담을 위한 적당한 설비를 갖추어야 한다.
- 조리실
  - 채광 및 환기가 잘 되도록 하고 창문에는 방충망을 설치하여야 한다.
  - 식기를 소독하고 위생적으로 취사 및 조리할 수 있는 설비를 갖추어야 한다.
- 목욕실: 욕탕, 샤워 및 세면 설비를 갖추어야 한다.
- 세탁장: 세탁에 필요한 기계, 기구 등 설비를 갖추어야 한다.
- 건조장: 세탁물을 건조할 수 있는 설비를 갖추어야 한다.
- 화장실
  - 수세식 화장실을 원칙으로 하되, 수세식이 아닌 화장실은 방수처리를 하고 소독수와 살충제를 비치하여야 한다.

- 변기의 수는 아동 5명당 1개 이상으로 설치하여야 한다. 다만, 지역아동센터의 경우에는 변기를 1개 이상 설치할 수 있다.
- 급수, 배수시설
- 급수, 배수시설은 상수도에 의한다. 다만, 상수도에 의할 수 없는 경우에는 먹는 물 관리법 제5조에 따른 먹는 물의 수질기준에 적합한 지하수 등을 공급할 수 있는 시설을 갖추어야 한다.
- 지하수 등을 사용하는 경우 취수원은 화장실, 폐기물처리시설, 동물사육장, 그 밖에 지하수가 오염될 우려가 있는 장소로부터 20m 이상 떨어진 곳에 위치하여야 한다.
- 빗물, 오수 등의 배수에 지장이 없도록 배수설비를 하여야 한다.
- 비상재해대비시설: 소방시설 설치, 유지 및 안전관리에 관한 법률 시행령에서 정하는 바에 따라 소화용 기구를 비치하고, 비상구를 설치하며, 비상재해에 대비한 시설을 갖추어야 한다.

③ 10명 이상 30명 미만의 아동을 수용하는 시설에는 거실, 사무실, 양호실, 상담실, 조리실, 목욕실, 세탁장, 건조장, 화장실, 급수 · 배수시설, 비상재해대비시설을 갖추어야 한다. 다만, 사무실, 양호실, 상담실은 설비 상호 간 및 목욕실, 세탁장, 건조장, 화장실은 설비 상호 간에는 이를 겸용할 수 있도록 설치할 수 있고, 아동이 상시 생활하지 않는 시설의 경우에는 거실 및 조리실, 목욕실, 세탁장, 건조장까지의 설비를 갖추지 않을 수 있다.

④ 아동 10명 미만을 수용하는 시설에는 거실, 사무실, 양호실, 상담실, 조리실, 목욕실, 세탁장, 건조장, 화장실, 급수 · 배수시설, 비상재해대비시설을 갖추어야 한다. 다만, 거실, 사무실, 양호실, 상담실은 설비 상호 간 및 목욕실, 세탁장, 건조장, 화장실은 설비 상호 간에는 이를 겸용할 수 있도록 설치할 수 있고, 아동이 상시 생활하지 않는 시설의 경우에는 거실, 조리실, 목욕실, 세탁장, 건조장의 설비를 갖추지 않을 수 있다.

〈시설별 기준〉

1. 아동양육시설 · 아동 일시보호시설

아동양육시설과 아동 일시보호시설은 다음의 설비를 갖추어야 한다.

- 강당 또는 오락실: 66㎡ 이상으로 오락용구를 비치해야 한다.
- 도서실: 열람석과 아동의 정서함양을 위한 도서류를 비치해야 한다.
- 심리검사 · 치료실: 16.5㎡ 이상으로 심리검사 · 치료를 위한 적당한 설비를 갖추어야 한다.

2. 아동보호치료시설

아동양육시설에 준하되, 심리검사 · 치료실을 별도로 갖추어야 하며, 심리검사 · 치료실은 16.5㎡ 이상으로 심리검사 · 치료를 위한 적당한 설비를 갖추어야 한다.

3. 공동생활가정

전용면적 82.5㎡ 이상의 주택형 숙사를 갖추어야 한다.

4. 자립지원시설

복도 · 목욕실 등을 제외한 거실의 실제면적은 아동 1인당 9.9㎡ 이상으로 하며, 1실의 정원은 2인 이하로 한다.

5. 아동상담소

- 상담실: 16.5㎡ 이상이어야 한다.
- 심리검사 · 치료실: 16.5㎡ 이상으로 하되, 2개실 이상을 갖추어야 한다.
- 집단지도실: 33㎡ 이상이어야 한다.
- 사무실: 16.5㎡ 이상이어야 한다.
- 자료실 또는 대기실: 16.5㎡ 이상(30명 이상 시설만 해당된다)이어야 한다.

6. 지역아동센터

사무실·조리실·식당 및 집단지도실을 각각 갖추되, 해당 시설을 모두 합한 면적이 전용면적 82.5㎡ 이상이고, 아동 1명당 전용면적 3.3㎡ 이상이어야 한다. 다만, 집단지도실은 2개실 이상을 갖추어야 한다.

7. 통합하여 설치하는 경우

거실, 사무실, 양호실, 상담실, 조리실의 시설별 기준을 각각 갖추어야 한다. 강당, 오락실, 집단지도실, 도서실은 공동으로 사용할 수 있다.

3) 아동복지시설의 운영기준

(1) 건강관리

아동복지시설의 건강관리 운영기준은 다음과 같다.

첫째, 아동의 입소 시에는 반드시 건강진단을 해야 한다.

둘째, 보호아동 및 직원에 대하여는 연 1회 이상의 건강진단을 해야 한다.

셋째, 건강진단 결과 건강이 좋지 아니한 자에 대하여는 그 치료를 위하여 필요한 조치를 취해야 한다.

(2) 급식위생

아동복지시설의 급식위생 운영기준은 다음과 같다.

첫째, 급식은 필요한 영양을 섭취할 수 있도록 식단을 작성하고, 그에 따라 시행되어야 한다.

둘째, 식단은 영양사가 작성하되, 영양사가 없는 시설은 보건소의 지도를 받아 식단을 작성해야 한다.

셋째, 전염성 질환, 화농성 창상 등을 가진 자는 아동의 식사를 조리해서는 안 된다.

넷째, 상수도 외의 음용수를 사용하는 경우에는 적어도 연 2회 이상 수질검사를 받아야 한다.

(3) 관리규정

조직, 인사, 급여, 회계, 물품, 기타 시설의 관리에 관한 필요한 규정을 제정·시행해야 한다.

(4) 장부 등의 비치

시설에는 다음의 장부 및 서류를 비치해야 한다.

- 시설의 연혁에 관한 기록부
- 재산목록과 그 소유 또는 사용권 증명서
- 시설운영일지
- 시설장 및 직원의 인사카드(이력서 및 사진 포함)
- 예산서 및 결산서
- 총계정원장 및 수입·지출 보조부
- 금전 및 물품의 출납부와 그 증빙서류
- 보고서철 및 관계 관청과의 문서철
- 소속법인 정관 및 관계 의결 서류
- 입·퇴소 아동의 명단 및 관계 서류

(5) 아동복지시설에서의 기거자

아동복지시설의 기거자에 대한 요건은 다음과 같다.

첫째, 시설의 장은 아동의 거실이 있는 건물마다 생활지도원, 보육사, 기타 필요한 직원 중 1인을 보호아동과 함께 기거하게 해야 한다.

둘째, 시설 안에서는 보호아동 외에 시설의 장 및 직원과 그 가족이 아닌 자는 거주하지 못한다.

(6) 아동의 보호조치

아동의 보호조치는 다음과 같이 이루어져야 한다.

첫째, 아동양육시설 및 일시보호시설의 장은 아동이 입소한 때에는 입소된 날부터 2주

동안 그 심신상태를 관찰해야 한다.

둘째, 아동양육시설의 장은 학대받은 아동에 대한 보호조치를 의뢰받은 때에는 육체적 · 정신적 정상생활이 될 때까지 특별지도를 위하여 다른 아동과 분리하여 수용할 수 있다.

4) 아동복지시설의 종사자 관리

(1) 아동복지시설 종사자 직종별 자격기준

아동복지시설 종사자 직종별 자격기준은 다음과 같다.

첫째, 시설장은 우선적으로 사회복지사업법에 따른 사회복지사 2급 이상 자격 취득 후 아동과 관련된 사회복지 업무에 3년 이상 또는 사회복지사업에 5년 이상 종사한 경력이 있는 사람이어야 한다.

둘째, 사무국장은 우선적으로 사회복지사업법에 따른 사회복지사 2급 이상의 자격 취득 후 아동과 관련된 사회복지사업에 1년 이상 또는 사회복지사업에 3년 이상 종사한 경력이 있는 사람이어야 한다.

셋째, 생활복지사, 상담지도원, 자립지원전담요원은 우선적으로 사회복지사업법에 따른 사회복지사 2급 이상 자격이 있는 사람이어야 한다.

넷째, 보육사는 우선적으로 사회복지사업법에 따른 사회복지사 3급 이상 자격이 있는 사람이어야 한다.

(2) 종사자 배치기준

종사자 배치기준은 〈표 15-6〉과 같다.

〈표 15-6〉 종사자 배치기준

직종별	법정기준
시설장	• 시설당 1명
사무국장	• 아동 30명 이상 시설당 1명(자립지원시설은 10명 이상 1명) * 공동생활가정, 아동전용시설, 지역아동센터 해당 없음
상담지도원	• 양육, 일시보호, 상담소는 필요인원 • 자립지원시설은 아동 10명 미만 1명, 아동 10명 이상~30명 미만 2명, 아동 30명 이상 3명
임상심리상담원	• 양육, 일시보호, 상담소는 30명 이상 1명 • 보호치료시설은 시설당 1명
보육사	• 0~2세까지 아동 2명당 1명 • 3~6세까지 아동 5명당 1명 • 7세 이상 아동 7명당 1명 * 자립지원시설, 아동상담소, 아동전용시설, 지역아동센터 해당 없음
생활복지사	• 양육, 일시보호, 보호치료는 30명 이상 1명 * 양육시설, 일시보호시설은 30명 초과 시 1명 추가 • 10명 이상 전용시설은 필요인원 • 지역아동센터는 30명 이상 2명(50명 초과 시 1명 추가), 10명 이상 1명
간호사	• 양육, 일시보호, 보호치료, 상담소 30명 이상 1명
직업훈련교사	• 양육, 보호치료시설은 필요인원
조리원	• 양육, 일시보호, 보호치료시설은 10명 이상 1명(30명 초과 시 1명 추가)
위생원	• 양육, 일시보호시설은 30명 이상 1명
안전관리원	• 보호치료시설은 30명 이상 2명(40명 이상 4명), 전용시설은 30명 이상 1명
영양사	• 양육, 일시보호, 보호치료시설은 30명 이상 1명 • 지역아동센터는 50명 이상 1명
사무원	• 양육, 일시보호, 보호치료시설은 10명 이상 1명 • 자립, 상담소, 전용시설은 30명 이상 1명
자립지원전담요원	• 양육, 보호치료시설은 10명 이상 1명, 자립지원시설은 30명 이상 1명 * 양육시설은 100명 초과 시 1명 추가 • 공동생활가정은 필요인원

출처: 보건복지부(2015a).

(3) 보육사 배치기준

보육사 배치기준은 첫째, 0~2세는 아동 2명당 1인, 둘째, 3~6세는 아동 5명당 1인, 셋째, 7세 이상은 아동 7명당 1인이 기준이다.

(4) 종사자 관리 및 의무

아동·청소년의 성보호에 관한 법률에 의거해 아동복지시설은 성범죄자 취업제한 대상기관으로 취업자 및 취업예정자, 사실상 노무제공자 및 노무제공 예정자에게 '범죄경력조회 동의서'를 받아 '성범죄경력조회 신청서'를 작성하여 관할 경찰서를 통하여 성범죄 경력을 조회하여야 한다.

아동·청소년의 성보호에 관한 법률 제44조 내지 제46조에 의거해 아동·청소년대상 성범죄 또는 성인대상 성범죄로 형 또는 치료감호를 선고받아 확정된 자는 그 형 또는 치료감호의 전부 또는 일부의 집행을 종료하거나 집행이 유예 면제된 날부터 10년 동안 시설(아동시설 포함) 또는 기관을 운영하거나 아동·청소년 관련 교육기관 등에 취업 또는 사실상 노무를 제공할 수 없다.

아동복지법 제25조에 의거해 아동복지시설의 장과 그 종사자는 아동학대 신고의무자로서 그 직무상 아동학대를 알게 된 경우에는 즉시 아동보호전문기관 또는 수사기관에 신고하여야 한다. 시설장은 시설아동 성범죄 및 학대예방을 위하여 종사자가 관련교육을 받을 수 있도록 적극 지원하여 한다.

(5) 아동복지시설 종사자 가족 거주 제한

아동복지시설 안에서는 보호아동 및 아동복지시설 종사자 외에는 거주할 수 없다.

5) 아동복지시설의 운영비 지원

정부에서는 지방자치단체의 아동복지시설에 대한 운영비를 지원하는 권고기준으로 다음과 같은 사항을 제시하였다.

(1) 지원대상

양육시설, 일시보호시설, 보호치료시설, 자립지원시설에 보호 중인 아동을 대상으로 한다.

(2) 운영비 지원의 원칙

운영비 지원 원칙은 다음과 같다.

첫째, 예산의 범위 내에서 시·도지사가 승인한 예산서에 의거해 집행하되 단가 및 물량은 시설규모나 실정에 맞게 편성하여 집행이 가능하다.

둘째, 시설별 보호아동 수를 기준으로 직접경비, 간접경비, 공통경비를 통합하여 지원함으로써 집행의 자율성을 부여한다.

셋째, 예산편성 시 직접경비, 공통경비, 간접경비의 항목이 반영되도록 지도한다. 직접경비는 영아분유급식비, 육아특별간식비, 학용품비, 부교재와 교양도서비, 운동화, 이·미용비, 위생대, 생리대, 중고생교통비, 교복비 등이다. 공통경비는 건물유지비, 화재보험료, 공공요금, 수용비, 의약품비, 난방연료비, 차량유지비, 도서구입비, 환경부담금 등이다. 간접경비는 치료보호시설 및 직업훈련시설의 직업훈련 실습비와 재료비, 훈련복이 있다.

넷째, 지자체는 시설아동의 자립지원을 위한 프로그램 운영비를 운영비 내에서 사용할 수 있도록 지원한다.

다섯째, 3세 미만 아동 다수 보호시설(의료비 등), 보호치료시설(보호 선도활동 등), 자립지원시설(취업활동 등)의 특성을 감안하여 필요한 경우 운영비를 추가 지원할 수 있다. 프로그램 운영비도 별도 추가 지원이 가능하다.

(3) 시설보호아동 보호단가

생계급여 및 교육보호는 국민기초생활보장시설 수급자에 대한 관리지침에 준한다. 또한 부가급여(관리운영비) 권고기준은 첫째, 기본운영비는 개소당 월 50만 원이다. 둘째, 전기요금, 수도요금, 가스요금 등은 정액 지원한다.

(4) 집행 및 사후관리

집행 및 사후관리는 다음을 따른다.

첫째, 아동복지시설, 즉 예산집행기관(시설)은 자율적으로 예산을 집행하되 내역별 집행내역에 대한 회계 증빙자료를 비치하고 예산집행의 투명성과 객관성을 확보해야 한다. 또한 사회복지법인 재무·회계 규칙을 적용한다.

둘째, 시·도지사는 수용아동 감소에 따라 종사자가 퇴직해야 할 경우 인근 지역의 사회복지관 등 사회복지시설에 우선 채용될 수 있도록 지도한다.

셋째, 사회복지법 제34조의3(보험가입의무)의 규정에 의거해 시설의 운영자는 화재로 인한 손해배상책임의 이행을 위하여 손해보험회사가 영위하는 책임보험에 가입해야 하므로 동 보험에 가입하도록 행정지도 및 감독을 실시한다.

넷째, 전기·가스·소방 등 각종 위험물 및 에너지 사용 증가에 따른 일상의 사고발생 위험 예방 및 노후건물, 난간, 축대, 담장 등 시설물 안전을 위하여 안전관리 종합계획을 수립하고 정기·수시 지도점검을 철저히 한다. 특히 안전사고와 관련한 예산을 확보하여 재정적인 지원을 해야 한다. 화재, 전기, 가스 등에 대한 점검은 시설 자체점검뿐 아니라 외부 전문기관에 의한 점검이 이루어지도록 지자체가 직접 확인 점검해야 한다.

다섯째, 아동복지법 제31조(아동의 안전에 대한 교육)의 규정에 의거해 아동복지시설의 장은 아동 연령을 고려하여 아동에 대한 교육계획을 수립 및 실시해야 한다(성폭력 및 아동학대 예방교육, 실종·유괴의 예방 방지교육, 약물의 오남용, 예방교육, 재난대비 안전교육, 교통안전교육 등).

여섯째, 인권위원회법 시행령 제7조의 규정에 따라 아동복지시설은 진정함을 설치·운영해야 한다. 그리고 지자체 및 시설은 시설 내 아동인권과 관련하여 위반사례가 없도록 적극 조치해야 한다.

제16장

노인복지시설의 종류와 시설 · 운영기준

인구의 고령화와 장기보호 노인 인구수의 증가는 가족을 대체할 시설보호를 필요로 하게 되었다. 노인복지시설도 과거의 수용보호 차원을 넘어서서 노인의 다양한 욕구를 충족시키고 복지를 증진시키는 데 목적을 둔 다양한 형태의 시설로 발전해 왔다.

이 장에서는 노인복지시설의 성격과 의의, 유형과 운영실제, 설치기준 및 운영기준에 대해 살펴보고자 한다.

1. 노인복지시설의 성격

우리나라의 노인복지시설은 조선시대 '기로소'를 효시로 1944년의 조선구호령, 1961년의 생활보호법, 1981년의 노인복지법을 거쳐 1987년까지는 구호시설로서의 성격이 강했다. 1988년부터 현재까지 수용시설로 변모해 왔고, 복지시설로서의 기능과 역할은 미흡한 실정이다(박차상, 2005).

제3공화국에서 근대화와 산업화가 시작되었으며, 제5공화국까지는 경제개발과 경제성장이 최우선의 정책이었고, 이때부터 '선 성장, 후 분배'의 논리로 복지는 항상 뒤로 밀렸다.

이후 제6공화국 노태우 정권에서 문민정부, 국민의 정부, 참여정부에 이르기까지 경제안정과 민주화 그리고 IMF 극복이라는 상황하에 '선 가정보호, 후 시설보호'와 '생산적 복지' 그리고 '참여의 복지'를 강력하게 주장하였다. 우리나라는 해방 이후 현재까지 경제개발, 경제성장, 경제안정이라는 생산과 성장의 논리에 의해 분배와 나눔의 복지는 외면당하고 있으며, 복지를 경제성장의 걸림돌로 인식하는 악순환을 되풀이해 오고 있다.

그 가운데 노인복지시설은 구호시설과 수용시설 기능에서 복지시설 기능으로 전환하는 것을 강조하면서 전문인력 배치와 재정확보를 위한 국가와 정부 차원의 노력보다는 재가복지, 저비용-고효율을 강조하는 복지체제를 강조하고 있다.

2. 노인복지시설의 의의

현대의 우리 사회는 생활수준 향상에 따라 환경이 개선되고 의학이 발달됨으로써 평균수명이 크게 증가하고 있으며 핵가족화의 심화와 여성의 경제활동 참여가 매우 증가하고 있다. 이러한 흐름은 전통적인 가족에 의한 보호기능이 점차 감소하고 있음을 나타내는 것이다. 가족의 유형도 많이 변화되어 독거노인세대와 노인부부세대가 증가하고 가정에서 적절한 보호를 받을 수 없는 만성질환 노인, 거동이 불편한 노인, 치매노인 등 장기요양 보호서비스가 필요한 노인이 증가함에 따라 시설보호의 필요성과 중요성도 부각되고 있다(권중돈, 2004).

특히 고령화와 건강상의 문제로 인해 거동이 불편하거나 치매노인과 같이 장기요양보호가 필요한 노인의 경우는 가정에서 보호할 때 가족의 심리적·경제적 부담이 매우 증가하고 이로 인한 가족갈등으로 이혼이나 가족해체와 같은 사회문제가 야기되기도 한다. 이 경우 가족기능의 대체로서 시설이용은 필수적이며, 그러한 차원에서 노인복지시설 설치의 의의가 있다. 즉, 핵가족화, 도시화, 산업화로 인해 현대 가정에서 노인부양기능이 약화될 수밖에 없으므로 노인에 대한 국가와 사회의 책임성이 요구된다.

3. 노인복지시설의 유형과 운영의 실제

우리나라의 노인요양보험과 관련한 노인복지시설은 노인주거·의료복지시설과 재가

노인복지시설로 구분된다. 노인주거복지시설에는 양로시설, 노인공동생활가정, 노인복지주택이 있고, 노인의료복지시설에는 노인요양시설과 노인요양공동생활가정이 있다. 재가노인복지시설은 방문요양서비스, 주·야간보호서비스, 단기보호서비스, 방문목욕서비스, 재가노인지원서비스 중 하나 이상의 서비스를 제공하는 시설로 규정하고 있다(보건복지부, 2014a).

1) 노인주거복지시설

노인주거복지시설은 급식, 기타 일상생활에 필요한 편의를 제공할 목적으로 노인복지법 제32조의 규정에 근거하여 설립된 생활시설이다. 양로시설, 노인공동생활가정, 노인복지주택이 포함된다. 각 시설의 입소대상 및 입소절차를 살펴보면 다음과 같다.

(1) 입소대상

① 양로시설 · 노인공동생활가정
- 국민기초생활보장법 제2조에 따른 수급권자(이하 '기초수급권자')로서 65세 이상의 자
- 부양의무자로부터 적절한 부양을 받지 못하는 65세 이상의 자
- 본인 및 본인과 생계를 같이 하고 있는 부양의무자의 월소득 합산한 금액을 가구원 수로 나누어 얻은 1인당 월평균 소득이 통계청장이 통계법 제17조 제3항에 따라 고시하는 전년도(본인 등에 대한 소득조사일이 속하는 해의 전년도를 말함)의 도시근로자 가구 월평균 소득을 전년도의 평균 가구원 수로 나누어 얻은 1인당 월평균 소득액 이하인 자로서 65세 이상의 자(이하 '실비입소대상자')
- 입소자로부터 입소비용의 전부를 수납하여 운영하는 양로시설 또는 노인공동생활가정의 경우는 60세 이상의 자

② 노인복지주택
- 단독취사 등 독립된 주거생활을 하는 데 지장이 없는 60세 이상의 자

(2) 입소절차

입소절차는 무료 입소자, 실비 입소자, 유료 입소자에 따라 다음과 같이 구분된다.

① 무료 입소대상자

무료 입소대상자는 해당 시·군·구에 입소를 신청(입소신청사유서 및 관련 증빙자료 첨부, 신청접수는 읍·면·동사무소에서 접수 가능)하면 입소여부와 입소시설을 결정한다. 시·군·구는 신청인 및 당해 시설장에게 통보하여 입소한다. 단, 노인보호전문기관에서 학대피해노인으로서 입소를 의뢰한 노인은 먼저 입소조치를 한 후 10일 이내에 증빙서류(건강진단서, 학대사례판정서 등)를 제출한다.

② 실비 입소대상자

시설장과 입소신청자 간에 협의를 거쳐 관할 시·군·구에 입소심사를 의뢰(관할 시·군·구는 당해 시설 설치 시 신고를 수리한 시·군·구)한다. 이후 관할 시·군·구는 심사결과를 시설장에게 통보하고 당사자 간 계약에 의거하여 시설에 입소한다.

③ 유료 입소대상자

유료 입소를 희망하는 대상자는 시설장과 입소자 간의 협의를 거쳐 당사자 간의 계약에 의해 시설에 입소한다.

2) 노인의료복지시설

노인의료복지시설은 치매, 중풍, 노인성 질환 등으로 치료와 요양을 필요로 하는 노인이 이용할 수 있는 입소시설로 노인요양시설과 노인요양공동생활가정, 소규모요양시설(입소시설)이 있다.

(1) 입소대상
● 노인요양시설·노인요양공동생활가정·소규모요양시설(입소시설)
● 장기요양급여수급자 중 시설급여 대상자: 장기요양 1, 2등급 및 3등급자(시설＋재가)

- 부양의무자로부터 적절한 부양을 받지 못하는 65세 이상의 자. 피학대 노인이나 긴 급조치 대상자 등 시장·군수·구청장이 시설보호가 필요하다고 인정하는 경우 입소 가능
- 입소자로부터 입소비용의 전부를 수납하여 운영하는 시설의 경우는 60세 이상의 자

(2) 입소절차

① 장기요양급여수급자 중 시설급여 대상자

각 공단지사에 장기요양인정을 신청하면 등급판정을 위해 방문조사를 실시한다. 방문조사 결과를 갖고 등급판정위원회에서 등급이 정해지면 장기요양 인정서를 수령하고 [그림 16-1]과 같은 입소절차에 따라 입소한다. 그리고 장기요양기관에서는 반드시 기초생활수급노인이나 기타 의료급여수급권자에 대한 입소의뢰서를 확인한 후 수급자와 계약을 체결하여야 한다.

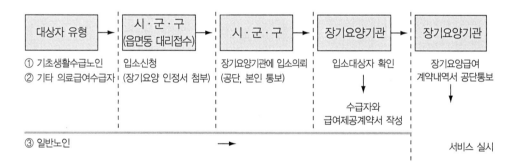

[그림 16-1] 노인의료복지시설 입소절차

출처: 보건복지부(2014b).

② 기초생활수급자 및 의료급여수급자

주소지를 관할하는 특별자치도지사·시장·군수·구청장에게 입소신청서를 제출하며 입소여부 및 입소시설을 결정하여 신청인 및 당해 시설에 통지한다.

3) 재가노인복지시설

재가노인복지시설은 방문요양서비스, 주 · 야간보호서비스, 단기보호서비스, 방문목욕서비스, 재가노인지원서비스 중 하나 이상의 서비스를 제공하는 시설이다.

(1) 서비스 이용대상
● 장기요양급여수급자
● 심신이 허약하거나 장애가 있는 65세 이상의 자(이용자로부터 이용비용의 전부를 수납받아 운영하는 시설의 경우에는 60세 이상의 자)로서 다음에 해당하는 노인
  - 방문요양서비스: 1일 중 일정 시간 동안 가정에서의 보호가 필요한 자
  - 주 · 야간보호서비스: 주간 또는 야간 동안의 보호가 필요한 자
  - 단기보호서비스: 월 1일 이상 15일 이하 단기간의 보호가 필요한 자
  - 방문목욕서비스: 가정에서의 목욕이 필요한 자
  - 재가노인지원서비스: 방문요양, 주 · 야간보호, 단기보호, 방문목욕서비스를 제외한 상담 · 교육 및 각종 지원서비스 등

(2) 서비스 유형
재가노인복지시설에서 제공하는 서비스는 〈표 16-1〉과 같다.

〈표 16-1〉 재가노인복지시설의 서비스 유형

서비스 유형	내 용
방문요양서비스	가정에서 일상생활을 영위하고 있는 노인으로서 신체적 · 정신적 장애로 어려움을 겪고 있는 노인에게 필요한 각종 서비스 제공
주 · 야간보호서비스	부득이한 사유로 가족의 보호를 받을 수 없는 심신이 허약한 노인과 장애노인을 주간 또는 야간 동안 시설에서 보호
단기보호서비스	부득이한 사유로 가족의 보호를 받을 수 없어 일시적으로 보호가 필요한 심신이 허약한 노인과 장애노인을 시설에 단기간 입소시켜 보호
방문목욕서비스	목욕장비를 갖추고 재가노인을 방문하여 목욕을 제공하는 서비스
재가노인지원서비스	재가노인에게 노인생활 및 신상에 관한 상담 제공, 재가노인 및 가족 등 보호자 교육, 각종 편의 등을 제공하는 서비스 * 방문요양서비스, 주 · 야간보호서비스, 단기보호서비스, 방문목욕서비스 이외의 서비스 제공

출처: 보건복지부(2014b).

(3) 서비스 이용절차

장기요양급여수급자 중 재가급여대상자가 장기요양기관으로 지정받은 재가노인복지시설(재가노인지원서비스 제외)을 이용할 때, 장기요양인정신청(공단 지사)을 하면 방문조사를 실시하여 등급판정위원회에서 판정 후 장기요양 인정서를 수령하여 [그림 16-2]와 같은 입소절차에 따라 입소한다. 장기요양기관에서는 반드시 기초생활수급노인이나 기타 의료급여수급권자에 대한 입소의뢰서를 확인한 후 수급자와 계약을 체결하여야 한다.

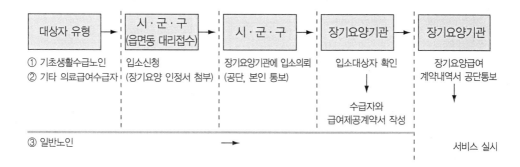

[그림 16-2] 재가노인복지시설 이용절차

출처: 보건복지부(2014b).

기초생활수급자 및 의료급여수급자는 주소지를 관할하는 특별자치도지사 · 시장 · 군수 · 구청장에게 이용신청(신청접수는 읍 · 면 · 동 주민자치센터에서 대리접수 가능)을 한다. 시 · 군 · 구에서는 입소여부 및 입소시설을 결정하고 신청인 및 당해 시설에 통지한다.

4) 노인여가복지시설

노인여가복지시설은 노인복지법 제36조의 규정에 근거하여 비교적 건강한 노인을 대상으로 노후생활을 보람 있게 보낼 수 있도록 각종 여가와 취미활동 서비스를 제공하는 이용시설이다. 특히 오늘날 노인들의 대부분은 생활수준의 향상, 의료기술의 발달 및 정년퇴직제도의 도입으로 선대의 노인들보다 건강하게 더 많은 노후의 시간을 보내게 되었기 때문에, 노후생활을 보람 있게 보내는 일은 노인들 개개인은 물론이고 사회 전체를 위해서도 매우 바람직한 일이다. 더욱이 기존의 노인들과 비교하여 소득, 교육수준, 생활양식 등에서 현저한 차이를 보이고 있는 현재 40~50대의 베이비붐 세대(1953~1965년에 태어난 세대)가 노인이 되는 향후 10년 이후부터는 노인 여가활동의 중요성이 한층 더 부각될 것으로 예상되고 있어 노인여가복지와 관련된 정책의 변화가 필요하다고 볼 수 있다.

노인여가복지시설에는 노인복지관, 경로당, 노인교실 등이 포함된다.

(1) 노인복지관

노인복지관은 노인의 교양 · 취미생활 및 사회참여 활동 등에 대한 각종 정보와 서비스를 제공하고, 건강증진 및 질병예방과 소득보장, 재가복지, 그 밖에 노인의 복지증진에 필요한 서비스를 제공함을 목적으로 하는 시설이다. 무료 또는 저렴한 요금으로 노인에 대하여 각종 상담에 응하고, 건강의 증진, 교양, 오락, 기타 노인의 복지증진에 필요한 편의를 제공한다. 지역사회에 거주하는 노인들에게 오락 및 여가 프로그램을 포함하여 의료, 보건, 생활상담, 식사제공, 교양강좌, 취업상담 및 알선, 재가노인복지사업에 이르기까지 다양하고 전문적인 서비스를 제공하고 있어서 노인여가복지시설 가운데 노인들의 종합복지센터로서의 중추적인 역할을 수행하고 있다.

그러나 노인복지관이 무료 또는 저렴한 비용으로 서비스를 제공하고 있기 때문에 주로 국민기초생활수급권자와 저소득층 노인을 중심으로 프로그램이 진행되어 사회경제적으로 다양한 노인층의 복지욕구를 반영한 서비스를 제공하기에는 어느 정도 한계가 있다. 이 외에도 노인복지관이 도시지역에 편중되어 있고, 시설의 규모에 비해 이용노인이 많아 공간이 부족하고, 시설종사자의 근무환경이 열악한 것 등이 그 문제점으로 거론되고 있다.

정부는 2005년부터 노인복지관의 운영지원을 지방자치단체로 이양하였으며, 이에 따라 국고의 지원 없이 지방자치단체가 노인복지관의 운영지원을 책임지게 되었다. 따라서 노인복지관의 운영경비는 지방자치단체의 보조금, 법인 전입금, 지역사회로부터 후원금과 이용자의 서비스 이용료로 충당하게 되었다.

　　노인복지관 운영지원의 지방이양은 지역실정에 따라 적합한 노인복지서비스를 개발하고 자율성을 인정한다는 장점이 있다. 그렇지만 지방재정 자립도가 매우 낮은 우리의 현실을 고려할 때 지방자치단체장의 노인복지에 대한 확고한 의지가 없다면 오히려 노인에게 제공되는 서비스 질의 저하를 가져올 수 있다는 문제점과 함께 지역에 따른 노인복지의 불균형을 가져올 수도 있다는 단점을 가지고 있다.

　　노인복지관에서 제공되는 사업은 지역사회 노인복지사업의 구심적 조직으로 위상을 강화하고, 다양한 노인복지 욕구에 대응하는 종합서비스를 제공하는 역할을 한다. 노인복지관에서 제공되는 주요 사업은 종합복지센터로서의 기능과 역할을 수행하기 위해 필수적으로 제공해야 할 사업 프로그램으로 필수사업이다. 여기에는 사회교육사업, 노인일자리사업, 보건·재활 등 증진사업, 상담지도사업, 노인자원봉사 활성화사업, 노인건강운동사업, 경로당 연계 프로그램 지원사업이 있다.

　　선택사업은 지역 또는 복지관의 특성을 반영하여 개발·추진 가능한 사업이다. 여기에는 재가복지사업, 경로식당 및 식사배달사업, 방문보건사업, 목욕서비스사업, 독거노인 생활지도사(독거노인도우미) 파견사업, 노인주거개선사업, 교통안전봉사사업 등이 포함된다.

　　노인복지관의 주요 사업내용을 정리하면 〈표 16-2〉와 같다.

〈표 16-2〉 노인복지관의 기본 사업별 세부내용

사업	세부내용
사회교육사업	• 노인의 정보능력 및 교양을 함양하고 취미를 개발·활성화하기 위하여 다양한 교육 프로그램 제공 • 주요 프로그램: 정보화교육, 건강교육(요가, 생활체조, 고전무용, 수지[족]침 등), 외국어교육, 예능교육(가야금, 가곡, 생활도예, 서예, 미술 등), 취미교육(종이접기, 손뜨개질, 민속놀이 등) 등
노인일자리사업	• 노인의 사회참여 활성화를 통하여 소득을 확보하고 건강보장, 자아성취 등의 종합적 복지증진에 기여 • 주요 프로그램: 노인 일자리교육·훈련 및 인력파견, 지방자치단체 또는 타 기관에서 위탁하는 사업 운영 • 회관은 노인 일자리 사업계획을 별도로 수립·시행해야 하며 지방자치단체 등의 위탁사업 수행을 위한 별도의 전담인력(다른 사업 겸임금지)을 배치해야 함

종합상담사업	• 일반상담: 노인 부양가족 지원상담 등 • 전문상담: 법률상담, 주택상담, 연금상담, 보건의료상담(보건소), 세금상담 등 • 노인용품상담, 치매 종합상담 등
건강증진사업	• 노인성 질환을 예방하기 위한 신체활동 지도와 노화 및 노인성 질환 · 중풍 등으로 인하여 지적 능력과 신체의 기능이 저하되거나 마비되어 일상생활에 곤란을 겪고 있는 노인들의 정신적 · 신체적 기능 회복을 위하여 건강증진실을 설치 · 운영 – 문화관광부(생활체육협의회), 민간단체, 대한노인회 등과 연계하여 경로당 건강증진 프로그램 제공 • 주요 내용: 건강체조, 운동요법, 한방요법, 일상생활 동작훈련(ADL요법), 단체(group)요법, 작업요법, 물리요법 등
목욕 및 노인용품 전시 등 서비스 제공	• 피부 청결유지, 혈액순환을 촉진시키기 위해 목욕사업을 실시하고 와상노인의 경우 욕창을 예방 • 노인용품을 전시하여 노인의 자립도와 생활의 계속성을 유지시키고, 주민들에게 노인용품에 대한 상담, 사용방법의 계몽, 급부, 대여 등 사업 실시
자원봉사 활성화사업	• 노인의 지식과 경험을 사회에 환원함으로써 지역사회 공동체 발전에 기여하는 등 활기찬 노후생활을 영위하도록 함 • 자원봉사자 모집 및 배치, 교육훈련 등의 체계적인 운영계획을 수립하여 시행 • 노인의 지식과 경험을 활용할 수 있는 다양한 자원봉사 프로그램 개발 • 자원봉사활동은 자발성과 무보수성을 기본원칙으로 하되, 예산의 범위 안에서 교통비, 식비 등의 기본적인 활동비 지급 가능
독거노인지원사업 생활지도사 (독거노인 도우미) 파견사업	• 독거노인 도우미를 파견하여 독거노인 안전확인, 생활실태 및 복지욕구 조사에 따른 필요 서비스 연계, 독거노인 생활교육 실시로 독거노인에 대한 사회안전망 구축
노인주거개선사업	• 도배 · 장판교체 및 보일러 수리 등 집수리를 위하여 능력과 기술이 있는 노인들이 참여하는 노인주거개선 사업단을 구성 · 운영하여 노인들의 주거환경을 개선하고, 삶의 질 향상에 기여
교통안전봉사사업	• 교통안전 지도 및 봉사

출처: 보건복지부(2015b).

(2) 경로당

경로당은 지역노인들이 자율적으로 친목도모, 취미활동, 공동작업장 운영 및 각종 정보교환과 기타 여가활동을 할 수 있도록 하는 장소를 제공함을 목적으로 하는 시설이다. 경로당은 노인여가복지시설 가운데 가장 많은 비중을 차지하고 있으며, 전국 읍·면지역까지 골고루 분산되어 운영되고 있기 때문에 시설의 접근성이 매우 뛰어나 노인들의 여가활동을 포함한 각종 서비스 전달과 관련하여 매우 중요한 지역사회 자원으로 볼 수 있다.

경로당은 건강관리·운동·교육·여가·자원봉사 등 다양한 프로그램을 제공함으로써 노인이 가장 손쉽게 접근할 수 있는 다기능 공간으로 전환하고자 노력 중이다. 이렇듯 경로당을 활성화시키기 위한 프로그램의 내용을 정리하면 〈표 16-3〉과 같다.

주요 사업내용은 다음과 같다. 첫째, 경로당을 대상으로 시행되고 있는 다양한 프로그램 및 서비스가 가능한 모든 경로당에 누락 없이 지원될 수 있도록 지역사회 내의 프로그램과 서비스를 연계·조정·지원할 수 있는 전담인력을 배치하는 것이다. 둘째, 시·도및 시·군·구별로 노인회 연합회 및 지회 등에 경로당 운영 활성화를 추진할 수 있는

〈표 16-3〉 경로당 활성화 프로그램의 내용

분 야	내 용	비고
자원봉사활동	경로당 이용 노인들을 중심으로 지역사회 청소 및 재활용품 수집, 청소년 안전지킴이 등의 봉사활동 수행	
공동작업장 운영	경로당을 중심으로 노인들이 지역특성에 맞는 일거리를 확보하여 공동으로 생산 활동에 참여	
정보통신 교육	정보통신 교육을 실시함으로써 정보격차 해소는 물론 노인들의 건전한 여가 선용 기회 제공	
레크리에이션 활동	노래교실 등 각종 레크리에이션 활동	
건강운동 활성화	노인들의 신체적·정서적 건강 유지 및 증진을 위한 건강운동 프로그램 지원	
노인복지관 연계 프로그램 운영	노인복지관을 경로당과 연계시켜 경로당 이용 노인들에게 필요한 건강관리, 사회활동 서비스, 교양·오락 프로그램, 경로당 개·보수 등 환경개선 사업 등을 수행	
기 타	지역특성에 알맞은 각종 활동	

출처: 보건복지부(2014b).

'경로당 순회 프로그램 관리자'를 배치하여 활기찬 경로당을 조성하는 것이다. 경로당 순회 프로그램 관리자는 지역사회의 각종 보건·복지 서비스 및 프로그램에 대한 현황 파악뿐만 아니라 직접 인적·물적 자원을 연계하여 경로당에 지원하는 역할을 수행해야 하므로, 경로당 노인과 대화가 가능하고(나이 등 고려) 다양한 인적·물적 자원의 통합·조정이 가능한 행정경험이 있는 자로 한다. 또한 노인회 연합회 및 지회 사무국장이나 직원이 프로그램 관리자로 선발될 수 있으나 반드시 그 직을 사퇴하고, 프로그램 관리자로서의 업무를 전담해야 한다.

경로당 순회 프로그램 관리자의 역할은 첫째, 경로당 운영 프로그램 현황조사, 둘째, 경로당 이용 노인 및 비이용 노인들의 욕구분석, 셋째, 노인들의 욕구를 반영한 프로그램 지원계획 수립, 넷째, 경로당 내에서 노인 적합형 프로그램(지역사회봉사, 건강운동, 정보화 교육, 취미·오락교실 등)이 운용될 수 있도록 타 기관과 연계하는 활동, 다섯째, 경로당 자생력 배양을 위한 경로당 임원대상 교육, 여섯째, 경로당 이용노인들의 서비스 이용 만족도 점검, 일곱째, 경로당 이용노인 대상 독거노인 생활교육 안내 및 협조다. 행정적인 지원사항으로는 시·도 및 시·군·구에서 '경로당 순회 프로그램 관리자' 인원수(최소 1인 이상) 및 인건비·활동비 등을 자율적으로 결정하여 지원할 수 있다.

셋째, 경로당을 독거노인 생활교육 실시장소로 활용하여 지역사회 독거노인 보호기능을 수행하도록 하는 것이다. 경로당에서는 지역 내 독거노인을 대상으로 건강·영양관리 및 간단한 신체기능 유지 프로그램 등 교육을 실시한다. 주로 독거노인 생활지도사 파견사업에서 생활교육 대상으로 선정된 독거노인을 대상으로 주 1회 2시간 교육한다. 이를 통해 넷째, 프로그램 바우처 제공으로 경로당 운영형태의 변화를 촉진하게 된다. 즉, 지역사회 서비스 혁신사업과 연계하여 경로당에 운동·건강관리·교육·문화 활동 등을 위한 프로그램 바우처를 지급할 계획인 것이다.

(3) 노인교실

노인교실은 노인의 사회활동 참여욕구를 충족시키기 위하여 건전한 취미생활, 노인 건강 유지, 소득보장, 기타 일상생활과 관련한 학습 프로그램을 제공함을 목적으로 하는 시설이다.

　노인교실은 노인대학, 노인학교, 경로대학 등의 명칭으로 사용되고 있으며, 운영기준으로는 주 1회 이상 교육을 실시해야 하며, 시설기준은 이용정원 50명 이상이고, 사무실, 화장실, 강의실, 휴게실을 설치해야 한다.

4. 노인복지시설의 설치 및 운영기준

1) 설치 근거

　노인복지시설의 설치기준은 노인복지법 제31조, 제33조, 제35조, 제37조, 제39조에 따른다.

2) 노인복지시설의 설치기준

(1) 노인주거복지시설
① 시설의 규모
노인복지시설은 입소인원에 따른 일정한 규모의 시설을 갖추어야 한다.

● 양로시설
입소정원 10인 이상인 경우, 입소정원 1인당 15.9㎡ 이상을 확보해야 한다.

● 노인공동생활가정
　노인공동생활가정은 입소정원 5인 이상 9인 이하인 경우 입소정원 1인당 15.9㎡ 이상을 확보해야 한다.

● 노인복지주택
노인복지주택 30세대 이상은 다음의 구조와 설비를 갖추어야 한다.
　- 시설의 구조 및 설비는 일조・채광・환기 등 입소자의 보건위생과 재해방지 등을

충분히 고려해야 한다.

- 복도·화장실·침실 등 입소자가 통상 이용하는 설비는 휠체어 등의 이동이 가능한 공간을 확보해야 하며 문턱 제거, 손잡이시설 부착, 바닥 미끄럼 방지 등 노인의 활동에 편리한 구조를 갖추어야 한다.

- 소방시설 설치유지 및 안전관리에 관한 법률 시행규칙이 정하는 바에 의하여 소화용 기구를 비치하고 비상구를 설치해야 한다. 다만, 입소자 10인 미만인 시설의 경우에는 소화용 기구를 갖추는 등 시설실정에 맞게 비상재해에 대비해야 한다.

- 입소자가 건강한 생활을 영위하는 데 도움이 되는 도서관, 스포츠·레크리에이션 시설 등 적정한 문화·체육부대시설을 설치하도록 하되, 지역사회와 시설 간의 상호교류 촉진을 통한 사회와의 유대감 증진을 위하여 입소자가 이용하는 데 지장을 주지 아니하는 범위 안에서 외부에 개방하여 운영할 수 있다.

● 재가노인복지시설의 병설·운영

시설의 장은 시설의 개방성을 높여 지역사회와의 교류를 증진하고 입소자가 외부 사회와의 단절감을 느끼지 아니하도록 하기 위하여 재가노인복지시설을 병설·운영할 수 있다.

② 시설 설치기준

● 양로시설

입소자가 30인 이상인 경우는 침실, 사무실, 요양보호사 및 자원봉사자실, 의료 및 간호사실, 체력단련실 및 프로그램실, 식당 및 조리실, 비상재해 대비시설을 설치해야 한다. 입소자가 30인 미만 10인 이상의 시설은 침실, 사무실/요양보호사 및 자원봉사자실은 겸용이 가능하고, 의료 및 간호사실, 체력단련실 및 프로그램실, 식당 및 조리실, 비상재해 대비시설을 갖추어야 한다.

● 노인공동생활가정

노인공동생활가정은 입소자가 10인 이하여야 하며, 침실, 사무실, 요양보호사 및 자원봉사자실, 의료 및 간호사실은 겸용이 가능하며, 식당 및 조리실, 비상재해 대비시설을 설치해야 한다.

● 노인복지주택

30세대 이상의 노인복지주택은 침실, 관리실(사무실, 숙직실 포함), 식당 및 조리실, 체력단련실 및 프로그램실, 의무실, 식료품점 또는 매점, 비상재해 대비시설, 경보장치를 각각 설치해야 한다.

③ 직원의 자격기준

● 시설장

시설장은 노인복지주택을 제외한 시설에서 사회복지사업법에 의한 사회복지사 자격 증 소지자 또는 의료법 제2조의 규정에 의한 의료인이어야 한다.

● 직원의 배치기준

직원의 배치기준은 첫째, 양로시설은 입소자가 30인 이상인 경우 시설장 1인, 사무국 장 1인, 사회복지사 1인, 의사 또는 촉탁의사 1인, 간호사 또는 간호조무사 1인(입소자 50인당 1인), 요양보호사 입소자 12.5인당 1인, 사무원 1인(입소자 100인 이상인 경우에 한 함), 영양사 1인(입소자 50인 이상인 경우에 한함), 조리원 1인(입소자 100인 초과마다 1인 추 가), 위생원 1인(입소자 50인당 1인)을 두어야 한다. 입소자가 30인 미만 10인 이상인 경 우 시설장 1인, 사무국장이나 사회복지사 중 1인, 간호사 1인, 입소자 12.5인당 1인의 요양보호사, 조리원 1인, 위생원 1인을 두어야 한다.

둘째, 노인공동생활가정은 입소자 10인 이하이며, 시설장 1인, 입소자 12.5인당 1인 의 요양보호사를 둔다.

셋째, 노인복지주택은 30세대 이상이며, 시설장 1인, 사회복지사 1인, 관리인 1인을 둔다.

사회복지사는 입소자의 건강유지, 여가선용 등 노인의 복지제공계획을 수립하고, 복 지증진에 관하여 상담, 지도 업무를 담당한다. 요양보호사는 요양서비스가 필요한 노인 에게 신체활동 지원서비스와 그 외의 일상생활 지원서비스를 제공한다.

④ 시설의 운영기준

● 건강관리

노인복지주택을 제외한 다른 시설은 입소노인의 건강관리를 위해 다음과 같이 운영해야 한다.

첫째, 노인주거복지시설(이하 '시설')에는 입소자 건강관리를 위한 책임자를 두고 의사(한의사를 포함), 간호사, 기타 자격이 있는 자가 그 임무를 수행해야 한다.

둘째, 전담의사를 두지 아니한 시설은 촉탁의사(시간제 계약에 의한 의사를 포함)를 두어야 한다.

셋째, 촉탁의사를 두는 시설의 장은 촉탁의사가 매주 2회 이상(1회당 2시간 이상) 시설을 방문하여 입소자의 건강상태를 확인하고 건강상태가 악화된 입소자에 대하여 적절한 조치를 취하도록 해야 한다.

넷째, 입소자 및 직원에 대하여는 연 1회 이상의 건강진단을 해야 하며 건강진단 결과 건강이 좋지 아니한 자에 대하여는 그 치료를 위하여 필요한 조치를 해야 한다.

다섯째, 입소자에 대하여 그 건강상태에 따라 적절한 훈련과 휴식을 하도록 해야 한다.

여섯째, 시설의 환경을 항상 청결하게 하고 그 위생관리에 유의해야 한다.

● 급식위생관리

첫째, 시설의 장은 입소자가 필요한 영양을 섭취할 수 있도록 영양사가 작성한 식단에 따라 급식을 행해야 한다. 다만, 영양사가 없는 시설의 경우에는 소재지를 관할하는 보건소장 또는 타 시설 등의 영양사의 지도를 받아 식단을 작성하고 이에 따라 급식해야 한다.

둘째, 전염성 질환, 화농성 창상 등이 있는 자는 입소자의 식사를 조리해서는 안 된다.

셋째, 시설에서 사용되는 음용수의 경우에는 수도법 및 먹는 물 관리법이 정하는 바에 따라 수질검사를 받아야 한다.

넷째, 입소자의 식사를 조리하는 자는 항상 청결을 유지해야 한다.

● 운영규정

첫째, 시설의 장은 조직, 인사, 급여, 회계, 물품, 기타 시설의 운영에 관하여 필요한 규정(이하 '운영규정'이라 한다)을 작성하여 시장·군수·구청장에게 제출해야 한다.

둘째, 양로시설, 노인공동생활가정 및 임대형 노인복지주택의 운영규정에는 다음 각 호의 사항이 포함되어야 한다.

- 입소정원 및 모집방법 등에 관한 사항
- 입소계약에 관한 사항(계약기간, 계약목적, 입소보증금, 월 이용료, 기타 비용부담액, 신원인수인의 권리·의무, 계약의 해제, 입소보증금의 반환 등에 관한 사항을 포함)
- 입소보증금, 이용료 등 비용에 대한 변경방법 및 절차 등에 관한 사항
- 서비스의 내용과 그 비용의 부담에 관한 사항
- 특별한 보호를 필요로 하는 경우에는 그 서비스 기준과 비용에 관한 사항
- 의료를 필요로 하는 경우에는 그 구체적인 처리절차
- 시설물 사용상의 주의사항 등에 관한 사항
- 서비스 제공자의 배상책임, 면책범위에 관한 사항
- 운영규정의 개정방법 및 절차 등에 관한 사항
- 운영위원회의 설치·운영에 관한 사항

● 보증금의 수납 및 반환

첫째, 국가 및 지방자치단체로부터 운영비 지원을 받는 양로시설 및 노인공동생활가정을 설치한 자가 보증금을 수납하는 때에는 월 입소비용의 1년분 이내에서 이를 수납해야 한다.

둘째, 노인주거복지시설(분양형 노인복지주택을 제외한다)을 설치한 자는 입소자가 퇴소하는 때에는 지체 없이 수납한 보증금을 입소자 또는 입소자를 대신하여 입소계약을 체결한 배우자 또는 부양의무자에게 반환해야 한다.

● 회 계

첫째, 시설의 설치·운영에 관한 회계는 법인회계 또는 다른 사업에 관한 회계와 분리하여 계리해야 한다.

둘째, 국가 또는 지방자치단체로부터의 보조금품, 기타 시설이 수수한 기부금품은 이

를 별도의 계정으로 계리해야 한다.

● 장부 등의 비치
시설은 다음 각 목의 장부 및 서류를 비치해야 한다.

- 시설의 연혁에 관한 기록부
- 재산목록과 재산의 소유권 또는 사용권을 증명할 수 있는 서류
- 시설운영일지
- 예산서 및 결산서
- 총계정원장 및 수입, 지출 보조부
- 금전 및 물품의 출납부와 증빙서류
- 보고서철 및 행정기관과의 협의 등 관련 문서철
- 정관(법인의 경우에 한함) 등 제 규정
- 입소자 관리카드(입소계약 체결일, 입소보증금, 이용료, 기타 비용부담 관계 등에 관한 내용을 포함)
- 연계의료시설과의 제휴계약서
- 촉탁의사 근무 상황부(촉탁의사가 있는 경우에 한함)

● 시설(노인복지주택 제외)에서의 기거자
첫째, 시설의 장은 입소자의 침실 또는 침실이 있는 건물마다 요양보호사, 기타 직원 중 1인을 입소자와 함께 기거하도록 조치해야 한다.
둘째, 시설 안에서는 입소자 외에 시설의 장 및 직원과 그 가족이 아닌 자는 거주하지 못한다.

● 사업의 실시
- 시설의 장은 입소자에 대하여 적극적으로 필요한 생활지도를 해야 한다.
- 시설의 장은 입소자의 연령, 성별, 성격, 생활력, 심신의 건강상태 등을 고려하여 수시로 입소자와 면담하거나 관찰, 지도하고 특이사항을 기록, 유지하여 보호의 정도

에 따라 다른 노인복지시설로의 전원 등 필요한 조치를 해야 한다.

– 시설의 장이 생활지도 등을 함에 있어서는 입소자의 의사를 최대한 존중해야 한다.

– 시설의 장은 노인교실 등의 기관과 제휴하여 입소자가 교양교육 등을 받도록 함으로써 건전하고 활력 있는 생활을 할 수 있도록 노력해야 한다.

● 운영위원회의 설치

사회복지사업법 제36조 및 동법 시행규칙 제24조에 준하여 설치·운영해야 한다.

(2) 노인의료복지시설

① 시설의 규모

노인요양시설은 입소정원 10인 이상(입소정원 1인당 23.6㎡ 이상 확보)이어야 하며, 노인요양공동생활가정은 입소정원 5인 이상 9인 이하(입소정원 1인당 20.5㎡ 이상 확보)이어야 한다.

② 시설의 구조 및 설비

시설의 구조 및 설비는 첫째, 일조·채광·환기 등 입소자의 보건위생과 재해방지 등을 충분히 고려해야 한다.

둘째, 복도·화장실·침실 등 입소자가 통상 이용하는 설비는 휠체어 등이 이동 가능한 공간을 확보해야 하며 문턱 제거, 손잡이시설 부착, 바닥 미끄럼 방지 등 노인의 활동에 편리한 구조를 갖추어야 한다.

셋째, 소방시설 설치유지 및 안전관리에 관한 법률 시행규칙이 정하는 바에 따라 소화용 기구를 비치하고 비상구를 설치해야 한다. 다만, 입소자 10인 미만인 시설의 경우에는 소화용 기구를 갖추는 등 시설실정에 맞게 비상재해에 대비해야 한다.

넷째, 입소자가 건강한 생활을 영위하는 데 도움이 되는 도서관, 스포츠·레크리에이션 시설 등 적정한 문화·체육부대시설을 설치하되, 지역사회와 시설 간의 상호교류 촉진을 통한 사회와의 유대감 증진을 위하여 입소자가 이용하는 데 지장을 주지 아니하는 범위 안에서 외부에 개방하여 운영할 수 있다.

③ 시설의 기준

첫째, 노인요양시설은 입소자가 30인 이상인 경우, 침실, 사무실, 요양보호사실, 자원봉사자실, 의료 및 간호사실, 작업 및 일상동작훈련실, 프로그램실, 식당 및 조리실, 비상재해 대비시설, 화장실, 세면장 및 목욕실, 세탁장 및 세탁물건조장이 설치되어야 한다. 입소자가 30인 미만 10인 이상인 경우 침실, 사무실/요양보호사실/자원봉사자실을 겸할 수 있다. 의료 및 간호사실, 작업 및 일상동작훈련실, 프로그램실, 식당 및 조리실, 비상재해 대비시설, 화장실, 세면장 및 목욕실, 세탁장 및 세탁물건조장이 설치되어야 한다.

둘째, 노인요양공동생활가정은 입소자가 10인 미만이며, 침실, 사무실/요양보호사실/자원봉사자실/의료 및 간호사실을 공용으로 사용할 수 있다. 그리고 작업 및 일상동작훈련실과 프로그램실을 공용으로 사용할 수 있다. 식당 및 조리실, 비상재해 대비시설을 설치해야 한다. 그리고 화장실/세면장 및 목욕실/세탁장 및 세탁물건조장은 공용으로 사용할 수 있다.

④ 직원의 자격기준

시설장은 사회복지사업법에 의한 사회복지사 자격증 소지자 또는 의료법 제2조의 규정에 의한 의료인의 면허를 취득한 자다. 물리치료사 또는 작업치료사는 의료기사 등에 관한 법률에 의한 물리치료사 또는 작업치료사 면허 소지자이어야 한다. 요양보호사는 노인복지법에 의한 요양보호사 1급 자격증 소지자이어야 한다.

⑤ 직원의 배치기준

첫째, 노인요양시설은 입소자가 30인 이상인 경우 시설장 1인, 사무국장은 입소자가 50인 이상인 경우에 한하여 1인을 둘 수 있다. 사회복지사는 입소자 100인 초과 시마다 1인을 둘 수 있다. 의사 또는 촉탁의사 1인, 간호사 또는 간호조무사는 입소자 25인당 1인, 물리치료사 또는 작업치료사 1인(입소자 100인 초과마다 1인 추가), 요양보호사는 입소자 2.5인당 1인, 영양사 1인(50인 이상)을 두어야 한다. 그리고 필요한 수만큼 사무원, 조리원, 위생원, 관리인을 둘 수 있다.

입소자가 30인 미만 10인 이상인 경우 시설장 1인, 사무국장이나 사회복지사 중 1인,

의사 또는 촉탁의사 1인, 간호사 1인, 물리치료사 또는 작업치료사 1인, 요양보호사는 입소자 2.5인당 1인을 두어야 한다. 그리고 필요한 수만큼 조리원과 위생원을 둘 수 있다.

둘째, 노인요양공동생활가정은 입소자가 10인 미만이며, 시설장, 사무국장, 사회복지사 중 1인, 간호사 또는 간호조무사/물리치료사 또는 작업치료사 중 1인, 요양보호사는 입소자 3인당 1인을 두어야 한다.

(3) 재가노인복지시설

① 시설의 규모

방문요양 및 방문목욕시설은 시설전용면적 16.5㎡ 이상(연면적 기준)이어야 하고, 주·야간보호 및 단기보호의 이용정원은 5인 이상이고, 시설연면적은 각각 90㎡ 이상(이용정원 6인 이상의 경우에는 1인당 6.6㎡ 이상의 공간 추가확보)이어야 한다. 다만, 주·야간보호와 단기보호를 함께 제공하거나 사회복지시설에 병설하는 경우에는 공동으로 사용하는 시설의 면적을 포함하여 각각 100㎡ 이상이 되어야 한다.

② 시설의 구조 및 설비

첫째, 방문요양시설은 사무실, 통신설비, 집기 등 사업에 필요한 설비와 비품을 갖추어야 한다.

둘째, 방문목욕은 사무실, 통신설비, 집기 등 사업에 필요한 설비와 비품 그리고 이동용 욕조 또는 이동목욕차량을 구비해야 한다. 이동목욕차량은 이동용 욕조, 급탕기, 물탱크, 호스릴 등을 갖춘 차량을 말한다.

셋째, 주·야간보호 및 단기보호 시설은 거실, 침실, 사무실, 의료 및 간호사실, 작업 및 일상동작훈련실, 식당 및 조리실, 화장실, 세면장 및 목욕실, 세탁장 및 건조장을 설치해야 한다. 이용자가 10인 미만인 경우는 화장실, 세면장 및 목욕실, 세탁장 및 건조장을 공용으로 사용할 수 있다.

③ 직원의 자격기준

시설장은 사회복지사업법에 의한 사회복지사 자격증 소지자, 의료법 제2조의 규정에 의한 의료인의 자격을 취득한 자 또는 5년 이상의 경력이 있는 요양보호사로서 보건복지가족부장관이 정하여 고시하는 소정의 교육을 이수한 자다.

물리치료사 또는 작업치료사는 의료기사 등에 관한 법률에 의한 물리치료사 또는 작업치료사 면허소지자다.

④ 직원의 배치기준

직원의 배치기준은 〈표 16-4〉와 같다.

⑤ 운영기준

● 급식위생관리(급식을 제공하는 경우)

첫째, 시설의 장은 입소자가 필요한 영양을 섭취할 수 있도록 영양사가 작성한 식단에 따라 급식을 행해야 한다. 다만, 영양사가 없는 시설의 경우에는 소재지를 관할하는 보건소장의 지도를 받아 식단을 작성하고 이에 따라 급식해야 한다.

둘째, 전염성 질환 · 화농성 창상 등이 있는 자는 입소자의 식사를 조리해서는 안 된다.

〈표 16-4〉 재가노인복지시설 직원 배치기준

구 분		시설장	사회복지사	간호사 또는 간호조무사	물리치료사 또는 작업치료사	요양 보호사	사무원	조리원	보조원 운전사
방문요양		1인	1인	–	–	3인 이상	필요수	–	필요수
방문목욕		1인	–	–	–	2인 이상	필요수	–	필요수
주·야간 보호	이용자 10인 이상	1인	1인 이상	1인 이상		이용자 7인당 1인 이상	필요수	필요수	필요수
	이용자 10인 미만	1인	–	1인 이상			–	필요수	필요수
단기 보호	이용자 10인 이상	1인	1인 이상	이용자 25인당 1인	1인 (이용자 30인 이상)	이용자 4인당 1인 이상	–	필요수	필요수
	이용자 10인 미만	1인	–	1인	–		–	필요수	필요수

출처: 보건복지부(2014b).

셋째, 시설에서 사용되는 음용수의 경우에는 수도법 및 먹는 물 관리법이 정하는 바에 따라 수질검사를 받아야 한다.

넷째, 입소자의 식사를 조리하는 자는 항상 청결을 유지해야 한다.

● 운영규정

첫째, 시설의 장은 조직, 인사, 급여, 회계, 물품, 기타 시설의 운영에 관하여 필요한 규정(이하 '운영규정' 이라 한다)을 작성하여 시장·군수·구청장에게 제출해야 한다.

둘째, 운영규정에 포함되어야 할 사항은 다음과 같다.

- 이용정원(주·야간보호, 단기보호) 및 모집방법 등에 관한 사항
- 이용계약에 관한 사항(계약기간, 계약목적, 월이용료 및 기타 비용부담액, 신원인수인의 권리·의무, 계약의 해제 등에 관한 사항을 포함)
- 이용료 등 비용에 대한 변경방법 및 절차 등에 관한 사항
- 서비스의 내용과 그 비용의 부담에 관한 사항
- 특별한 보호를 필요로 하는 경우에는 그 서비스 기준과 비용에 관한 사항
- 의료를 필요로 하는 경우에는 그 구체적인 처리절차
- 시설물 사용상의 주의사항 등에 관한 사항
- 서비스 제공자의 배상책임, 면책범위에 관한 사항
- 운영규정의 개정방법 및 절차 등에 관한 사항
- 운영위원회의 설치·운영에 관한 사항
- 그 밖에 운영에 필요한 중요한 사항

● 회 계

첫째, 시설의 설치·운영에 관한 회계는 법인회계 또는 다른 사업에 관한 회계와 분리하여 계리해야 한다.

둘째, 국가 또는 지방자치단체로부터의 보조금품, 기타 시설이 수수한 기부금품은 이를 별도의 계정으로 계리해야 한다.

● 장부 등의 비치

시설에는 다음 각 목의 장부 및 서류를 비치해야 한다.

- 시설의 연혁에 관한 기록부
- 재산목록과 재산의 소유권 또는 사용권을 증명할 수 있는 서류
- 시설운영일지
- 예산서 및 결산서
- 금전 및 물품의 출납부와 증빙서류
- 정관(법인의 경우에 한한다) 등 제 규정
- 이용자명부
- 입소자 관리카드(입소계약 체결일, 입소보증금, 이용료, 기타 비용부담 관계 등에 관한 내용을 포함)

● 사업의 실시

첫째, 이용기간의 경우 주간보호시설은 1일, 단기보호시설은 90일 이내로 하되, 연간 이용일수는 180일을 초과할 수 없다. 다만, 시장·군수·구청장은 중증질환이 있는 노인, 연고가 없는 노인, 취학·생계곤란 등의 사유로 인하여 부양능력이 없는 부양의무자로부터 부양을 받지 못하는 피부양 노인에 대하여는 90일을 초과하여 연장할 수 있다.

둘째, 시설의 장은 각 서비스별 특성을 고려하여 〈표 16-5〉의 기준에 따른 사업을 실시해야 한다.

● 상해보험의 가입

시설의 장은 이용자의 상해 등에 따르는 배상책임에 대비하기 위하여 상해보험 등에 가입해야 한다.

● 운영위원회

사회복지사업법 제36조 및 동법 시행규칙 제24조에 준하여 설치·운영해야 한다.

〈표 16-5〉 재가 노인복지시설

구 분	사업내용

방문요양	• 방문요양에 관한 사항
	  – 신체활동지원 서비스: 세면 도움, 구강관리, 몸청결, 머리 감기기, 몸단장, 옷 갈아입히기, 목욕 도움, 배설 도움, 식사 도움, 체위변경, 이동 도움, 신체기능의 유지증진 등 신체에 관한 서비스
	  – 가사활동지원 서비스: 취사, 침실 및 주변 정돈, 세탁 등 가사에 관한 서비스
	  – 개인활동지원 서비스: 외출 시 동행, 일상업무 대행 등 개인활동에 관한 서비스
	  – 정서지원 서비스: 말벗, 격려 및 위로, 생활상담, 의사소통 도움 등 정서에 관한 서비스
	• 상담 및 교육에 관한 사항
	  – 노인생활 및 신상에 관한 상담 서비스
	  – 장애노인 및 보호자의 교육
	• 노인결연에 관한 사항: 무의탁노인의 후원을 위한 결연사업

방문목욕	입 · 목욕준비, 입욕 시 이동보조, 몸 씻기, 머리 말리기, 옷 갈아입히기 등이며 목욕 후 주변정리까지 포함
주 · 야간 보호	• 생활지도 및 일상동작훈련 등 심신의 기능회복을 위한 서비스 • 급식 및 목욕 서비스 등 • 노인가족에 대한 교육 및 상담
단기보호	• 급식 · 치료, 기타 일상생활에 필요한 편의를 제공하는 서비스 • 기타 노인요양시설 또는 노인요양공동생활가정의 사업에 준하는 사업

출처: 보건복지부(2014b).

제**17**장

장애인복지시설의 종류와 시설 · 운영기준

장애인복지시설은 장애인의 복지증진을 위한 다양한 서비스를 제공하는 시설이라는 점에서 넓게 정의할 수 있으나, 이 장에서는 장애인복지법에 의한 시설로서 장애인이 거주하거나 이용하면서 재활이나 자립생활에 필요한 상담, 교육, 훈련 등의 서비스를 제공받을 수 있는 시설로 정의하고 이에 국한하여 기술하고자 한다.

1. 장애인복지시설의 의미와 발전과정

전통적으로 우리나라의 장애인은 비장애인에 비해 경제, 보건 · 의료, 사회적 측면에서 상대적으로 낮은 처우를 받아 왔다. 그러나 경제발전과 복지에 대한 기대수준이 점차 높아짐에 따라 장애인에 대한 사회적 관심과 복지대책도 점차 증가해 가고 있다. 특히 우리 정부는 UN이 1981년을 '세계장애인의 해'로 정한 이래 장애인과 관련된 각종 법령과 제도를 정비하고 장애인의 복지증진을 위해 다각적인 노력을 기울여 왔다.

이러한 맥락에서 장애인의 기능회복과 사회성 향상을 도모하여 궁극적으로는 장애인의 완전한 사회참여와 평등을 통한 사회통합의 이념을 달성하고자 장애인복지시설을 법제화하여 설치 · 운영하고 있다. 장애인복지법 제57조에서는 국가와 지방자치단체는 장애인이 장애인복지시설의 이용을 통하여 기능회복과 사회적 향상을 도모할 수 있도록 필요한 정책을 강구하여야 한다고 규정하고 있다. 여기서 말하는 장애인복지시설이란 장애인 거주시설, 장애인 지역사회재활시설, 장애인 직업재활시설, 장애인 의료재활시설, 그 밖에 대통령령으로 정하는 시설을 의미한다.

우리나라의 장애인복지시설은 6·25 전쟁 이후 약 50여 년의 기간 동안 꾸준하게 성장·발전되어 왔는데, 과거 장애인복지시설이라고 하면 수용시설 내지는 생활시설을 떠올릴 만큼 장애인에 대한 수용보호 차원의 접근을 하던 것에서 벗어나 장애인복지 이념 변화와 장애인들의 다양한 욕구를 고려하여 장애인복지시설을 다원화해 가고 있는 추세이며 점차 소규모화되어 가는 추세다.

특히 UN이 세계장애인의 해로 선언한 1981년과 세계장애인올림픽 대회가 개최된 1988년, 장애인복지법이 제정된 1989년, 장애인복지법이 전면 개정된 1999년은 우리나라 장애인복지시설의 발전과정에서 중요한 전환점이 된 의미 있는 시기라고 할 수 있다.[1]

1981년 세계장애인의 해와 1988년 세계장애인올림픽 대회를 계기로 장애인복지에 대한 정부의 정책목표와 방향이 '장애인의 완전한 사회참여와 평등보장' 방향으로 전환됨에 따라 장애인복지시설 정책 또한 요보호대상 보호를 중심으로 하는 수용시설(생활시설) 위주의 정책방향에서 탈시설화, 사회통합을 위한 재가서비스 전달체계로의 변화 및 제도적 개선, 장애인 직업재활시설 확대, 재가장애인순회재활센터, 그룹홈 등의 소규모 시설 확대 방향으로 변화되었다.

2000년을 전후로는 장애인복지시설을 둘러싼 외부 환경변화가 급격하게 일어났는데 1999년 장애인복지법 전면개정, 제1·2차 장애인복지발전 5개년 계획과 이행, 장애인복지시설 평가시행, 미신고시설 제도권 유입, 장애인복지시설 운영사업의 지방이양, 장애인당사자주의의 확대 등이 그 예가 될 수 있다.

특히 2000년대 이후 자립생활운동(Independent living movement)이 장애인복지시설에 미친 영향은 매우 크다고 할 수 있다. 2000년을 전후로 시작된 국내 자립생활운동을 통한 장애 당사자의 권리의식 확대는 재활 패러다임으로 구축되어 있던 장애인복지 관련 정책과 제도에 영향을 미쳤고, 장애인복지법 개정에 힘입은 자립생활센터의 양적 확대와 장애인활동지원제도 등은 기존 장애인복지시설의 서비스와 운영에 큰 영향을 미쳤다. 이 패러다임에 의해 도입된 가장 대표적인 제도인 장애인활동보조서비스는 소위

---

1) 이 부분에 대한 보다 자세한 사항은 한국장애인재활협회(2006)의 『한국장애인복지 50년사』를 참조하라.

'재가장애인'의 삶을 획기적으로 바꿔 놓은 대표적인 서비스가 되었으며 이로 인해 제도 도입 이전까지 장애인복지관을 중심으로 전개되었던 재가복지서비스의 방향과 내용이 바뀌는 계기가 되었다(백은령, 2014).

이러한 변화과정 가운데서 장애인복지시설은 양적으로 괄목할 만한 성장을 하게 되었는데 그중에서도 장애인의 사회통합의 강조로 소규모 시설이 급격하게 증가되었다. 2000년대 초반과 최근의 소규모 지역사회재활시설 현황을 비교해 보면 〈표 17-1〉과 같다.

〈표 17-1〉 소규모 지역사회재활시설 연도별 현황 (단위: 개소)

구분 연도	장애인주간보호시설	장애인단기보호시설*	장애인공동생활가정
2001	42	10	42
2002	61	15	63
2003	90	25	100
중략			
2011	485	119	637
2012	526	128	667
2013	558	131	685

*장애인단기보호시설은 장애인복지법 개정(2011)에 따라 거주시설에 포함됨
출처: 보건복지부(2014c).

장애인복지관, 장애인의료재활시설, 체육관 등으로 구성된 장애인지역사회재활시설도 1990년대 말과 비교했을 때는 급격하게 확대되었지만 최근에는 확대속도가 점차 둔화됨을 〈표 17-2〉를 통해 알 수 있다.

이 기간 동안 거주시설의 증가도 이루어졌으나 지역사회재활시설, 특히 주·단기 보호센터나 공동생활가정 등의 소규모 시설의 증가에 비하면 그리 높지 않음을 알 수 있으며 확대는 주로 지적장애인 거주시설과 중증장애인 거주시설에 국한되어 이루어졌다. 2011년에 비해 2012년 개소 수가 급격하게 확대된 것은 지역사회재활시설에 편입되어 있던 단기보호시설과 공동생활가정이 거주시설로 편입되었기 때문이다. 한편, 장애인

〈표 17-2〉 장애인지역사회재활시설 연도별 현황 (단위: 개소)

연도 \ 구분	장애인 종합복지관	의료재활시설	체육관	기 타*
1998	51	15	15	
1999	65	15	17	87
중 략				
2011	199	17	27	336
2012	205	-	28	347
2013	219	18	29	354

*기타 시설에는 장애인주간보호시설, 장애인심부름센터, 수화통역센터 등이 포함됨
출처: 보건복지부(2014c).

거주시설의 연도별 설치현황을 1990년 말과 비교하면 〈표 17-3〉과 같다.

한편, 장애인복지법상의 장애인복지시설로 간주할 수는 없으나 2005년 3월 보건복지
부는 전국 10여 개의 자립생활센터(이하 IL 센터)를 대상으로 모델사업을 실시하기로 하
고 서울 3개, 지방 7개의 센터를 선정하였으며 2007년 장애인복지법 개정과 함께 중증

〈표 17-3〉 장애인거주시설 연도별 현황 (단위: 개소, 명)

연도	시설종류(개소)									입소인원
	계	지체	시각	청각·언어	지적	중증	영유아	단기보호	공동생활	
1998	182	37	10	13	60	62	-	-	-	16,142
1999	188	37	10	14	59	68	-	-	-	16,823
중 략										
2011	490	39	15	9	226	191	10	119	637	25,345
2012	1,348	40	16	8	278	201	10	128	667	30,640
2013	1,397	39	16	8	293	216	9	131	685	31,152

출처: 보건복지부(2014c).

장애인자립생활지원센터 설치의 법적 근거를 마련하였다. 전술한 바와 같이 자립생활
지원센터를 장애인복지시설로 규정할 수는 없으나 장애인의 자립생활을 지원하는 서비
스를 제공한다는 점에서 기존의 시설들과 유사점을 가지고 있는 측면이 있다.

2. 장애인복지시설 현황

　장애인복지법에 의한 장애인복지시설로는 장애인 거주시설, 장애인 지역사회재활시
설, 장애인 직업재활시설, 장애인 의료복지시설, 그 밖에 대통령령으로 정하는 시설이 있
다. 이 중 대표적인 장애인복지시설이라고 할 수 있는 장애인 거주시설과 장애인복지 이
용시설을 중심으로 설치현황을 살펴보면〈표 17-4〉, 〈표 17-5〉와 같다. 장애인 거주시설
은 지체/뇌병변 장애인시설, 시각장애인시설, 청각/언어 장애인시설, 지적장애인시설,
중증장애인요양시설, 장애영유아생활시설, 단기보호시설, 공동생활가정으로 분류된다.

　장애인 거주시설을 제외한 지역사회재활시설과 장애인 직업재활시설을 이용시설 범
주에 포함할 수 있다. 1990년 이후에 본격적으로 나타난 장애인 서비스의 변화 추세를
반영하여 장애인의 지역사회거주를 전제로 하는 가정지원, 사회복귀를 지원하는 다양

〈표 17-4〉　**장애인복지시설 현황**　　(단위: 개소, 명)

시설 종류		시설 수	입소인원
장애인 거주 시설	지체/뇌병변 장애인시설	39	1,978
	시각장애인시설	16	770
	청각/언어 장애인시설	8	320
	지적장애인시설	293	12,001
	중증장애인요양시설	216	11,412
	장애영유아생활시설	9	473
	단기보호시설	131	1,432
	공동생활가정	685	2,766
합 계		1,397	31,152

출처: 보건복지부(2014c).

한 시설이 지역사회재활시설의 범주 내에서 운영되고 있다. 장애인복지관, 장애인의료재활시설, 주간보호시설, 체육관 등 전국적으로 8,550개소가 설치 · 운영되고 있다. 지역사회 중심의 서비스와 장애인의 자립 강조의 영향으로 양적으로 확대 운영되고 있는 직업재활시설의 경우는 전국적으로 511개소가 운영되고 있다(〈표 17-5〉 참조).

다른 사회복지시설과 마찬가지로 장애인복지시설 설치 및 운영의 지역적 편중문제가 장애인복지시설의 문제점 중 하나로 지적되어 왔는데, 특히 수도권에 편중현상이 심한 편으로 서울 284개, 경기 306, 인천 70개가 운영되고 있다(〈표 17-6〉 참조). 또한 주로 대도시에 집중되어 있어 중소도시나 농촌지역에 거주하는 장애인들은 치료와 재활에 어려움을 겪고 있는 실정이다.

〈표 17-5〉 장애인복지 이용시설 현황   (단위: 개소, 명)

시설종	세부시설 종류		시설 수	종사자
장애인복지 이용시설	지역사회재활 시설	소계	1,178	2,867
		복지관	219	1,670
		의료재활시설	18	388
		주간보호시설	558	360
		체육관	29	125
		심부름센터	155	202
		수화통역센터	199	122
	직업재활시설		511	2,816
	합계		2,867	8,550

출처: 보건복지부(2014c); 한국장애인개발원(2014).

〈표 17-6〉 장애인 거주시설 지역별 현황 (단위: 개소, 명)

구분	거주시설																	
	소 계		지체 장애인 시설		시각 장애인 시설		청각 언어 장애인 시설		지적 장애인 시설		중증 장애인 요양시설		장애 영유아 생활시설		단기 보호시설		공동 생활가정	
	시설수	입소인원	시설수	입소인원	시설수	입소인원	시설수	입소인원	시설수	입소인원	시설수	입소인원	시설수	입소인원	시설수	입소인원	시설수	입소인원
서울	284	4,296	3	189	3	142	1	38	16	963	21	1,686	2	92	38	412	200	774
부산	67	1,520	3	183	1	27	1	48	11	678	6	321	2	85	2	29	41	149
대구	48	1,710	3	365	–	–	–	–	7	531	9	561	1	93	2	25	26	135
인천	70	1,134	2	79	1	61	1	21	4	116	13	602	1	45	5	53	43	157
광주	49	907	4	140	1	46	–	–	14	453	3	158	–	–	2	10	25	100
대전	58	1,108	1	71	1	65	–	–	7	408	9	343	–	–	10	95	30	126
울산	25	639	–	–	–	–	1	43	1	60	7	412	–	–	6	83	10	41
세종	3	150	–	–	–	–	–	–	2	82	1	68	–	–	–	–	–	–
경기	306	6,491	9	189	4	97	2	76	85	2,731	45	2,506	1	100	27	245	133	546
강원	63	1,443	1	22	1	77	–	–	17	610	12	577	–	–	5	45	27	112
충북	67	2,00	2	89	2	95	1	78	17	771	12	807	–	–	3	33	30	134
충남	52	1,768	–	–	–	–	–	–	15	921	18	733	–	–	5	61	14	53
전북	67	1,880	3	157	1	45	–	–	31	1,101	11	442	1	43	2	20	18	72
전남	45	1,267	3	144	1	115	1	16	22	713	4	212	–	–	3	29	11	40
경북	76	2,319	3	203	–	–	–	–	22	877	25	1,053	–	–	9	118	17	68
경남	87	1,938	2	147	–	–	–	–	16	800	13	636	1	15	8	125	47	215
제주	30	573	–	–	–	–	–	–	6	186	7	294	–	–	4	49	13	44

출처: 보건복지부(2014c).

3. 장애인복지시설의 종류와 기능

장애인복지법 제57조에 의하면 국가와 지방자치단체는 장애인의 성·연령 및 장애 유형과 정도를 고려하여 장애인의 기능회복과 향상을 도모할 수 있도록 장애인복지시설을 통해 보호·의료·생활지도·재활훈련과 자립생활지원 등의 서비스를 제공하도록 되어 있다. 장애인복지법 제58조 제1항에 의하면 장애인복지시설은 크게 장애인 거주시설, 장애인 지역사회재활시설, 장애인 직업재활시설, 장애인 의료재활시설, 그 밖에 대통령령으로 정하는 시설(장애인 생산품판매시설)로 구분된다. 장애인복지시설의 종류와 법적 근거를 요약하면 〈표 17-7〉과 같다.

〈표 17-7〉 장애인복지시설의 종류 및 법적 근거

장애인 복지시설	장애인 거주시설 장애인 지역사회재활시설 장애인 직업재활시설 장애인 의료재활시설 장애인 생산품판매시설	• 장애인복지법 제58조 제1항 제1호 • 장애인복지법 제58조 제1항 제2호 • 장애인복지법 제58조 제1항 제3호 • 장애인복지법 제58조 제1항 제4호, 제58조 제2항 • 장애인복지법 시행규칙 제41조 전단 및 별표4 제4호 • 장애인복지법 제58조 제1항 제5호 및 장애인복지법 시행령 제36조

장애인복지법 시행규칙 제41조 별표4에 의한 장애인복지시설의 종류와 기능은 다음과 같다.

1) 장애인 거주시설

장애인 거주시설이란 거주공간을 활용하여 일반 가정에서 생활하기 어려운 장애인에게 일정 기간 동안 거주·요양·지원 등의 서비스를 제공하는 동시에 지역사회생활을 지원하는 시설을 말한다.

- **장애유형별 거주시설**: 장애유형이 같거나 유사한 장애를 가진 사람들을 이용하게 하여 그들의 장애유형에 적합한 주거지원·일상생활지원·지역사회생활지원 등의 서비스를 제공하는 시설
- **중증장애인 거주시설**: 장애의 정도가 심하여 항상 도움이 필요한 장애인에게 주거지원·일상생활지원·지역사회생활지원·요양서비스를 제공하는 시설
- **장애영유아 거주시설**: 6세 미만의 장애영유아를 보호하고 재활에 필요한 주거지원·일상생활지원·지역사회생활지원·요양서비스를 제공하는 시설
- **장애인 단기거주시설**: 보호자의 일시적 부재 등으로 도움이 필요한 장애인에게 단기간 주거서비스, 일상생활지원서비스, 지역사회생활서비스를 제공하는 시설
- **장애인 공동생활가정**: 장애인들이 스스로 사회에 적응하기 위해 전문인력의 지도를 받으며 공동으로 생활하는 지역사회 내의 소규모 주거시설

2) 장애인 지역사회재활시설

장애인 지역사회재활시설이란 장애인을 전문적으로 상담·치료·훈련하거나 장애인의 일상생활, 여가활동과 사회참여 활동 등을 지원하는 시설을 말한다.

- **장애인복지관**: 장애인에 대한 각종 상담 및 사회심리·교육·직업·의료재활 등 장애인의 지역사회생활에 필요한 종합적인 재활서비스를 제공하고 장애에 대한 사회적 인식 개선사업을 수행하는 시설
- **장애인 주간보호시설**: 장애인을 주간에 일시 보호하여 장애인에게 필요한 재활서비스를 제공하는 시설
- **장애인 체육시설**: 장애인의 체력증진 또는 신체기능 회복활동을 지원하고 이와 관련된 편의를 제공하는 시설
- **장애인 수련시설**: 장애인의 문화·취미·오락활동 등을 통한 심신수련을 조장·지원하고 이와 관련된 편의를 제공하는 시설
- **장애인 심부름센터**: 이동에 상당한 제약이 있는 장애인에게 차량 운행을 통한 직장 출퇴근 및 외출 보조나 그 밖의 이동서비스를 제공하는 시설

- 수화통역센터: 의사소통에 지장이 있는 청각 · 언어장애인에게 수화통역 및 상담서비스를 제공하는 시설
- 점자도서관: 시각장애인에게 점자간행물 및 녹음서를 열람하게 하는 시설
- 점자도서 및 녹음서 출판시설: 시각장애인을 위한 점자간행물 및 녹음서를 출판하는 시설
- 장애인 재활치료시설: 장애아동을 포함한 장애인에게 언어 · 미술 · 음악 등 재활치료에 필요한 치료, 상담, 훈련 등의 서비스를 제공하고 서비스를 이용한 자로부터 비용을 수납하여 운영하는 시설

3) 장애인 직업재활시설

장애인 직업재활시설이란 일반 작업환경에서는 일하기 어려운 장애인이 특별히 준비된 작업환경에서 직업훈련을 받거나 직업생활을 할 수 있도록 하는 시설을 말한다.

- 장애인 보호작업장: 직업능력이 낮은 장애인에게 직업적응 능력 및 직무기능 향상훈련 등 직업재활훈련 프로그램을 제공하고, 보호가 가능한 조건에서 근로의 기회를 제공하며, 이에 상응하는 노동의 대가로 임금을 지급하고, 장애인 근로사업장이나 그 밖의 경쟁적인 고용시장으로 옮겨 갈 수 있도록 돕는 역할을 하는 시설
- 장애인 근로사업장: 직업능력은 있으나 이동 및 접근성이나 사회적 제약 등으로 취업이 어려운 장애인에게 근로의 기회를 제공하고, 최저임금 이상의 임금을 지급하며, 경쟁적인 고용시장으로 옮겨 갈 수 있도록 돕는 역할을 하는 시설

4) 장애인 의료재활시설

장애인 의료재활시설이란 장애인을 입원 또는 통원하게 하여 상담, 진단 · 판정, 치료 등 의료재활서비스를 제공하는 시설을 말한다.

5) 장애인 생산품판매시설

장애인 생산품판매시설이란 장애인 생산품의 판매활동 및 유통을 대행하고, 장애인 생산품이나 서비스·용역에 관한 상담, 홍보, 판로 개척 및 정보제공 등 마케팅을 지원하는 시설을 말한다.

4. 장애인복지시설의 설치 및 운영[2]

1) 관계법령

장애인복지시설 설치 및 운영과 관련된 법적 근거는 다음과 같다(보건복지부, 2015).

- 시설의 종류와 기능: 장애인복지법 제58조 제1항, 제2항 및 동법 시행규칙 제41조 별표4, 5
- 시설의 설치신고 및 운영개시 감독: 장애인복지법 제59조 및 동법 시행규칙 제41조
- 시설의 설치신고 등 세부사항: 장애인복지법 시행규칙 제43조 내지 제44조
- 시설의 재무회계 관리: 사회복지법인재무·회계 규칙, 기타 이용료 징수 등 일반사항 사회복지사업법 등 관계규정
- 사업운영 등 일반사항: 보조금의 예산 및 관리에 관한 법률, 사회복지사업법 등 관계규정에 의하되 그 세부사항은 『장애인복지시설사업안내』에 따라 수행

2) 장애인복지시설 설치 및 운영 기준

(1) 장애인복지시설의 설치

국가와 지방자치단체가 장애인복지시설을 설치할 수 있는데 이 외의 자가 장애인복

---

2) 이 부분은 장애인복지법 및 동법 시행규칙과 보건복지부에서 매년 발간하는 『장애인복지시설사업안내』 (2015) 중 해당 부분을 발췌, 재구성하였다.

지시설을 설치 · 운영하려면 해당 시설 소재지 관할 시장 · 군수 · 구청장에게 장애인복지법령에서 정한 시설과 설비를 갖추고 필요한 서류를 첨부하여 장애인복지시설 설치운영 신고서(장애인복지법 시행규칙 제43조 관련 별지 서식)를 제출하여야 한다. 또한 신고한 사항 중 보건복지부령으로 정하는 중요한 사항을 변경할 때에도 신고하여야 한다. 구청장이 동 신고서를 면밀히 검토하고 관계공무원에게 해당 시설과 설비를 적정하게 갖추고 있는지의 여부를 확인하게 한 후 장애인복지시설 설치신고증을 교부함으로써 시설 설치절차가 종료된다.

(2) 시설기준

장애인복지시설의 시설기준 · 신고 · 변경신고 및 입소 등에 관하여 필요한 사항은 보건복지부령으로 정하고 있는데 이에 따른 세부사항은 대략 다음과 같다. 시설기준은 공통기준과 시설별 기준으로 나뉘어 있다. 공통기준은 장애인 거주시설 중 장애인 공동생활가정의 경우에는 적용하지 않으며 장애인 거주시설 중 장애인 단기거주시설, 장애인 지역사회재활시설 중 장애인 주간보호시설, 장애인 체육시설, 장애인 수련시설, 장애인 심부름센터, 수화통역센터, 점자도서관, 점자도서와 녹음서 출판시설, 장애인 재활치료시설, 장애인 직업재활시설 및 장애인 생산품판매시설[3]을 제외한 시설의 입지조건, 시설의 규모, 시설의 구조 및 설비, 관리 및 운영요원의 배치기준, 관리 및 운영요원의 자격기준 등을 정하고 있다. 시설별 기준도 공통사항에서 정한 시설 외 시설과 관련한 기준을 포함하고 있다. 공통기준을 중심으로 주요 내용을 살펴보면 다음과 같다.

● 시설의 입지조건

시설은 그 분포의 적정성과 보건 · 위생 · 급수 · 안전 · 환경 및 교통편의 등을 충분히 고려하여 장애인이 쉽게 접근하고 편리하게 이용할 수 있는 쾌적한 환경을 갖춘 부지를 선정하여야 한다.

---

3) 이 시설들은 장애인 · 노인 · 임산부 등의 편의증진보장에 관한 법령에 따른 편의시설만을 갖추도록 하고 있다.

● 시설의 규모

상시 10명 이상 30명 이하가 생활할 수 있는 시설을 갖추어야 한다. 다만, 시설 종류별 개별 기준에서 10명 미만의 소규모 시설을 따로 정하고 있는 경우와 장애인이 상시 생활하지 아니하는 시설은 예외로 한다.

● 시설의 구조 및 설비

- 시설의 구조와 설비는 그 시설을 이용하는 장애인의 장애유형별·성별·연령별 특성에 맞도록 하여야 한다. 다만, 6세 미만의 장애영유아를 위한 시설은 이 기준에 따른 구조 및 설비 외에 아동복지법에 따른 아동복지시설 중 영아시설에 준하는 설비를 따로 갖추어야 한다.
- 시설에는 장애인·노인·임산부 등의 편의증진보장에 관한 법령에 따른 편의시설을 갖추어야 한다.
- 장애인이 30명 이상 거주하는 시설의 경우 지체장애인이나 뇌병변장애인의 거주시설은 1명당 21.78㎡ 이상, 청각·언어 장애인 거주시설은 1명당 21.78㎡ 이상, 시각장애인 거주시설은 1명당 19.8㎡ 이상, 지적장애인 또는 자폐성장애인 거주시설은 1명당 21.12㎡ 이상, 중증장애인 거주시설은 1명당 18.48㎡ 이상 및 장애영유아 거주시설은 1명당 18.48㎡ 이상으로 한다. 다만, 장애인이 상시 생활하지 아니하는 시설에는 일부 설비를 갖추지 아니할 수 있으며 장애인 직업재활시설 중 장애인 보호작업장, 장애인 근로사업장, 장애인 생산품판매시설의 경우에는 일부 설비에 한해 하나의 설비로 다른 설비를 겸하여 운영할 수 있다.[4] 반면, 30명 미만의 장애인이 거주하는 시설은 1명당 9.37㎡ 이상으로 하고 일부 설비는 하나의 설비로 다른 설비를 겸하여 운영할 수 있다.

● 관리 및 운영 요원의 배치기준

시설에는 시설장, 총무, 의사 또는 촉탁의사, 간호사 또는 간호조무사, 생활지도원, 영양사, 사무원, 사회재활교사, 직업훈련교사, 시설관리인, 조리원, 위생원을 두되 장애

---

4) 세부사항은 장애인복지법 시행규칙 별표5를 참조하라.

인이 거주하며 생활하지 않는 시설의 경우에는 의사, 간호사, 생활지도원, 영양사, 사회재활교사, 조리원 및 위생원은 두지 않을 수 있다. 이와 같은 배치기준과 함께 자격기준을 정하고 있다.

(3) 시설 거주자 또는 이용자의 요건

장애인복지시설의 거주자 및 이용자는 장애인복지법 제2조의 규정에 의한 장애인이어야 한다. 시설은 장애인의 선택권을 최대한 보장하여야 하며 이를 위해 장애인복지시설을 이용하려는 장애인에게 시설의 선택에 필요한 정보를 충분히 제공하여야 한다. 특별히 장애인 거주시설을 이용하려는 자와 그 친족, 그 밖의 관계인은 보건복지부령으로 정하는 서류를 갖추어 시장 · 군수 · 구청장에게 장애인의 시설 이용을 신청하여야 하고, 시장 · 군수 · 구청장은 이용 신청자의 시설 이용 적격성 여부를 심사하여 그 결과에 따라 시설이용 여부를 결정하여야 한다. 시설 거주자 및 이용자의 세부요건은 다음과 같다.

- 국민기초생활 보장법에 따른 수급자로서 법 제2조에 따른 장애인이어야 한다.
- 국민기초생활 보장법에 따른 수급자가 아닌 경우에는 법 제2조에 따른 장애인으로서 부양의무자가 없거나, 부양의무자가 있어도 부양능력이 없거나 부양을 받을 수 없는 자이어야 한다.
- 입소 또는 이용 시설은 장애유형 · 장애정도 및 연령 등을 고려하여 결정되어야 한다.

(4) 시설의 재무회계 관리

각 시설의 재무회계는 법인회계와는 별도로 구분하여 독립채산제로 운영하여야 한다. 시설의 재무회계 관리는 사회복지법인 재무 · 회계 규칙의 시설회계를 준용하여야 하며 동 규칙에서 정하지 아니한 사항은 예산회계법, 지방재정법 및 물품관리법 등 정부 재무회계 관련법령을 준용하여야 한다. 시설의 모든 수입과 지출은 수입결의서와 지출결의서에 의하여 입금 또는 지출하여야 하며 모든 재무회계 행위는 관계장부에 기재해야 하며 시설운영의 투명성을 확보하기 위하여 운영자금을 신용카드로 지출해야 한다.

(5) 시설의 지도 · 감독

장애인복지법 제61조에 의하면 장애인복지실시기관[5]은 장애인복지시설을 설치 · 운영하는 자의 소관업무 및 시설이용자의 인권실태 등을 지도 · 감독하며, 필요한 경우 그 시설에 관한 보고 또는 관련서류 제출을 명하거나 소속 공무원에게 그 시설의 운영상황 · 장부, 그 밖의 서류를 조사 · 검사하거나 질문하게 할 수 있다. 관계공무원이 그 직무를 할 때에는 권한을 표시하는 증표를 관계인에게 내보여야 한다. 각 시설에 대한 지도 · 감독 시에는 사업의 특수성과 전문성을 충분히 이해하고 이에 대한 지도 · 감독체계를 확립하여 장애인복지시설의 전문성과 자율성을 해치지 않도록 조치하여야 한다.

5. 장애인복지시설의 과제와 방향

향후 장애인복지시설을 둘러싼 환경변화는 과거의 변화 못지않게 빠르게 전개될 전망이다. 이러한 상황 속에서 장애인복지시설이 당면한 문제점과 이를 해결하기 위한 과제를 정리해 보면 다음과 같다.

첫째, 정부는 지방화 정책의 일환으로 2005년 장애인복지시설사업의 대부분을 지방으로 이양하였다. 이에 따라 지방자치단체들이 이양된 장애인복지시설사업에 대한 계획 수립 · 조정, 장애인 관련법령 · 제도 개선, 예산 및 결산 등의 업무를 담당하게 됨으로써 지방자치단체의 재정자립도에 따라 장애인복지시설사업의 양과 질의 지역 간 격차가 심화될 것이라는 우려가 제기되었다. 이러한 우려가 가시화되어 지방자치단체의 재정적 압박으로 인한 거주시설들의 안정적인 운영에 대한 문제제기가 지속됨에 따라 2015년부터 거주시설 운영비가 중앙으로 환원되었다. 그러나 장애인복지법 개정으로 장애인 거주시설에 편입된 단기거주시설과 공동생활가정이 제외됨으로써 형평성 논란이 제기되는 등 지방이양사업의 중앙환원에 따른 제도적 보완책 마련이 시급한 실정이다. 뿐만 아니라 중앙 환원된 거주시설 이외 장애인복지시설의 지역 간 편차가 심화되지

---

5) 여기에서는 보건복지부장관, 특별시장 · 광역시장 · 도지사 · 특별자치도지사 또는 시장 · 군수 · 구청장을 말한다.

않을 수 있도록 중앙정부 차원의 점검 시스템 구축과 시행을 구조화하여야 한다. 또한 장애인복지시설 간의 연대와 장애인단체들과의 연대를 통해 지역별 장애인복지시설 운영실태와 지원수준 등을 지속적으로 평가·비교, 공표하는 작업을 지속적으로 추진해 나갈 필요가 있다.

둘째, 장애인 거주시설과 관련해서는 거주자들의 인권과 독립된 생활공간 확보에 필요한 시설의 생활환경 개선과 인적자원의 전문성 강화가 시급하다. 개소된 지 오래된 시설의 경우 건물의 노후로 인해 거주자들의 안전문제가 발생할 소지가 있으므로 객관화된 안전진단 결과를 토대로 문제가 있는 시설부터 신·개축할 수 있도록 현실적인 예산지원이 이루어져 한다. 또한 거주자들의 독립된 생활공간과 자율성이 최대한 확보될 수 있는 방향으로 시설의 신·개축이 진행되어야 할 것이다. 장애인들이 일상적인 생활을 영위하는 거주시설에 있어 거주자들에게 제공되는 서비스의 질은 서비스를 제공하는 인적자원의 전문성과 자질에 큰 영향을 받기 때문에 인적자원 관리가 매우 중요하다. 특히 거주인의 시설 내 생활만이 아닌 지역사회생활과 자립생활 지향의 개별적·집중적 지원이 이루어질 수 있도록 하기 위해서는 인력의 역량강화가 무엇보다도 중요하다.

셋째, 점차 거주시설이든 지역사회재활시설이든 소규모 장애인복지시설이 확대되어 가고 있다. 따라서 소규모 시설이 운영과정에서 참고할 수 있는 표준운영 매뉴얼을 개발·보급하는 것은 물론 서비스 내용과 질, 인권보장을 위한 시스템 구축, 예산 및 인력관리 등에 대한 지도감독 시스템을 구축할 필요가 있다.

넷째, 양적으로 급성장하고 있는 지역사회재활시설의 경우, 양적 확대와 더불어 시설 간의 역할과 기능이 모호해지는 문제점이 발생하고 있다. 대표적인 경우가 장애인복지관이 될 수 있다. 장애인복지관을 둘러싼 외부 환경변화와 함께 장애인복지관의 역할과 기능 재정립에 대한 논의가 꾸준하게 전개되어 오고 있는데 장애인을 위한 다양한 서비스 인프라가 확장됨에 따라 기능과 역할에 대한 지적이 과거에 비해 더 강해지고 있는 실정이다. 따라서 지역적 특성과 이용자들의 욕구를 기반으로 한 시설의 정체성과 역할 정립에 대한 고민이 필요할 것이다. 이러한 문제를 해결하기 위한 방안을 모색함에 있어 무엇보다도 장애인의 선택권과 결정권이 존중될 수 있는 방향으로 대안이 마련되어야 하며 시설 간의 유기적 협력이 가능할 수 있는 전달체계를 구축하는 것이 필요하다.

다섯째, 현재 매 3년마다 실시되고 있는 장애인복지시설 평가의 경우 장애인복지시설의 전문성, 효율성, 개방성 등을 확보하기 위한 매개장치 내지는 점검장치로서의 역할을 담당해야 한다. 시설평가제도의 영향으로 시설의 전반적인 수준이 상향 조정된 만큼 현행 평가상의 문제점들을 보완하여 시설인증제로의 방향전환이 모색되어야 할 것이다.

제18장

가족복지시설의 종류와 시설 · 운영기준

현재 우리 사회의 가족은 사회경제적 변화와 더불어 가족의 구조나 관계 기능, 역할, 가치관을 비롯하여 가족생활 전반에 걸쳐 많은 변화를 겪고 있다. 가족 내외적 변화로 인하여 가족은 다양하고 복잡한 가족문제에 직면하고 있으며, 가족문제의 증가는 개인과 사회 전체에 많은 부담과 부작용을 낳는다. 이러한 상황 속에서 그동안 가족이 수행하던 많은 기능을 축소하고 가족복지서비스가 가족기능을 보완하고 대체하게 되었는데, 이 장에서는 이러한 가족복지전달체계의 역할과 기능에 대하여 살펴보고자 한다.

1. 가족복지의 전달체계

오늘을 살아가는 이 시대는 과거와는 전혀 다른 삶의 패턴을 양산하고 있다. 몇 십 년 전까지만 해도 결혼이나 자녀출산은 개인이 연령이 증가하면서 겪는 하나의 순차적인 삶의 과정의 하나라고 생각했다. 그러나 이제는 자신이 처한 상황과 조건에 맞추어 단계를 선택하고, 생애주기별 과업 단계의 실패는 빈곤과 돌봄이 부재하는 위험(risk)으로 다가오고 있다. 이에 가족이 결혼과 출산의 기능을 잃어 가면서 개개인이 '돌봄의 위험' 상황(김영미, 2012)에 봉착해 있다고 모든 사람이 불안해한다. 많은 가족학자 역시 특정한 가족제도를 선호하기보다는 개인의 다양한 결합과 유대를 인정하는 것으로 방향을 잡은 듯하다(김영미, 2012; 윤홍식 외, 2011: 이승미 외, 2012 재인용).

앞으로의 가족복지는 다양한 삶의 방식과 생애주기를 인정하면서, 이에 맞는 맞춤형 돌봄서비스를 제공하는 방향을 모색하게 될 것이다. 이렇게 되면, 돌봄서비스가 필요한 집단은 단지 가족해체로 인해 실질적인 돌봄의 공백을 경험하는 가족에게만 국한되지 않는다. 오히려 맞벌이가족, 양육기가족, 노년기가족 등 생애주기상 보이는 다양한 가족형태 모두에서 필요로 하는 서비스를 제공해야 하는 상황을 맞이했음을 말해 준다. 과연 이러한 시기에 가족정책과 가족복지는 어떠한 모습이어야 하는지 현재 가족복지의 내용들을 살펴보고, 앞으로 나아갈 방향에 대해 생각해 볼 시점이다.

1) 복지전달체계가 추구하는 주요 가치

가족정책이라는 큰 그림 아래에서 이를 프로그램과 구체적인 사업으로 현실화시킨 복지업무가 현재 종합사회복지관이나 건강가정지원센터 그리고 다문화가족지원센터에서 수행하는 주요 업무들이다. 가족복지의 분야는 크게 복지정책과 복지서비스 분야로 양분될 수 있다. 복지정책이 가족정책의 큰 그림 아래에서 가족의 생계 및 각종 사회보장의 차원을 보살피는 분야라고 한다면, 복지서비스는 개별 가족을 위한 심리적 · 교육적 서비스 제공을 뜻한다. 즉, 복지정책이 주로 경제적 차원, 자원제공 차원의 지원을 제공한다면, 복지서비스는 상담, 교육, 돌봄서비스와 같은 비경제적인 서비스 제공에 초점이 맞추어져 있다고 볼 수 있다(신경아, 2011 재인용).

이러한 가족복지 업무를 수행하는 기관이 바로 가족복지 전달체계다. 중앙정부의 가족정책을 구체적인 사업과 프로그램이라는 행정적 상품으로 구체화하고, 이를 실현에 옮기는 업무가 바로 전달체계(delivery system)의 업무내용이다. 전달체계에서 주요하게 고려될 부분은 구체적인 사업을 어떻게 개별 개인들에게 전달할 것인가다.

복지서비스를 전달하는 체계에서는 공공재를 생산하고, 공공재를 유통시키기 때문에 이러한 시스템을 구축할 때 지켜야 하는 몇 가지 원칙이 있다(고경환 외, 2010: 최성재, 남기민, 2010 재인용). 이는 개론적인 부분이기는 하지만 전달체계를 이해함에 아주 중요한 내용이다.

첫째, 전문성의 원칙이다. 클라이언트가 교육이나 상담 혹은 어떠한 프로그램에 참여하고자 할 때는 자신들이 생각하는 문제가 해결되기를 바라고 기관을 찾게 된다. 그런데 그 문제를 바라보는 시각이나 프로그램 진행이 어설프다고 판단이 된다면, 클라이언트 입장에서는 투여한 시간과 재화가 아무런 효용가치를 갖지 못한다고 판단할 수 있다. 따라서 복지서비스는 클라이언트로 하여금 정말로 자신이 처한 문제를 제대로 진단받고 제대로 해결할 수 있도록 해야 한다. 이러한 원칙은 서비스 제공자의 전문성, 자격요건을 통해 검증이 가능하다.

둘째, 적절성의 원칙이다. 이는 제공하는 서비스가 질적·양적 측면에서 과연 얼마나 목표에 근접할 수 있는가를 고민해야 하는 부분이다. 해당 서비스가 문제를 해결하는 데 과연 도움을 주었을까? 적절성을 따질 때, 보육비 지급을 예로 많이 든다. 지방자치단체나 센터에서 보육비의 일부를 지원한다고 했을 때, 전체 필요한 보육비를 100이라고 한다면, 10을 주어도 일부 지원이고 50을 주어도 일부 지원이다. 그런데 이러한 가격은 보육서비스의 질과 직결된다. 가장 이상적인 방안은 지원수준과 서비스 품질이 욕구를 충족할 수준에 수렴하도록 기획하는 것이다. 이것을 가능하게 하려면 어떻게 해야 할까? 적절성의 원칙은 클라이언트의 욕구가 해결될 수 있는지 끊임없이 고민해 볼 문제다.

셋째와 넷째 원칙은 포괄성과 통합성이다. 포괄성은 서비스를 받는 클라이언트의 입장에서, 통합성은 조직차원에서의 구성방법이다. 예를 들어, 알코올중독을 겪는 가족원을 둔 가족이 센터에 도움을 청했다고 해 보자. 알코올중독은 다양한 요인이 원인이 되어 나타난다. 개인의 스트레스가 원인일 수도 있고, 가족체계의 지지가 부족해서 온 결과일 수도 있으며, 본인이 오랫동안 지속해 온 습관 때문에 혹은 사회문화가 술을 권하기 때문일 수도 있다. 한 가지 원인이 아니라 이러한 다양한 원인이 복합적으로 작용한 결과일 가능성도 있다. 아마도 이러한 문제는 해결책도 다양한 방식으로 제시될 수 있을 것이다. 스트레스 완화방법, 생활습관을 개선할 수 있는 다양한 전략과 함께, 가족치료나 상담이 요구될 수 있다. 또한 우리 사회의 음주문화의 문제점에 대한 교육, 가족원들이 이러한 개인·사회적 상황을 이해하는 노력도 요구될 수 있다. 이때 포괄성의 원칙은 클라이언트가 한 곳에서 이러한 진단과 해결책을 한꺼번에 제공받을 수 있게 서비스 프로그램을 구성하여야 한다는 것을 의미한다. 한 명의 전문가가 복합적인 진단을 하고 개별적으로 접근하여 맞춤형 서비스를 제공할 수도 있을 것이다. 또는 나타난 진단에 대해 각 분야의 전문가가 투입되어 각기 다른 서비스를 동시다발적으로 제공할 수도 있을 것이다. 한편, 통합성의 원칙은 이렇게 개개인에게 포괄적인 서비스를 제공하기 위해 센터나 기관 내에서 개별 서비스를 제공하는 조직이 서로 연계되도록 조직구성을 짜야 한다는 것을 의미한다. 통합적이고 유기적인 업무분담이 이루어지도록 하는 것이다.

다섯째는 지속성의 원칙이다. 우리가 클라이언트와 그들이 가지고 있는 욕구나 문제를 살펴보면, 단 한 번의 처방으로 문제가 해결되는 경우는 거의 없다. 우리가 사례관리를 해 나가다 보면, 한 가지 문제가 해결될 경우 그와 관련된 다른 욕구와 문제가 발생하고, 이러한 일련의 문제 도출 및 해결의 과정을 거치면서 서서히 긍정적인 방향으로 나아지는 것을 발견하게 된다. 지속성의 원칙은 전달체계의 서비스가 문제의 발단과 그 해결의 과정을 지속적으로 관찰할 수 있게 구축될 필요가 있음을 강조한다. 이는 앞서 통합성과 포괄성의 원칙과도 연결되는데, 결국은 끊임없는 모니터링과 관찰을 통해 클라이언트의 변화방향을 주시하면서 적절한 시기에 적절한 서비스를 제공하는 민감한 서비스체계를 구축하는 것이 필요하다. 이러한 지속성, 통합성과 포괄성을 실현시키기 위해서는 일단 가장 중요하게 요구되는 것이 기관이 가지고 있는 접근 용이성일 것이다.

여섯째는 전달체계의 속성 중에서 가장 중요하다고도 볼 수 있는 접근 용이성에 관한 원칙이다. 접근 용이성은 두 가지 측면으로 제시될 수 있다. 하나는 지리적인 접근성이다. 기관의 위치나 대중교통의 접근성, 공간적인 문제뿐 아니라 최근에는 장애인들을 배려하는 시설적 부분(엘리베이터, 경사면, 채광)까지도 접근가능성의 한 측면을 반영한다. 또 다른 측면으로는 서비스 이용자나 클라이언트 자격기준에 대한 사항 때문에 서비스 이용에 있어 어려움이 있는지 살펴볼 필요가 있다. 이렇게 제도적으로 서비스나 기관이용에 문제가 있는지 여부는 평등성의 원칙에서도 한 번 더 강조한다.

일곱째로 평등성의 원칙은 성별이나 연령, 국가, 소득, 종교나 사회적 지위의 이유로 서비스 이용에 제한을 받지 않도록 복지전달체계의 적절한 배려가 필요하다는 것이다.

마지막은 책임성의 원칙이다. 전달체계, 특히 공적 서비스를 수행하는 전달체계에서 가장 요구되는 것이 이 책임성의 원칙일 것이다. 서비스 체계를 구축하고 서비스나 프로그램을 구성하는 부분부터 전달하고 사후 관리하는 부분까지 일체의 과정에서 책임성의 문제가 제기될 수 있다. 책임성의 원칙은 위에서 우리가 살펴본 7가지 원칙, 즉 과연 서비스는 문제해결에 적절하며, 전문가에 의해 이루어지고 있는지, 클라이언트는 문제해결을 위해 충분히 다양한 서비스를 제공받고 있는지, 이러한 복합적인 서비스는 체계적이고 유기적으로 제공되는지 그리고 문제가 해결될 때까지 전달체계는 지속성과 접근 용이성을 충분히 발휘하고 있는지의 각 지점에서 체계적으로 검토해야 할 원칙이다.

2. 가족복지서비스 전달체계의 역할과 기능

1) 공적 전달체계와 사적 전달체계

지난 2000년 이후 복지정책과 복지서비스의 급속한 팽창에 힘입어 이제는 개별 지역사회 내에서 복지업무를 수행하는 기관을 어렵지 않게 찾을 수 있다. 지역사회의 종합사회복지관들의 경우 복지대상의 폭을 넓히고 지역사회주민의 편의까지 챙기면서 그 수가 많이 늘었다. 일반 주민의 주요 복지업무 수행을 위한 시설 이외에도 노인 및 장애인 단기보호센터, 아동보호센터 등 부속기관을 가지고 있는 경우가 존재한다. 일부 주민센터의 경우에는 행정기관임에도 지역에 복지서비스를 제공하는 기관을 대신하여 하나의 건물 내에 어린이집, 마을도서관, 스포츠센터 등 다양한 복지센터와 가족복지 프로그램을 배치하기도 한다. 이러한 공공서비스만 존재하는 것은 아니다. 지역사회를 둘러보면, 청소년 수련원, 각종 종교단체들에서도 가족관련 이벤트와 부모교육, 청소년 상담과 부부상담 프로그램들이 존재한다. 현재 가족정책과 가족복지 업무는 건강가정기본법이라는 법제에 의거하여 사실상 다양한 형태의 가족복지의 모습으로 지역사회주민들에게 다가가고 있다. 법률에 의거한 건강가정지원센터가 가족복지정책과 복지서비스를 수행하는 주요 기관이기는 하나, 지역사회 내에서 가족복지를 실천하는 유일한 기관은 아니라는 점을 기억할 필요가 있다. 따라서 이 절에서는 지역사회 내 어떠한 가족복지서비스 제공기관이 있는지, 각 기관의 역할과 기능은 무엇인지 알아보고자 한다.

과거에 국가나 정부가 개인의 복지문제에 지금처럼 깊숙이 개입하지 않을 때는 복지문제가 대부분 사적인 전달체계, 그중에서도 가족체계에 의해 많이 해결되었다. 그런데 최근에는 국가나 지방자치단체, 기업, 종교단체나 사회복지재단 등 다양한 체계들이 등장하면서, 가족복지 분야에서의 전달체계도 다변화되고 있다. 이러한 다양한 전달체계는 크게 공적(public) 전달체계와 사적(private) 전달체계로 구분해 볼 수 있다(이선형, 임춘희, 2011 재인용).

공적 전달체계는 주로 국가나 지방자치단체에 의해 운영되며, 그 재원은 조세수입으로 이루어진다. 일반적인 예시로 국민기초생활보장제도에서 수급자의 선정과 수급자에 대한 다양한 급여 제공을 들 수 있다. 이러한 국가서비스는 지방자치단체(시·군·구, 읍·면·동) 단위의 행정망과 그 조직을 이용한 전달체계를 이용하게 된다. 이와 같은 공공부조나 주요 사회보험 업무를 제외한 서비스 분야, 즉 개개인의 욕구와 필요에 반응하는 서비스를 제공하기 위한 전달체계는 클라이언트를 '직접 만나고 대면하는 업무'라는 점에서 사적 전달체계라고도 부른다.

사적 전달체계는 다시 공식적인 전달체계와 비공식적인 전달체계로 나뉜다. 비공식적인 체계의 가장 대표적인 유형은 전통적으로 가족복지를 책임지어 온 가족이다. 반면, 공식적인 전달체계는 각종 건강가정센터를 비롯하여 복지재단, 사회복지시설에서 수행하는 서비스가 해당된다. 여기에는 가족복지 서비스 분야가 포함되어 있는데, 이는 가족원들이 자발적으로 혹은 의무로서 행하는 비공식적인 체계가 아닌 공식적 서비스 분야를 다룬다. 이들 공식적인 전달체계는 국가와 지방자치단체와 긴밀하게 협조하기는 하나, 재정 면에서 일부만 지원을 받고 나머지 재원은 후원이나 위탁기관의 사업비 출연 그리고 프로젝트 수주의 형태로 운영된다. 이렇게 국가나 지방자치단체의 재원을 일부 보조받는 것은 조직의 차원에서는 관료제적 특성을 벗어나 융통적이면서 창의적이고 환경변화에 유연한 모습을 갖는 장점이 있으나, 반면에 재정차원에서는 상당히 유동적이고 다소 취약한 모습을 보일 여지도 있다. 그러나 역으로 생각한다면, 비공식적인 전달체계와 비교해 볼 때 사적 전달체계는 이러한 일부 재원이라도 지원을 받는 형식을 취하고, 법률에 따라 시설기준, 서비스의 종류와 책임성 부분의 규제를 받는 조직이라는 점에서 이곳에서 제공하는 서비스는 공공재(public goods)의 성격을 갖게 된다. 한편, 이러한 공식적인 전달체계 내에서도 어느 정도의 영리적인 이윤을 추구하면서 서비스를 제공하는 경우도 많이 등장하고 있다. 사회복지사업법에서는 복지서비스나 재가복지서비스를 제공하기 위해서는 법인의 형태를 갖도록 규정하고 있는데, 이들이 모두 정부로부터 재원을 얻는 것은 아니다. 또한 이러한 공식적인 전달체계 가운데 일부는 민간부문(민간 영역 혹은 시장)이라고 하여 복지사업을 수행하기는 하나 수익성도 함께 추구하고

자 하는 분야도 존재한다. 가족복지 분야의 주요 전달체계는 다음과 같다.

(1) 종합사회복지관의 가족복지 분야

건강가정기본법이 효력을 발휘하기 전에, 공적 서비스로서 지역사회에서 가족복지서비스를 제공해 온 기관은 사회복지관이었다. 사회복지관의 주요 업무내용을 보더라도 가족복지는 지역개발이나 자원연계 및 사례관리의 틀 안에서 상당히 중요한 위치를 차지한다. 더욱이 최근 들어 장애인복지, 노인단기요양, 치매노인 보호 및 취약아동 보호기능까지 복지관에서 흡수하면서, 이들 취약 클라이언트의 가족이 수행하지 못하는 돌봄노동 부분에서의 지원 그리고 가족체계에서 필요한 서비스를 통합적으로 지원하는 것을 목표로 한다.

실제로 건강가정기본법이 실효성을 발휘하기 이전에 조사된 바에 따르면, 이미 사회복지관 및 재가복지센터에서는 가족관계증진사업, 가족문제해결 치료사업, 가족기능보완사업, 부양가족지원사업 등 가족복지사업들이 실시되고 있었다. 다만, 이러한 프로그램들은 대부분 취약계층(국민기초생활보장수급자 또는 차상위계층), 요보호대상자(노숙자, 보호대상아동 등)를 주요 클라이언트 그룹으로 상정해 왔다. 따라서 당시 가족복지서비스는 보편적 형태의 가족정책을 수행하는 데 있어 타깃 대상이 제한된다는 한계를 지니고 있었다. 그동안에 사회복지관에서 이루어진 가족복지서비스의 기술적인 측면 역시 개입 후 사후관리, 자원연계 등 취약가족이 처한 상황해결에 더 집중한 측면이 있었기 때문에, 실제로 다양한 클라이언트와 그들의 욕구에 맞는 프로그램 개발과 실행에는 서비스의 통합성이나 전문성 면에서 문제점을 노출한 측면이 있었다.

(2) 건강가정지원센터의 가족복지 분야

건강가정기본법하에 건강가정지원센터에서 실시하는 가족복지서비스는 후발주자였던 탓에 이러한 사회복지관이나 민간에서 이루어진 가족복지의 업무를 어느 정도 수용하면서 새롭게 프로그램을 개발해야 하는 어려움이 있었다. 그러므로 건강가정지원센터에서 추구하는 사업의 목적과 그 사업이 이루고자 하는 클라이언트의 욕구에 대한 명확한 인식이 필요하다. 사회사업 마케팅으로 따지면, 사회사업 포지셔닝(positioning)에 대한 치밀한 조사와 전략이 요구되는 것이다. 지역사회에서 가장 대표적인 가족복지사업을 추진하는 종합사회복지관과 건강가정지원센터를 비교하고자 하는 바는 어떤 대상에게 어떠한 사업을 실시할 것인지 두 기관의 기능과 지역사회에서의 역할분배 문제를 해결하고 효과적인 의사결정을 하고자 하는 데 있다.

(3) 다문화가족센터의 가족복지 분야

다문화가족지원센터는 다문화가족지원법에 근거를 둔 기관으로 다문화가족지원법이 시행된 2008년 이후에 지역사회에 안착하였다. 시기적인 배경으로는 우리나라의 국제결혼 비율이 1995년 이후 꾸준히 증가하여 2005년 혼인율의 13.5%를 차지하며 정점을 찍으면서 시작되었다고 볼 수 있다. 외국인의 혼인이주가 본격화되면서, 혼인이주배우자의 한국 내 정착과 한국인-외국인 부부 사이에서 출생한 자녀의 사회적응 문제가 본격적인 사회이슈로 등장한 것이다. 한국의 농촌지역은 2000년대 들어오면서 외국인 비율이 급격히 늘어나는 이른바 '세계화된 지역'이 되었고, 가장 전통적인 사고방식과 생활방식을 고수하던 농촌지역의 공동체와 학교는 갑작스럽게 외국인을 대해야 하는 상당히 충격적인 상황이 벌어졌다. 이에 농촌지역과 도시변두리 지역을 중심으로 이른바 '다문화가족'이 지닌 특별한 욕구와 어려움을 해결하는 데 목적을 두고 다문화가족지원센터가 설립되었다. 다문화가족지원센터는 기존에 존재하는 종합사회복지관, 건강가정지원센터와 병렬적으로 위치하면서, 특별히 '다문화 속성을 가진 가족'을 지원하는 목적을 가지고 설립된 것이다. 현행 다문화가족지원법에 따르면, 다문화가족지원센터에서 서비스를 제공하는 가족은 다음과 같다.

- [제2조 제1항] "다문화가족"이란 다음 각 목의 어느 하나에 해당하는 가족을 말한다.
  가. 재한외국인 처우 기본법 제2조 제3호의 결혼이민자와 국적법 제2조부터 제4조까지의 규정에 따라 대한민국 국적을 취득한 자로 이루어진 가족
  나. 국적법 제3조 및 제4조에 따라 대한민국 국적을 취득한 자와 같은 법 제2조부터 제4조까지의 규정에 따라 대한민국 국적을 취득한 자로 이루어진 가족
- [제2조 제2항] "결혼이민자등"이란 다문화가족의 구성원으로서 다음 각 목의 어느 하나에 해당하는 자를 말한다.
  가. 재한외국인 처우 기본법 제2조 제3호의 결혼이민자

나. 국적법 제4조에 따라 귀화허가를 받은 자

앞에 제시된 제2조 제1항에 따르면, 다문화가족으로 인정되는 가족은 한국인-결혼이 민자로 들어와 국적획득을 한 경우가 해당된다. 여기에서 '결혼이민자'는 한국인과 혼 인한 적이 있거나, 현재 한국인과 혼인관계에 있는 외국인을 일컫는다. 결혼이민자는 국 제결혼이 이루어지는 현재의 패턴으로 볼 때 한국남성-외국여성의 조합으로 이미지를 떠올리지만, 엄밀하게 따지면 한국여성-외국남성의 조합도 가능하다. 또한 제2조 제1항 의 두 번째 항목을 보게 되면, 한국국적을 취득한 외국인-외국인의 결합이나, 부부 중 어느 한 사람이 한국국적을 취득한 경우 한국국적 외국인-외국인의 결합에 따른 가족형 성 사례도 사실상 다문화가족지원이 가능한 상황이다. 가령, 혼인이주 후 한국국적을 취 한 A라는 외국인 여성이 갑작스레 사별을 경험했다고 생각해 보자. 우리나라 남성과의 사이에 아이를 둔 A가 생계를 위해 외국인들이 많이 거주하는 안산지역에서 취업해 있 다. 이곳에서 고단한 삶을 위로해 주는 동향 사람(B)을 만나 다시 재혼하는 경우가 얼마 든지 가능하다. 이때 재혼한 남성이 외국인(B)이라고 할지라도, 이미 A가 한국국적을 취 득해 있고, 한국국적의 아동을 양육하고 있다면, 이는 내국인과 동일한 법적 지위를 갖 는다. 이 여성이 외국인과 재혼을 하게 되면, 다시 한국국적의 외국인 여성(A)-외국인 남 성(B)의 조합으로 다문화 정책의 혜택을 받을 수 있는 권리가 생긴다.

다문화가족지원센터는 국제결혼이 증가하고 있는 최근의 패턴과 한국사회의 다인 종화-다민족주의를 염두에 두고 있다고 볼 수 있다. 이처럼 법에서 정하고 있는 대상 자가 의외로 넓다 보니, 다문화가족지원센터의 사업은 기존의 가족복지사업의 일부를 흡수하면서, 다문화 상황과 외국인의 한국 내 적응까지 돕는 매우 넓은 분야를 다루게 되었다. 특히 초기에 동화(assimilation) 정책과 통합 및 적응(adaptation) 정책 사이에서 무게추를 가늠하던 정책과는 달리 최근의 다문화가족지원법에 대한 개정 이후 정책은 점차 외국인의 통합과 적응으로 그 무게를 틀고 있다. 이에 따라 다문화가족지원센터 에서 부담해야 하는 영역은 더 넓어진 상황이다. 다문화가족지원센터에서 수행하는 내용은 다음과 같다. 가족복지차원에서 이루어지는 교육과 상담 및 가족지원사업 이 외에도 한국어교육, 한국사회 적응을 위한 정보제공(법률, 교육, 의료 및 보건 정보까지 포함), 외국인 관련기관과 비영리단체, 일자리사업, 언어보조 및 통역·번역사업 등까지 아우르는 전문분야를 포괄해야 하며, 그에 따르는 전문가 집단과 협업체제가 요구된다.

- 다문화가족을 위한 교육 · 상담 등 지원사업의 실시
- 결혼이민자 등에 대한 한국어교육
- 다문화가족 지원서비스 정보제공 및 홍보
- 다문화가족 지원관련 기관 · 단체와의 서비스 연계
- 일자리에 관한 정보제공 및 일자리의 알선
- 다문화가족을 위한 통역 · 번역 지원사업
- 그 밖에 다문화가족 지원을 위하여 필요한 사업

앞에서는 다문화가족을 지칭하고는 있으나, 아직 외국인 정책이 명확하게 제시되지 않은 상태에서 다문화가족지원정책은 외국인 정책에 대한 색깔이 가족지원정책보다 더 강하게 나타나고 있다. 따라서 실제 다문화가족 가운데서는 건강가정지원센터나 종합복지관으로 그들의 가족복지에 대한 수요를 찾아나서는 사례들도 등장하고 있다.

2) 앞으로의 과제

이 장을 시작하기에 앞서 돌봄의 공백이 새로운 사회위험으로 다가오고 있으며, 이를 타파하도록 전략을 세우는 일이 앞으로 가족정책의 전달체계가 이루어야 할 과제라는 점을 살펴보았다. 현재의 사업들 그리고 현재 지역사회에서 다양한 가족복지를 구현하고 있는 전달체계들은 이제 이 '돌봄체계 확립'에 모든 중지를 모으고 있다. 현재의 가족체계가 이루지 못하는 다양한 돌봄 공백상황에 효과적으로 대처하는 방안들이 모색되고 있다(김준기, 이준희, 2006; 이선형, 김근, 2004; 이현숙, 2011). 다만, 돌봄의 공백을 채우기는 하나, 기존의 가족을 해체하는 것은 아니라는 점은 분명히 해 둘 필요가 있다. 즉, 돌봄을 제공하나 가족들을 도와주는 형태에서, 가족과 같은 친밀감으로 접근해야 효과가 있다. 이는 지역사회 내에 존재하는 다양한 가족복지 전달체계가 '가족을 인지하면서, 가족같은 환경을 이루는 서비스' 제공에 조금 더 초점을 두어야 한다는 것을 시사한다.

공공의 영역이 결국 가족가치를 담아내고, 그것을 사회적으로 파급할 수 있는 역량을 발휘해야 함을 말한다. 여기서 말하는 가족가치는 핵가족주의에서 말하는 친밀성, 낭만적 사랑을 응용하되 그것보다는 조금 더 큰 의미여야 할 것이다. 치열한 경쟁 대신 상호 간 지원, 절대적 독립이 아닌 호혜적 의무 그리고 익명적 일시성이 아닌 정서적 친밀성과 관계의 지속성이 중요하다고 본다.

제19장

지역복지시설의 종류와 시설 · 운영기준

지역사회복지란 주민의 복지증진과 삶의 질 향상을 위하여 지역사회 차원에서 전개하는 사회복지를 의미한다. 사회복지관은 지역사회복지실천의 대표적인 시설로서 이 장에서는 사회복지관을 중심으로 사회복지관의 정의, 기능과 역할, 건립 및 운영에 대해 살펴보고자 한다.

1. 사회복지관의 정의와 필요성

1) 사회복지관의 정의

사회복지관(community welfare center)은 사회관(community center), 인보관(neighborhood center) 등으로 다양하게 지칭되고 있으며, 지역사회의 충족되지 않은 욕구와 문제를 발견해서 주민들에게 필요한 서비스를 제공하는 가장 대표적인 직접서비스 기관이다(최일섭, 1997). 사회복지사업법에 따르면 "사회복지관은 지역사회를 기반으로 일정한 시설과 전문인력을 갖추고 지역주민의 참여와 협력을 통하여 지역사회복지 문제를 예방하고 해결하기 위하여 종합적인 복지서비스를 제공하는 시설"로 정의되고 있다.

2) 사회복지관의 필요성

전통적으로 한국사회는 가족의식과 지역공동체 의식이 강한 사회체계를 형성해 왔다. 이러한 사회체계에서는 개별적인 가족이나 친족 집단 내에 있어서의 어떤 재난이나 곤란을 겪게 되면 가족이나 친족 자원이 거의 자동적으로 뒷받침되어 그 문제에 대처하거나 문제해결을 강구해 왔다. 또한 지역수준에 있어서도 상부상조와 지역연대 의식을 바탕으로 이웃의 재난과 문제를 공동적인 배려와 협동으로 대처하고 해결해 왔다. 그러나 사회가 산업화, 도시화 경향을 띠기 시작하면서 한국사회에 내재하고 있었던 가족 · 친족 집단의 문제해결 기능과 지역사회의 연대의식, 상호부조 의식에 기초한 문제해결 기능은 급속하게 약화되고 파괴되기 시작했다. 또한 현대 산업사회에 있어서의 병리현상과 비인간화 현상 등의 괴리와 모순, 각종 사회문제가 노출되면서 생존권과 생활망은 황폐화되었다. 그럼에도 여전히 우리의 생활은 기본적으로 '지역사회'를 단위로 혹은 '지역사회' 중심으로 전개되고 있다. 지역사회는 지역주민들의 생존과 생활권이 구체적으로 전개되고 실현되는 거점이다.

오늘날 한국사회에 있어서 '지역사회'는 인간다운 생활을 보장하고, 보호하는 '거점'으로서의 기능에 다양한 문제점이 내재하고 있으며 이러한 지역사회 문제를 해결하기 위한 거점기관으로 사회복지관의 필요성이 대두되었다. 이와 더불어 1991년 지방자치제도의 도입은 사회복지서비스 분야에 급격한 변화를 야기하였다. 지방자치는 중앙집권적인 권력구조와 제도 그리고 시민들의 의식을 분권화의 방향으로 바꾸게 하였으며 시민들에게 힘을 주어 자기결정의 가능성을 높여 주었다. 또한 지역사회의 생활문제를 해결하기 위해 환경, 복지, 인권, 여성 등 실생활 분야에 시민들의 관심이 증대되었다. 특히 재정분권화를 통하여 지방정부가 자율적으로 서비스를 기획하고 공급할 가능성을 열어 줌으로써 주민의 욕구에 반응하는 맞춤서비스를 제공하려는 노력이 이루어지고 있으며, 이는 사회복지 전달체계의 개편으로 이어지고 있다. 이러한 지역사회의 변화들은 사회복지관이 지역사회복지 전달체계의 보다 중추적인 역할을 수행하도록 요구하고 있으며 실제적으로 서비스 전달체계의 최일선 기관으로서의 많은 역할을 수행하고 있다.

2. 사회복지관의 역사

사회복지관은 영국에서 최초로 태동하였다. 1884년 영국의 인도주의적 인보운동과 함께 옥스퍼드 및 케임브리지 대학생들은 도덕적 감화와 교육을 목적으로 빈민지역에서 생활하며 활동하였다. 당시 헌신적으로 활약하다 요절한 토인비(A. Toynbee)를 기념하기 위해 바네트(Barnett)의 주도하에 런던 동부 빈민지역인 화이트채플에 설립된 '토인비홀'이 세계 최초의 사회복지관이다. 미국의 경우는 토인비홀의 영향을 받아 1889년 제인 애덤스(Jane Addams)의 주도적 노력으로 시카고 서부지역에 '헐 하우스(Hull House)'가 설립된 것이 최초의 사회복지관이며, 주된 활동으로 이민자와 그 가족에 대하여 상담을 비롯한 사회적응서비스를 제공하고 교육적 프로그램을 수행하면서 그들의 열악한 생활환경의 개선과 건강문제에도 관심을 가졌다. 따라서 우리나라의 사회복지관은 영국과 미국의 인보관(social settlement movement)에서 그 기원을 찾을 수 있다.

우리나라에 처음으로 사회복지관 사업을 소개한 것은 외국의 종교단체였는데, 한국에서 사회복지관 운동은 미국의 감리교 여선교사인 놀스(Knowles) 여사가 1906년 원산에 반열방이라 칭하는 인보관을 설립하여 여성을 위한 계몽사업을 시작한 것에 그 기원을 두고 있다. 이후 미국감리교 선교부는 이러한 인보관운동을 확산하여 1921년 서울에 태화여자관의 설립을 시작으로 개성, 춘천, 공주 등의 지방에도 여자관을 설립하였다. 이와 같이 종교단체에 의한 사회복지관 사업과는 달리 1930년대 조선총독부에서는 서울의 종로, 왕십리, 마포, 영등포 등 여러 곳에 인보관을 설치하고 직업보도, 구호사업, 생활지도 등의 다양한 사업을 실시하였다. 1945년 해방 이후 우리나라는 미군정시대를 거쳐 독립정부가 수립되었으나 6 · 25 전쟁으로 전쟁고아, 전쟁미망인, 부랑인, 월남피난민 등 전란에 따른 심각한 사회문제가 발생함으로써 긴급구호와 수용시설에 의한 보호사업이 주종을 이루었다. 따라서 이용시설인 사회복지관에는 관심을 둘 여력이 없었으며 이 시기에는 기존의 종교단체가 운영하는 인보관들이 존재하고 있을 뿐이었다. 그러나 한 가지 주목할 만한 것은 1956년 대학부설 사회복지관의 출현이었다. 이화여자대학교 사회관을 시작으로, 성심여자대학교, 중앙대학교 등이 사회복지관을 운영하였다.

1980년대 초반까지 우리나라의 사회복지관은 양적 · 질적인 면에서 기본적으로

1970년대의 골격을 그대로 유지하였다. 그러나 1980년대 후반에 우리나라의 사회복지
관의 발전과정에 일대 전환기로 기록될 만한 사건이 있었는데, 정부는 날로 심각해져 가
는 주택문제를 해결하고자 주택건설촉진법을 제정하여 1988년부터 5년 동안 주택 200만
호 건설계획을 추진하면서 저소득층 주민을 위한 영구임대아파트를 건립할 때 의무적으
로 사회복지관을 건립하도록 한 것이다. 이러한 일련의 적극적인 정부조치로 1980년에
불과 24개소에 불과하던 사회복지관이 1993년 188개소로 증가하였다. 1995년부터 본
격적인 지방자치시대를 맞이하여 지역사회복지를 위한 사회복지관의 역할이 더욱 중요
시되었다. 그리고 전문사회복지 인력이 배출됨에 따라 사회복지관의 활동이 과거와는
다르게 전문화 · 체계화가 이루어지고 질적인 변화를 가져오게 되었다. 이러한 양적 ·
질적인 성장은 사회복지관 운영에 대한 사회적 책임성이 야기되면서 1998년부터 사회
복지시설에 대한 평가가 시작되었다(한국사회복지관협회, 1999).

　　그러나 1990년대 중반을 넘기면서 사회복지관의 현황이 바뀌게 되었는데, 대표적인
이용시설로서 자리를 굳히고 있던 사회복지관을 대신하여 전문화된 다양한 이용시설이
증가하였다. 사회복지관의 주 이용자였던 노인과 장애인을 대상으로 전문적 서비스를
제공하는 노인복지관과 장애인복지관 등 단종복지관 및 아동과 여성을 대상으로 하는
복지센터가 설치되었으며 가족문제를 전문적으로 다루는 건강가족지원센터의 시범사
업이 진행되었다. 그뿐 아니라 사회복지관과 일부 중복되는 기능을 가진 자원봉사센터
가 지역 단위로 설치되었다. 결국 지역사회에서 사회복지관이 차지하는 위상이 모호하
게 되었다. 이이 따라 사회복지관은 무엇을 고유의 기능으로 특화시킬 것인지, 사회복
지관의 기능을 무엇으로 볼 것인지 하는 문제제기에 당면하게 되면서 새로운 역할모색
을 고민하였다(최일섭, 이현주, 2007). 그리고 이러한 상황 속에서 2012년에 사회복지사
업법이 개정되면서 사회복지관의 설치 등에 관한 규정들이 신설되어 사회복지관에 대한
법적 기반을 다지는 계기가 되었다.

3. 사회복지관의 기능과 역할

3. 사회복지관의 기능과 역할

1) 기 능

사회복지관의 기능과 역할을 규정하는 것은 지역의 성격과 문제에 따라, 정부의 정책에 따라 그리고 사회복지관을 설치·운영하는 주체자의 철학과 사상들에 따라 독특하고 다양하게 나타나기 때문에 일률적으로 규정하기는 매우 어렵다. 사회복지관의 기능과 역할에 관한 견해 가운데 가장 널리 인용되는 딜릭(Dillick)에 의하면 사회복지관은 다음과 같은 네 가지의 주요 기능을 수행한다. 첫째, 근린지역의 다양한 욕구를 충족시키기 위해 통합된 서비스를 제공하는 기능이며, 둘째, 서비스의 중복과 누락을 방지하기 위해 서비스 간에 조정하는 기능이다. 셋째, 지역주민들의 문제해결을 위해 공동의 노력을 할 수 있도록 집단을 구성하는 기능이며, 넷째, 주민집단으로 하여금 사회적 목표를 수정하고 새로운 목표를 만들어 낼 수 있도록 하는 기능이다. 딜릭은 이러한 사회복지관의 기능을 수행하는 데 있어서 가장 중요한 것은 지역활동에 주민을 참여시키는 것이라고 하였다. 딜릭의 견해에서 가장 주목할 수 있는 것은 지역사회복지관이 주민들이 필요로 하는 서비스를 제공하는 소극적인 기능만을 수행하는 것이 아니라 주민들을 참여시켜 그들이 처해 있는 환경을 변화할 수 있도록 돕는 보다 근본적인 기능도 수행해야 한다는 것이다(최일섭, 2007).

2) 역 할

사회복지관의 필요성에 따른 역할은 다음과 같다(김만두, 1981).

(1) 종합적인 문제해결의 거점

지역사회 문제는 단일한 요인에 의해 파생된다기보다는 여러 복합적인 요인에 의해 파생되기 때문에 이와 같은 복합적인 요인에 의해 파생된 문제에 대응하는 사회복지서비스가 필요하다. 그러므로 종합병원과 같이 지역사회의 문제를 종합적으로 접근하는 종합사회복지관이 필요하다.

(2) 근린의식의 강화

현대사회의 주민생활은 직장을 중심으로 연결되어 있기 때문에 주민의 사회적 이동이 심하고 근린의식이 빈약하다. 특히 원주민과 유입되어 온 주민 간의 또는 유입 주민 상호 간의 생활태도, 가치기준, 행동양식 등에 현저한 차이가 있고 상호 간의 이해부족으로 대립과 갈등이 발생하기 쉽다. 이와 같은 주민 상호 간의 이해부족, 부조화, 갈등의 벽을 해소할 수 있는 매개체가 필요하다.

(3) 협동정신과 집단의식의 강화

우리 사회에는 전통적으로 혈연, 지연, 가문, 학연 등으로 협동정신이나 집단의식이 부족하다. 그러므로 이러한 감정적인 차원을 넘어선 협동정신과 집단의식을 강화할 수 있는 매개체가 필요하다.

(4) 주민의 여가선용을 지도할 필요성

현대사회의 특징 중 하나는 여가시간을 많이 가질 수 있다는 점인데, 이 여가시간을 어떻게 활용하느냐 하는 것은 중요한 관심사다. 이와 같은 과제를 지역수준에서 지도하고 창조해 나가는 매개체 또한 필요하다.

(5) 선의의 동원과 조직화

어떤 사회건 선의의 봉사심을 갖고 있는 개인이나 집단이 있다. 이들의 선의와 봉사를 사회복지 시스템으로 통합하고 조직화하여 사회복지 발전에 기여하도록 할 필요가 있다. 이것을 지역수준에서 동원하고 조직화하는 매개체가 필요하다.

(6) 청소년의 비행예방과 가족관계의 강화

급격한 사회의 변화, 가치관의 혼란 등은 아동과 청소년에게 커다란 충격을 주고 가족기능을 약화시키고 있다. 그러므로 이에 대처하는 하나의 방안으로서 사회복지관이 요청된다.

(7) 저소득 주민들의 생활훈련

저소득 주민들을 위한 직업훈련, 가내부업 알선과 지도를 중개할 매개체가 필요하다.

(8) 사회교육의 거점

사회환경의 급속한 변화로 주민들은 새로운 정보를 필요로 하며 계속해서 자기의 성장과 자기실현의 길을 인도해 주는 평생교육이 요청되고 있다. 이와 같은 프로그램을 계획하고 실천할 수 있는 지역센터가 요청된다.

(9) 사회복지서비스의 조정과 통합

지역사회에서는 여러 가지 사회복지기관·단체들이 산발적으로 사회복지서비스를 제공할 수 있다. 그리하여 서비스의 중복으로 인한 낭비를 초래할 수 있다. 그러므로 이와 같은 서비스를 주민의 욕구와 문제에 초점을 맞추어서 조정하고 통합함으로써 보다 효과적인 서비스 체계를 기할 수 있다. 이와 같은 조정과 통합을 받아야 할 중간매개체가 필요하다.

(10) 시설의 활용

지역주민들이 모여 집단활동을 하거나 집회를 갖거나 공동 관심사에 대해 토의를 하기 위한 집회장소가 필요하다.

이러한 사회복지관의 기능과 역할을 종합해 보면, 사회복지관은 본질적으로 종합적인 사회복지서비스를 제공하는 기능과 지역사회의 문제해결 및 조직화의 기능을 수행하는 기관이라 할 수 있다. 이러한 사회복지관의 기능과 역할에서 알 수 있듯이 사회복지관은 지역사회를 근거로 하는 복지기관이다. 즉, 사회복지관의 사업범위를 지역사회로 한정한다는 것은 지역적 근거에 기반을 두고 있어야 한다는 것이다. 사회복지관은 대상인구를 특정화시키기 어렵고 저소득층 지역인지 중산층 지역인지에 따라 사업의 내용과 성격이 결정되기 때문에 지역적 특성을 고려해야 한다. 사회복지관은 또한 지역사회주민들의 욕구 및 문제를 파악하여 이에 필요한 서비스를 제공하는 직접적 서비스 기관이다. 그리고 사회복지사와 같은 전문인력의 확보를 통해 지역사회주민들의 복지증진을 위한 전문적인 서비스 프로그램을 실시하는 복지기관이다. 즉, 사회복지관은 '지역사회에서 일정한 시설과 전문인력을 확보하고 지역사회주민의 욕구충족을 위해서뿐만 아니라 지역사회 문제의 예방과 개선을 위해서 직접 혹은 간접적인 사회복지서비스를 제공하며 주민참여와 자원동원 등의 분야에서 지역사회가 공동으로 대처하는 능력 향상에 기여함으로써 지역사회 통합을 증진시키려는 지역사회 중심의 복지기관'이라 할 수 있다(최일섭, 이현주, 2007).

3) 유 형

사회복지관은 시설규모에 따라 세 가지 유형으로 구분된다. 즉, 사회복지관의 규모에 따라 사회복지관 가형(건평 2,000㎡ 이상)과 나형(건평 1,000~2,000㎡), 다형(건평 1,000㎡ 미만)으로 분류된다.

4. 사회복지관 운영의 실제

1) 운영의 기본원칙

사회복지관이 제공하는 사회복지사업은 인도주의와 서비스를 필요로 하는 자의 존엄 유지를 전제로 다음 각 호의 기본원칙에 따라 수행되어야 한다(강철희, 2015).

(1) 지역성의 원칙

사회복지관은 지역사회의 특성과 지역주민의 문제나 욕구를 신속하게 파악하여 사업계획 수립 시 반영하여 지역사회의 문제를 해결하고, 이에 따른 서비스를 제공해야 하며, 지역주민의 적극적 참여를 유도하여 주민의 능동적 역할과 책임의식을 조장하여야 한다.

4. 사회복지관 운영의 실제

(2) 전문성의 원칙

사회복지관은 다양한 지역사회문제에 대처하기 위해 일반적 프로그램과 특정한 문제를 해결할 수 있는 전문적 프로그램이 병행될 수 있도록 지식과 기술을 보유한 전문인력이 사업을 수행하도록 하고, 이들 인력에 대한 지속적인 재교육 등을 통해 전문성을 증진하도록 하여야 한다.

(3) 책임성의 원칙

사회복지관은 서비스 이용자의 욕구를 충족하고 지역사회 문제를 해결함에 있어서 효과성을 극대화하기 위하여 최선의 노력을 기울여야 한다.

(4) 자율성의 원칙

사회복지관은 다양한 복지서비스를 효율적으로 제공하기 위하여 사회복지관의 능력과 전문성이 최대한 발휘될 수 있도록 자율적으로 운영하여야 한다.

(5) 통합성의 원칙

사회복지관은 사업을 수행함에 있어 지역 내 공공 및 민간 복지기관 간에 연계성과 통합성을 강화시켜 지역사회복지 체계가 효율적이고 효과적으로 운영되도록 하여야 한다.

(6) 자원활용의 원칙

사회복지관은 주민욕구의 다양성에 따라 다양한 기능인력과 재원을 필요로 하므로 지역사회 내의 복지자원을 최대한 동원 · 활용하여야 한다.

(7) 중립성의 원칙

사회복지관은 정치활동, 영리활동, 특정 종교활동 등에 이용되지 않게 중립성이 유지되어야 한다.

(8) 투명성의 원칙

사회복지관은 자원을 효율적으로 이용하고 운영과정의 투명성을 유지하여야 한다.

2) 사회복지관의 주요 사업

사회복지관은 지역사회의 특성과 지역주민의 복지욕구에 대한 조사결과를 바탕으로 사업내용을 자율적으로 결정하되, 사회복지관의 실정에 적합한 프로그램을 선정하여 수행한다. 다만, 관할 시장·군수·구청장이 지역적 특성을 감안하여 필요하다고 인정한 때에는 예외사항을 두거나 별도의 사업을 개발·추진할 수 있다.

(1) 사례관리 기능

파편화되고 분절화된 자역사회 복지서비스의 제한점을 극복하고 보다 통합적인 서비스 전달체계로 나아가기 위해 지역사회 내 민·관을 아우르는 서비스 네트워크 구축 및 다양한 지역주민의 복지욕구를 체계적으로 자원과 연결시켜 맞춤형 서비스를 제공한다.

① 사례발굴

지역 내 보호가 필요한 대상자 및 위기개입 대상자를 발굴하여 개입계획을 수립한다.

② 사례개입

지역 내 보호가 필요한 대상자 및 위기개입 대상자의 문제와 욕구에 대한 맞춤형 서비스가 제공될 수 있도록 사례에 개입한다.

③ 서비스 연계

사회복지대상자에게 필요한 직접적인 전문서비스를 제공한다. 사례개입에 필요한 지역 내 민간 및 공공의 가용자원과 서비스에 대한 정보제공 및 연계, 의뢰를 실시한다.

(2) 서비스 제공 기능

사회복지대상자에게 필요한 직접적인 전문서비스를 제공한다.

① 가족기능강화사업

● 가족관계증진사업

가족원 간의 의사소통을 원활히 하고 각자의 역할을 수행함으로써 이상적인 가족관계를 유지함과 동시에 가족의 능력을 개발·강화하는 사업이다.

● 가족기능보완사업

사회구조 변화로 부족한 가족기능, 특히 부모의 역할을 보완하기 위하여 주로 아동·청소년을 대상으로 실시되는 사업이다.

● 가정문제해결·치료사업

문제가 발생한 가족에 대한 진단·치료·사회복귀를 지원하는 사업이다.

● 부양가족지원사업

보호대상 가족을 돌보는 가족원의 부양부담을 줄여 주고 관련 정보를 공유하는 등 부양가족 대상 지원사업이다.

② 지역사회보호사업

● 급식서비스

지역사회에 거주하는 요보호노인이나 결식아동 등을 위한 식사제공서비스다.

● 보건의료서비스

노인, 장애인, 저소득층 등 재가복지사업 대상자들을 위한 보건·의료 관련서비스다.

● 경제적 지원서비스

경제적으로 어려운 지역사회주민들을 대상으로 생활에 필요한 현금 및 물품 등을 지원하는 사업이다.

● 일상생활 지원서비스

독립적인 생활능력이 떨어지는 요보호대상자들이 시설이 아닌 지역사회에 거주하기 위해서 필요한 기초적인 일상생활 지원서비스다.

● 정서서비스

지역사회에 거주하는 독거노인이나 소년·소녀가장 등 부양가족이 없는 요보호대상자들을 위한 비물질적인 지원서비스다.

● 일시보호서비스

독립적인 생활이 불가능한 노인이나 장애인 또는 일시적인 보호가 필요한 실직자·노숙자 등을 위한 보호서비스다.

● 재가복지봉사서비스

가정에서 보호를 요하는 장애인, 노인, 소년·소녀가정, 한부모가족 등 가족기능이 취약한 저소득 소외계층과 국가유공자, 지역사회 내에서 재가복지봉사서비스를 원하는 사람에게 다양한 서비스를 제공하는 것이다.

③ 교육문화사업

● 아동·청소년사회교육

주거환경이 열악하여 가정에서 학습하기 곤란하거나 경제적 이유 등으로 학원 등 다른 기관의 활용이 어려운 아동·청소년에게 필요한 경우 학습내용 등에 대하여 지도하거나 각종 기능을 교육하는 것이다.

● 성인기능교실

기능 습득을 목적으로 하는 성인 사회교육사업이다.

● 노인여가·문화

노인을 대상으로 제공되는 각종 사회교육 및 취미교실 운영사업이다.

● 문화복지사업

일반주민을 위한 여가 · 오락 프로그램, 문화 소외집단을 위한 문화 프로그램, 그 밖에 각종 지역 문화행사사업이다.

④ 자활지원 등 기타 사업

● 직업기능훈련

저소득층의 자립능력 배양과 가계소득에 기여할 수 있는 기능훈련을 실시하여 창업 또는 취업을 지원하는 사업이다.

● 취업알선

직업훈련 이수자, 기타 취업희망자들을 대상으로 취업에 관한 정보제공 및 알선을 하는 사업이다.

● 직업능력개발

근로 의욕 및 동기가 낮은 주민의 취업욕구 증대와 재취업을 위한 심리 · 사회적인 지원 프로그램 실시 사업이다.

(3) 지역조직화 기능

지역사회의 특정과제를 수행하기 위해 주민들과 기관들의 문제해결 능력을 향상시킨다.

① 복지 네트워크 구축

지역 내 복지기관 · 시설들과 네트워크를 구축함으로써 복지서비스 공급의 효율성을 제고하고 사회복지관이 지역복지의 중심으로서의 역할을 강화하는 사업이다.

● 지역사회연계사업

● 지역욕구조사

② 주민조직화

주민이 지역사회 문제에 스스로 참여하고 공동체의식을 갖도록 주민조직의 육성을 지원하고 이러한 주민협력 강화에 필요한 주민의식을 높이기 위한 교육을 실시하는 사업이다.

- 주민복지증진사업
- 주민조직화사업
- 주민교육

③ 자원개발 및 관리

지역주민의 다양한 욕구충족 및 문제해결을 위해 필요한 인력재원 등을 발굴하여 연계 및 지원하는 사업이다.

- 자원봉사자 개발 · 관리
- 후원자 개발 · 관리

3) 운영 및 재정

2005년도부터 사회복지관의 운영이 지방이양사업으로 선정됨에 따라 국고보조사업에서 분권교부세로 재정지원 방법이 변경되었다. 따라서 사회복지관 운영재원은 지방교부세 및 지방재정법 등에 의하여 지원된다. 즉, 예산을 지역에서 자체적으로 편성하고 집행하게 되었다. 다만, 다른 법령(사업지침을 포함)에 의하여 별도로 허가된 사업을 수행하는 경우 해당 법령에 의하여 지원하는 운영경비는 별개의 것으로 본다. 지방자치단체의 장이 지역주민에게 보다 양질의 복지서비스를 제공하기 위하여 필요하다고 인정하는 경우 그 사업에 소요되는 운영경비를 별도로 지원할 수 있다. 아울러 사회복지관 운영주체(법인 등)도 자체재원을 확보하여 사회복지관 운영비를 추가로 지원할 수 있도록 노력하여야 한다. 지방자치단체의 장은 사회복지관에 지원하는 운영경비 산출기준을 정하되, 인건비는 각 지방자치단체의 사회복지관 인력배치 기준을 고려하고 사업비 및 관리운영비는 복지관의 사업 내용 및 규모 등을 고려하여 정한다.

4) 사회복지관의 구성

(1) 직원의 채용

① 사회복지사업법 시행규칙 제23조(사회복지관의 운영 기준) 제2항의 규정에 따르면 사회복지관에는 사무분야와 사업분야별로 이를 수행할 수 있는 직원을 각각 두거나 겸임할 수 있도록 하되, 직원의 수는 사회복지관의 규모 및 수행하는 사업을 고려하여 정하여야 한다.

② 사회복지관의 관장과 각 분야별 책임자는 다음 각 호의 자격을 갖춘 자로 하여야 한다.

● 관장: 2급 이상의 사회복지사자격증 소지자 또는 이와 동등한 자격이 있다고 법 제36조에 따른 운영위원회(이하 운영위원회)에서 인정한 자

● 사무분야의 책임자: 3급 이상의 사회복지사자격증 소지자 또는 이와 동등한 자격이 있다고 운영위원회에서 인정한 자

● 그 밖의 사업분야의 책임자: 해당 분야의 자격증 소지자

③ 지방자치단체는 사회복지관의 원활한 운영을 위하여 사회복지관 인력배치 기준을 자체적으로 마련할 수 있다.

(2) 운영위원회 설치

① 사회복지사업법 제36조에서 규정하고 있는 시설 운영위원회 설치에 관한 사항은 사회복지관에도 적용된다. 운영위원회의 심의사항은 다음과 같다.

● 시설 운영계획의 수립, 평가에 관한 사항

● 사회복지 프로그램의 개발, 평가에 관한 사항

● 시설종사자의 근무환경 개선에 관한 사항

● 시설거주자의 생활환경 개선 및 고충처리 등에 관한 사항

● 시설 종사자와 거주자의 인권보호 및 권익증진에 관한 사항

● 시설과 지역사회와의 협력에 관한 사항

● 그 밖에 시설의 장이 운영위원회의 회의에 부치는 사항

② 운영위원회의 위원은 다음 각 호의 어느 하나에 해당하는 사람 중에서 관할 시장·군

수 · 구청장이 임명하거나 위촉한다.

● 시설의 장

● 시설 거주자 대표

● 시설 거주자의 보호자 대표

● 시설 종사자의 대표

● 해당 시 · 군 · 구 소속의 사회복지 업무를 담당하는 공무원

● 후원자 대표 또는 지역주민

● 공익단체에서 추천한 사람

● 그 밖에 시설의 운영 또는 사회복지에 관하여 전문적인 지식과 경험이 풍부한 사람

③ 시설의 장은 다음 각 호의 사항을 제1항에 따른 운영위원회에 보고하여야 한다.

● 시설의 회계 및 예산 · 결산에 관한 사항

● 후원금 조성 및 집행에 관한 사항

● 그 밖에 시설운영과 관련된 사건 · 사고에 관한 사항

④ 그 밖에 운영위원회의 조직 및 운영에 관한 사항은 보건복지부령으로 정한다.

5. 사회복지관의 건립 및 운영

1) 사회복지관의 설치

(1) 사회복지사업법 제34조(사회복지시설의 설치)

① 국가 또는 지방자치단체는 사회복지시설(이하 시설)을 설치 · 운영할 수 있다.

② 국가 또는 지방자치단체 외의 자가 시설을 설치 · 운영하고자 하는 때에 보건복지
부령이 정하는 바에 의하여 시장 · 군수 · 구청장에게 신고해야 한다. 다만, 제40조
의 규정에 의하여 폐쇄명령을 받고 3년이 지나지 아니한 자는 시설의 설치 · 운영
신고를 할 수 없다.

(2) 사회복지사업법 시행규칙 제20조(사회복지관의 설치·운영신고 기준)
사회복지관의 설치·운영신고에 대한 사항들이 제시되어 있다.

(3) 법/시행규칙 외 사항
보건복지부의 '사회복지관 운영 관련 업무처리 안내'에 제시되어 있다.

2) 사회복지관의 설치·운영

(1) 시설의 설치·운영 계획
시·도지사 및 시장·군수·구청장은 관내의 저소득층 밀집지역, 요보호대상자 및 인구수, 기타 지역의 특성 등을 고려하여 사회복지관의 설치·운영에 관한 중·장기 육성계획을 수립하고, 동 계획에 의하여 사회복지관이 설치·운영되도록 한다.

(2) 시설설치의 우선순위
시·도지사 및 시장·군수·구청장이 사회복지관을 설치하고자 할 때에는 저소득층 밀집지역에 우선 설치하되, 사회복지관이 일부 지역에 편중되지 않도록 한다.

(3) 설치·운영 주체
① 사회복지관은 지방자치단체, 사회복지법인 및 기타 비영리법인이 설치·운영할 수 있다.
② 지방자치단체는 사회복지관을 설치한 후 사업의 전문성을 향상시키기 위해 운영 능력이 있는 사회복지법인 등에 위탁하여 운영할 수 있다.
③ 지방자치단체는 공공단체의 시설물을 위탁받아 사회복지관을 설치·운영하거나 사회복지법인 등에 위탁하여 운영할 수 있다.

(4) 시설설치 시 유의사항
사회복지관을 설치하고자 하는 자는 다음 사항을 준수하여 건축의 설계 및 시공을 하여야 한다.

① 지역실정에 부합되는 종합서비스 기능을 제공하기 위한 강당, 회의실, 자원봉사자실, 방음설비를 갖춘 상담실 등의 서비스 공간을 마련해야 한다.

② 장애인, 임산부 및 노약자의 이용에 지장이 없도록 출입문 · 계단 · 화장실 등에 편의시설을 설치하여야 한다.

③ 건축물의 시공에 있어서 에너지 절약 및 화재예방 시설 등 시설물의 관리 및 안전점검 등에 필요한 설비를 갖추도록 한다.

④ 그 밖의 지역특성 및 주민의 욕구에 알맞은 설비를 갖추어야 한다. 시장 · 군수 · 구청장은 사회복지관의 건축허가 시에 유의사항에서 정한 사항을 준수하도록 지도하여야 한다.

3) 경비의 부담

(1) 부지의 확보

사회복지관의 건립부지는 지방자치단체, 사회복지법인 또는 비영리법인이 확보한다.

(2) 건립비

사회복지관의 건립비는 지방자치단체, 사회복지법인 또는 비영리법인이 부담한다. 지방자치단체의 장은 사회복지관의 지역별 균형배치와 확충을 위하여 건립부지를 확보하고 있으며 건립 이후 운영계획이 합리적이고, 재원조달 등 사업수행 능력이 있는 지방자치단체, 사회복지법인(신규법인을 포함)을 포함한다. 또는 비영리법인에 대하여 지방교부세법 및 지방재정법 등에 의거하여 건립비를 지원할 수 있다.

4) 사회복지관 현황보고 등

(1) 현황보고

각 시 · 도지사는 재정의 지원여부와 관계없이 관내에서 사회복지사업법의 규정에 의하여 사회복지관시설 설치신고를 받은 사회복지관(신규설치 시설을 포함)의 당해 연도 운영현황을 파악하여 이를 사회복지사업법 시행규칙에 의하여 '서식 사회복지관현황보고서' 양식에 의거해 다음 연도 1월 말까지 보건복지부장관에게 제출한다.

(2) 유사명칭 사용 지도 · 감독

각 시 · 도지사는 관내에서 사회복지사업법에 의한 사회복지관 이외에는 '사회복지관' '복지관' '복지회관'이라는 명칭을 임의로 사용하지 못하도록 적극 지도 · 감독한다.

(3) 한국사회복지관협회 사업수행 적극 협조

사회복지관은 한국사회복지관협회에서 실시하는 각종 종사자 교육, 세미나, 실태조사, 조사 · 연구 등에 협조해야 한다.

5) 사회복지관의 위탁운영

국가 또는 지방자치단체가 설치한 시설은 필요시 사회복지법인 또는 비영리법인에게 위탁운영이 가능하다. 국가 또는 지방자치단체가 설치한 시설을 위탁하여 운영하고자 하는 경우에는 공개모집에 의하여 수탁자를 선정하되, 수탁자의 재정적 능력, 공신력, 사업수행 능력, 지역 간 균형분포 및 시설평가 결과(평가를 한 경우에 한함) 등을 종합적으로 고려하여 선정하여야 한다.

(1) 신청방법

사회복지관 수탁을 희망하는 단체에서는 위탁신청서를 양식에 의거, 작성하여 기일 내에 제출해야 하며 이때 위탁신청서와 함께 제출해야 하는 첨부서류는 다음과 같다. 지방자치단체별로 준비서류가 조금씩 차이가 있으므로 위탁공고 후 배부되는 서류를 참고로 하여 서류작성을 해야 한다.

- 법인의 정관(법인에 한함) 1부
- 시설운영에 필요한 재산목록(소유를 증명할 수 있는 서류를 첨부하되, 시장 · 군수 · 구청장이 전자정부법 제36조 제1항에 따른 행정정보의 공동 이용을 통하여 소유권에 대한 정보를 확인할 수 있는 경우에는 그 확인으로 첨부서류를 갈음한다. 다만, 국 · 공유 토지나

건물에 시설을 설치 · 운영하고자 하는 경우에는 그 사용권을 증명할 수 있는 서류로 갈음할 수 있음) 1부
- 사업계획서 1부
- 예산서 1부
- 시설의 평면도(시설의 층별 및 구조별 면적을 표시하여야 함)와 건물 배치도 각 1부

사회복지관은 지역사회의 복지를 활성화하기 위한 중심센터로서의 기능을 수행할 수 있다는 장점이 있기 때문에 수탁경쟁이 치열하게 전개되므로, 관할관청의 주무부서 담당자와 접촉하여 해당 관청이 의도와 지침, 조건을 사전 파악하고 대비하는 것이 매우 중요하다. 대부분 해당 관청의 공고에만 의존하여 위탁신청 서류를 제출할 경우 해당 관청에서 요구하는 필요한 조건과 의도가 빗나가서 들러리만 서는 경우가 종종 발생한다.

(2) 사회복지관의 위탁

① 위탁의 기본원칙
지방자치단체가 사회복지관을 위탁하여 운영하고자 할 때는 수탁기관을 공개로 모집하여 선정한다.

② 수탁자의 선정
위탁기관이 수탁기관을 선정할 때에는 수탁자의 재정적 능력, 공신력, 사업수행 능력, 지역 간 균형분포 및 시설평가 결과 등을 종합적으로 검토할 수 있는 선정기준을 정하여 선정한다.

③ 수탁자선정심의위원회 구성 · 운영
위탁기관은 수탁자를 선정함에 있어서 수탁자선정심의위원회를 구성 · 운영한다.

사회복지관 수탁자선정심의위원회 운영기준(안) 예시

제1조 (목적) 이 기준은 사회복지사업법 시행규칙 제22조의2의 규정에 의하여 ○○ 지방자치단체가 설치한 사회복지관을 사회복지법인 또는 비영리법인으로 하여 금 위탁 운영하도록 하는 것에 관한 기본적인 사항을 정함으로써 위탁과정과 위 탁 선정심의의 공정성 및 투명성을 증진시켜 적정한 법인이 수탁 운영토록 하여 지역사회주민의 복지증진에 기여함을 목적으로 한다.

제2조 (정의) 이 기준에서 사용하는 용어의 정의는 다음과 같다.

① "위탁기관"이라 함은 사회복지관을 위탁하고자 하는 ○○지방자치단체를 말한다.

② "수탁자"라 함은 이 기준에 의해 위탁기관으로부터 사회복지관의 운영을 위탁 받은 법인을 말한다.

③ "재위탁"이라 함은 위탁기간이 만료되어 계약기간을 갱신함에 있어 위탁기간 만료 전의 수탁자에게 계속 위탁하는 경우를 말한다.

제3조 (원칙) 이 기준에 의한 사회복지관의 위탁과 재위탁을 하는 기관 및 수탁자는 사회복지서비스를 필요로 하는 사람의 인권과 복지를 보장하기 위하여 다음 각 호의 원칙을 준수해야 한다.

① 공개성의 원칙

위탁기관은 수탁자를 선정하고자 하는 때에는 공개로 모집해야 한다.

② 전문성의 원칙

위탁기관은 수탁자를 선정하기 위한 심사절차에서 반드시 사회복지에 관한 전문성 의 기준을 일차적 기준으로 해야 한다.

③ 중립성의 원칙

위탁기관 및 해당 기관의 공무원은 위탁과정과 선정에 있어서 정치적, 종교적, 기 타 이해관계에서 벗어나 중립성을 유지해야 한다.

제4조 (수탁 운영자격)

① 사회복지관은 사회복지법인, 비영리법인이 수탁받을 수 있다. 다만, 지방자치단 체가 직접 운영하는 경우에는 제외한다.

② 신설된 복지관을 최초로 위탁 시에는 수탁받은 법인에서 일정 규모의 재정을 부담하도록 하며, 그 금액은 위탁기관이 위탁공고 시 제시해야 한다. 다만, 재위탁 시에는 감면 또는 제외할 수 있다.

제5조 (수탁자선정심의위원회)

① 사회복지사업법 시행규칙 제22조의2의 규정에 의한 수탁자선정심의위원회(이하 '선정위원회' 라 한다)를 다음과 같이 구성한다.

② 선정위원회는 위원장(지방자치단체의 장)과 다음 각 호의 자를 포함하여 9인으로 구성하며, 위원장은 위원 중에서 위탁기관의 장이 지명한다.

1. 사회복지업무를 담당하는 공무원

2. 사회복지에 관한 학식과 경험이 풍부한 자

3. 공익단체(비영리민간단체지원법 제2조의 규정에 의한 비영리민간단체를 말한다)에서 추천한 자

4. 기타 법률전문가 등 선정위원회 참여가 필요하다고 위탁기관의 장이 인정하는 자 단, 위탁 신청자와 관련하여 분명한 이해관계가 있다고 판단되는 자는 제외해야 한다.

③ 선정위원회는 각종 위탁신청서류의 심사를 통해 수탁자를 선정해야 하며, 필요한 경우에는 면접심사 및 현장확인과 관련자료의 제출을 요구할 수 있다.

④ 선정위원회는 재적위원 과반수의 출석으로 개의하고 출석위원 과반수의 찬성으로 의결한다.

⑤ 위탁기관의 공무원이 아닌 위원에 대해서는 관련규정이 정하는 바에 따라 수당과 여비를 지급할 수 있다.

제6조 (수탁자의 선정기준)

① 위탁기관은 수탁자를 선정할 때에는 공개모집으로 수탁자를 선정하되, 수탁자의 재정적 능력, 공신력, 사업수행 능력, 지역 간 균형분포 및 시설평가 결과(평가를 한 경우에 한한다) 등을 종합적으로 고려하여 선정위원회의 심의를 거쳐 선정해야 한다.

② 전 항의 심사에 필요한 서류는 〈표 19-2〉의 목록을 따른다. 단, 위탁기관이 필요하다고 인정하는 때에는 추가로 서류 제출을 요구할 수 있다.

③ 심사의 기준과 배점은 해당 기준에 따른다.

제7조 (수탁자의 선정) 제4조의 선정기준에 의거하여 최고 점수와 최저 점수를 제외한 위원들의 점수를 평균하여 최고 점수를 획득한 법인을 수탁 법인으로 선정한다. 단, 동일점수를 획득한 경우에는 위원들의 표결에 의해 결정하고 그 결과를 즉시 공개해야 한다.

제8조 (계약의 체결)

① 위탁기관은 수탁 법인이 선정된 때에는 위탁에 관한 계약을 체결해야 한다.

② 위탁기관은 수탁 법인과 위탁에 관한 계약을 체결하는 때에는 계약내용에 위탁의 목적, 위탁재산, 위탁기간, 위탁사업, 수탁자의 의무 및 준수사항, 시설의 안전관리, 고용승계, 계약의 해지, 지도감독에 관한 사항과 기타 필요한 사항을 포함하여 계약을 체결한다.

제9조 (고용승계) 위탁기간 중 또는 만료 후 새로 수탁자가 변경되어도 종전 직원들의 신분은 보장한다. 단, 각종 위원회의 위원은 제외한다.

제10조 (지도감독 · 감사) 위탁기관의 장은 수탁자를 지도 · 감독해야 하며, 이를 통해 위탁 사무의 처분이 위법 또는 부당하다고 인정되는 경우에는 그 사무의 처분에 대해 취소, 정지 또는 시정을 명할 수 있으며, 필요에 따라 위탁기관은 감사 또는 특별감사를 행할 수 있다. 다만, 수탁자가 이 명령에 따르지 않는 경우 위탁기관은 위탁을 취소할 수 있다.

제11조 (위탁기간) 위탁의 기간은 2년으로 하며, 위탁기간을 갱신하고자 할 경우에는 선정위원회의 심의를 거쳐 위탁기간을 갱신할 수 있다.

제12조 (위탁평가 및 위탁기간 갱신)

① 위탁기관은 위탁기간 만료 3월 내지 6월 이전에 위탁사무에 대해 평가를 실시해야 하며, 평가 결과 사업성과, 사업의 효과성, 시설관리 상태, 회계감사, 이용자 만족도 조사, 종사자의 인권과 처우문제 등에 중대한 하자가 없다고 판단할 경우에는 위탁기간을 제11조에 의한 위탁기간 내에서 위탁기간을 갱신할 수 있다.

② 전 항의 평가는 위탁평가위원회를 구성하여 실시해야 하며 이에 대하여는 제5조 제2항의 규정을 준용한다.

③ 위탁평가위원회에서 평가 후 위탁기간 갱신을 결정한 법인에 대해서는 위탁기간

만료 1개월 전까지 위탁운영 약정계약을 체결하며 신규 위탁을 공모하지 않는다.

④ 제10조에 의해 위탁기간 중 신규 위탁을 행할 경우에는 제5조 내지 제6조를 준용한다.

제13조 (청문) 제10조의 규정에 의해 위탁을 취소할 경우에는 위탁기관은 미리 청문의 절차를 밟아야 한다.

〈표 19-1〉 위탁 심의자료의 구성 예시

구 성	내 용
1. 위탁신청 법인에 관한 일반적 사항	• 법인 유형 및 소재지 • 법인 정관 • 법인대표 및 이사 전원의 인적 사항과 이력서 • 관련 사회복지사업 수행 실적
2. 위탁신청의 배경과 목적	
3. 시설운영 계획	• 조직구성 　－ 시설장의 인적 사항과 이력서 　－ 종사자의 확보계획 　－ 조직구성 및 업무분장 • 사업계획 　－ 시설의 활성화를 위한 장·단기 계획 　－ 프로그램의 구성과 운영방안 • 시설운영 　－ 시설운영의 전문성 강화방안 　－ 시설운영의 투명성 제고방안 　－ 재정운영 계획 　－ 재정투자 계획 　－ 재정확충방안
4. 지역사회와의 협력관계 구축방안	• 지역사회에서의 공신력 제고방안 • 유관기관들과의 협력관계방안 • 지역사회 자원동원 및 활용방안

〈표 19-2〉 수탁자 선정 심의기준 및 배점 예시

심사기준	심사항목	배 점
1. 수탁자의 적격성	• 법인유형 및 설립목적 • 법인의 보유자산(부동산, 동산 구분) • 법인대표 및 이사회의 적합성 • 해당 법인의 사회복지사업 운영실적	30점
2. 시설운영의 전문성 　및 책임성	• 법인의 사회복지사업 전문성 • 시설장 및 종사자의 전문성 • 사업계획의 전문성 및 타당성 • 시설운영의 전문성 강화방안 • 최근 법인 재무제표 • 재정운영 및 투자계획의 타당성 • 재정확충방안의 현실성과 타당성 • 시설운영의 투명성 제고방안	50점
3. 지역사회와의 　협력적 관계조성 능력	• 지역사회 내 공신력 제고방안 • 유관기관과의 협력관계 구축방안 • 지역사회 자원동원방안	20점

|참고문헌|

강철희(2015). 사회복지관 운영관련 업무처리 안내.

강철희(1998). 후원 활동에 참여하는 사람들의 일반적 특성과 그들의 후원노력에 영향을 미치는 요인들에 관한 연구. 한국사회복지학, 35.

강철희, 정무성(2002). 사회복지서비스기관의 조직성과에 관한 연구. 한국사회복지학, 49.

국가인권위원회(2006). 장애인생활시설 인권교육교재 및 프로그램 개발.

권중돈(2012). 노인복지론(5판). 서울: 학지사.

김교성(2004). 사회복지 자원총량 연구. 사회복지공동모금회.

김교연(2000). 장애인복지관 관리운영 가이드북. 서울: 한국장애인복지시설협회.

김명희(2006). 아동복지론. 파주: 교문사.

김만두(1981). 지역사회복지 증진을 위한 사회복지관의 역할. 국립사회복지연수원.

김미숙 외(2002). 사회복지시설을 위한 지역사회자원 개발방안: 후원금을 중심으로. 서울: 한국보건사회연구원.

김미숙, 김은정(2005). 사회복지시설의 민간자원 동원에 영향을 주는 요인연구. 한국사회복지학, 57(2).

김미옥, 권중돈, 박진효, 양숙미, 최영식(2007). 사회복지분야 인권길라잡이. 한국사회복지협의회 · 사회복지공동모금회.

김미옥, 김용득(2006). 이용자 참여의 이론과 전망. 서울: 한국장애인재활협회.

김병식, 박용순, 변보기, 윤도현(2002). 사회복지행정론. 서울: 창지사.

김수영(1998). 지역사회 복지자원의 개발에 관한 연구. 사회복지연구, 21.

김영종(2001). 민간사회복지조직의 재원과 서비스 전달. 한국사회복지학회 추계학술대회 발표 논문.

김영숙, 김욱, 엄기욱, 오만록, 정태신(2002). 사회복지프로그램 개발과 평가. 서울: 교육과학사.

김영종(2010). 사회복지행정(3판). 서울: 학지사.

김영종(2013). 사회복지프로그램 개발과 평가. 서울: 학지사.

김용득, 유동철, 김진우(2012). 한국장애인복지의 이해. 서울: 인간과 복지.

김정옥(2008). 가정의 건강성 강화 프로그램 개발을 위한 웰니스 패러다임적 접근. 한국가족관계학회지, 13(2).

김종일(2005). 지역사회복지론. 서울: 현학사.

김철효 역(2005). 인권: 이론과 실천.

김학주(2004). 사회복지 프로그램 평가. 서울: 집문당.

김형식, 이영철, 신준섭(2002). 사회복지행정론. 서울: 동인.

남기민, 전명희(2001). 사회복지관의 PR 현황과 활성화 방안. 한국사회복지행정학, 5.

남기철, 정선욱, 조성희(2014). 사회복지실천기법 지침. 파주: 나남.

남진열, 강세현, 전영록, 유용식(2011). 지역사회복지론. 경기: 공동체.

노연희(2002). 비영리 조직에 대한 정부재정지원에 영향을 미치는 요인. 한국사회복지학, 49.

도미향, 남연희, 이무영, 변미희(2009). 아동복지론. 경기: 공동체.

문대수(2010). 사회복지시설 인적자원개발 실태에 대한 탐색적 연구. 성공회대학교 시민사회복지대학원 석사학위논문.

박세경 외(2003). 사회복지생활시설의 운영체계 개선방안. 서울: 한국보건사회연구원.

박연호(2001). 인사행정신론. 파주: 법문사.

박태영(1998). 아동복지시설의 기능 개편에 관한 연구. 사회복지개발연구, 4.

박태영(2002). 지역사회복지의 인적자원 관리에 관한 연구. 사회복지개발연구, 8.

박태영(2008). 사회복지시설운영론. 파주: 학현사.

박차상, 김옥희, 엄기욱, 이경남, 정상양, 배창진(2005). 한국노인복지론(2판). 서울: 학지사.

반신환, 유옥(2011). 결혼과 가족. 서울: 동문사.

배혜영(1996). 삶의 질 향상을 위한 지역정보화 방안. 한국전산원.

백은령(2014). 장애인복지 실천 10년의 평가와 전망. 2014년 한국장애인복지학회 10주년기념 추계학술대회 자료집. 한국장애인복지학회.

백은령, 이은미, 양희택(2012). 장애인거주시설 서비스 최저기준 및 시설 평가척도 준수를 위한 매뉴얼 개발 연구. 한국장애인복지시설협회 · 총신대학교.

백은령, 노승현, 강동현, 김정임, 류영미, 원순주(2014). 장애인주간보호시설 운영매뉴얼 개발

연구. 한국장애인복지시설협회 · 총신대학교.

보건복지부(2003). 노인복지사업안내.

보건복지부(2007a). 2007년도 사회복지시설 관리안내.

보건복지부(2007b). 노인복지사업안내.

보건복지부(2007c). 사회복지인권지도자 양성과정 교재.

보건복지부(2007d). 2007 아동분야 사업안내.

보건복지부(2014a). 2014년도 건강가정지원센터 세부운영지침.

보건복지부(2014b). 노인복지시설 분류.

보건복지부(2014c). 보건복지통계연보.

보건복지부(2014d). 사회복지관운영관련 업무처리 안내.

보건복지부(2015a). 2015 아동분야 사업안내.

보건복지부(2015b). 사회복지시설관리업무안내.

보건복지부(2015c). 장애인복지시설사업안내.

사회복지공동모금회(2015). 사회복지공동모금회 배분신청서.

서울복지재단(2007a). 서울시 장애인 직업재활시설 평가결과 보고서.

서울복지재단(2007b). 서울시 장애인생활시설 평가결과 보고서.

성규탁(2000). 사회복지행정론. 파주: 법문사.

손병덕, 황혜원, 전미애(2014). 가족복지론(2판). 서울: 학지사.

신윤균(1999). 인사행정관리론. 파주: 법문사.

신복기, 박경일, 장중탁, 이명헌(2004). 사회복지행정론. 서울: 양서원.

아름다운재단(2004). 제4회 국제기부문화 심포지움. 기빙코리아.

양용희(2001). 지역사회 자원개발과 활용: 지역사회복지관을 중심으로. 동작구 연합직원세미
　　　나자료.

양용희(1997). 비영리조직의 모금전략과 자원개발. 서울: 아시아미디어리서치.

오가시와라(1999). 사회복지시설. 유비각.

오혜경(1999). 장애인과 사회복지실천. 서울: 아시아미디어리서치.

윤경자, 김정옥, 현은민, 전영자, 유계숙, 김은경(2014). 건강가정론. 경기: 공동체.

이광재(2003). 의료사회사업론. 서울: 인간과 복지.

이남희(2000). 정보화사회에 있어 사회복지관 조직효과성 제고방안: 집단수준 변수를 중심으
　　　로. 한성대학교 행정대학원 석사학위논문.

이명묵(2006). 한국사회복지사의 인권의식 Ⅰ. 인간과 복지, 27-36.

이종복, 권오득, 김성철(2013). 사회복지시설경영론. 서울: 양서원.

이봉주, 김기덕(2008). 사회복지 프로그램 기획의 이해와 적용. 서울: 신정.

이영실, 김재형, 김봉순, 박용권, 조명희, 홍성희(2013). 가족복지론. 서울: 양서원.

이재호(1994). 인적자원관리론. 서울: 일신사.

이창수, 윤영철, 김영옥(2005). 인권관련 정부통계 현황에 대한 실태조사. 국가인권위원회.

이해익, 김정훈(2012). 비영리조직운영관리론. 서울: 양서원.

장인협, 우국희(2001). 케어 케이스 매너지먼트. 서울대학교출판부.

장중탁(1998). 사회복지관의 효율적 운영을 위한 정보체계의 성공모형 개발. 부산대학교 대학원 석사학위논문.

장천식(2006). 사회복지행정의 이해. 서울: 창지사.

정무성(1998). 사회복지기관의 후원자 개발을 위한 마케팅 전략에 관한 연구. 사회복지리뷰, 3.

정무성(2004). 한국장애인복지론. 서울: 현학사.

정무성, 정진모(2001). 사회복지프로그램 개발과 평가. 서울: 양서원.

정상양, 김옥희, 엄기욱, 이경남, 박차상(2012). 한국노인복지론(4판). 서울: 학지사.

정익중(1999). 비영리조직마케팅. 서울: 영풍문고.

조만우(2005). 뇌성마비 장애인의 지역사회 자원활용에 관한 연구. 대구대학교 사회복지대학원 석사학위논문.

조병태(1994). 현대인사관리. 서울: 경세원.

조석영, 류학기, 문정선, 신영철, 이정자, 이현주, 주민정, 조만우, 최미영, 최영광(2012). 장애인복지관 운영 규정 및 지침 표준안 연구. 한국장애인복지관협회.

지은구(2005). 사회복지프로그램 개발과 평가. 서울: 학지사.

최미영, 박근수(2009). 사회복지시설운영론. 경기: 공동체.

최성재, 남기민(2010). 사회복지행정론. 파주: 나남.

최옥채(2001). 지역사회실천론. 서울: 아시아미디어리서치.

최일섭, 이현주(2007). 지역사회복지론. 서울대학교출판부.

최재관(2002). 사회복지시설의 분포와 운영 개선방안에 관한 연구. 충남대학교 행정대학원 석사학위논문.

하승민, 임동호(2006). 아동복지생활시설의 운영실태와 개선방안에 관한 연구. 아동복지연구, 4.

한국보건사회연구원(2006). 2005년 장애인 직업재활기금사업 수행기관 평가.

한국사회복지관협회(1999). 사회복지관백서.

한국사회복지관협회(2004). 사회복지관백서.

한국사회복지협의회 사회복지시설평가원(2015). 2015 사회복지시설 평가지표.

한국장애인개발원(2014). 직업재활시설 실태조사 및 운영개선 연구.

한국장애인복지시설협회(2000). 장애인복지관 관리운영 가이드북.

한국장애인재활협회(2006). 한국장애인복지 50년사. 서울: 양서원.

한국재활재단 편(1997). 한국장애인복지변천사. 서울: 양서원.

한동우(2005). 한국의 기부문화 현황과 과제.

황성철(2014). 사회복지프로그램 개발과 평가. 경기: 공동체.

황성철, 정무성, 강철희, 최재성(2015). 사회복지행정론. 서울: 정민사.

Gronbjerg, K. A. (1992). Nonprofit Human Service Organizations: Funding Strategies and Patterns of Adaptation. In Y. Hasenfeld (Ed.), *Human Services as Complex Organizations*. Newbury Park, CA: Sage.

IFSW Manual (2002). *International Federation of Social Workers*. IFSW Manual: Social work and the rights of the child.

Jim, I. (2000). Human rights and Social Work: toward rights based practice. Cambridge University Press. 김형식, 여지영 역(2001). 인권과 사회복지실천. 인간과 복지.

Kadushin, A. (1980). *Child Welfare Services*. Macmillan Publishing Company.

Kadushin, A. (1985). *Supervision in Social Work*. New York: Columbia Univ. Press.

Nadler, L. (1970). *Development Human Resource*. Addison Wesley.

Pincus, A., & Minahan, A. (1973). *Social Work Practice: Model and Method*. Itasca F.E Peacock.

Reamer, F. (1995). *Social work values and Ethics*. New York: Columbia University Press.

Robbins, S. P. (1990). *Personnel: The Management of Human Resource*. Englewood Cliffs, NJ: Prentice Hall.

Sheafor, B. W., & Horejsi, C. R. (2008). Techniques and guidelines for social work practice(8th ed.), 남기철, 정선욱, 조성희 역(2010). 사회복지실천기법과 지침. 파주: 나남.

Skegg, A. M. (2005). Human rights and Social Work. *International Social Work, 48*(5), 667-672.

Skidmore, R. A. (1995). *Social Work Administration: Dynamic Management and Human Relationships* (3rd ed.). Boston: Allyn & Bacon.

Sweet, W. (2003). *Philosophical theory and the universal declaration of human rights*. University of Ottawa Press.

Zastrow, C. (2000). *Social Work and Social Welfare* (7th ed.). Brooks/Cole.

|찾아보기|

〈인 명〉

〈인 명〉

저자 소개

엄미선(Ohem Mi Sun)
가톨릭대학교 사회복지학과 석사
가톨릭대학교 사회복지학과 박사
현 숭실사이버대학교 사회복지학과 교수

양숙미(Yang Sook Mi)
서울대학교 사회복지학과 석사
서울대학교 사회복지학과 박사
현 남서울대학교 사회복지학과 교수

백은령(Paik Eun Ryoung)
가톨릭대학교 사회복지학과 석사
가톨릭대학교 사회복지학과 박사
현 총신대학교 사회복지학과 교수

한주빈(Han Joo Bin)
가톨릭대학교 사회복지학과 석사
가톨릭대학교 사회복지학과 박사
현 연성대학교 사회복지학과 교수

사회복지시설 운영

- 이론과 실제 -

The Management of Social Welfare Institution

2016년 3월 30일 1판 1쇄 발행
2019년 4월 10일 1판 2쇄 발행

지은이 • 엄미선 · 양숙미 · 백은령 · 한주빈
펴낸이 • 김진환
펴낸곳 • (주) 학지사

04031 서울특별시 마포구 양화로 15길 20 마인드월드빌딩
대표전화 • 02)330-5114   팩스 • 02)324-2345
등록번호 • 제313-2006-000265호

홈페이지 • http://www.hakjisa.co.kr
페이스북 • https://www.facebook.com/hakjisa

ISBN 978-89-997-0887-9 93330

정가 19,000원

이 도서의 국립중앙도서관 출판시도서목록(CIP)은 서지정보유통지
원시스템 홈페이지(http://seoji.nl.go.kr)와 국가자료공동목록시스템
(http://www.nl.go.kr/kolisnet)에서 이용하실 수 있습니다.
(CIP제어번호: CIP2016005139)

교육문화출판미디어그룹 학지사

심리검사연구소 인싸이트 www.inpsyt.co.kr
원격교육연수원 카운피아 www.counpia.com
학술논문서비스 뉴논문 www.newnonmun.com
간호보건의학출판 학지사메디컬 www.hakjisamd.co.kr